Steber

ABITUR

Prüfungsaufgaben
mit Lösungen

2015

Deutsch

Gymnasium
Bayern

2012–2014

STARK

ISBN 978-3-8490-1258-8

5. neu bearbeitete und ergänzte Auflage
www.stark-verlag.de

Inhalt

Abiturprüfung 2013

Abiturprüfung 2014

Jeweils im Herbst erscheinen die neuen Ausgaben
der Abiturprüfungsaufgaben mit Lösungen.

Autorinnen und Autoren:

Redaktion (Übungsaufgabe 1); Barbara Zeller (Übungsaufgabe 2, 3)

Lösungen 2012: Barbara Zeller
Lösungen 2013: Barbara Zeller (Aufg. 2, 3, 5); Sigrid Deinzer-Kneip (Aufg. 1, 4)
Lösungen 2014: Barbara Zeller (Aufg. 2, 3, 5); Sigrid Deinzer-Kneip (Aufg. 1, 4)

Vorwort

Liebe Abiturientinnen und Abiturienten,

Sie werden 2015 die schriftliche Abiturprüfung im Fach Deutsch ablegen. Dieser Band wird Ihnen dabei helfen, sich optimal auf diese Prüfungen vorzubereiten!

Das einführende Kapitel „**Hinweise und Tipps**" informiert Sie über die offiziellen Rahmenvorgaben, macht Sie mit dem Prüfungsstoff sowie den Aufgabenarten vertraut und erläutert die Arbeitsanweisungen (Operatoren). Hier erhalten Sie auch konkrete Hinweise, wie Sie die verschiedenen Aufgabenarten am besten lösen können. Praktische Tipps sowie Hinweise zu den Bewertungskriterien runden diesen Teil ab.

Die **fünf Übungsaufgaben im Stil des Abiturs** richten sich zum einen nach den gültigen Richtlinien und Lehrplänen Deutsch für die gymnasiale Oberstufe in Bayern. Zum anderen greifen sie die ministeriellen Vorgaben für das Zentralabitur Deutsch auf und berücksichtigen die adressatenorientierten und freieren Formen des Argumentierens. **Drei Übungsaufgaben** bereiten Sie speziell auf die **länderübergreifende Abituraufgabe** vor. *(Ausführliche Informationen und ergiebiges Übungsmaterial dazu bietet der Band „Bundesabitur 2015 Deutsch. Länderübergreifende Aufgabe", Bestell-Nr. 105400)*

Die **Original-Prüfungsaufgaben 2012 bis 2014** zeigen, was im Abitur auf Sie zukommt, und sind optimales Trainingsmaterial.

Zu jeder Aufgabe finden Sie eine mögliche **Gliederung** sowie einen ausführlichen **Lösungsvorschlag**, mit dem Sie Ihren eigenen Aufsatz vergleichen können. Den Lösungsvorschlägen vorangestellt sind **Hinweise und Tipps**, die Ihnen bei der Erschließung der einzelnen Arbeitsanweisungen helfen. Wesentliche **Fachbegriffe** in den Lösungsvorschlägen sind durch Fettdruck hervorgehoben, die Angabe der **Gliederungsebene am Rand** erleichtert Ihnen die Orientierung im Musteraufsatz.

Ein **Stichwortverzeichnis** ermöglicht die rasche Orientierung in den Prüfungsaufgaben.

Sollten nach Erscheinen dieses Bandes noch wichtige Änderungen in der Abiturprüfung 2015 vom Kultusministerium bekannt gegeben werden, finden Sie aktuelle Informationen dazu im Internet unter
www.stark-verlag.de/pruefung-aktuell.

Wir wünschen Ihnen eine effektive Abiturvorbereitung und eine erfolgreiche Prüfung!

Die Autoren und der Verlag

Stichwortverzeichnis zu den Original-Prüfungsaufgaben

Werkregister

Personenregister

Hinweise und Tipps zum Abitur

1 Grundlagen

1.1 Vorgaben für die Abiturprüfung in Deutsch

Die verpflichtend schriftliche Abiturprüfung im Fach Deutsch hat sich inzwischen in Bayern gut etabliert. Die Anforderungen für die Prüfung ergeben sich vor allem aus den beiden Kapiteln „Schreiben“ und „Sich mit Literatur und Sachtexten auseinandersetzen“, die im Fachlehrplan Deutsch zu finden sind.[1] Die Schreibaufgaben der Abiturprüfung sind kompetenzorientiert angelegt. Die drei Gattungen sind dabei die Grundlage für das **Erschließen und Interpretieren literarischer Texte**. Pragmatische Texte und Materialien führen zu Aufgaben, die analysierende und argumentierende Schreibformen verlangen. Neben der **Analyse von Sachtexten** spielen vor allem **adressatenorientierte und freiere Formen des Argumentierens** eine wichtige Rolle. In anderen Bundesländern hat dies eine längere Tradition. Deshalb ist es durchaus ratsam, sich die Prüfungsaufgaben auch außerhalb der bayerischen Grenzen einmal näher anzuschauen.[2] Allen Bundesländern ist gemeinsam, dass sie die bundesweit verbindlichen *Einheitlichen Prüfungsanforderungen in der Abiturprüfung* (EPA)[3] einhalten müssen. Seit Herbst 2012 sind dazu Bildungsstandards erlassen worden, die die bundesweiten Vorgaben weiter präzisieren.[4]

Auch bei der Abiturprüfung 2015 bieten **mehrere Bundesländer** (neben Bayern sind dies Sachsen, Hamburg, Mecklenburg-Vorpommern, Niedersachsen, Bremen, Brandenburg und Schleswig-Holstein) in den Fächern Deutsch, Mathematik und Englisch eine **gemeinsame Aufgabe** an. Für das bayerische Deutsch-Abitur heißt das konkret: Neben vier Aufgabenformaten, die – wie bisher auch – bayernweit von den Abiturientinnen und Abiturienten bearbeitet werden, gibt es eine fünfte Aufgabe, die in den genannten Ländern gemeinsam geschrieben wird. Diese **fünfte Aufgabe** entspricht der „**Auswertung eines Sachtexts mit anschließendem Erörterungsauftrag**“.

1 Den Lehrplan kann man in seiner jeweils aktuellen Fassung einsehen unter: Fachlehrplan Deutsch, München: Bayerisches Staatsministerium für Unterricht und Kultus, als Online-Version verfügbar unter www.isb.bayern.de

2 Musterbeispiele finden sich u. a. bei den Bildungsservern der jeweiligen Länder und in den einschlägigen Veröffentlichungen des Stark Verlags

3 Im Internet zu finden unter: http://www.kmk.org/doc/beschl/epa_deutsch.pdf.

4 Bildungsstandards im Fach Deutsch für die Allgemeine Hochschulreife (Beschluss der Kultusministerkonferenz vom 18. 10. 2012)

In der Abiturprüfung 2015 wird Ihnen eine **Alternative** in der Aufgabenstellung angeboten: Als erste Teilaufgabe wird immer eine Textanalyse verlangt. In der zweiten Teilaufgabe können Sie zwischen einer traditionellen **Texterörterung** zum angesprochenen thematischen Schwerpunkt und einem **journalistischen argumentierenden Format** (z. B. Kommentar oder Leserbrief) wählen.

Die länderübergreifende Aufgabe bezieht sich auf eines dieser **drei Themenfelder**:
- **Literatur/Lesen** (Leseprozesse, Funktion von Literatur, persönl. Leseerfahrung)
- **Sprache** (aktuelle Entwicklungen der deutschen Sprache: Sprachnormen, Sprachwandel, Sprachvarietäten)
- **Medien** (Medienbegriff, Medienwandel, Medienkritik, mediales Handeln)

Bei der länderübergreifenden Aufgabe geht die **Textanalyse** mit **40 %**, die **Texterörterung** mit **60 %** in die Notenfindung ein.

1.2 Zeitrahmen und Hilfsmittel

In der Abiturprüfung im Fach Deutsch werden Ihnen fünf Aufgaben vorgelegt, von denen Sie **eine** auswählen und bearbeiten müssen. Dafür stehen Ihnen **270 Minuten** (einschließlich Auswahl und Einlesezeit) zur Verfügung. Als Hilfsmittel ist ein Wörterbuch der deutschen Rechtschreibung zugelassen.

Entscheidend ist die richtige Planung Ihrer Schreibarbeit! Alles beginnt mit der **Wahl des Themas**: Von der „richtigen" Aufgabe hängt ganz wesentlich der Erfolg der Arbeit ab. Aus Ihren Erfahrungen im Unterricht wissen Sie schon, welche Aufgabenstellungen Ihnen liegen. Dennoch sollten Sie alle fünf Prüfungsaufgaben wenigstens überfliegen und genau überlegen:
- Bei welcher Aufgabe kann ich meine Stärken und Kenntnisse einbringen?
- Spricht mich ein Text inhaltlich oder aufgrund der Entstehungszeit, des Verfassers oder der Gattung besonders an?
- Welches sind die Schwerpunkte des Erschließungsauftrags? Liegen sie mir?
- Kommt die Erörterungsaufgabe meinen Interessen und meinem Wissen entgegen?

Ausschlaggebend sollte nicht die vermeintliche Leichtigkeit der Aufgabe sein, sondern die Möglichkeit, sie auf ergiebige Weise zu lösen. Auch die Gelegenheit, Kenntnisse aus dem Unterricht einzubringen, ist ein Aspekt bei der Entscheidungsfindung. Ist die Wahl getroffen, sollten Sie möglichst nicht mehr wechseln, das wäre verschenkte Zeit. **Der weitere Verlauf der Prüfung** könnte sich wie folgt darstellen:

Sie haben eine Aufgabe ausgewählt. Lesen Sie die Aufgabenstellung genau durch!

Sichten Sie das Textmaterial – konzentrieren Sie sich dabei erst einmal auf die Informationen, die für die Aufgabe wichtig sind. Machen Sie sich erste Notizen.

→ *Für die ersten Schritte sollten Sie sich ungefähr 30 Minuten Zeit nehmen.*

Gehen Sie anschließend an die **genaue Textarbeit**! Arbeiten Sie mit den Ihnen vertrauten Markierungen, mit Farben und Randnotizen.

→ *Dafür sind ca. 60 Minuten reserviert.*

Ihre Notizzettel sind nun schon gut gefüllt. Ergänzen Sie, versuchen Sie Ordnung in die Aufzeichnungen zu bekommen. Lesen Sie, wenn nötig, einzelne Textpassagen noch einmal gründlich durch. Entwerfen Sie eine vorläufige **Gliederung**!

→ *Das müsste in 30 Minuten machbar sein.*

Beginnen Sie mit einem **ersten Entwurf**! (Jeder Schreiber hat eine eigene Strategie – schreiben Sie aber nie einfach darauf los.) Arbeiten Sie Punkt für Punkt der Gliederung ab. Vergewissern Sie sich immer wieder am Text, ob die Argumentation stimmig und überzeugend ist.

→ *Dafür müssen Sie mindestens 90 Minuten einplanen.*

Sie haben immer noch 60 Minuten Zeit. Jetzt geht es an den **Feinschliff**: Prüfen Sie Ihre Argumentation und ergänzen Sie unvollständige Absätze. Bestimmte Aufgaben fordern einen ganz besonderen Sprachstil. Hier müssen Sie sicher nachbessern!

Am Ende der Arbeitszeit können Sie Rechtschreibung und Grammatik kritisch durchgehen. Beruhigt geben Sie die Arbeit dann ab.

2 Prüfungsstoff

Sie haben sich in den letzten beiden Jahren Ihrer gymnasialen Schullaufbahn mit literarischen (und kulturellen bzw. kulturgeschichtlichen) Entwicklungen von der Klassik bis hin zur Gegenwart beschäftigt. In der Jahrgangsstufe 10 haben Sie entweder die Aufklärung oder den Sturm und Drang näher kennengelernt. Die einzelnen Epochen der deutschen Literaturgeschichte wurden im Unterricht an ausgewählten Textbeispielen besprochen, es wurden typische Merkmale herausgearbeitet und Verbindungen zwischen den Strömungen hergestellt. Einen verbindlichen Literaturkanon hat es dabei nicht gegeben, sieht man einmal davon ab, dass in Bayern von jedem Abiturienten verlangt wird, dass er „seinen" Faust studiert hat. Sie sollten in der Lage sein, ein romantisches von einem expressionistischen Gedicht zu unterscheiden, und Sie sollten die Kennzeichen der Epochen im Überblick beherrschen. Vermeiden Sie aber, dieses Wissen den vorgelegten Texten aufzuzwingen! Vielmehr geht es bei den ersten drei Prüfungsaufgaben darum, **die literarischen Texte in ihrer Eigenart zu erfassen**. Dazu müssen Sie nicht nur einen Einblick in Epochentypisches haben, sondern vor allem sicher über das Handwerkszeug der Texterschließung verfügen.

Wie gesagt, einen Kanon gibt es nicht. Wenn Sie aber dennoch eine Lektüreliste abarbeiten wollen, dann lesen Sie: Georg Büchners Drama „Woyzeck"; ein Drama des Naturalismus, z. B. Gerhart Hauptmanns „Vor Sonnenaufgang", und ein episches Drama von Bert Brecht („Der gute Mensch von Sezuan"). Relevante epische Texte sind z. B. Theodor Fontanes „Effi Briest", Alfred Döblins „Berlin Alexanderplatz" und Franz Kafkas Erzählungen. Es schadet auch nicht, wenn Sie den ein oder anderen aktuellen Roman gelesen haben und sich vergegenwärtigen, worum es in diesen Büchern geht, etwa „Schlafes Bruder" von Robert Schneider, „Der Vorleser" von Bernhard Schlink, „Die Vermessung der Welt" oder „Ruhm" von Daniel Kehlmann. Die Reihe ließe sich natürlich unendlich fortsetzen, Sie sollten nur wissen, dass es

Ihnen viel leichter fallen wird, die **Aufgaben 1 bis 3** zu bearbeiten, wenn Sie das ein oder andere Werk aus der Literaturgeschichte und aus der aktuellen Literatur kennen. Übrigens: Sie haben ja seit der 8. Klasse immer wieder Lektüren besprochen, nicht nur im Deutschunterricht. Stellen Sie einmal eine Liste zusammen, die Ihnen vor Augen führt, was alles gelesen wurde, und frischen Sie Ihre Erinnerungen ein wenig auf. Unter Umständen können Sie auch Ihre Privatlektüre Gewinn bringend einsetzen. Dazu gehören auch Beispiele aus der Jugendliteratur oder Werke, die man zunächst dem Bereich der Trivialliteratur zuweisen würde.

In der Abiturprüfung steht traditionell die Interpretation eines **Gedichts** am Anfang. Das Handwerkszeug für diese Erschließungsaufgabe haben Sie seit der fünften Klasse erworben. Vor allem die formale Beschreibung eines lyrischen Textes ist Ihnen geläufig, zumal alle Schulbücher das entsprechende Grundwissen (Reim, Versmaß, Strophenformen) ausführlich einüben. Daneben ist es wichtig zu wissen, dass

- ein lyrischer Sprecher als „Ich" explizit oder implizit im Gedicht anwesend ist,
- Klang und Rhythmus eines Gedichts für die Interpretation wichtig sind,
- sprachliche Bilder und rhetorische Figuren in Gedichten intensiver eingesetzt werden als bei den anderen Gattungen,
- formale Beobachtungen erst in Bezug auf inhaltliche Aussagen Sinn ergeben.

Die zweite Aufgabe widmet sich dem **Drama**. Sie haben neben Goethes „Faust" vermutlich ein Drama aus dem 19. oder dem 20. Jahrhundert analysiert. Hier sollten Sie unter anderem gelernt haben, dass

- die Gattung unterteilt werden kann in Tragödie, Komödie, bürgerliches Trauerspiel und andere Formen,
- ein Drama eine Handlung in Dialogen und Monologen vorstellt,
- die Figuren vor allem durch Gespräche charakterisiert werden,
- die Aussagen der Figuren immer auch kritisch geprüft werden sollten (Gibt es zwischen den Zeilen noch eine versteckte Botschaft?)
- die Beziehungen der Figuren in der Kommunikationssituation deutlich werden,
- der Autor Regieanweisungen gibt, um die Aussage zu verstärken,
- Mittel der Theatersprache eingesetzt werden, z. B. die Teichoskopie, das Beiseitesprechen, das Sprechen in Sentenzen …,
- jede Epoche eine eigene Theatersprache entwickelt hat.

Wenn Sie auch ein Drama aus der Zeit nach 1945 kennen gelernt haben, dann wissen Sie, dass moderne Dramatik neue Wege sucht, und – manchmal radikal – mit den Traditionen des Theaters bricht. Achten Sie darauf, ob in der Ihnen vorgelegten Szene eine Handlung rekonstruiert wird oder ob nur eine Aussage auf die Bühne gebracht werden soll (Postdramatik).

Neben Gedichten und Dramen haben Sie eine längere Erzählung (oder eine Novelle oder einen Roman) des 19. Jahrhunderts und mit Sicherheit Romane und Erzählungen des 20. bzw. 21. Jahrhunderts gelesen. Sie haben unter anderem gelernt, dass

- ein **epischer Text** einen Erzähler hat, der die Geschichte in seiner Art und Weise dem Leser vermittelt,

- Erzählzeit und erzählte Zeit in der Regel nicht identisch sind,
- die Figuren direkt und indirekt charakterisiert werden,
- neben den dargestellten Figuren auch Raum und Zeit Bedeutung konstituieren,
- der historische Kontext des Werkes eine große Rolle spielen kann.

Bei epischen Texten muss die inhaltliche Zusammenfassung gut beherrscht werden, denn eine Erzählung entwickelt eine Geschichte stringent aus dem Erzählverlauf. (Das heißt aber nicht, dass die Chronologie immer eingehalten wird!)

Bei allen Formen der literarischen Texterschließung geht es darum, Hypothesen zur Textaussage durch **überzeugende Textbelege** so zu untermauern, dass der Leser der Interpretation zustimmen kann. Das Schöne daran ist: Die eine richtige Interpretation gibt es nicht! Achten Sie bei der Interpretation aber auch auf die **Forderungen der Aufgabenstellung**. Es kann durchaus vorkommen, dass weitere Texte ausgewertet werden müssen. Dieses Zusatzmaterial soll Ihnen dabei helfen, bestimmte Aspekte genauer zu beleuchten.

Wer sich nicht so recht für literarische Fragestellungen erwärmen kann, hat in der Abiturprüfung die Möglichkeit, sich mit Problemstellungen allgemeiner Art auseinanderzusetzen. Dafür werden Ihnen die **beiden letzten Aufgaben** angeboten. Hier geht es um zweierlei Kompetenzen: Sie müssen zeigen, dass Sie einen **Sachtext und andere Materialien wie Statistiken und Grafiken auswerten** können. Dazu zählen

- die Gliederung eines Textes,
- die Informationsentnahme,
- die genaue Darstellung von Inhalt und Aufbau,
- das Erkennen der Argumentationsstruktur und der Intention.

Manche Aufgaben bieten nicht nur einen, sondern mehrere Texte. Je nach Aufgabenstellung sind dann unterschiedliche Arbeiten mit und an den Texten auszuführen.

Sie müssen aber auch zeigen, dass Sie in der Lage sind, selbst **überzeugend zu argumentieren**. Der Zusammenhang von These und Argumentation sollte Ihnen geläufig sein. Im Format IV besteht die Möglichkeit, dass Sie einen sogenannten informierenden Text verfassen müssen, der die Aufgabe hat, einen definierten Adressaten über vorgegebene Sachgebiete aufzuklären. Beispielsweise wären hier ein informicrender Lexikonartikel oder das Programmheft einer Theateraufführung denkbar.

3 Aufgabenarten

Die EPA wie die Bildungsstandards unterscheiden drei wesentliche fachspezifische Erschließungsformen von Texten: das Untersuchen, das Erörtern und das Gestalten. Kombiniert man diese drei Methoden mit einer Textart (literarisch oder pragmatisch), erhält man die folgenden Aufgabenarten:

Erschließungsform	Textart	Aufgabenart
untersuchend	literarisch	Interpretieren von literarischen Texten
	pragmatisch	Analysieren von Sachtexten
erörternd	literarisch	literarisches Erörtern
	pragmatisch	Erörtern im Anschluss an einen oder mehrere Texte
	(ohne Textgrundlage)	Erörtern in vorgegebenen Formen
gestaltend	literarisch	gestaltendes Interpretieren
	pragmatisch	adressatenbezogenes Schreiben

Aus den zahlreichen Kombinationsmöglichkeiten werden im bayerischen Deutschabitur jeweils fünf Schreibformen mit unterschiedlichen Schwerpunkten angeboten.

Die oft zweiteiligen **Aufgaben 1 bis 3** präsentieren jeweils einen Text oder Textausschnitt aus einer der **drei Literaturgattungen**, den Sie zunächst **erschließen** sollen, sei es unter selbst gewählten oder vorgegebenen Schwerpunkten. Der zweite Teil der Aufgabe gibt Ihnen die Möglichkeit, den Text **in einen größeren Zusammenhang zu stellen**. Dies kann z. B. dadurch geschehen, dass Sie weiterführendes Textmaterial vorgelegt bekommen, das Ihnen einen bestimmten Blick auf den Primärtext eröffnet. So ist denkbar, dass in einem Sachtext Zusatzinformationen stehen, die den zu interpretierenden Text in einem bestimmten Licht erscheinen lassen. Oder es wird ein zweiter Text (des gleichen oder eines anderen Autors) vorgelegt, der eine ganz andere Sicht auf ein Thema erkennen lässt und deshalb die Interpretation in eine andere Richtung lenkt. Häufig werden Sie aber auch einfach aufgefordert, die von Ihnen erarbeitete Erschließung mit einem selbst gewählten Beispiel aus der Literaturgeschichte zu vergleichen.
Beachten Sie die Aufgabenformulierung immer ganz genau: Wenn etwa aufgezeigt werden soll, „wie die Entfremdung zwischen zwei Menschen in einem anderen literarischen Werk dargestellt wird" (Abitur Bayern 2013, Aufgabe II), dann sind Sie in Ihrer Wahl tatsächlich sehr frei: Sie bestimmen Autor, Werk und Epoche ganz allein. Es spricht auch nichts dagegen, ein Werk aus der fremdsprachigen Literatur zu wählen.
Die Aufgabe b) gibt Ihnen in der Regel die Gelegenheit, Ihr literarisches Wissen und Ihre Fähigkeit zur literarischen Argumentation vorzuführen. Es ist sehr wichtig zu wissen, dass es kein Verbot gibt: Vielleicht sind Sie auf Science Fiction spezialisiert oder auf Kriminalliteratur oder Sie haben eben eine Vorliebe für französische Literatur – auch mit diesen Pfunden können Sie wuchern!

Die **Aufgaben 4 und 5** sind den **Sachtexten** und dem **Argumentieren** vorbehalten. Diese sollen unten genauer vorgestellt werden.

3.1 Erschließen eines poetischen Textes

Verlangt ist hier, einen Text nach **Form** und **Inhalt** zu analysieren, häufig unter vorgegebenen Schwerpunktsetzungen. Zu verfassen ist also eine **Textinterpretation** (vgl. auch Abschnitt 4: „Anforderungsbereiche und Operatoren").

Zugrunde liegt ein Textausschnitt aus einem lyrischen, epischen oder dramatischen Werk, der meist zusammenzufassen, zu erschließen und zu interpretieren ist. Es geht darum, ihn in seiner Besonderheit zu verstehen und dieses Verständnis sprachlich angemessen zum Ausdruck zu bringen. Sie beginnen damit, dass Sie den Text mehrfach lesen, Auffälliges markieren, Beobachtungen – vor allem hinsichtlich der angegebenen Schwerpunktsetzungen – notieren, Fragen an den Text stellen und sich überlegen, was charakteristisch und wesentlich daran ist. Erschrecken Sie nicht, wenn Ihnen zunächst nicht alles sofort klar ist: Gerade gute Texte möchten, dass sich der Leser schon etwas anstrengt! Wichtig ist in jedem Fall die **überzeugende und nachvollziehbare Argumentation**. Belege sind zunächst vor allem **Textbelege**. Erst wenn dieser Fundus ausgeschöpft ist, können Sie anfangen, außertextuelle Bezüge herzustellen.

3.2 Erörtern

Der Deutsch-Lehrplan für das achtjährige Gymnasium unterscheidet im Lernbereich „Schreiben" zwischen zwei Formen des Erörterns: Erörtern in vorgegebenen und in freieren Formen. Beide Schreibhaltungen gehen von einer Problemfrage oder einer These, etwa in Form eines Zitats, aus. Es kommt darauf an, einen komplexen Sachverhalt – oft aus dem Bereich der Sprachbetrachtung oder des literarischen bzw. des kulturellen Lebens – von verschiedenen Seiten zu beleuchten, mögliche Betrachtungsweisen abzuwägen und einen eigenen, kritisch reflektierten Standpunkt zu entwickeln.

Unter „**vorgegebenen Formen**" versteht der Lehrplan die klassische freie Erörterung, eine Form der Meinungsfindung also, die streng nach Argumenten aufgebaut ist und die oft beide Seiten abwägt und dadurch abschließend zu einem eigenständigen Urteil gelangt. Man nennt diese Herangehensweise „antithetisch".
Die „**freieren Formen**" des Erörterns erkennen Sie immer an der Angabe einer bestimmten Textsorte, die von Ihnen verlangt wird. Es heißt also z. B. „Schreiben Sie einen Kommentar", „Verfassen Sie einen Essay" usw. Diese Schreibformen sollten Sie im Unterricht seit der neunten Jahrgangsstufe immer wieder eingeübt haben. Wenn dies nicht der Fall ist, werden Sie die Aufgabe kaum adäquat bearbeiten können.

Im Grunde genommen ist der Unterschied zwischen den freieren und den vorgegebenen Formen aber nicht so groß. Beide Aufsatzarten fordern eine **überzeugende Argumentation zu einer Leitthese**, die der Schreiber aufstellt. Die freieren Formen gehen nur bei der Beweisführung auf den Adressaten genauer ein, sie versuchen das oft mit bestimmten sprachlichen Mitteln. Dazu zählen beispielsweise rhetorische Fragen, ironische Wendungen und/oder bildhaftes Sprechen. Allerdings darf man diese Möglichkeiten nicht übertreiben, weil sonst die Überzeugungskraft darunter leidet.

3.3 Analysieren von Sachtexten

Neben der Auseinandersetzung mit poetischen Texten gibt es noch die Analyse von Sachtexten. Sie haben bereits seit der siebten Jahrgangsstufe gelernt, Sachtexte **zusammenzufassen**. Dies ist stets der erste Schritt, wenn der Aufgabe ein umfangreicher oder mehrere kürzere Sachtexte zugrunde liegen. Die Aufgabenstellung kann unter Umständen dabei den Schwerpunkt unterschiedlich setzen, z. B. wenn Wert darauf gelegt wird, dass vor allem die **Argumentationsstruktur** eines Textes erkannt wird, oder wenn **bestimmte Aspekte eines Themas** herausgearbeitet werden sollen. Das wiederum kennen Sie als „erweiterte Inhaltsangabe" seit der Jahrgangsstufe 9.

Sachtexte können unter zwei unterschiedlichen Gesichtspunkten eingesetzt werden. Entweder sind sie selbst Gegenstand der Untersuchung. Dann kann man davon ausgehen, dass sie anspruchsvoll sind und alle Aufmerksamkeit fordern, um die **Kernaussagen** zu erkennen. Oder sie dienen als Material für einen eigenen Schreibauftrag. In diesem Fall kann man damit rechnen, dass nicht nur zusammenhängende Texte, sondern auch sogenannte **diskontinuierliche Texte**, also Bilder, Grafiken etc. angeboten werden. Diese Form der Auswertung kennen Sie von den Deutschtests, die Sie in den Jahrgangsstufen 6 und 8 zu bestehen hatten.

Klar wird hier auch, dass **Sachtextanalyse und das Erörtern von Thesen und Problemen kombiniert** sein können. Es ist für die Planung Ihrer Abiturarbeit ganz wichtig, dass Sie sich genau anschauen, was von Ihnen verlangt wird. Bei der Auswertung von Sachtexten kann der Schreibauftrag auch lauten: Verfassen Sie auf der Grundlage des Materials einen **informierenden Text**. Auch hier können Sie davon ausgehen, dass Ihnen die Aufgabenstellung hilft, wenn es um die konkrete Textsorte geht. So könnten Sie z. B. aufgefordert werden, einen längeren Artikel für ein Sachbuch oder eine Theaterzeitschrift zu erstellen. Verlangt ist in jedem Fall eine untersuchende und erläuternde Vorgehensweise. Die vorgelegten Materialien müssen zunächst kritisch ausgewertet und um eigene Kenntnisse erweitert werden. Schließlich bringt man alle Aspekte in einen sachlogischen Zusammenhang. Es geht dabei nicht darum, die Materialien detailliert zu analysieren, sondern darum, eine für die kommunikative Situation passende Darstellung zu finden. Erwartungen und Interessen der potentiellen Leser sollen in angemessener Weise berücksichtigt werden.

3.4 Textlänge

Eine Neuerung bei den Aufgaben des Lernbereichs „Schreiben" ist die Einführung von Textlängenbegrenzungen. Dies gilt vor allem für die freieren Formen des Argumentierens. Es heißt dann in der Aufgabenstellung: „Ihr Text sollte 1 200 bis 1 500 Wörter enthalten." Diese Bandbreite kann ausgenutzt werden, sollte aber nicht allzu deutlich unter- bzw. überschritten werden. Der Sinn einer Begrenzung besteht darin, dass der Schreiber so gezwungen ist, mehr Energie und Konzentration auf die **sprachliche Ausarbeitung** zu verwenden. Sie sollten nicht einfach zu schreiben beginnen und Ihr gesamtes Wissen ausbreiten, sondern **bewusst auswählen** und auch bei den Formulierungen genau überlegen, was passend und was eventuell verzichtbar ist.

Nun ist der entscheidende Punkt bei einer Vorgabe der Textlänge, dass man seine Handschrift einschätzen kann: Wie viele Wörter passen bei mir auf eine geschriebene Seite? Schreibe ich gleichmäßig oder werden es am Ende mehr oder weniger Wörter pro Seite? Wenn Sie es ein paar Mal ausprobiert haben, dann werden Sie ein sicheres Gespür dafür entwickelt haben. Auch bei der Planung Ihres Textes sollten Sie die Längenbegrenzung schon im Auge haben: Wie viel Raum nimmt der Hauptpunkt ein? Wie viel verwende ich für die Einleitung, wie viel für den Schluss? Wie immer gilt auch hier: Übung macht den Meister!

Übrigens: Wie viele Wörter hat dieses Teilkapitel 3.4? *(Lösung auf Seite XVII)*

3.5 Weitere Tipps zur Arbeit mit Texten

Jeder gelungene Deutschaufsatz entsteht aus einem Zusammenspiel von genauem Eingehen auf die Aufgabenstellung und individuellem Zugang, also der Fähigkeit, das eigene Textverständnis und die eigene Problemerfassung überzeugend darzustellen. Für die Prüfungssituation ist es deshalb wichtig, über ein **Repertoire an Fragen** zu verfügen, mit denen man an literarische Texte und an Sachtexte herangeht.

Gedichtinterpretation

- Was drückt das Metrum aus, was bewirkt es?
- Aus welcher Perspektive wird im Gedicht gesprochen?
- Welche Entwicklung findet vom ersten bis zum letzten Vers statt? Denn auch in Gedichten passiert etwas.
- Welche Versgruppen gehören zusammen?
- Wie ist ein Motiv verwendet und inwieweit wandelt es sich?
- Was ist mit dem lyrischen Ich, das implizit oder explizit sich und seine Sicht der Welt zum Ausdruck bringt? Wie spricht es? Welche Sprache wählt es?
- Ergibt sich eher fließend ein Erlebniszusammenhang mit einer spürbaren Atmosphäre? Oder ist es ein eher spröder, intellektuell gedachter und gebauter Text, durchsetzt von Konjunktionen, Einsprüchen und Antithesen?

Sie sollten hinhören, überlegen, wie das Gedicht wirkt, und untersuchen, wodurch diese Wirkung zustande kommt. In der ersten halben Stunde einer Gedichtinterpretation sollten Sie den Text auf sich wirken lassen, Fragen sammeln und noch nicht losschreiben. Und noch etwas: Wie das eine oder andere letztlich zu verstehen ist, ist nicht immer eindeutig zu entscheiden. Gedichte haben einen offenen Deutungsraum um sich herum. Die Interpretation muss daher nach Plausibilität streben, indem sie sich nahe am Gedicht bewegt und die Thesen durch konkrete Textbelege stützt.

Interpretation einer dramatischen Szene

- Welche Kommunikationssituation liegt vor? Wie sind die Redeanteile der Figuren verteilt?
- Welche Spannung liegt in der Szene? Wie spitzt sich die Auseinandersetzung zu?
- Wo ist eventuell ein Höhe- und Wendepunkt?

- Welche Rolle spielen der Schauplatz, ein etwaiges Requisit oder ein Gang beziehungsweise eine Geste?
- Was tragen die Regieanmerkungen zum Verständnis bei?
- Was bleibt hinter dem gesprochenen Wort unausgesprochen, ist mitzudenken und lässt uns ahnen, wie es in der Figur wirklich aussieht und was sie vielleicht plant?
- Welchen Platz hat die Szene im Handlungszusammenhang und welche Funktion kommt ihr zu? (Was wäre, wenn sie gestrichen wäre?)

Interpretation von epischen Texten

- Bei erzählender Literatur sollte man sich vor der Gefahr hüten, in der Fülle des Stoffes zu ertrinken und zu viel Inhaltliches zu rekonstruieren.
- Nachdem es sich i. d. R. um einen Textausschnitt handelt und Sie das Werk kaum kennen werden, ist eine Einbettung in den Gesamthandlungsverlauf nicht möglich. Sie wird auch nicht gefordert. Allerdings gibt es in der Hinführung meist wichtige Hinweise auf den Kontext.
- Konzentrieren Sie sich auf das Wesentliche des Textauszugs, finden Sie zunächst das Thema der Textstelle.
- Entscheidend für das Verständnis ist oft, die Erzählperspektive und Haltung des Erzählers zu erkennen und zu deuten. Weiß er nicht mehr, als die einzelne Figur wissen kann, erzählt er gleichsam aus ihr heraus personal? Oder hat er den Überblick und ist allwissend? Verschwindet er ganz hinter einem erzählenden Ich? Hegt der Erzähler Sympathie für seine Helden oder bleibt er ironisch distanziert?
- Wird linear-chronologisch erzählt oder gebrochen in Zeitsplittern, Facetten, Vorwegnahmen und Rückblicken?
- Entsteht ein Abbild unserer Wirklichkeit oder erscheint sie ins Artifizielle, Groteske, Absurde verfremdet?
- Welches Bild von der erzählten Zeit wird entworfen, mit welchen Fragen setzt sich der Autor in seinem Text auseinander?

Einen guten Eindruck macht es immer, wenn **korrekt zitiert** wird. Sie sollten nicht zu umfangreich zitieren oder dem Leser das Zitat wortlos „vor die Füße schieben“. Zitate, oft nur ein Satzfetzchen oder ein besonderes Wort, werden gewählt, weil sie aufschlussreich und vielsagend sind: Man muss also damit arbeiten, sie erläutern und kommentieren. Überhaupt ist das A und O jeder Interpretation, in die eigene Sprache hineinzuholen, was man vorfindet. Wer sprachfaul nur wiederholt, was der Autor sagt, bleibt bei der Nacherzählung. Eine Interpretation verlangt immer auch einen abstrahierenden Zugriff auf den Text. Die Anstrengung, Fremdes selbstständig in der eigenen Sprache wiederzugeben, wirft unwillkürlich Fragen auf und bedeutet damit den ersten Schritt zum Verständnis eines Textes.

Sehr ratsam ist es, über ein paar **Fachbegriffe** so zu verfügen, so dass über Erzähltes und Dargestelltes präzise gesprochen werden kann. Man sollte etwa schreiben können: „Die Figur tritt an dieser Stelle wie ein deus ex machina auf." Oder: „Hier wird der Beziehungsaspekt wichtiger als der Inhalt." Oder: „In diesen Ellipsen, diesen Kurzsätzen ohne Prädikat, drückt sich aus, wie …". – Wichtig ist, dass Sie Wortarten, Satzteile und Nebensatztypen korrekt bezeichnen können. Üben Sie sich darin, die wichtigsten rhetorischen Figuren zu erkennen, die gestalteter Sprache ihre Wirkung verleihen.
Eine gute Übersicht über rhetorische Figuren findet sich in dem Band *Prüfungswissen Oberstufe* von Werner Winkler (Stark Verlag 2000, Titelnr. 94400, S. 18–21).

Analysieren von Sachtexten

- Sachtexte sind keine fiktionalen Texte. Hier schreibt ein real existierender Autor über die Welt, er zeigt Zusammenhänge, stellt Thesen und Behauptungen auf und versucht, Fragen zu beantworten. Es gibt also keine Zwischeninstanz, die interpretierend herausgearbeitet werden muss.
- Man kann davon ausgehen, dass der Autor eine Hauptthese und gegebenenfalls mehrere Unterthesen vertritt, die einen Bezug zur Hauptthese haben.
- Inhalt und Aufbau eines Sachtextes sollten strukturiert wiedergegeben werden. Es ist oft nötig, die einzelnen Abschnitte einem jeweiligen Verwendungszweck zuzuordnen: Werden Beispiele gegeben? Bezieht sich der Autor auf Autoritäten? Stellt er begründete Thesen auf? Wo stellt der Autor seine Thesen auf? Wo begründet er sie? Wo finden sich die Belege oder die Beispiele für seine Behauptungen?
- Sachtexte bestehen aus Sprechakten, die Sie in Ihrer Zusammenfassung benennen sollten: Der Autor behauptet, schlägt vor, kritisiert, polemisiert, wägt ab, bezieht sich auf, erkennt … usw. Mit der Frage nach den Sprechakten können Sie auch die Argumentationsstruktur des Textes klären.
- Wie bei der Interpretation literarischer Texte ist auch bei der Analyse der Sachtexte die korrekte Zitierweise zu beachten. Rein inhaltliche Zusammenfassungen verzichten am besten ganz auf Zitate, weil so die Gefahr der bloßen Wiederholung des Ausgangstextes vermieden werden kann. Schlüsselstellen werden jedoch wörtlich zitiert, aber immer mit der Vorgabe, dass das Zitat auch im Zusammenhang erklärt und dann in seiner Funktion analysiert werden muss.

4 Anforderungsbereiche und Operatoren

4.1 Anforderungsbereiche (AFB)

In den EPA werden drei Anforderungsbereiche definiert, die sich auch in den unterschiedlichen Aufgaben wiederfinden. Sie müssen zeigen, dass Sie in der Lage sind, Texte und Problemstellungen zu verstehen, die Aufgabe argumentativ zu lösen und Ihre Überlegungen überzeugend darzustellen.

- **Anforderungsbereich I** betrifft die Reproduktion: die Wiedergabe von gelernten Sachverhalten sowie die wiederholende Zusammenfassung. Der im Unterricht erarbeitete Hintergrund an Lektüre- und Faktenwissen, fachspezifische Arbeitstechniken, Methoden der Texterschließung sowie Darstellungstechniken sollen zum Einsatz gebracht werden.
- **Anforderungsbereich II** zielt auf die Anwendung erworbener Arbeitsweisen, auf Reorganisation von Bekanntem und Transferleistungen. Darunter sind unter anderem selbstständiges Auswählen, Ordnen, Erläutern, Interpretieren oder Vergleichen zu verstehen. Erwartet wird von Ihnen eine eigenständige, argumentativ begründete Interpretation beziehungsweise Erörterung, die zeigt, dass Sie in der Lage sind, Gelerntes auch auf unbekannte Zusammenhänge anzuwenden. Auf dem AFB II liegt in der Abiturprüfung das Hauptgewicht.
- **Anforderungsbereich III** betrifft die gedankliche Selbstständigkeit der Leistung: Hier müssen Sachverhalte und Zusammenhänge eigenständig ausgewertet, durchdacht und begründet beurteilt oder gestaltet werden. Sie sollen zu einer differenzierten und kritischen Wertung von Texten und Sachverhalten gelangen und Ihre Fähigkeit zur Reflexion und Problemlösung beweisen.

Oftmals wird nur ein umfassender Operator (Arbeitsanweisung) wie „erörtern“, „interpretieren“ oder „analysieren“ eingesetzt, der Leistungen in allen Anforderungsbereichen erfordert. Wird die Aufgabe nicht weiter differenziert, entfällt aber auch eine erste Strukturierungshilfe, die die einzelnen Teilaufträge sonst bieten. So haben Sie weniger Orientierungspunkte, aber auch mehr Freiraum beim Gliedern des Aufsatzes.

4.2 Operatoren

Operatoren sind **Arbeitsanweisungen**. Sie machen deutlich, welche Art von Aufgabenstellung gemeint ist, lassen sich den einzelnen Anforderungsbereichen zuordnen und geben einen Hinweis auf das Gewicht der entsprechenden Aufgabe. Durch ihre konkreten Vorgaben dienen Operatoren sowohl dazu, Arbeitsaufträge eindeutig zu formulieren und voneinander abzugrenzen, als auch dazu, einheitliche Bewertungs- und Korrekturmaßstäbe zu setzen. Es ist auch möglich, dass ein eigenständiges Vorgehen verlangt wird und Sie selbst die Schwerpunkte festlegen sollen (meist lautet die Aufgabenstellung dann: „Erschließen/vergleichen Sie … nach von Ihnen selbst festgelegten Kriterien …“). Die folgende Operatorenliste basiert auf den EPA und bietet ein breites Spektrum an Arbeitsaufträgen, die Ihnen in der Prüfung begegnen können.

Anforderungsbereich I (Reproduktion)

(be)nennen	Hier sollen Sie zielgerichtet Informationen zusammentragen, ohne diese zu kommentieren.	*Nennen Sie die wesentlichen Merkmale* eines Sonetts.
beschreiben	Textaussagen oder Sachverhalte müssen in eigenen Worten strukturiert und fachsprachlich richtig dargestellt werden.	*Beschreiben Sie die äußere Form* des Gedichtes.
wiedergeben	Sie sollen Informationen aus Ihrem Vorwissen bzw. dem Material zusammenfassend in eigenen Worten präsentieren.	*Geben Sie die Hauptgedanken* der Rede *wieder.*
zusammenfassen	Es wird von Ihnen erwartet, dass Sie Inhalte, Aussagen, Zusammenhänge komprimiert wiedergeben.	*Fassen Sie die* unterschiedlichen *Meinungen* zum Thema X *zusammen.*
darstellen	Sie haben die Aufgabe, einen Sachverhalt, Zusammenhang, eine methodische Entscheidung zu formulieren.	*Stellen Sie die Wirkungsabsicht dar*, die der Autor mit seinem Text verfolgt.

Anforderungsbereich II (Reorganisation und Transfer)

untersuchen, erschließen	Hier müssen Sie an Texten, Textaussagen, Problemstellungen, Sachverhalten kriterienorientiert arbeiten.	*Untersuchen Sie*, inwiefern *die rhetorischen Mittel* die Aussageabsicht verstärken. *Erschließen Sie* anhand der Bildsprache *die Grundstimmung des Textes.*
einordnen	Sie sollen einen Inhalt, eine Problemstellung, einen Sachverhalt auf einen vorgegebenen oder selbst gewählten Kontext beziehen.	*Ordnen Sie* dieses Naturgedicht *epochal ein.*
charakterisieren	Es wird erwartet, dass Sie eine Person oder Sache in ihren Eigenheiten darstellen sowie treffend und anschaulich schildern.	*Charakterisieren Sie den Protagonisten* in Goethes Drama *vor dem Hintergrund der Epoche* des Sturm und Drang.
vergleichen	Sie sollen Texte, Problemstellungen, Sachverhalte unter vorgegebenen oder selbst gewählten Aspekten einander gegenüberstellen, in Beziehung zueinander setzen und Gemeinsamkeiten und Unterschiede feststellen.	*Vergleichen Sie die Figurenkonstellation* mit derjenigen im Drama X. *Vergleichen Sie Art und Wirkung der Metaphorik* in beiden Gedichten.
kennzeichnen	Es kommt bei dieser Aufgabe darauf an, Typisches herauszustellen.	*Kennzeichnen Sie* das vorliegende Gedicht als expressionistischen Text.

erklären	Es wird von Ihnen erwartet, dass Sie Textaussagen und Sachverhalte auf der Basis von Kenntnissen differenziert darstellen.	*Erklären Sie* Brechts Dramentheorie *anhand des vorliegenden Textausschnittes.*
erläutern	„Erläutern" entspricht „erklären", enthält jedoch den zusätzlichen Aspekt, dass Sie Ihre Ergebnisse durch Zusatzinformationen und Beispiele veranschaulichen sollen.	*Erläutern Sie* Schillers Theaterverständnis, indem sie sich auch auf sein Drama X beziehen.
in Beziehung setzen	Sie haben die Aufgabe, Analyseergebnisse, Textaussagen, Sachverhalte, Problemstellungen mit vorgegebenen oder selbst gewählten Aspekten in Verbindung zu bringen.	*Setzen Sie Ihr Analyseergebnis in Beziehung* zur aktuellen Medienkritik am Privatfernsehen.

Anforderungsbereich III (Reflexion und Problemlösung)

beurteilen	Sie müssen zu einem Text, der ästhetischen Qualität eines Textes bzw. einem Sachverhalt zu einem selbstständigen, begründeten Sachurteil gelangen, und zwar nicht gestützt auf subjektive Werte, sondern auf fachliches Wissen.	*Beurteilen Sie den Versuch des Autors*, die Ereignisse und Folgen des 11. September 2001 in lyrischer Form darzustellen.
bewerten	Es wird von Ihnen erwartet, dass Sie zu einem Sachverhalt, Text oder Problem selbstständig Stellung nehmen und ihn unter Bezug auf eine Wertordnung angemessen beurteilen.	*Bewerten Sie* Jandls lyrische „Sprachspiele" vor dem Hintergrund Ihres eigenen Verständnisses von der Aufgabe der Lyrik in der Gegenwart.
(kritisch) Stellung nehmen	Hier geht es darum, die Einschätzung einer Problemstellung, eines Sachverhaltes, einer Wertung auf der Grundlage fachlicher Kenntnis und Einsicht nach kritischer Prüfung und Abwägung zu formulieren.	*Nehmen Sie zu den Aussagen* des Autors *kritisch Stellung*, indem Sie Erkenntnisse der Sprachsoziologie berücksichtigen.
begründen	Es ist wichtig, dass Sie ein Analyseergebnis, Urteil, eine Einschätzung, eine Wertung fachlich und sachlich absichern (durch einen entsprechenden Beleg, Beispiele, eine Argumentation).	Schreiben Sie dem Verfasser eine Antwort; *begründen Sie* anschließend die von Ihnen gewählte Darstellungsform und die von Ihnen gewählten Stilmittel.
sich auseinandersetzen mit	Sie sollen zu einer (fachlichen) Problemstellung oder These eine Argumentation entwickeln, die zu einem begründeten und nachvollziehbaren Ergebnis führt.	*Setzen Sie sich mit der Position* des Schriftstellers vor dem Hintergrund Ihrer Kenntnisse des Vormärz *auseinander.*

prüfen, überprüfen	Hier müssen Sie eine Textaussage, These, einen Sachverhalt auf der Grundlage eigener Kenntnisse, Einsichten oder Textkenntnis auf ihre/seine Angemessenheit hin untersuchen.	*Überprüfen Sie die Stimmigkeit* der Aussage anhand der Gliederung und der rhetorischen Mittel.
interpretieren	**Literarische Texte:** Texterfassung, Textbeschreibung, Textdeutung (unter Berücksichtigung des Wechselbezugs von Textstrukturen, Funktionen und Intentionen, Erfassen zentraler strukturbildender, genretypischer, syntaktischer, semantischer und rhetorischer Elemente und ihrer Funktionen für das Textganze), kritische Reflexion und ggf. Wertung.	*Interpretieren Sie* das vorliegende Gedicht. *Interpretieren Sie* den Text im Zusammenhang mit den Ihnen bekannten Dramentheorien.
analysieren	**Sachtexte:** Texterfassung, Textbeschreibung, Textuntersuchung (Zusammenhang von Textstruktur und Textintention, strukturbildende semantische, syntaktische Elemente unter Berücksichtigung der sprachlichen Funktion); Erfassen der pragmatischen Struktur des Textes unter besonderer Berücksichtigung der Argumentationsweise; Erkennen und ggf. Beurteilen des Zusammenspiels von Struktur, Intention und Wirkung im Rahmen des historischen und aktuellen Verstehenshorizontes.	*Analysieren Sie* die Rede unter Berücksichtigung der Anmerkungen. *Analysieren* Sie den vorliegenden Text *im Hinblick auf die Argumentationsstruktur.*
erörtern	Es wird von Ihnen erwartet, dass Sie eine These oder Problemstellung, eine Argumentation durch Für- und- Wider- bzw. Sowohl-als-Auch-Argumente auf ihre Stichhaltigkeit hin prüfen und auf dieser Grundlage eine Schlussfolgerung bzw. eigene Stellungnahme dazu entwickeln.	*Erörtern Sie die Notwendigkeit* von Sprachförderkonzepten im Zusammenhang mit den Aussagen der beiden vorliegenden Texte.
diskutieren	Gegenüberstellung unterschiedlicher Argumente; abwägende Stellungnahmen zu deren Bedeutung bzw. Stichhaltigkeit; zusammenfassende Schlussfolgerung(en) – aber auch: Überprüfung einer gedanklichen Position anhand der darin erkennbaren Thesen und Argumente.	*Diskutieren Sie* die Haltbarkeit der Position von … zur Änderung des bayerischen Schulsystems.

5 Tipps, Hinweise zu den Bewertungskriterien

5.1 Praktische Tipps

Ein sinnvoller Aufbau spiegelt sich immer in einer überzeugenden **Gliederung** wider. Diese ist **Teil der Prüfungsleistung** und wird natürlich auch bewertet. Es gibt zwei Arten der Gliederung: die alphanumerische Gliederung (A-B-C) und die numerische Gliederung (1-2-3-4). Beispiele dafür finden sich in diesem Buch. Sie selbst können entscheiden, welche Gliederungsform Sie verwenden, genauso wie Sie sich für den Nominal- oder den Verbalstil entscheiden. Wichtig ist nur, dass Sie die gewählte Form durchhalten! Im ausformulierten Aufsatz gibt es keine Zwischenüberschriften, als Serviceleistung für den Leser können Sie aber die Gliederungsnummern am Rand notieren. Auch diese Technik wird im vorliegenden Buch gezeigt.
Schreiben ist immer ein Prozess. Wer die einzelnen Phasen konzentriert angeht, wird am Ende ein vorzeigbares Produkt haben. **Bereiten** Sie die Arbeit gut **vor**, indem Sie z. B. die Texte farbig markieren und sinnvolle Randnotizen machen. **Sammeln** Sie Ihre Ideen in Clustern, Mindmaps oder in Stichworten. **Verfassen** Sie dann einen gut gegliederten und durchdachten Aufsatz, den Sie am Ende sorgfältig **überarbeiten**.

5.2 Hinweise zu den Bewertungskriterien

Wie bei allen Aufsätzen an bayerischen Gymnasien wird auch die Abiturnote nicht durch Addition der auf die Anforderungsbereiche bezogenen Teilnoten errechnet, sondern stellt eine Gesamtwürdigung der erbrachten Leistungen dar.
Bei der Punktevergabe werden folgende Bewertungskategorien berücksichtigt:

- inhaltliche Leistung,
- methodische Leistung,
- sprachliche Leistung/Darstellungsleistung. Bei den freieren Formen des Argumentierens spielt die sprachliche Leistung eine große Rolle. Es wird darauf geachtet werden, dass Ihr Text eine gewisse Attraktivität hat, dass er Sprachwitz wagt und den Leser zu unterhalten vermag. Aber keine Angst: Niemand wird von Ihnen einen perfekten Text verlangen. Es geht vielmehr darum, dass Sie den Mut haben, Ihre Ideen auch sprachlich entsprechend zu pointieren.

Besonders viel Gewicht wird in der Bewertung darauf gelegt, dass

- Ihre Ausführungen sachlich richtig sind,
- Ihre Aussagen folgerichtig und begründet sind,
- Ihre Darstellung und Ihr Verständnis der Thematik den prinzipiellen Ansprüchen des Deutschunterrichts in der Oberstufe entsprechen,
- Ihre Arbeit einen bestimmten Grad an Selbständigkeit, etwa in der Entwicklung von Gedankengängen, aufweist,
- der Aufsatz sinnfällig aufgebaut und klar formuliert ist,
- eine grundlegende Sicherheit im Umgang mit der Fachsprache und den entsprechenden Methoden unter Beweis gestellt wird,
- Ihre Ausführungen sprachlich richtig sind und
- die äußere Form Ihres Aufsatzes den Erwartungen entspricht.

Bei der Erörterungsaufgabe wird besonders darauf geachtet, dass
- das Thema präzise erschlossen ist,
- der Aufsatz schlüssig aufgebaut ist,
- plausibel argumentiert wird,
- ein angemessener Grad der Reflexion erreicht ist,
- die verwendete Begrifflichkeit angemessen und korrekt eingesetzt ist,
- Sie sich sprachlich korrekt und gewandt auszudrücken vermögen.

Viel Erfolg!

Lösung der Frage auf Seite IX: 201 Wörter

Übungsaufgabe 1:
Erörterndes Erschließen pragmatischer Texte

Aufgaben:

1. Analysieren Sie den Text. Zeigen Sie dabei die Einstellung des Autors zur Übernahme von Anglizismen auf und analysieren Sie die wesentlichen sprachlichen Mittel, mit denen er sie zum Ausdruck bringt.
2. Bearbeiten Sie **eine** der beiden folgenden Varianten.
   Variante 1:
   Erörtern Sie ausgehend von Ihren Ergebnissen, ob Anglizismen in der deutschen Sprache bekämpft werden sollten.

   oder

   Variante 2:
   Verfassen Sie einen Kommentar für eine Tageszeitung, in dem Sie sich ausgehend von Jens Jessens Einstellung mit dem Gebrauch und der Verbreitung von Anglizismen unter Managern und Jugendlichen auseinandersetzen.
   Ihr Kommentar sollte etwa 900–1000 Wörter umfassen. Wählen Sie auch eine geeignete Überschrift.

Jens Jessen
Die verkaufte Sprache

Aus dem Kreis der Weltsprachen ist das Deutsche schon verschwunden. Nun wird es auch in seiner Heimat zum Sanierungsfall.

Es gibt einen Typus des übellaunigen, heimattümelnden Sprachschützers, dem man nicht im Dunklen begegnen möchte. Aber es gibt auch Gründe, im hellen Mittagslicht der aufgeklärten Vernunft Sorge um den Bestand der deutschen Sprache zu empfinden. Warum ist auf Bahnhöfen kein Schalter für Auskünfte, sondern ein *Service Point?* Was hat der englische Genitiv-Apostroph in *Susi's Häkelstudio* zu suchen? Welcher Teufel trieb eine deutsche Wissenschaftsministerin zu einer Kampagne mit dem Motto *„Brain up"*, was weder auf Deutsch noch auf Englisch Sinn ergibt?

Die Überflutung mit englischen Wendungen ist nur ein, wahrscheinlich der kleinste Teil des Problems. Der größere Teil besteht in ihrer kenntnislosen Aneignung zu dekorativen Zwecken. Viel spricht dafür, den Geist einer aufschneiderischen Werbung dabei am Werk zu sehen. Die deutsche Bahn will sich nicht nur technisch modernisieren; sie will auch modern wirken. Dass ihre sprachliche Modernisierung ein *fake* ist (um ein gutes englisches Wort zu verwenden), scheint ihr egal zu sein. Ähnliches gilt für ihre Neigung, jede Neuigkeit à tout prix[1] *kommunizieren* zu müssen, anstatt sie einfach mitzuteilen.

Der Ausdruck *à tout prix* ist übrigens aus einer älteren Epoche überkommen. Den Import von französischen Wendungen des 18. Jahrhunderts hat das Deutsche allerdings gut überstanden. Die meisten Ausdrücke sind wieder verschwunden; die übrigen haben sich bis zur Unkenntlichkeit in den Wurzelbestand des Deutschen eingemoost. Von der erfolgreichen Anverwandlung zeugt sogar die Wortbildung: Die Endung *-ieren,* die ursprünglich dazu diente, französische Verben einzudeutschen *(parlieren),* wurde bald auch zu Neubildungen mit deutschen Wortstämmen benutzt *(spintisieren, verlustieren).*

Um sprachschützerische Einfalt von berechtigter Sorge zu trennen, muss man sich klarmachen, dass Deutsch seit Langem eine Hybridsprache ist, die nicht nur Fluten fremder Wörter aufgenommen hat, sondern auch in ihrer Grammatik mehrfach überformt wurde. Den Anfang machten Mönche des Mittelalters, die zahllose Lehnbildungen nach lateinischem Vorbild prägten – berühmtes Beispiel ist die Neubildung *Gewissen* nach lateinisch *conscientia.* Den zweiten Schub besorgten Humanismus und Reformation, als die Syntax dem Lateinischen anverwandelt wurde. Man vergleiche die einfachen Satzmuster des Mittelhochdeutschen mit dem Frühneuhochdeutschen, erst recht aber mit dem barocken Deutsch, in dem die Hypotaxen, die Partizipialkonstruktionen und Verschachtelungen geradezu explodieren. Die Sprache eines Kleist oder Hegel wäre ohne diese syntaktische Überfremdung nicht denkbar.

Daraus folgt freilich keine Entwarnung für die Gegenwart. Denn die früheren Übernahmen haben das Deutsche komplexer, reicher, intellektueller und expressiver, philosophischer und dichterischer, auch wissenschaftsfähiger gemacht. Unter dem Einfluss des globalisierten Englisch aber vollzieht sich eine geradezu atemberaubende Simplifizierung. Die englischen oder pseudoenglischen Ausdrücke kommen nämlich nicht einfach hinzu, sie ersetzen auch nicht nur deutsche Wörter, was schlimmstenfalls überflüssig wäre. Sie verdrängen vielmehr die natürliche Wortbildung des Deutschen, die keinerlei Schwierigkeiten mit Neologismen hätte, weil sie mit ihrer Leichtigkeit der Wortzusammensetzung sonst nur im Altgriechischen einen Vergleich hat.

Es scheint aber, dass die Eigenarten des Deutschen inzwischen selbst zum Ärgernis geworden sind, vielleicht schon als Standortrisiko gelten. Das Hauptärgernis lässt sich freilich nur schlecht leugnen. Es gibt, mit Schweiz, Österreich und Südtirol, kaum 100 Millionen Sprecher des Deutschen. Das Englische, jedenfalls in seiner globalisiert heruntergekommenen Spielart, wird dagegen auf der ganzen Welt verstanden. Es hat daher seine Logik, wenn sich der Gebrauch des Deutschen aus der Wissenschaft zurückzieht, die auf weltweiten Austausch angewiesen ist. Aber muss deshalb neu gegründeten Universitäten in Deutschland gleich das Englische als Unterrichtssprache aufgezwungen werden? Manches spricht dafür, dass hier nicht internationale Konkurrenz, sondern ein Zeitgeistopportunismus am Werk ist, der das Deutsche wie eine überholte Technologie ablegen will. Denn es sind ja nicht Amerikaner, die uns ihre Wörter aufzwingen. Es sind Deutsche, die in ihrer Bewunderung für alles Amerikanische mit der transatlantischen Praxis zugleich die Begriffe dafür mitbringen – wie Geschenke, die glitzernd verpackt werden müssen, damit ihrem dürftigen Inhalt Respekt gezollt werde.

Es lohnt sich, bei der Psychologie des Sprachimporteurs zu verweilen. Es ist nicht deutscher Selbsthass, der ihn antreibt, wie manche Sprachschützer meinen. Der Sprachimporteur ist vor allem ein Marketingexperte in eigener Sache. Er will angeben mit der frisch erworbenen Kenntnis, er kehrt ins verschnarchte Dorf seines Ursprungs zurück und brilliert dort im Glanze seiner Glasperlen, die er den zurückgebliebenen Landsleuten andrehen will. Die Undeutlichkeit und die Euphemismen des Business-Englisch sind kein Mangel, sie sind die Voraussetzung des betrügerischen Tuns. So werden dem *Trainee* (deutsch: Lehrling) die *Karriere-Optionen eröffnet* (deutsch: Hoffnungen gemacht), zum *Asset Manager* (deutsch: Kaffeekocher) aufzusteigen. Unvergessen ist der Bertelsmann-Chef Thomas Middelhoff, dessen Lieblingsmotto *„Speed, speed, speed"* lautete und der selbst im internen Schriftverkehr seine leitenden Angestellten anwies, englisch zu schreiben.

Es ist nicht so, dass überpersönliche Mächte für den Unfug verantwortlich wären. Es sind identifizierbare Sprecher, die der Sprache Gewalt antun, und nur selten unterläuft es ihnen. In den allermeisten Fällen ist, was uns ärgert, auch beabsichtigt. Der Business-Schwafler will uns ein X für ein U vormachen. Der Vergleich mit den Glasperlen ist nicht zufällig gewählt. Der Sprachimporteur handelt mit Waren, die in ihrem Herkunftsland bereits als wertlos gelten. Über die Ausdrucksweise der PowerPoint-Präsentationen wird in den USA längst gespottet.

Der Geist eines ridikülen Marketings, der in der Managersprache steckt, will Exklusivität, die elitäre Anmutung eines arkanen[2] Wissensvorsprungs. Den Zweck der Ausschließung teilt sie mit der Jugendsprache, der es seit alters darum geht, sich von der Erwachsenenwelt abzuschotten. Töricht wäre es, sich über Kürzel aufzuregen, die von den Eltern nicht verstanden werden – denn das ist ihr Sinn. Es fragt sich allerdings, was von Geschäftsleuten zu halten ist, die sich wie Kinder gebärden, die Erwachsene verblüffen und ärgern wollen.

Es liegt bei uns, die Antwort zu formulieren. Es liegt in der Macht jeden einzelnen Sprechers, die Zukunft des Deutschen zu gestalten. Das unterscheidet marodes Deutsch etwa von einem maroden Kernkraftwerk, das nur Experten reparieren können. Das Deutsche wird nicht sterben, es sei denn, die Deutschen wollen es. Es sei denn, sie kapitulieren vor der Werbung, vor der Geschäftssprache, vor dem kollektiven Hass auf alles Komplizierte, den die Medien nähren. Aber selbst wenn das Deutsche stürbe – es würde als tote Sprache weiterleben, als eine Art Griechisch oder Latein der Neuzeit. Die Zahl kanonischer Autoren, von Philosophen wie Dichtern, wird den Gelehrten das Deutsche immer attraktiv erhalten. Das ist vielleicht kein Trost – aber ein Gedankenspiel, das uns Heutigen Respekt vor der achtlos malträtierten Umgangssprache einflößen sollte.

Jessen, Jens: Die verkaufte Sprache, in: DIE ZEIT vom 26. 07. 2007

Worterläuterungen:
1 *à tout prix (frz.):* um jeden Preis
2 *arkan:* geheim, von *lat.* „arcanus": geheim, heimlich

Hinweise und Tipps

- *Bemühen Sie sich, in Ihrer* ***Einleitung*** *den Kerninhalt des Artikels möglichst prägnant in eigene Worte zu fassen. Wenn Sie danach* ***Inhalt und Struktur*** *des Artikels nachzeichnen, sollten Sie die zentralen Argumentationslinien von Jens Jessen herausarbeiten. So kommen Sie unweigerlich auch auf die* ***Intention des Autors*** *zu sprechen, nämlich seinen Wunsch, dass jeder Einzelne bewusster mit der Sprache umgeht. Achten Sie darauf, die wesentlichen Thesen mit eigenen Worten wiederzugeben. Dadurch beweisen Sie, dass Sie den Text gedanklich durchdrungen haben.*
- *Jessen macht aus seiner* ***Haltung gegenüber dem Vordringen der Anglizismen*** *kein Geheimnis. Sie müssen zeigen, wie er diese mithilfe der von ihm eingesetzten rhetorischen Mittel verdeutlicht. Ihre* ***stilistische Analyse*** *sollte seine abwertenden Wendungen für das globalisierte Englisch ebenso berücksichtigen wie auch seine positive Darstellung anderer Fremdsprachen (Latein, Französisch), die ebenfalls das Deutsche beeinflusst haben. Zeigen Sie an konkreten Beispielen, wie die formale Gestaltung im Dienst der Aussageabsicht steht, was Jessen mit welchem Stilmittel erreichen will. Verlieren Sie sich nicht in Detailbefunden, sondern behalten Sie stets die Stoßrichtung des Textes im Auge.*
- *In Ihrer* ***abschließenden Erörterung (Variante 1)*** *sollten Sie möglichst differenziert vorgehen und nicht einseitig die Bekämpfung von Anglizismen befürworten oder ablehnen. Jens Jessens Artikel demonstriert die Wichtigkeit guter und treffender Beispiele für die Argumentation. Sammeln Sie daher Anglizismen, die Ihnen aus dem Alltag wie der Werbung vertraut sind, und nutzen Sie sie als Belege für Ihre Beweisführung. Wägen Sie kritisch ab, ob es Sinn macht, englische Lehnwörter zurückzudrängen, und wenn ja, welche. In Ihrem Fazit können Sie auch darüber nachdenken, wie eine solche Beeinflussung der Sprache aussehen würde.*
- *Für den Fall, dass Sie sich für die* ***zweite Variante*** *entscheiden, wird von Ihnen ein* ***Kommentar*** *verlangt. Dieser ist eine* ***subjektive, wertende Anmerkung*** *zu einem bestimmten Thema. Die Schreibanlässe sind vielseitig und reichen von aktuellen politischen, kulturellen oder wirtschaftlichen Ereignissen über Meinungsäußerungen anderer Personen bis hin zu Alltagsbeobachtungen. Ziel eines Kommentars ist, die* ***eigene Meinung*** *so deutlich wie möglich herauszustellen und die* ***Leser*** *von ihr zu* ***überzeugen****. Um dies zu erreichen, machen Sie am besten schon in der Einleitung Ihren Standpunkt deutlich, legen im Hauptteil Ihre Argumente dar und bringen abschließend Ihre Meinung noch einmal pointiert zum Ausdruck. Orientieren Sie sich beim Aufbau Ihrer Argumente an der bekannten Abfolge Behauptung – Begründung – Beispiel, wobei Sie aber beim Kommentar mehr Freiheiten als bei der Erörterung haben. Sie müssen zwar Ihre Argumente ebenfalls* ***sachlich richtig und logisch nachvollziehbar*** *gestalten, sollten jedoch Ihre Meinung auf subjektivere Weise als bei der Erörterung darlegen: Verwenden Sie dazu sprachliche Mittel, die Ihren Kommentar* ***abwechslungsreich*** *und* ***unterhaltsam*** *machen. Vergessen Sie auch nicht, eine* ***griffige und ansprechende Überschrift*** *zu formulieren.*

Gliederung

Lösungsvorschlag

In regelmäßigen Abständen prophezeien Linguisten, Politiker und Journalisten den Untergang des Deutschen – und diese Bedenken scheinen nicht unbegründet angesichts der allgegenwärtigen Anglizismen, die unsere Sprache sowohl im beruflichen als auch im privaten Bereich immer stärker prägen. In seinem Artikel „Die verkaufte Sprache“, der in der „Zeit“ vom 26. Juli 2007 erschien, beschreibt Jens Jessen die sukzessive Verdrängung des Deutschen durch das globalisierte Englisch und will zu einer Rückbesinnung auf den Reichtum der deutschen Sprache anregen. 1

Auch wenn sich Jessen gleich zu Beginn von einem negativen Typus des 2
Sprachschützers abgrenzt (vgl. Z. 1 f.), verfolgt er doch ein ähnliches Ziel: Er 2.1
hinterfragt die unreflektierten Wortübernahmen aus dem Englischen und stellt sie als sprachliche Anbiederungen bloß, die in ihrer veränderten Form teilweise selbst in ihrer Herkunftssprache keinen Sinn mehr ergeben. Jessen umreißt anhand einiger **Beispiele** das Problem.
Die Menge der sich ausbreitenden Anglizismen ist für Jessen dabei nur ein untergeordneter Aspekt, weit gravierender sei die Motivation für solch fremdsprachliche Übernahmen. Der Rückgriff auf englische Vokabeln verfolge vornehmlich den Zweck, den Sprecher als modern und innovativ erscheinen zu lassen (vgl. Z. 11 f.). Als Beispiel für eine derartig fragwürdige Sprachpraxis nennt Jessen die deutsche Bahn.
In einem **Exkurs** rekapituliert der Autor dann die **Entwicklung des Deutschen unter dem Einfluss anderer Sprachen**. Dabei nutzt er die Wendung „à tout prix“ (Z. 14) als Einstieg, um die befruchtende Wirkung darzustellen, die das Französisch des 18. Jahrhunderts hatte; allerdings seien die meisten französischstämmigen Begriffe längst nicht mehr gebräuchlich oder ganz dem Deutschen anverwandelt. Jessen betont, dass keine sprachliche Reinform existiere, das Deutsche vielmehr eine zusammengesetzte „Hybridsprache“ (Z. 25) sei, die unterschiedliche Faktoren geprägt hätten. Vom Mittelalter über den Humanismus bis zum Barock habe gerade der Kontakt mit dem Latein der Gelehrten die Sprache bereichert, vielfältiger und bedeutungsreicher werden lassen. Dieser Zugewinn an Tiefe sei die Basis, auf der später Dichter wie Kleist oder Philosophen wie Hegel aufbauten. Jedoch gelte die Aufwertung, die das Deutsche in der Vergangenheit durch den Einfluss anderer Sprachen erfahren habe, nicht mehr für die Gegenwart. Stattdessen sei das Gegenteil der Fall: Das **globalisierte Englisch** verdränge die Wortbildung der deutschen Sprache und **bewirke** so eine **Vereinfachung** und Verarmung (vgl. Z. 37–43).
Sprache sei zu einem wesentlichen **ökonomischen Faktor** geworden. Es gebe zu wenig deutsche Muttersprachler, als dass sich Deutsch gegen Englisch behaupten könne. In logischer Konsequenz dominiere Letzteres auch in der Wissenschaft. Für eine fragwürdige und opportunistische Anpassung an den

Zeitgeist hält es Jessen allerdings, dass neue Universitäten das Englische sogar zur Unterrichtssprache machen (vgl. Z. 44–58).
In der Folge entwirft er das **Profil des „Sprachimporteurs“** (Z. 59), der sich durch den Einsatz von Anglizismen hervortun und andere blenden wolle. Dass die Begrifflichkeiten des Business-Englisch oft vieldeutig und wenig konkret bleiben, komme der Absicht entgegen, andere damit zu täuschen. Diese Sprachimporteure handelten ganz bewusst und ließen sich auch eindeutig identifizieren (vgl. Z. 72f.). Hinter der Managersprache stecke das Bemühen, den Eindruck von Exklusivität zu erwecken und sich nach außen abzuschotten – eine Tendenz, die auch bei der Jugendsprache zu finden sei. Allerdings erscheint es dem Autor kritikwürdig, dass Manager sich wie pubertierende Jugendliche verhielten (vgl. Z. 78–84).
Nachdem Jens Jessen mit zahlreichen Beispielen die Problemlage skizziert und die Gefährdung des Deutschen dargestellt hat, beendet er seinen Artikel mit einem indirekten, aber unverhohlenen **Appell:** Jeder Einzelne könne zum Erhalt der deutschen Sprache seinen Teil beitragen. Eine Zukunftsvision soll noch einmal ihren Stellenwert und ihre Bedeutung illustrieren. Deutsch werde nur sterben, wenn die Deutschen dies wollten, wenn sie sich der Sprache der Werbung und Manager beugten und den Reichtum des Deutschen gegen die oberflächliche Beliebigkeit des globalisierten Englisch eintauschten. Und selbst als tote Sprache würde Deutsch seine Strahlkraft behalten dank seiner Dichter und Gelehrten (vgl. Z. 85–93).

Jens Jessen nimmt gegenüber der zunehmenden Dominanz von Anglizismen 2.2
somit eine **kritische und ablehnende Haltung** ein, wie bereits der Titel seines Artikels „Die verkaufte Sprache“ verrät. In diesem wird vorweggenommen, dass es vorwiegend wirtschaftlich-materielle Strategien sind, die die deutsche Sprache als „Standortrisiko“ (Z. 45) abstempeln und daher zurückdrängen. Während Jessen die Qualität des Deutschen verteidigt, hinterfragt er die beliebige Übernahme englischer oder pseudo-englischer Wendungen. Mit bissigen rhetorischen Fragen legt er die aktuellen sprachlichen Missstände bloß (vgl. Z. 6f.). Dabei betont er, dass er kein „heimattümelnde[r] Sprachschützer“ (Z. 1) sei, sondern durchaus differenziert denke.
So weiß er um den Gewinn, den die deutsche Sprache in der Vergangenheit 2.2.1
dem Kontakt mit dem Lateinischen oder Französischen zu verdanken hat. Gezielt streut er in seinem Text immer wieder diesen Sprachen entstammende **Lehnworte** ein, um zu demonstrieren, dass eine Wechselwirkung zwischen Sprachen durchaus befruchtend und bereichernd sein kann. Das Marketing, das sein Heil im Englisch sucht, nennt er „ridikül“ (Z. 78), also lächerlich; es diene dazu, einen „arkanen Wissensvorsprung“ (Z. 79) zu suggerieren. Das Wort „arkan“ ist aus dem Lateinischen übernommen und bedeutet soviel wie „geheim“. Und wenn er die besorgniserregende Entwicklung der deutschen Sprache eine „Simplifizierung“ (Z. 39) nennt, verwendet er ebenfalls einen Begriff, der lateinische Wurzeln hat. Die Bezeichnungen „marode“ und „malträtiert“ (vgl. Z. 86, 95) sind dagegen Relikte aus dem 18. Jahrhundert, als

Französisch als Sprache des Hofes und der Bildung galt. Durch den eleganten Einsatz solcher Begriffe zeigt Jessen seine eigene Bildung und führt vor Augen, wie das **Deutsche durch fremdsprachige Einflüsse um Bedeutungsnuancen bereichert** worden ist. Sprache scheint er als etwas Lebendiges zu verstehen, wenn er ausführt, dass die meisten französischen Ausdrücke „sich bis zur Unkenntlichkeit in den Wurzelbestand des Deutschen eingemoost" (Z. 19 f.) hätten. Er greift auf Metaphern aus dem vegetativen Bereich zurück, um die gesunde Entwicklung zu veranschaulichen.

Für das globalisierte Englisch gälten dagegen andere Regeln, da hier die deut- 2.2.2
sche Sprache mit ihren Möglichkeiten zu Wortneuschöpfungen bedroht sei (vgl. Z. 41 f.). Jessen benutzt **abwertende Formulierungen**, um das globalisierte Englisch als dem Deutschen nicht ebenbürtig darzustellen (vgl. Z. 47 f.). So vergleicht er die Anglizismen mit „Glasperlen" (Z. 63), „Geschenke[n], die glitzernd verpackt werden müssen, damit ihrem dürftigen Inhalt Respekt gezollt werde" (Z. 57 f.). Damit spielt Jessen auf die Entdecker Amerikas an, die die Ureinwohner mit glänzenden, doch wertlosen Gaben beeindruckten und ihnen dann ihre Herrschaft aufzwangen. Die englischen Lehnwörter böten also eine attraktive Hülle – sie klängen modern und fortschrittlich –, transportierten aber keinen wirklichen Inhalt. Verantwortlich für die Zunahme von Anglizismen sei der „Sprachimporteur" (Z. 75), der „Business-Schwafler" (Z. 74), womit Jessen zwei **Neologismen** einführt, die die Infiltrierung der deutschen Sprache erneut an die Ökonomie anknüpfen. Zugleich zeigt er Möglichkeiten deutscher Wortneuschöpfungen auf und greift hierbei auf fremdsprachige Wörter zurück.
Jessens **Spott** über die Sprachpraxis der Wirtschaftsvertreter spiegelt sich unverhohlen in seinen entlarvenden „Übersetzungen" wider, mit denen er die vollmundigen, im Berufsleben gängigen englischen Begrifflichkeiten ins Deutsche überführt (vgl. Z. 66–68). Und auch der **Vergleich des Manager-Englisch mit der Jugendsprache**, die dazu diene, sich gegen die Umwelt abzugrenzen und diese zu täuschen (vgl. Z. 78–84), illustriert noch einmal seine Geringschätzung für die wahllose Übernahme von Anglizismen.

Jessens inhaltliche Aussage korrespondiert deutlich mit den von ihm einge- 2.3
setzten rhetorischen Mitteln. Während er mit seinem **elaborierten, niveauvollen Stil** die Güte des Deutschen vorführt und durch den bewussten Gebrauch fremdsprachiger Lehnwörter auch die positiven Auswirkungen anerkennt, die das Lateinische und das Französische auf die deutsche Sprache hatten, würdigt er das globalisierte Englisch konsequent herab. Mit **abwertenden Vergleichen und Metaphern** macht er die Manager und ihre vermeintlich exklusive Sprache lächerlich und demaskiert ironisch ihre Englisch-Begeisterung als Teil eines Täuschungsmanövers. Dabei attackiert er nicht die englische Sprache an sich, sondern vor allem deren unter Managern gebräuchliche, vereinfachte und verflachte Spielart. Die sprachliche Gestaltung des Artikels steht im Dienst eines Ziels: Respekt vor der deutschen Sprache zu wecken und für die Gefahren der Anglizismen-Mode zu sensibilisieren.

Variante 1:

In unserer globalisierten Gesellschaft lässt sich eine wechselseitige Beeinflus- 3
sung von Sprachen nicht vermeiden. Englisch hat sich als führende Weltsprache etabliert und ist nötig, um internationale Geschäfte abzuschließen, um den weltweiten Wissenstransfer zu erleichtern, um politische Fragen zu verhandeln. Da ist es nur eine logische Konsequenz, dass immer mehr Spuren des Englischen auch ins Deutsche eindringen. Doch wann und wo sind die englischen Einflüsse zu viel für die deutsche Sprache? Sollten Anglizismen, wie es vor allem einige selbsternannte „Sprachschützer“ fordern, vielleicht sogar regelrecht „bekämpft“ werden?

Meiner Meinung nach gibt es durchaus Fälle, in denen Anglizismen sinnvoll 3.1
erscheinen. So ist eine Übernahme von Fremdwörtern dann gerechtfertigt, wenn 3.1.1
im Deutschen kein adäquater Begriff existiert und das neue Wort eine Lücke füllt, wie dies bei *Clown* oder *Interview* der Fall ist. Hier wirkt die **englische Sprache ergänzend**. In vergangenen Jahrhunderten hatten Felder wie die Philosophie oder die Religion großen Einfluss auf die Gelehrten des Landes. So kamen lateinische und griechische Begriffe – bereichernd! – zur deutschen Sprache hinzu, da Latein und Griechisch die dominierenden Sprachen dieser Disziplinen waren. Im 18. Jahrhundert gewann dann die französische Sprache Einfluss auf das Deutsche – ohne langfristige negative Folgen, denn die französischen Wörter sind, sofern sie nicht wieder verschwunden sind, heute gänzlich mit der deutschen Sprache verschmolzen. Inzwischen stehen häufig technische Innovationen im Mittelpunkt des Interesses. Nachdem diese Entwicklungen oft aus dem amerikanischen Raum kommen, verwundert es nicht, dass auf diesem Feld zahlreiche Anglizismen Einzug gehalten haben. Die Begriffe *Computer, Internet* und *Laptop* sind durch keinen gleichwertigen deutschen Begriff auszutauschen. Bestrebungen, englische Begriffe durch neue deutsche Entsprechungen zu ersetzen, etwa *Airbag* durch *Prallkissen,* erscheinen kaum Erfolg versprechend. Gegen die Verbreitung solcher Anglizismen anzugehen, halte ich für wenig aussichtsreich.

Auch muss man festhalten, dass Sprache einem steten, natürlichen **Wand-** 3.1.2
lungsprozess unterliegt. Heute noch fremde und nicht jedem verständliche Wörter können morgen schon unangezweifelter Bestandteil des Deutschen sein. Wie der Journalist Jens Jessen konstatiert, ist naturgemäß gerade die Ökonomie empfänglich für Wortübernahmen. Die hier schon vor etlichen Jahren übernommenen Begriffe wie *Manager* oder *Marketing* sind längst deutsches Gemeingut und allgemein verständlich. Auch scheint eine nur mehr in gebildeten Schichten kultivierte tote Sprache, die Jessen offenbar für möglich hält (vgl. Z. 90–92), in weiter Ferne zu sein. Zwar nehmen die Anglizismen tatsächlich immer weiter zu, aber wenn man auf die Wörter blickt, die jedes Jahr neu in den Duden aufgenommen werden, so findet man dort eben nicht nur die *Bad Bank* oder das *It-Girl.* Auch deutsch-englische Mischformen wie der *Nacktscanner* werden erfunden, und es gibt sogar gänzlich

deutsche Neologismen wie das *Dosenpfand* oder die *Raucherkneipe.* Anglizismen bedeuten also längst nicht das Ende deutscher Wortneuschöpfungen.

Auch wenn es nach wie vor zu neuen deutschen Wortbildungen kommt und 3.2
englische Begriffe mit der Zeit immer geläufiger werden, stellt sich doch die 3.2.1
Frage nach dem Sinn von Anglizismen. Denn nicht immer stellen diese ergänzende, bereichernde Wortneuschöpfungen dar. Anders als bei den oben genannten Begriffen (wie z. B. *Computer*) verhält es sich mit den sogenannten **Fantasie-Anglizismen**, pseudo-englischen Begrifflichkeiten, die es im Englischen gar nicht gibt und die oft technische und kulturelle Innovationen bezeichnen, wie z. B. *Handy, Beamer* oder *Beauty Farm.* Hier sollte der englische Klang bei der Bezeichnung neuer Entwicklungen offenbar mehr Fortschrittlichkeit suggerieren als mögliche deutsche Begriffe. Dass aktuelle Trends oft mit Scheinanglizismen benannt werden, illustriert das sogenannte *Public Viewing,* die öffentliche Übertragung sportlicher oder kultureller Großereignisse auf Leinwand. Im Englischen ist der Begriff kurioserweise für die Aufbahrung von Leichen gebräuchlich, korrekt würde eine solche Übertragung *outdoor screening* heißen.

Daneben gibt es Übernahmen, die bereits bestehende **deutsche Wortfelder** 3.2.2
verdrängen und die vornehmlich in den Medien und der Werbung Anwendung finden. Hier ist die von Jessen kritisierte Konstruktion von Modewörtern zu beobachten, die angeblich dem Zeitgeist entsprechen. Worte wie *Powerbrot* oder *Backshop* sind solch fragwürdige Ergebnisse. Diese Wortersetzungen sind dabei ebenso wie die (pseudo)englische Bezeichnung neuer Phänomene keine zufälligen Prozesse, sondern gezielte ökonomische Strategien, die Fortschrittlichkeit und Modernität suggerieren sollen. Jessen macht zu Recht darauf aufmerksam, dass die Verwendung des Wortes *Service Point* statt des deutschen *Auskunftschalters* durch die Bahn ein Beispiel gänzlich überflüssiger Anglizismen ist – ebenso kritisiert er übrigens die Verwendung des Wortes *kommunizieren* aufseiten der Bahn, die damit wohl ihre *Mitteilungen* auf eine höhere Ebene zu heben versucht. Kritikpunkt sollte daher nicht die Verwendung englischer Wörter sein, sondern der Einsatz von (fremdsprachlichen) Begriffen mit der Absicht, die Menschen zu täuschen und zu blenden, um selbst (wirtschaftlichen) Nutzen daraus zu ziehen.

Auch darf man nicht vergessen, dass überhandnehmende Anglizismen gerade 3.2.3
älteren Personen bzw. Menschen mit geringen Englischkenntnissen das Leben erschweren. Sie könnten sich ausgeschlossen fühlen und das Gefühl haben, nicht mehr mit der Mehrheit der Gesellschaft mithalten zu können – obwohl nur ein Übersetzungsproblem vorliegt. Und von diesen Verständnisschwierigkeiten sind mehr Personen betroffen, als man annehmen mag: Werbesprüche wie *Come in and find out* sollten die beworbenen Produkte attraktiver und interessanter erscheinen lassen. Allerdings haben Studien gezeigt, dass zahlreiche Verbraucher die Wendungen nicht richtig übersetzen konnten und etwas völlig Falsches verstanden. In der Werbung ist daher auch wieder ein Gegen-

trend zu für die Mehrheit verständlichen deutschen Formulierungen feststellbar. Und jüngst hat die Deutsche Bahn beschlossen, aus dem *Service Point* eine *DB Information,* aus dem *Counter* wieder einen *Schalter* zu machen.

Ich lehne Anglizismen daher ab, wenn sie dazu eingesetzt werden, Menschen **4**
zu manipulieren und zu täuschen (wie etwa bei den Wörtern *outsourcen* oder *Trainee*) bzw. einfach nur überflüssige bis sinnlose Modewörter sind (wie z. B. *chillen* oder *Handy*). Man sollte allerdings die Einflüsse der englischen Sprache nicht generell ablehnen und sich bewusst machen, dass Deutsch seit jeher eine – um es mit Jens Jessen zu sagen – „Hybridsprache“ (Z. 25) ist. Auch Englisch kann bereichernde und ergänzende Begriffe zur deutschen Sprache beisteuern, gerade im Bereich der Technik.

Wie kann und soll man nun im alltäglichen Sprachgebrauch mit Anglizismen umgehen? Jessen formuliert in seinem Artikel ein klares Fazit: „Es liegt in der Macht jeden einzelnen Sprechers, die Zukunft des Deutschen zu gestalten“ (Z. 85 f.). Offen bleibt, wie eine solche Einflussnahme aussehen soll. Der Verein Deutsche Sprache (VDS) etwa hat es sich zur Aufgabe gemacht, das „Denglisch“ zu bekämpfen, jene Vermischung aus englischer und deutscher Sprache, die meist im Englischen gar keinen Sinn macht. Eine durchgreifende und effektive Zurückdrängung von Anglizismen könnte zwar durch staatliche Regelungen versucht werden, doch hat eine Sprache ihre eigenen Gesetze und widersetzt sich bürokratischen Reglementierungen. Ich denke, dass der **Deutschunterricht** die besten Möglichkeiten hat, die Heranwachsenden für den Reichtum der deutschen Sprache zu begeistern und auf die Folgen einer unüberlegten Übernahme von Anglizismen hinzuweisen. Und Jessens Artikel ist ein gutes Beispiel dafür, wie die **Presse** auf die Öffentlichkeit einwirken kann. Ob man dann bewusster mit Sprache umgeht, bleibt zuletzt jedem Einzelnen überlassen. Das Beispiel der Deutschen Bahn zeigt jedoch auf alle Fälle, dass sich eine bewusste Rückbesinnung auf die deutsche Sprache durchaus gegen ökonomische Trends und Werbestrategien durchsetzen kann.

Variante 2:
In & out – sprachliche Abgrenzung zwischen Manager- und Jugendsprache

Wie viele Menschen gibt es wohl, die lieber mit ihrem *Klapprechner* statt 3
Laptop arbeiten? Wen kennt man schon, der vom *Übungsleiter* seines Lieblingsfußballvereins – und nicht von dessen *Trainer* – spricht? **Anglizismen** wie diese sind **allgegenwärtig** und aus dem deutschen Sprachgebrauch nicht mehr wegzudenken: *Übungsleiter* und *Klapprechner* hören sich mehr als hölzern an. In anderen Fällen existiert dagegen keine wirkliche deutsche Alternative: Unter einer „glücklichen Stunde" stellt man sich wohl kaum ermäßigte Getränke- oder Essenspreise vor. Und die wenigsten Restaurants oder Bars sind dafür bekannt, mit einer *Rabattstunde* Kunden anlocken zu wollen. Unbestritten gehört der Gebrauch von Anglizismen zur natürlichen Sprachentwicklung des Deutschen dazu. Doch nicht jede Alters- oder Berufsgruppe verwendet in gleichem Maße englische Ausdrücke. Gerade **Manager** und **Jugendliche** übertreiben es oft mit ihrer geradezu **exzessiven Verwendung** von Anglizismen, wie Jens Jessen in seinem Artikel „Die verkaufte Sprache", der am 26. 07. 2007 in der „Zeit" erschienen ist, herausstellt. Und dennoch lassen sich beide Gruppen nicht so einfach über einen Kamm scheren.

Auf den ersten Blick gibt es beim Gebrauch von Anglizismen mehr **Gemein-** 3.1
samkeiten als Unterschiede, verwenden doch beide Gruppen fremdsprach- 3.1.1
liche Begriffe, um sich von anderen abzugrenzen. Jessen spricht von der Funktion der **Exklusivität** und **Abschottung**, die hier Anglizismen erfüllen. Sprache ist neben Kleidung eines der wichtigsten Mittel, mit denen man sich von anderen abgrenzen kann und gleichzeitig innerhalb der Gruppe ein Zusammengehörigkeitsgefühl schafft. **Jugendliche** können so über die Verwendung immer neuer Anglizismen – denn Ausdrücke wie *cool* verwenden Eltern längst genauso wie ihre Kinder – ein **Alleinstellungsmerkmal** schaffen. Dabei orientieren sie sich vor allem an der amerikanischen Jugendkultur, welche aus Internet, Film, Fernsehen und der Musikszene bekannt ist, und übernehmen Begriffe wie z. B. *chillen,* um *in* und *up-to-date* zu sein.

Auch die sogenannte **Managersprache** dient dem Zweck, sich gegenüber 3.1.2
Menschen abzuschotten, die nicht der eigenen (Berufs-)Gruppe angehören. Hier übernehmen ursprünglich deutsche Wörter oft lediglich noch die Funktion von Füllwörtern. Es geht darum, ein Maximum an englischen Wörtern zu verwenden und dadurch die eigene Lebens- und Tätigkeitswelt so **kompliziert**, **exklusiv** und **international** wie möglich aussehen zu lassen. Berufsbezeichnungen werden bewusst so gewählt, dass Außenstehende gezwungen sind, die tatsächliche Tätigkeit zu erraten, man denke nur an den *Asset Manager,* den *Facility Manager* oder den *Trainee* (welcher nicht mit dem schon etwas älteren und inzwischen komplett eingedeutschten Anglizismus des *Trainers* verwechselt werden sollte). Statt einfach ein Treffen abzusagen, wird das *Meeting gecancelt.* Diese **Mischsprache** wird zugleich zum **Status-**

symbol derer, die nach außen hin über Sprache ihren vorhandenen (oder erhofften) Erfolg und Einfluss deutlich repräsentieren wollen.

Anglizismen zur Abgrenzung – diese Gemeinsamkeit sollte einen aber nicht 3.2
dazu verleiten, Manager und Jugendliche auch sonst gleichzusetzen! Viel- 3.2.1
mehr unterscheiden sich die beiden Gruppen, indem sie mit englischen Begriffen grundsätzlich anders umgehen: Während sich Jugendsprache durch ihre **Kreativität**, **Vielseitigkeit** und **Individualität** auszeichnet, ist für die Managersprache eine gewisse Reproduktivität typisch. Ganz allgemein sind Jugendliche weniger als Manager auf Anglizismen konzentriert. Deren Verwendung stellt nur eines von mehreren Merkmalen von Jugendsprache dar. Ein Blick auf die Jugendwörter vergangener Jahre zeigt, dass nicht nur englische Begriffe wie *swag* („lässig-coole Ausstrahlung“) oder *yolo* („You only live once“) übernommen werden, sondern genauso Neologismen, also Wortneuschöpfungen, wie *hartzen* („arbeitslos sein bzw. rumhängen“) oder *guttenbergen* („etwas abschreiben“) gebildet werden. Typischerweise verändert sich Jugendsprache sehr schnell und wird nie von allen Jugendlichen gesprochen. *Die* Jugendsprache und mit ihr *der* Gebrauch von Anglizismen existieren nicht, sondern sind oft von Stadt zu Stadt, von Gruppe zu Gruppe verschieden!

Statt ihren Wortschatz mit Anlehnungen an das Englische ebenfalls zu ergän- 3.2.2
zen, ersetzen vielfach **Manager** einfach die deutschen Entsprechungen. Es geht also nicht darum, mit neuen Wörtern etwas auf kreative, originelle Art und Weise auszudrücken – es scheint lediglich auf das recht **eintönige Reproduzieren** von möglichst vielen englischen Begriffen und Titeln anzukommen. Ein Wechsel zwischen der englischen und deutschen Sprache ist im Managerdeutsch offenbar sowieso nicht mehr gewollt – ganz nach dem Motto: Je mehr Englisch, desto besser! Statt vom Geschäftsführer zu sprechen, ist also die Rede vom *CEO* („Chief Executive Officer“) und statt sich einer Sache verpflichtet zu fühlen, *committed* man sich ihr. Und der *Key Account Manager* betreut keine Schlüssel, sondern Kunden (*key account* bedeutet wörtlich „Großkunde“). An den vielgerühmten *Soft Skills,* also den sozialen Kompetenzen, kommt man als engagierter Berufseinsteiger genauso wenig vorbei wie am *Networken,* dem Aufbau von beruflichen Kontakten, um die eigene Karriere voranzutreiben.

Nur vordergründig handelt es sich dabei um eine Vereinfachung des Arbeits- 3.2.3
ablaufs bzw. des *workflows.* Dass das Beherrschen der englischen Sprache in international agierenden Großunternehmen – zumal auf einer bestimmten Karrierestufe – unerlässlich ist, bleibt zwar unbestritten, doch muss deshalb auch die interne Kommunikation am Standort in Deutschland vor Anglizismen überquellen? Wenn man im *Meeting* oder *Call* über das Neueste *gebrieft* wird und wenn es darum geht, wer an welchen *Managing Director reportet?* Vor allem bei kleineren Unternehmen wirkt der übermäßige Gebrauch von Anglizismen unnötig und geradezu lächerlich. Statt zu einer Vereinfachung

tragen hier Anglizismen eher zu einer **Verkomplizierung** bei. Damit lassen sich auch unangenehme Wahrheiten so verschleiernd ausdrücken, dass Mitarbeiter zunächst noch nicht wissen, dass es um die Streichung ihrer Arbeitsplätze geht, wenn die Geschäftsführung plant, einen bestimmten Unternehmensbereich *outzusourcen,* also „auszulagern".

Bei der Jugendsprache kann man hingegen schon eher von einer **Vereinfachung des Sprachgebrauchs** sprechen. Insgesamt tendiert sie dazu, komplexe Strukturen zu umgehen, sei es im Satzbau oder bei der Orthografie. Auch Anglizismen, die an sich eine geringere Rolle als in der Managersprache spielen, werden vereinfachend gebraucht: Sie finden sich oft als Abkürzungen wieder, vor allem um das *Chatten* und Schreiben sonstiger Textnachrichten zu vereinfachen. Ein beliebter und nicht nur unter Jugendlichen geläufiger Anglizismus ist z. B. *lol* („laughing out loud") und auch der Begriff *chatten* verdeutlicht die Funktion der Vereinfachung. Er beinhaltet mehr als nur zu plaudern („to chat"), indem er impliziert, dass es sich um eine schriftliche Online-Kommunikation in Echtzeit handelt. Natürlich dienen nicht alle englischen Wörter, die Jugendliche verwenden, der Vereinfachung des Sprachgebrauchs, dennoch halte ich es nicht für gerechtfertigt, Manager- und Jugendsprache in diesem Punkt komplett gleichzusetzen. 3.2.4

Jens Jessen hat in seinem Artikel ein witziges Bild gefunden, das Manager- und Jugendsprache vergleicht und Manager so in ihrem Gebrauch von Anglizismen kindisch erscheinen lässt. Dennoch hinkt dieser Vergleich und wird der **Jugendsprache** wohl kaum gerecht. Diese ist – trotz einiger Gemeinsamkeiten – weitaus **kreativer und weniger auf Anglizismen fixiert als** die oft aus aneinandergereihten englischen Worthülsen bestehende **Managersprache**! 3.3

Übungsaufgabe 2: Erörterndes Erschließen pragmatischer Texte

Aufgaben:

1. Analysieren Sie den vorliegenden Text. Gehen Sie dabei vor allem auf die Argumentationsstruktur, die sprachliche Gestaltung und die Position des Autors ein.
2. Bearbeiten Sie **eine** der beiden folgenden Varianten.
   Variante 1:
   Diskutieren Sie, ausgehend von Ihren Ergebnissen und unter Berücksichtigung eigener Leseerfahrungen, ob Literatur durch den Leser beeinflusst werden kann.
   oder
   Variante 2:
   Verfassen Sie einen Kommentar für eine Tageszeitung, in dem Sie sich ausgehend von Christopher Schmidts Standpunkt mit der Beeinflussung von Literatur durch den Leser auseinandersetzen.
   Ihr Kommentar sollte etwa 900–1000 Wörter umfassen. Wählen Sie auch eine geeignete Überschrift.

Christopher Schmidt
Das papierlose Buch der Zukunft hat viele Autoren:
Wie E-Book und Schwarm-Kreativität die Literatur verändern

Das Aufeinandertreffen von Autor und Leser war einmal Stoff für einen Horrorroman. In Stephen Kings „Misery" aus dem Jahr 1987 musste eine enttäuschte Leserin ihrem Lieblingsschriftsteller noch mit der Axt den Fuß abhacken, um ihn dazu zu bringen, nicht das Buch zu verfassen, das *er* schreiben, sondern dasjenige, das *sie* lesen will.

Und heute? Heute stünden Kings so heimlicher wie unheimlicher Verehrerin andere Waffen zu Gebote für ein scharfes Redigat. Sie könnte zum Beispiel einen Shitstorm entfesseln und im Verbund mit der Netzgemeinde sozialen Druck auf den unbotmäßigen Autor ausüben. Sie könnte einen Internet-Account für die Serienheldin anlegen, die ihr Schöpfer sterben ließ, und dieser dadurch zu einem avatarhaften Weiterleben zwischen Realität und Fiktion verhelfen. Sie könnte aber auch anfangen, selbst einen Blog zu schreiben, in dem die literarische Figur neue Abenteuer erlebt, so wie es E. L. James vorgemacht hat. Deren Welterfolg „Fifty Shades of Grey" war ursprünglich als Fan-Fiction entstanden; im Netz hatte James das Schicksal zweier Charaktere aus Stephenie Meyers „Twilight"-Romanen weitergesponnen.

Doch wer heute fiktionale Literatur schreiben möchte, muss dabei gar nicht mal nur auf die eigene Imagination vertrauen. Warum nicht das Ganze als Fortsetzungsroman im Netz anlegen und die Leser wählen lassen, welcher Handlungsstrang weiterentwickelt wird? Auch andere Parameter lassen sich vom Online-Voting abhängig machen, zum Beispiel in welchem Verhältnis Spannung und Erotik dosiert werden sollen. Fortlaufend alles bereits Entstandene in eine Rückkopplungsschleife einzuspeisen, nimmt dem Autor viele Entscheidungen ab. Dieses „open feedback publishing“ garantiert zugleich, dass man nicht am Publikum vorbeischreibt. Am besten legt man den Plot ohnehin multidimensional an, sodass sich der Leser wie in einem Computerspiel zwischen mehreren Optionen entscheiden kann. „Gamification“ lautet hierfür der Fachbegriff in der Branche.

Eine weitere Möglichkeit besteht darin, eine Vorlage oder einen eigenen Text von vornherein nicht allein fortzuschreiben, sondern sich mit anderen zu vernetzen und ein offenes Autorenprojekt auf den Weg zu bringen. Wer jedoch weder Lust auf die zeitraubenden Prozeduren der Konsensbildung hat, noch dazu, zum Marktforscher in eigener Sache zu werden, kann sich auf die Anbieter der digitalen Lesegeräte verlassen. Denn diese arbeiten auf eine immer genauere Auswertung der Lesegewohnheiten ihrer Kunden hin.

Zu wissen, welche Seiten überblättert, welche Textstellen unterstrichen wurden, liefert nicht nur eine breitere empirische Basis, um Zielgruppen anzusprechen, sondern auch Anregungen, welche Passagen der Autor für die nächste Auflage noch einmal überarbeiten oder welche Publikumswünsche er beim nächsten Buch tunlichst berücksichtigen sollte. Auch hier schreibt der Leser also mit, wenngleich als Anonymus. Er interpretiert eben nicht nur, er interveniert. Beeinflusst er bislang noch die Buchproduktion allein durch seine Kaufentscheidung, so könnte es bald schon sein konkretes Leseverhalten sein, das bereits in Planung und Lektorat eingeht und den Autor zur Selbstoptimierung zwingt. All das wird möglich, wenn das Buch aus der Steckdose kommt. Nur dass ein professionelles Lektorat im klassischen Sinne sowieso entbehrlich zu sein scheint in Zeiten von E-Book und Self-Publishing.

Angesichts dieser Umbrüche liest sich Stephen Kings „Misery“ rückblickend wie ein prophetischer Abgesang auf die Autonomieästhetik, eine grausige Vorwegnahme des grundstürzenden Wandels im Verhältnis zwischen Autor und Leser, den die digitale Revolution mit sich gebracht hat. Nicht mehr ein Gott gibt dem Dichter zu sagen, wie er leidet – so lautet die berühmte Formel aus Goethes „Tasso“, die das Selbstverständnis der Genie-Epoche und damit die Vorstellung vom Künstler als einzig seiner Inspiration verpflichteten Schöpfergott bis in unsere Tage bestimmt. Mehr und mehr sind es die Leser, die dem Autor zu sagen geben, was er schreiben soll. Aber sind sie dann überhaupt noch Leser und nicht vielmehr Koautoren und Kuratoren, Kollegen und „Kollaborateure“?

[…]

Der in sich geschlossene Mikrokosmos eines Buches löst sich auf, diffundiert, dynamisiert sich, wird Teil einer allgemeinen Verflüssigung, in der jede Materialisierung nur eine vorübergehende Verfestigung darstellt, eine Textform auf Widerruf. Die gegenseitige Durchdringung der Medien macht dem alten, statischen Modell einseitiger Kommunikation – hier der Sender, dort der Empfänger – den Garaus. Die einst fest verteilten Rollen von Autor und Leser geraten in Bewegung, verschwimmen, werden dialogisch entgrenzt und partizipativ. Und der vormalige Konsument entwächst seiner passiven Rolle und gewinnt Teilhabe, während der Autor sich neu definiert als Moderator und Diskurs-Jockey, der sampelt und remixt, er ist die Leitstelle, die Impulse aufnimmt und einarbeitet.

Lesen und Schreiben sind vor allem durch die sozialen Medien mehr denn je zu einem offenen Wechselprozess geworden, was sich ihrem Doppelstatus verdankt, zugleich Kommunikations- und Ausdrucksmittel zu sein – wo der Tweet endet und das Buch beginnt, ist da prinzipiell offen.

Crowdart – Schwarmkunst – hat als Leitbild die *splendid isolation* heroischer Schreibtischeinsamkeit abgelöst, die neue Literatur entsteht auf dem Affenfelsen einer gemeinschaftlichen Öffentlichkeit und in einem Prozess palimpsestartiger Fort- und Überschreibungen. Das Buch wird zum Gestaltwandler, quecksilbrig und temporär. Und mit diesem Paradigmenwechsel verbinden sich große emanzipatorische Hoffnungen. Denn in die Euphorie ob der technischen Befreiung von den Fesseln der analogen Welt mengt sich eine Institutionenfeindlichkeit, die suggeriert, klassische Verlage und etablierte Autoren seien ein finsteres Machtkartell, das Innovationen eher verhindert als ermöglicht.

[...]

Dieser Affekt aber beruht auf einer falschen Analogie zwischen Literatur und Prozessen der demokratischen Willensbildung in der Politik. Ist wirklich erst eine Entmachtung nötig, um den mündigen Leser hervorzubringen? Fühlt sich überhaupt jemand bevormundet und gegängelt durch die Imagination eines Cervantes oder Balzac? Ist es nicht vielmehr eine Illusion und das Missverständnis der Debatte, es gäbe so etwas wie eine unabgeleitete Phantasie? Vielmehr zeigt doch gerade das Phänomen der Fan-Fiction, dass Einbildungskraft eine Begabung ist, die Vorgaben braucht, um sich daran zu entzünden. Die Werke der Weltliteratur schaffen Prägungen der kollektiven Phantasie, die keiner hintergehen kann, selbst wer diese Bücher nie gelesen hat. Sie bleiben der Referenzrahmen.

[...]

Christopher Schmidt: Das papierlose Buch der Zukunft hat viele Autoren. Wie E-Book und Schwarm-Kreativität die Literatur verändern, in: Süddeutsche Zeitung vom 20./21. April 2013

Hinweise und Tipps

- *Die vorliegende Aufgabe verlangt in einem ersten Schritt, die zentrale These des Zeitungsartikels zu erfassen, um daran anschließend eine eigene Meinung zum Thema zu entwickeln. Eine Hilfe bietet die* ***Überschrift****, die das Thema des Textes und auch die Blickrichtung des Autors andeutet: Er möchte sich mit Veränderungen in der Literatur beschäftigen, die sich aus der Digitalisierung von Büchern ergeben.*
- ***Aufgabe 1*** *gibt drei Aspekte an, die Sie genauer untersuchen sollen. Zunächst ist die* ***Argumentationsstruktur*** *herauszuarbeiten. Es geht hier nicht darum, jedes inhaltliche Detail wiederzugeben, sondern die Entwicklung der Argumentation nachzuvollziehen. Eine Rolle spielen dabei die Darstellung des Problems, konkrete Beispiele, die Engführung auf eine Grundposition und die abschließende Bewertung. Im nächsten Schritt nehmen Sie dann die* ***Position des Autors*** *und die* ***sprachliche Gestaltung*** *genauer unter die Lupe. Eine integrierende Darstellung wäre zwar möglich, weil aber im vorliegenden Text viele sprachliche Besonderheiten auffallen, erscheint es sinnvoll, einen eigenen Punkt dafür auszuarbeiten.*
- *In* ***Aufgabe 2*** *sollen Sie, sofern Sie die* ***erste Aufgabenvariante*** *wählen, die Aussagen des Zeitungstextes aufgreifen und* ***eigene Argumente zum Thema entwickeln****. Es geht also darum, Schlussfolgerungen aus der Analyse des Ausgangstextes zu ziehen, eine eigene Haltung dazu zu entwickeln und die Ergebnisse in kohärenter Weise darzustellen. Hilfreich ist dabei, wenn Sie die Prämissen, die der Autor für seine Argumentation setzt, reflektieren. Die Aufgabe fordert dazu auf, die* ***eigenen Leseerfahrungen*** *miteinzubeziehen. Dabei sind Sie nicht an bestimmte literarische Werke gebunden, sondern in Ihrer Wahl ganz frei.*
- *Wenn Sie sich für die* ***zweite Aufgabenvariante*** *und damit für das Schreiben eines* ***Kommentars*** *entscheiden, hat das einige Auswirkungen darauf, was von Ihrem Schreibstil erwartet wird. Während die Erörterung sich einem Thema rein sachlich und argumentativ widmet, nimmt ein Kommentator von Anfang an eine* ***bestimmte Position*** *ein, die man ihm auch bei der Entwicklung der Argumente anmerkt. Diese Wirkung erzielen Sie durch den* ***Einsatz sprachlicher Mittel*** *(Metaphern, rhetorischer Fragen, Hyperbeln etc.). Achten Sie aber trotzdem darauf, sowohl Pro- als auch Kontraargumente* ***nachvollziehbar und sachlich richtig*** *wiederzugeben, um als Kommentator glaubwürdig zu erscheinen. Hier ähnelt der Kommentar also durchaus der Erörterung, da auch er seine Argumente aus Behauptungen, Begründungen und Beispielen aufbaut. Allerdings kann deren* ***Reihenfolge*** *stärker* ***variieren*** *und mithilfe von Stilmitteln für einen eindringlicheren Ton gesorgt werden. Vergessen Sie auch nicht die* ***Überschrift****, die z. B. aus einem Wortspiel oder Zitat bestehen kann, und den* ***Appell an die Leserschaft*** *am Schluss, der Ihre eigene Meinung zum Thema noch einmal ganz deutlich machen sollte.*

Gliederung

1 Schreiben und Medium

2 Analyse des Essays „Das papierlose Buch“ von Christopher Schmidt

2.1 Inhalt und Aufbau
2.1.1 Problemaufriss: Autor und Leser
2.1.2 Beeinflussung des Autors durch den Leser
2.1.3 Folgen: Ende des Geniegedankens und neuer Textbegriff
2.1.4 Die Rolle der sozialen Medien
2.1.5 Verteidigung der autonomen Literatur

2.2 Die Intention des Verfassers: Gegen die Abschaffung des Autors

2.3 Sprachlich-stilistische Mittel: Kritisches Hinterfragen der Entwicklungen

Variante 1:

3 Digitalisierung, Literatur und kulturelle Bildung

3.1 Genieliteratur oder „Fan-Fiction“

3.2 Literatur als Basis kollektiver Fantasie

4 Fazit: Das Buch als Kunstwerk – das Buch als Konsumartikel

Variante 2:

3 Kommentar: Ausweitung der Leserrolle zur Koautorenschaft als Fluch oder Segen?

3.1 Mögliche Gefahren
3.1.1 Niveauverlust von Literatur
3.1.2 Hemmung der Leserfantasie

3.2 Chancen durch Koautorenschaft
3.2.1 Stärkung der Identifikation mit Romanhelden
3.2.2 Erhöhung der Lesemotivation

3.3 Appell: Offenheit für Neuerungen

Lösungsvorschlag

Wer über Bedeutung und Wirkung von Literatur nachdenkt, tut gut daran, 1
einen Blick in die Geschichte zu werfen. Was uns heute ganz selbstverständlich erscheint, dass nämlich interessierte Leser in die Buchhandlung gehen oder in eine gut sortierte Bibliothek, um sich dort mit Lesestoff in Form von Büchern einzudecken, ist Ergebnis einer Jahrhunderterfindung der frühen Neuzeit. Erst mit Gutenbergs Druckerpresse war es möglich, **Bücher als Massenware** herzustellen. Dies war eine Grundvoraussetzung für die Entstehung des literarischen Marktes, so wie wir ihn kennen. Natürlich gab es auch vorher Literatur, literarische Werke und auch Bücher. Sie wurden mit der Hand

geschrieben, auf Papyrus seit der Zeit der ägyptischen Großreiche oder auf wertvolle Pergamente im Mittelalter. Bis zum Buchdruck war Literatur aber vor allem eine mündliche Kunst – und das hatte Auswirkungen auf die Form. Sänger, die von Hof zu Hof zogen, um ihre Geschichten vorzutragen, griffen gerne auf Epen zurück, die in Reimform und streng metrisch gebaut waren. Solche Texte konnte man sich leichter einprägen.
Der **Einfluss des Mediums auf die Gestaltung des Textes** lässt sich in allen Epochen nachweisen. Mit der Verbreitung der Schreibmaschine wurde das Schreiben mit der Hand zunehmend zurückgedrängt. Auch das blieb nicht ohne Auswirkungen auf die Inhalte der Werke. Heutzutage ist es der Computer, der das Schreiben beeinflusst. Wenn man Texte so leicht umstellen, löschen und kopieren kann, dann verändert sich auch die Gestalt des Textes.

Mit dem **Einfluss neuer Medien auf die Literatur** beschäftigt sich auch **2**
Christopher Schmidt in einem Artikel in der Süddeutschen Zeitung vom 20./21. April 2013. Der Titel „Das papierlose Buch der Zukunft hat viele Autoren: Wie E-Book und Schwarm-Kreativität die Literatur verändern" macht die Richtung seiner Ausführungen bereits deutlich: Er untersucht das Verhältnis von Autor und Leser im Zeitalter der digitalen Medien.

Schmidt beginnt seine Überlegungen mit einem Rückblick in die späten 2.1
1980er-Jahre, als der Erfolgsautor Stephen King in einem seiner Romane das 2.1.1
prekäre Verhältnis zwischen Autor und Leser thematisiert (Z. 1–5). In der Fiktion des Romans „Misery" zwingt eine Leserin einen Schriftsteller unter Anwendung von Gewalt dazu, eine Geschichte nach ihren Vorstellungen zu schreiben. Was 1987 noch als Romanhandlung zum Erfolg führte, ist mit den modernen technischen Mitteln der digitalen Welt nach der Meinung des SZ-Journalisten leicht zu überbieten (Z. 6–15). Um die eigenen Leseinteressen durchzusetzen, stünden den Rezipienten heute verschiedene Einflussmöglichkeiten zur Verfügung. Schmidt nennt zum Beispiel den sogenannten „Shitstorm", also die massenhafte Entrüstung von Kommunikationsteilnehmern im Internet, oder die bereits etablierte Praxis, dass auf einer Internetplattform Geschichten eines Autors einfach von den Lesern weitergeschrieben werden. Auf diese „Fan-Fiction" soll später noch explizit eingegangen werden.
Mit den einleitenden Beispielen weist Christopher Schmidt auf ein Problem hin, das die Literatur grundlegend betrifft: **Wie verhalten sich Autor und Leser zueinander?** In welchem Verhältnis steht der Schöpfer einer Geschichte zu demjenigen, der diese Geschichte liest?

Im zweiten Argumentationsblock (Z. 16–44) führt der Autor dann genauer 2.1.2
aus, wie durch die **neuen Medien** der Kontakt zwischen Schreiber und Leser auf eine radikal geänderte Grundlage gestellt wird und damit eine ganz andere Haltung bei den Autoren erforderlich ist. Weil ein Schriftsteller schon während des Schaffensprozesses die Rückmeldung der Leserschaft einholen könne, sei es auch möglich, die eigenen kreativen Ideen immer wieder den Wünschen und Anforderungen des Publikums anzupassen. Dies könne z. B. bei

Fortsetzungsgeschichten, die im Internet veröffentlicht werden, geschehen oder durch Geschichten, die von vornherein von mehreren Autoren entworfen werden. Hinzu kommt laut Verfasser die Möglichkeit, Reaktionen derjenigen Leser auszuwerten, die ihre Bücher an digitalen Geräten konsumieren. Weil dabei offensichtlich Lesegewohnheiten gespeichert werden, könne sich, so Schmidt, der Autor jederzeit darüber informieren, welche Erzählidee oder welche Figurencharakterisierung erfolgreich war und welcher seiner Einfälle für gut befunden worden ist.
Letztlich läuft die Entwicklung nach der Meinung des Journalisten darauf hinaus, dass das **Feedback des Rezipienten** zunehmend **Einfluss auf die Produktion von Literatur** nimmt.

Christopher Schmidt wertet diese Veränderungen, die sich im erwähnten Ro- 2.1.3
man von King als Antiutopie andeuteten und heute in der konkreten literarischen Wirklichkeit stattfinden, als Epochenwende. Während lange Zeit der Dichter als autonomes Subjekt ein eigenständiges Kunstwerk schuf, werden zunehmend die **Leser** zu **Mitautoren**, die über Form und Inhalt der literarischen Werke bestimmen.
Das wiederum führe zu einem **ganz neuen Textbegriff** (Z. 56–65). Ein einmal geschriebener Text ist keine in sich geschlossene Einheit mehr, sondern ständig in Bewegung. Er verändert sich, weil im Austausch zwischen Produzent und Rezipient fortwährend Erweiterungen oder Umschreibungen stattfinden können. Schmidt definiert in diesem Zusammenhang den Autor als „Moderator" (Z. 64), also quasi als Leiter einer Diskussion, deren Ergebnisse jeweils dem Diskussionsstand angepasst werden.

Den Grund für diese revolutionäre Verschiebung sieht Schmidt in der **Rolle** 2.1.4
der sozialen Medien, die gleichzeitig aktiv und passiv sind: In ihnen wird parallel gelesen und geschrieben, sodass eine Unterscheidung zwischen Autor und Leser gar nicht mehr möglich ist (Z. 66–69). Daraus ergibt sich nach Meinung des Journalisten eine komplett neue Kunstform, die als „**Crowdart**" (Z. 70) bezeichnet werden könne. Nicht mehr ein einsamer Schreiber ist Schöpfer eines Romans, sondern die Masse der Internetnutzer. Mit diesem fundamentalen Wandel verbinden nicht wenige die Hoffnung, dass die Kunst, wie auch die Politik, befreit werden könne aus der Allmacht von einzelnen Autoren und der traditionellen Vermarktung dieser Autoren durch mächtige Verlage (Z. 70–78).

Zuletzt weist Christopher Schmidt diesen Neuansatz mit Entschiedenheit 2.1.5
zurück (Z. 80–89). Leser, so der Kritiker, bräuchten nämlich diese angebliche Befreiung gar nicht, weil sie durch autonome Schriftsteller, v. a. aber durch deren Werke gar nicht beeinträchtigt würden. Ohne diese Vorlagen würde die eigene Fantasie nicht funktionieren. Schmidt dreht den Spieß also um: Nicht das Schreiben, sondern das **Lesen** wird als **Akt der Befreiung** definiert. Literarische Kunstwerke sind dann eine Fundgrube an Ideen und Geschichten, die notwendig sind, um überhaupt das eigene Denken in Gang zu bringen.

Christopher Schmidt bezieht zur dargestellten Entwicklung also eine eindeutige Position. Sein Artikel ist ein **klares Plädoyer für die „Autonomieästhetik“** (Z. 46) und für den **Autor „als einzig seiner Inspiration verpflichteten Schöpfergott“** (Z. 50 f.), wie er im 18. Jahrhundert definiert worden ist. Damit greift der Journalist auf ein Konzept zurück, das vom Sturm und Drang und der Klassik bis zur Postmoderne das Selbstverständnis des Schriftstellers geprägt hat. Zwei Argumentationsstrategien lassen sich im vorliegenden Text leicht ausmachen: Zum einen verweist Schmidt auf eine **Vielzahl an technischen Innovationen der digitalen Welt**, die auf allen Ebenen gegen den Geniegedanken arbeiten. Dass der Abstand zwischen Autor und Leser aufgehoben wird, liegt demnach vor allem daran, dass Texte jederzeit schnell um- und fortgeschrieben oder geändert werden können. Dies geschieht in Internetforen, Blogs, Tweets und an anderen Orten des weltumspannenden, also tendenziell grenzenlosen Mediums. Die Digitalisierung ist dann auch der Grund dafür, dass selbst fertige Bücher in das Netz eingespeist und sozusagen zur Veränderung freigegeben werden. Damit kann sich nun der Journalist gar nicht anfreunden. Er findet – das ist die zweite Zielrichtung seiner Ausführungen –, dass letztlich die **kreative Grundlage der Kultur** darunter leide, wenn nicht mehr identifizierbare einzelne Autoren für ein Werk verantwortlich zeichnen, sondern nur noch eine unbestimmbare Masse. Schon das fiktive, aber sicher abschreckende Beispiel der Einleitung macht deutlich, dass Schmidt nichts davon hält, wenn Autoren von Lesern gezwungen werden, nur noch das zu schreiben, was diese selbst lesen wollen. 2.2

Blickt man auf die **sprachlichen Besonderheiten des Textes**, dann wird Schmidts Einstellung zum Thema noch deutlicher. Auf der Syntaxebene fallen die vielen **Fragesätze** auf, die zum einen die mögliche Entwicklung auf die Spitze treiben (vgl. z. B. Z. 17 ff.), zum anderen als rhetorische Fragen den Leser davon überzeugen möchten, dass die Diskussion in eine falsche Richtung läuft (vgl. Z. 81–85). Die Antworten auf die hier gestellten rhetorischen Fragen lauten: Nein, der Autor muss nicht entmachtet werden (vgl. Z. 82 f.). Nein, niemand muss sich durch den autonomen Autor „bevormundet“ fühlen (Z. 83). Nein, Fantasie kann nicht aus dem Nichts entstehen (vgl. Z. 84 f.). Der Text wirkt hier sehr appellativ, er möchte den Leser fast schon dazu zwingen, kritisch über die beklagte Situation nachzudenken. 2.3

Das Ende des eigenständigen, souveränen Autors kleidet Schmidt in die **Alliteration** vom „Abgesang auf die Autonomieästhetik“ (Z. 46), ebenso alliterierend ist die Aufzählung der neuen Funktion der mitschreibenden Leser. Sie sind für ihn „Koautoren und Kuratoren, Kollegen und ‚Kollaborateure‘“ (Z. 53 f.). Damit wird die Entwicklung in griffigen **Schlagworten** zusammengefasst, die gerade in der zuletzt zitierten Reihung auch eine **negative Steigerung** aufweisen: Aus dem vermutlich noch akzeptierten Mitschreiber wird am Ende ein Bösewicht, der mit dem Feind zusammenarbeitet.

Das kritisierte Neue wird im Zeitungsartikel mit einer Fülle von **Fachtermini** erfasst. Da ist – um nur zwei Beispiele unter vielen zu nennen – die Rede von

„Online-Voting" (Z. 19) und „open feedback publishing" (Z. 22), wenn die Prozesse der Interaktion zwischen Autor und Leser beschrieben werden. Schmidt weist sich damit nicht nur als Fachmann aus, der das, was er kritisch bewertet, auch wirklich zu kennen scheint. Die Anwendung abstrakter technischer Begriffe auf so etwas Emotionales, das Literatur ja eigentlich auch sein muss, macht die Gefahr deutlich, die die angesprochene Entwicklung darstellt. Besonders betont wird mit dem Begriff der „Gamification" (Z. 25) eine weitere Verbindung zweier Bereiche, die auf den ersten Blick gar nichts miteinander zu tun haben: Die Welt der Computerspiele (Games), die im Feuilleton keinen guten Ruf hat, und die Welt der Literatur, der „fiction", die sich bisher dadurch auszeichnete, dass eben von außen keine „Spieler" eingreifen konnten. Wenn etwas so Ernstes und Erhabenes wie Literatur aber zu einem bloßen Spiel verkommt, dann ist wohl ein neues Zeitalter angebrochen. Schmidt **verbindet** also **die alte Kunst der Literatur** geschickt **mit dem technisch Neuen**, sodass die Vereinnahmung auch sprachlich greifbar wird. Negative Auswirkungen dieser Entwicklung werden im Text gerne als **asyndetische Reihungen** formuliert. Das Buch, wie wir es kennen, „löst sich auf, diffundiert, dynamisiert sich, wird Teil einer allgemeinen Verflüssigung" (Z. 56 f.). Der Verfasser greift hier wieder zum Mittel der Alliteration („diffundiert, dynamisiert"), gleichsam als ringe er nach den richtigen Worten, um die Beschleunigung der Veränderungen darzustellen. Gleichzeitig kreiert er ein **starkes Bild** für den Prozess: Das traditionell griffig und unveränderlich in der Hand liegende Kulturprodukt „Buch" wird wie in einem Science-Fiction-Film zu einer flüssigen Masse, die ganz anderen Gesetzen gehorcht und vermutlich gar keine große Freude mehr bereiten kann.

Variante 1:

Christopher Schmidt deckt in seinem Artikel einen Zusammenhang auf, der 3
im Moment eine große Rolle spielt. Die **Digitalisierung von Literatur**, die in Form von elektronischen Büchern auf dem Kindle-Reader oder dem iPad zu einer ernst zu nehmenden Alternative zum gedruckten Buch geführt hat und gleichzeitig die Rückkoppelungsmechanismen zwischen Autor und Leser im Netz beschleunigt, hat mit Sicherheit **Einfluss auf die Art und Weise**, **wie Literatur entsteht**. Ob damit auch qualitative Aussagen getroffen werden können, soll abschließend untersucht werden. Ausgangspunkt dieser Überlegungen ist dabei zunächst der Unterschied zwischen Genieansatz und Fanfiction, den der Autor des Zeitungsartikels beschreibt. Anschließend wird geprüft, ob die Behauptung zutrifft, dass es die Werke der Weltliteratur sind, die „Prägungen der kollektiven Phantasie" (Z. 87 f.) schaffen, und welche Rolle der Autor im Zeitalter der sozialen Medien spielt.

Wie bereits erwähnt, greift Schmidt in seiner Argumentation auf einen Be- 3.1
griff zurück, der im 18. Jahrhundert geprägt wurde, den Begriff der **Genieästhetik**. Seit dem Sturm und Drang und der Klassik galt der Autor als auto-

nom gegenüber allen Vorgaben, ob sie nun von potenziellen Auftraggebern kamen oder vom Publikum. Die Leser, so sagen die Schöpfer großer Literatur, beeinflussen natürlich den Schaffensprozess nicht. Seit dieser Zeit wird allerdings auch über den **absolut gesetzten Autorbegriff** diskutiert. Ein schönes Beispiel dafür liefert das Vorspiel auf dem Theater, das Goethes Faust-Drama einleitet. Hier tritt der Dichter als Vertreter der Genieästhetik auf. Er will einzig seiner inneren Stimme gehorchen und so wahre Kunst schaffen. Demgegenüber stehen der Direktor des Theaters und die lustige Person. Beide vertreten deutlich die Position, dass ein Schriftsteller sehr wohl auf die Belange und Wünsche des Publikums Rücksicht nehmen müsse. Schließlich will der Direktor mit der Kunst Geld verdienen und die lustige Person dafür sorgen, dass auch die Zuschauer etwas von der Kunst haben, die ihre Welt wiedergeben soll. Die von Schmidt so kritisch herausgestellte „**Rückkopplungsschleife**" (Z. 21) gab es also immer schon. In der vordigitalen Zeit war das eher eine Abstimmung mit den Füßen, heute werden diese Publikumsbewertungen eher mit der Maustaste erledigt, aber tendenziell kann man beide Verhaltensweisen vergleichen. Es ist deshalb auch gar nicht zu bestreiten, dass Literaten immer wieder versucht haben, auf die Interessen ihrer Leser zu reagieren.
Neu dagegen mag tatsächlich die „**Fan-Fiction**" (Z. 14) sein, die Schmidt beschreibt, also die Tatsache, dass Leser die von ihnen bewunderte Literatur fortschreiben. Allerdings widerlegt Schmidt seine These vom Ende des Autors durch die Fan-Fiction gleich selbst. Denn Bücher wie der genannte Bestseller von E. L. James haben ja einen eindeutig identifizierbaren Autor, der sich zwar auf ein Vorgängerwerk beziehen mag, aber dann doch als eigenständiges Werk einer Schriftstellerin in den Buchhandel geht. Literatur, die in der Nachfolge eines erfolgreichen Musterromans entstanden ist, gab es ja auch schon immer. Man denke nur an die zahlreichen historischen Kriminalromane, die Umberto Ecos Meisterwerk „Der Name der Rose" nach sich gezogen hat. Um zu wissen, was sich gerade gut verkauft, braucht man kein Online-Voting, sondern nur den Blick auf die veröffentlichten Verkaufslisten. Sieht man von der Schullektüre ab, so kann man diese Trends jederzeit bei der eigenen Privatlektüre nachvollziehen. Als die auch von Schmidt erwähnte Stephenie Meyer so erfolgreich mit Vampirromanen war, gab es in diesem Genre kein Halten mehr. Auch ich habe, weil ich die Geschichte um Bella und Edward wirklich spannend gefunden habe, dann Romane von Deborah Harkness („Wo die Nacht beginnt") und Richelle Mead („Vampire Academy") gelesen. Sogar Bram Stokers Klassiker über Graf Dracula liegt auf meinem Nachttisch.

Und damit bin ich bei meinem letzten Punkt. Schmidt stellt die These auf, 3.2
dass die „**Werke der Weltliteratur [...] Prägungen der kollektiven Phantasie [schaffen], die keiner hintergehen kann**" (Z. 87 f.). Damit stellt er nochmals die Bedeutung des genialen Einzeltäters heraus, der unabhängig von allen äußeren Einflüssen große Kunstwerke gestaltet, die eine ganze Gesellschaft beeinflussen können. Übrigens, so Schmidt, braucht man diese Werke dann gar nicht gelesen zu haben. Sie wirken trotzdem! Mit dieser Einschät-

zung liegt der Journalist zunächst sicher richtig. Jede Nation hat ihre Klassiker, die aus der kulturellen Bildung gar nicht wegzudenken sind. Shakespeare gehört zu den Engländern wie Goethe zu den Deutschen und Dostojewski zu den Russen. Trotzdem muss auch bei diesen Beispielen festgehalten werden, dass ihre Kunst nie im luftleeren Raum stattgefunden hat. Gerade bei Shakespeare wissen wir, dass er ein erfolgreicher Theaterdirektor war, der das Interesse des Publikums sehr genau im Fokus hatte. Viele Szenen belegen, dass es ihm darum ging, die Menschen ins Theater zu locken und zu unterhalten. Und mit dem Beispiel Shakespeare kann man gegenüber Schmidts Argumentation noch einen Schritt weitergehen: Nicht nur heute, im Zeitalter der Digitalisierung, ist es zumindest denkbar, dass mehrere Autoren an einem Werk schreiben. „Crowdart“ (Z. 70) nennt Schmidt das. Gerade im Fall des englischen Klassikers liegt der Verdacht nahe, dass er nicht alleine der Verfasser der zahlreichen Dramen war, sondern viele daran mitgeschrieben haben. Vielleicht gab es gar keinen Shakespeare, der Schriftsteller gewesen ist. Auch diese Frage wird hartnäckig diskutiert. Eine eindeutige Antwort darauf, wer nun letztlich hinter diesem Riesenwerk steckt, lässt sich nicht geben. Wird dadurch aber der Wert des Werkes vermindert?

Literatur hatte immer schon die beiden Seiten: Auf der einen ist ein Roman, **4**
ein Drama, ein Gedicht zumindest in den meisten Fällen ein **autonomes Kunstwerk**, das **aus der Feder eines konkreten Schreibers** stammt. Auf der anderen Seite gab und gibt es Faktoren, die auf dieses Kunstwerk einen mehr oder weniger großen Einfluss haben. Dass das wiederum zeitlich bedingt sein kann, ist unbestreitbar. Goethe musste damit zurechtkommen, dass er in einem kleinen Herzogtum lebte und arbeitete. Und er musste mit den kritischen Anmerkungen seines Freundes Schiller und vieler anderer Leser umgehen. Büchner musste aus seiner Heimat fliehen, weil seine Leser auch Staatsbehörden waren, die mit dem Inhalt des Hessischen Landboten gar nicht zufrieden sein konnten. Und heute ist eben die digitale Welt eine Herausforderung, der sich Autoren stellen müssen. Sie sind aufgefordert, auf die von Schmidt umfangreich beschriebenen „Rückkoppelungen“ zu reagieren, die durch die neue Technik qualitativ und quantitativ eine neue Dimension erreicht haben. Im Grundsatz aber ist der **Austausch zwischen Autor und Leser** nichts Neues, sondern ein Aspekt der Literatur, der **notwendig** zu dieser gehört.

Variante 2:

**Wer bin ich und wenn ja, wie viele? –
Von der Untergrabung der Autorität des Autors**

Nein, es geht hier nicht um einen an Schizophrenie leidenden Autor. Viel- **3**
mehr ist es vielleicht bald die versammelte Leserschaft, die – wenn es nach so manchem Kulturpessimisten geht – nicht mehr weiß, wie ihr geschieht: Diese sei nämlich davon überfordert, gleichzeitig Rezipient und Autor von Büchern sein zu müssen. Aber ist eine Koautorenschaft wirklich so undenkbar? Mit

dieser Frage setzt sich auch Christopher Schmidt in seinem Essay „Das papierlose Buch der Zukunft hat viele Autoren: Wie E-Book und Schwarm-Kreativität die Literatur verändern" auseinander und zieht ein eher skeptisches Fazit, das man jedoch kritisch hinterfragen muss. Betrachten wir zur Beantwortung der Frage nach der umstrittenen Leserbeteiligung einmal genauer, welche **Gefahren** tatsächlich damit einhergehen, dass **jeder Leser** heutzutage **zugleich Koautor** sein kann, und ob sich nicht doch auch **Chancen** aus dieser **veränderten Literaturrezeption und -produktion** ergeben.

Zu befürchten wäre nach Meinung von Traditionalisten und Skeptikern zu- 3.1
nächst der viel beschworene **Niveauverlust von Literatur**, der sich einstellen 3.1.1
könnte, wenn Hinz und Kunz an den neuen Klassikern mitschrieben. Schnell werden hier Befürchtungen laut, dass sich das Volk der Dichter und Denker zu einem Volk der Produzenten und Gefälligkeitsschreiber wandelt. Wenn nicht mehr ein dazu berufener Autor alleine in einem kreativen schöpferischen Prozess sein Werk ersinnt, sondern der spätere Leser schon an diesem Vorgang teilhat, besteht tatsächlich die Gefahr, dass nur noch für die Verkaufszahlen bzw. für den Geschmack des Kunden geschrieben wird. Denn welcher Autor, ob Künstler oder nicht, kann und möchte es sich leisten, am Ende seine Bücher ungekauft im Regal der Buchhandlung stehen zu sehen, wenn er auch die Möglichkeit hat, einen Bestseller zu schreiben? Da aber leider nicht alle, die Bücher kaufen, auch einen hochwertigen literarischen Geschmack besitzen, ist ein Sinken des Niveaus der geschriebenen Bücher durchaus denkbar.

Des Weiteren könnte die bisherige **Identifikation mit den literarischen Hel-** 3.1.2
den erschwert oder verhindert werden, sodass manche Leser ihrem Hobby enttäuscht den Rücken zuwenden und kein neues Buch mehr in die Hand nehmen würden. Ähnlich wie Literaturverfilmungen die Fantasie hemmen, da all die Leerstellen, die ein Buch bietet, von Regisseuren mit Kulissen, Schauspielern und hinzuerfundenen Dialogen gefüllt werden, können hier mehrere Köche den Brei verderben bzw. mehrere Autoren die Identifikation erschweren. Hätte zum Beispiel Joanne K. Rowling beim Schreiben ihrer Harry Potter-Serie versucht, die vielfältigen im Internet kursierenden Interpretationen und Deutungen ihres Hauptcharakters in ihr Werk einfließen zu lassen, wäre wahrscheinlich ein Harry Potter herausgekommen, der so viele unterschiedliche Eigenschaften in sich vereint, wie sie ein realer Mensch in seinem ganzen Leben nicht ausbilden kann. Für viele Teenager (und auch Erwachsene) wäre das ein enormer Verlust gewesen, da sie sich genau deshalb, weil er ein so realistischer Charakter ist, mit ihm und seinen Gedanken und Gefühlen stark identifiziert haben. Das wäre nicht möglich gewesen, wenn die Figur sich den unterschiedlichen Vorstellungen der Leser angepasst hätte.

Andererseits aber kann die (wenn vielleicht auch nur ideelle) **Mitarbeit** an 3.2
einem Roman die **Identifikation** mit seinen Protagonisten natürlich auch **er-** 3.2.1
höhen. Generell darf der Mitwirkung an der Formung einer Romanfigur nicht

jede positive Note abgesprochen werden. Ist es nicht sogar wahrscheinlicher, sich mit einer Figur, die man selbst mit erfunden hat, viel stärker zu identifizieren, als wenn diese von einem in seinem „Elfenbeinturm“ schreibenden Autor erdacht worden ist? Sicher schadet es nicht, wenn ein Leser sich und seine eigenen Erfahrungen in einem Roman wiederfindet.

Und beschweren sich nicht immer alle über die **sinkende Lesemotivation** 3.2.2
gerade von Kindern und Jugendlichen? Vielleicht hat man einfach noch nicht bedacht, dass diese durchaus begeistert lesen würden, ihnen aber der passende Lesestoff fehlt. In dieser Hinsicht wäre es also ganz sicher von Vorteil, wenn man bei der Entstehung eines Buches **mehr auf die Interessen und Geschmäcker der Leser Rücksicht nehmen** würde. Außerdem kann es für die Jugendlichen auch spannend sein, mit dem Originalautor eines Werkes in Kontakt zu treten und an der Schaffung eines Charakters beteiligt zu sein. Da soll noch mal einer behaupten, die modernen Medien würden die Fantasie vernichten! Genau das Gegenteil ist der Fall, wenn Leser sich in Zukunft so in das Gelesene hineindenken, dass sie es sogar weiterspinnen können. Gerade in Teamwork entstandene Texte, die die Ideen vieler in sich vereinigen, können ganz neue Wahrheiten beinhalten, die dann wiederum mehreren Menschen die Identifikation mit einem Buch erlauben.
Auf diese Weise entstehen auch die von Schmidt erwähnten **„Fan-Fictions“**, die oftmals als „Fun-Fictions“ beginnen (also nur zum Zeitvertreib von begeisterten Lesern eines Romans geschrieben werden). In manchen Fällen enden sie aber als Neuwerk: Man denke nur an den Welterfolg von „Fifty Shades of Grey“, das als viel verschriene „Fan-Fiction“ seinen Anfang genommen hat.

Es ist zu vermuten, dass all die genannten Vorteile moderne Kulturpessi- 3.3
misten nicht überzeugen können. Diese sehnen sich weiterhin in Zeiten zurück, in denen der Autor einem – wie Christopher Schmidt es formuliert – „einzig seiner Inspiration verpflichteten Schöpfergott“ gleichkam, an dessen Autorität und Genialität nicht gezweifelt wurde. Sicher hat diese Einstellung Werke von hohem literarischen Wert hervorgebracht, aber es gab auch Zeiten, in denen ein Herrscher als von Gottes Gnaden auf den Thron gesetzt betrachtet wurde, was unbestreitbar zu wunderschönen Bauwerken und Parkanlagen geführt hat – trotzdem wünscht sich niemand diese Herrschaftsform zurück. Wäre es also nicht sinnvoller, nicht alles Neue sofort zu verdammen und als Untergang des Abendlandes zu proklamieren und es stattdessen lieber als **Fortschritt** und brauchbare **Weiterentwicklung willkommen** zu **heißen**?
Ansonsten laufen wir Gefahr, statt in der anfangs befürchteten Schizophrenie in der eindimensionalen Monotonie der Langeweile zu landen. Was schlimmer ist, soll jeder selbst beurteilen.

Übungsaufgabe 3:
Erörterndes Erschließen pragmatischer Texte

Aufgaben:

1. Analysieren Sie den vorliegenden Text. Gehen Sie vor allem auf die Argumentationsstruktur und die sprachliche Gestaltung ein. Erarbeiten Sie dabei die Position und die Intention der Autorin.
2. Verfassen Sie ausgehend von Ihren Ergebnissen und unter Berücksichtigung eigener Leseerfahrungen einen Kommentar zu den Aufgaben und Funktionen von Jugendliteratur.
   Ihr Kommentar sollte etwa 900–1000 Wörter umfassen. Formulieren Sie auch eine treffende Überschrift.

Christine Knödler:
Wir haben da ein Problem für dich

Die Kulturpessimisten beklagen es schon lange: Jugendliche lesen nicht. Tun sie es doch, finden sie in der aktuellen Jugendliteratur (das ist die, die von Erwachsenen für Jugendliche geschrieben, verlegt, vertrieben, vermittelt wird) Geschichten über Amok, Aids, Alkohol, Alzheimer, Asperger, Autismus, Behinderung, Drogen, Missbrauch, Mobbing, Krebs und Krieg.

Sie finden Titel über Gewalt in Familie, Schule, Clique, über Kinderprostitution, Kindersoldaten, Völkermord und Tod und Teufel. Offiziell firmieren Bücher, die sich dieser (gesellschafts-)politischen Themen annehmen, unter dem Rubrum[1] „Problembücher". Angesichts eines zuweilen fast missionarischen Weltverbesserungs-Impetus[2] müssen sie sich allerdings die Frage gefallen lassen: Und wo bleibt die Literatur? Erziehung statt Erzählung verprellt den Leser.

Natürlich haben Problembücher in der Jugendliteratur eine lange Tradition. Ihr Interesse, so hat es Mirjam Pressler einmal formuliert, sei „zu zeigen, wie Identität auch unter widrigen Bedingungen werden kann". Peter Härtling wollte sie „stärken und wappnen fürs Leben". Das war in den Siebzigerjahren. Konfrontation stand auf den Fahnen.

Immer aber gehörte zur Zumutung, die sich aus dem Stoff ergab, ein Ausblick. Wo ein solches Erzählen auch unter formal-ästhetischen Gesichtspunkten gelang, wurde nicht zwanghaft ins Gute gewendet, sondern eine konstruktive Perspektive geboten, die Lesern überhaupt erst ermöglichte, mit dem Erfahrenen umzugehen.

Heute haben Leser über Fernsehen, Radio, Internet mehr Zugang zu den ökologischen, ökonomischen, sozialen, humanen und sonstigen Katastrophen, als irgendwem lieb sein kann. Doch unverdrossen wappnet sich die Jugendliteratur weiter. Und rüstet dabei auf – wie aktuell mit „Bunker Diary" von Kevin Brooks.

Im schlicht konstruierten Experiment mit klarer Rollenverteilung werden sechs Personen entführt, in einen Bunker gesperrt und überwacht. Sie bekommen (solange sie spuren) zu essen und zu trinken. Warum sie entführt wurden, erfahren sie nicht, einen identifizierbaren Täter gibt es auch nicht, ein Motiv genauso wenig. Von Anfang an sind sie zum Tode verurteilt, weil es Täter (und Autor) so wollen. Am Ende werden alle vernichtet werden und abtreten: laut oder leise, heroisch oder kläglich.

Nun ist das erzählerische Ausloten dessen, was passiert, wenn Extremsituationen allgemeingültige Werte aushebeln, nichts Neues. Was möglich wird, wenn das Tier im Menschen von der Leine gelassen wird, haben vor Brooks William Golding in „Der Herr der Fliegen“ oder in jüngerer Zeit Janne Teller in „Nichts“ vorgemacht.

Neu ist hingegen die Häufung der extremen Stoffe in der aktuellen Jugendliteratur insgesamt. Zunehmende Enttabuisierung und eine Dramaturgie der gegenseitigen Überbietung greifen um sich. Auch jenseits der realistischen Literatur hat die Dystopie[3] der Utopie den Garaus gemacht: Geträumt wird selten, gealbträumt umso mehr.

Neu ist auch die inhaltliche Zuspitzung im Speziellen: Brooks schickt seine Figuren und Leser durch die Hölle. Zuletzt wird der 16-jährige Erzähler sterben, sein Schlusssatz bleibt unvollendet: „Fleisch und Blut Muskelfleisch Trinken ist alles dasselbe Fleisch und Blut alles dasselbe Huhn Rind Schwein = 3 […] wir sind alle Tieretieretiere/Fleischundtrinken/deine flüssigen Augen/tut mir so leid/so weh gehäutet trocken/bitte vergib mir […] tut nicht mehr weh/das ist“…

Das ist Kitsch. Das ist Splatter und Dschungelcamp zwischen Buchdeckeln. Worin also liegt der Mehrwert für die Literatur? Gibt es nichts anderes zu erzählen?

Kevin Brooks ist ein etablierter Autor. Nie hat er einen Bogen um umstrittene Themen gemacht, hier aber ist keine Rettung in Sicht: Brooks erhebt absolute Ausweglosigkeit zum neuen Programm und setzt sich damit von angeblich ewig gestrigen Bevormundern ab. Das Ernstnehmen der Leser hat einen neuen Höhepunkt erreicht.

Es hat sich ausgeschont: „Junge Leute sind keine Dummköpfe, sie wissen, was es mit dem Leben auf sich hat, und ihnen liegt daran, über die ernsten Seiten von Leben und Tod nachzudenken“, behauptet der Autor. „Sie haben es nicht nötig, sich von Büchern Hoffnung geben zu lassen. Und ja: Das Buch ist wirklich sehr finster, weil es nämlich klar sagt: Egal, was du im Leben machst, egal, was passiert, Gutes oder Schlechtes, egal, wer du bist …, am Ende wirst du sterben.“

Der Verlag bescheinigt seinem Autor „neue Wege in der Jugendliteratur“. Doch handelt es sich überhaupt noch um Wege innerhalb eines Genres? Alter der Protagonisten, Perspektive, Stoff, Form, die Frage nach Zumutbarkeit, die Adressiertheit an eine bestimmte Zielgruppe haben bislang Jugendliteratur definiert. Wäre es, wenn all das ignoriert wird, nicht folgerichtig, Jugendliteratur im doppelten Sinn des Wortes vollends zu ent-sorgen – auch als Sparte?

Der Münchner Autor Friedrich Ani, dessen Roman „Die unterirdische Sonne“ gerade als Jugendbuch erschienen ist, kommt zu vergleichbarem Ergebnis. Vielleicht, orakelt er, schreibe er Jugendbücher für Erwachsene und Erwachsenenbücher für Jugendliche. Dieses hier, so der Autor, würde 13-Jährigen nicht schaden. Dabei ist das Elend überwältigend.

Fünf Jugendliche, Mädchen und Jungen zwischen elf und 16 Jahren, werden entführt und auf eine Insel irgendwo im Norden Deutschlands verschleppt. Sie werden – zufällige Duplizität der Fälle? – in einen Keller gesperrt und regelmäßig nach oben geholt. Was ihnen dort widerfährt, erfährt der Leser nicht. Aber er sieht die Folgen von sexuellem Missbrauch und Misshandlung: „Leon war zwölf Jahre alt und jedes Mal, wenn er an seinem Blut roch, freute er sich, dass es zu ihm gehörte."

Tränen, Stottern, Verstummen, Kriechen: Das Repertoire der Qual ist grenzenlos, die Strategien der Geschändeten auch. Das Verlies wird zur Bühne für ein Kammerspiel, in dem die Figuren leiden, sterben wollen, ohne zu wissen wie. Erwachsene sprechen ihnen in Hass-Tiraden und -Taten jegliches Existenzrecht ab, und es ist bemerkenswert, dass ausgerechnet die Jugendliteratur Forum für eine Wirklichkeit wird, in der Jugendliche zerstört werden. Eine unterirdische Sonne scheint hier nicht.

Für wen aber und warum erzählt die Jugendliteratur diese Geschichten? Dienen sie der Aufklärung? Bewältigung? Tragen sie einem Ernstnehmen der Leser, einer Radikalisierung des Genres Rechnung, um auch endlich groß zu sein? Kevin Brooks hält seinen Roman für sein wichtigstes Buch, Friedrich Ani ist „glücklich", seines geschrieben zu haben.

Fast scheint es, als stellten sich Autoren und Verlage selbst den Persilschein[4] aus, Leser radikal und unumkehrbar das Fürchten zu lehren. Wo vormals Problembücher fürs Leben wappnen wollten, scheint jetzt ein Wappnen gegen die Elendsliteratur vonnöten.

Denn es gibt einen Unterschied zwischen aufklären und Angst machen, zwischen ernst nehmen und traumatisieren. Es gibt einen Unterschied zwischen an Erfahrungswerten der Leser orientierten Geschichten, die stärken wollen, und inszenierten Abgründen, die klein machen.

In einem der herausragenden jugendliterarischen Romane dieses Frühjahrs, der ebenfalls Misshandlung thematisiert, macht Protagonistin Delly sich Gedanken, wie mit der „Wahrheit, wie Delly sie sieht" umgegangen werden soll. Als ihr jüngerer Bruder wissen will, was los ist, fällt Delly eine Entscheidung: „Sie würde es ihm nicht erzählen. Sie selbst konnte nichts tun, und wenn er es wüsste, würde er nicht mehr singen."

Es muss nicht alles erzählt werden. Und es ist nicht automatisch ein Dummkopf, wer weitersingen will.

Knödler, Christine: Wir haben da ein Problem für dich, in: Die Welt vom 12. 03. 14

Worterläuterungen:
1 *Rubrum (lat.):* Rubrik, Schlagwort
2 *Impetus (lat.):* Antrieb, Anstoß; Begeisterung
3 *Dystopie:* Anti-Utopie, in der Zukunft spielende Erzählung mit negativem Ausgang
4 *Persilschein:* Bescheinigung, dass sich jemand nichts hat zuschulden kommen lassen

Anmerkung zur Autorin: Christine Knödler ist Herausgeberin mehrerer Erzählbände für Kinder. 2013 wurde sie mit dem Medienpreis der Arbeitsgemeinschaft von Jugendbuchverlagen ausgezeichnet.

Hinweise und Tipps

- *Die vorliegende Aufgabe verlangt in einem ersten Schritt eine Zusammenfassung des Zeitungsartikels von Christine Knödler. Ausgehend von den hier aufgestellten Thesen und Beobachtungen soll dann im zweiten Teil der Arbeit in Form eines Kommentars ein eigener Standpunkt argumentativ entwickelt werden. Der Hinweis auf Ihre Erfahrungen, die in die Argumentation einfließen sollen, darf durchaus ernst genommen werden: Nachdem jeder Schüler am Ende seiner Schulzeit sicher mehrere Jugendbücher gelesen hat, wird es nicht schwer sein, auf diesen Leseerfahrungen den eigenen Kommentar aufzubauen.*
- *Wie so häufig sollte für eine erste Einschätzung des Textes bei der Überschrift angesetzt werden. Der leicht ironische Tonfall verrät eindeutig die ablehnende Einstellung der Autorin gegenüber den neueren Entwicklungen im Jugendliteraturbereich. Es ist also mit einer deutlichen Kritik zu rechnen.*
- ***Aufgabe 1** gibt drei Aspekte an, die genauer untersucht werden sollen. Zunächst sollen Sie – neben der **inhaltlichen Sicherung** – die **Argumentationsstruktur** herausarbeiten. Es geht also darum, den inhaltlichen Aufbau des Textes zusammenzufassen und darauf basierend die Argumentationsweise darzustellen. Sie müssen dabei **grundlegende Probleme benennen**, konkrete **Beispiele ausführen** und schließlich die **Meinung der Autorin herausarbeiten**. Neben der Argumentationsstruktur werden Sie vor allem auf die **sprachliche Gestaltung** des Textes aufmerksam gemacht. Nicht nur die rhetorische Überschrift, sondern zahlreiche andere Textstellen machen schon beim ersten Durchlesen erkennbar, dass die Autorin ihre Meinung durch sprachlich-stilistische Mittel bekräftigt. Es bietet sich an, dafür einen eigenen Gliederungspunkt zu wählen. Klar sollte allerdings werden, dass die Sprache immer in ihrer Funktion für Inhalt und Argumentation eingesetzt wird.*
- *Schließlich fordert die Aufgabenstellung, dass **Position und Intention** des Textes benannt werden. Die Position Christine Knödlers ist leicht zu erkennen. Und damit dürfte es auch nicht schwerfallen, die Absicht des Textes herauszufinden. Nachdem allerdings nicht alle Argumente zu Ende geführt werden, bleibt für die Interpretation der Textaussage durchaus auch ein gewisser Spielraum.*
- ***Aufgabe 2** verlangt von Ihnen einen kommentierenden Text. Zwei Aspekte sind dabei zu beachten: Zum einen sollte ein Kommentar die **Haltung und Einstellung** des Schreibers sehr **deutlich herausstellen**. Dies können Sie u. a. durch zugespitzte Formulierungen erreichen. Schon in der Überschrift sollte Ihre Meinung erkennbar werden. Zum anderen darf ein Kommentar nicht auf eine **ausgearbeitete Argumentation** verzichten. Begründungen und Beispiele sind, wie bei jeder anderen Form des Erörterns, zwingend notwendig. Allerdings kann dabei auch eine verkürzte Argumentation sinnvoll sein, z. B. um eine These pointiert vorzutragen.*
- *Der Kommentar sollte zunächst die **Aussagen des vorliegenden Zeitungsartikels aufgreifen**, um als Antwort darauf die **eigene Meinung** zu entwickeln. Es geht darum, Schlussfolgerungen aus der Analyse des Ausgangstextes zu ziehen und in der Regel eine alternative Position auszubreiten. Hilfreich ist dabei, wenn die Prämissen, die die Autorin für ihre Argumentation setzt, reflektiert werden. Die*

Aufgabe fordert dazu auf, die eigenen Leseerfahrungen mit einzubeziehen. Dabei ist man nicht an bestimmte literarische Werke gebunden, sondern in seiner Wahl ganz frei.

Gliederung

1 Jugendliteratur

2 Analyse von Christine Knödlers „Wir haben da ein Problem für dich"
2.1 Inhalt: Jugendliteratur auf Abwegen
2.1.1 Themen der neueren Jugendliteratur: Hass und Gewalt
2.1.2 Absolute Hoffnungslosigkeit bei Brooks und Ani
2.1.3 Die Aufgabe von Jugendliteratur
2.2 Antithetische Argumentationsstruktur
2.3 Die Position und die Intention der Autorin: Gegen den falschen Realismus
2.4 Sprachlich-stilistische Mittel: Abwertung der aktuellen Jugendliteratur

3 Kommentar: Aufgabe und Funktion von Jugendliteratur
3.1 Aufgabe und Funktion klassischer Jugendliteratur: Preußlers „Krabat"
3.2 Jugendliteratur heute: Janne Tellers „Nichts"
3.3 Literatur für junge Leser: Lesefreude durch Spannung
3.4 Fazit: Der Kunde als letzte Instanz

Lösungsvorschlag

Nach zwölf Schuljahren hat jede Schülerin und jeder Schüler seine eigenen 1
Erfahrungen mit der sogenannten Jugendliteratur gemacht. Angefangen von den Klassikern eines Otfried Preußler, wie z. B. „Krabat", bis hin zu aktuellen Neuerscheinungen begleiten diese Werke ein Schülerleben im Deutschunterricht so sicher wie der Satz des Pythagoras im Fach Mathematik. Von den großen Werken der Literaturgeschichte, dem zweiten Standbein der schulischen Lektüre, unterscheidet sich Jugendliteratur in erster Linie dadurch, dass in der Regel die Protagonisten im gleichen Alter sind wie die Leser, dass also z. B. Vierzehnjährige die Helden sind für vierzehnjährige Leser. Damit soll gewährleistet werden, dass sich die Jugendlichen mit ihren Erfahrungen in der fiktiven Welt der Romane wiederfinden. In letzter Zeit scheinen sich aber die **dargestellten Probleme in der Jugendliteratur** in einer Art und Weise zu **radikalisieren**, die durchaus kritisch gesehen werden kann. So jedenfalls behauptet es Christine Knödler, die sich als Herausgeberin mehrerer Erzählbände für Kinder einen Namen gemacht und nun eine Abrechnung mit der aktuellen Jugendliteratur vorgelegt hat.

In ihrem Artikel „Wir haben da ein Problem für dich“, der am 12. 3. 2014 in 2
der Zeitung „Die Welt“ erschienen ist, belegt Knödler an konkreten Bei- 2.1
spielen ihre These über die **Fehlentwicklungen im Bereich Jugendliteratur**, 2.1.1
die sich zunehmend auf **Hass und Gewalt** spezialisiere und so ihren eigentlichen Auftrag, jungen Menschen beim Erwachsenwerden zu helfen, verfehle.
Der Text beginnt recht unvermittelt mit dem kurzen Hinweis auf die allgemein festgestellte Leseunlust der Jugendlichen und mit der Auflistung von Themen der veröffentlichten neuen Jugendbücher. Die Autorin kommt zu dem Schluss, dass es sich hier ausschließlich um Geschichten handle, die von extrem negativen Aspekten der gegenwärtigen Welt berichten. Es gehe immer nur um Gewalt, Krankheit und Unterdrückung, und anscheinend auch um die Frage, wie mit diesen extremen Problemen umgegangen werden muss. Allerdings stellt Christine Knödler hier schon in Abrede, dass diese thematische Engführung etwas mit Jugendliteratur im eigentlichen Sinn zu tun hat (Z. 1–11).
Die Autorin gibt im nächsten Absatz zwar zu, dass die sogenannten **„Problembücher“** in der Geschichte der Jugendliteratur seit jeher eine Rolle gespielt haben, aber der Fokus lag ihrer Meinung nach lange Zeit auf dem Versuch, dem Leser zu zeigen, wie man aus schwierigen Situationen mit Gewinn für die eigene Entwicklung herauskommen könne. Sie beruft sich dabei auf zwei etablierte Größen der Jugendbuchliteratur, Peter Härtling und Mirjam Pressler (Z. 12–20).

Am Beispiel von zwei Neuerscheinungen illustriert Knödler, dass ihrer Mei- 2.1.2
nung nach in der aktuellen Jugendliteratur **übermäßig viele persönliche Dramen dargestellt** werden. Zunächst beschäftigt sie sich ausführlich mit dem neuen **Roman von Kevin Brooks**, der den vielsagenden Titel „Bunker Diary“ trägt (Z. 21–64). Der erfolgreiche Jugendbuchautor Brooks entwirft darin ein Horrorszenario, bei dem sechs Menschen aus ihnen unbekannten Gründen in einen unterirdischen Bunker eingesperrt werden. Erzählt wird die Geschichte aus der Sicht eines Sechzehnjährigen, der offenbar miterleben muss, wie seine Mitgefangenen nach und nach zu Tode kommen. Die von Knödler zitierte Schlusspassage legt nahe, dass der Erzähler schließlich selbst stirbt. Die Autorin stört sich dabei vor allem an der Erzählhaltung: Von Anfang an scheint klar zu sein, dass es aus der extremen Situation des Eingesperrtseins keinen Ausweg gibt. Diese **Hoffnungslosigkeit** ist nach Aussage von Kevin Brooks der inhaltliche Kern seines Romans. Brooks will seinen Lesern klarmachen, dass am Ende jeder stirbt. Die Ablösung eines utopischen Entwurfs durch konsequente Antiutopien findet Knödler äußerst problematisch. Hinzu kommt, dass die Erzählweise bei Brooks nach der Einschätzung Knödlers trivialen Mustern des Horrorgenres abgekupfert ist. Dies und die **Perspektivlosigkeit der Inhalte** sind für die Autorin der Grund dafür, die Zuordnung zur Jugendliteratur infrage zu stellen.
Um ihre These vom Ende der Jugendliteratur weiter zu untermauern, führt Knödler noch ein **weiteres Beispiel** an, **Friedrich Anis Roman** „Die unterirdische Sonne“ (vgl. Z. 65–81). Der Münchner Autor schildert hier ganz

parallel zu Brooks einen Fall, bei dem fünf Jugendliche in einen Keller eingesperrt sind und fürchterlich gequält werden.

Ausgehend von ihren konkreten Beobachtungen zu den beiden genannten Werken stellt Knödler schließlich die Frage, welchen **Sinn** diese Art von Jugendliteratur erfülle. Während Verlage und Autoren von einer Weiterentwicklung ausgehen, spricht Knödler dieser Form von (Jugend-)Literatur die Berechtigung ab. 2.1.3

Die **Argumentationsstruktur** des Textes ist **antithetisch**. Zum einen beschäftigt sich die Autorin ausführlich mit zwei ausgewählten Beispielen, die in ihrer inhaltlichen Drastik durchaus geeignet sind, die These von der radikalen Hoffnungslosigkeit moderner Jugendliteratur zu untermauern. Zur inhaltlichen Zusammenfassung der beiden Romane kommen noch unterstützend Selbstaussagen der Autoren hinzu, die belegen, dass sie ganz bewusst schildern wollten, wie junge Menschen in unserer Welt zerstört werden. Diesem Befund stellt die Autorin zum anderen immer wieder eine andere Art von Literatur für junge Menschen gegenüber, die sich vor allem dadurch auszeichnet, dass sie einen positiven „Ausblick" (Z. 17), eine „konstruktive Perspektive" (Z. 19) für die Leser anbietet. Ziel guter Jugendliteratur sei demnach die „Aufklärung" (Z. 83, vgl. auch Z. 91), um das Leben besser bewältigen zu können. Indirekt unterstellt die Autorin auch, dass diese Art von Literatur besser geschrieben sei, weil sie erzähle, statt nur zu erziehen (vgl. Z. 10 f.) und auch unter „formal-ästhetischen Gesichtspunkten" (Z. 18) gelinge. Im Gegensatz dazu wird dem Werk von Kevin Brooks vorgeworfen, dass es sich um „Kitsch", „Splatter und Dschungelcamp" (Z. 46) handle, also trivial geschrieben sei, und dass es nur darum gehe, „das Fürchten zu lehren" (Z. 88) und „Angst [zu] machen" (Z. 91). 2.2
Auffällig an der Argumentation ist neben dieser sehr deutlichen Gegenüberstellung von guten und schlechten Büchern, dass die Autorin nicht alle Behauptungen belegt und dass sie sich zumindest an einer Stelle auch in **Widersprüche** verwickelt. So stellt sie gleich im ersten Teil ihres Artikels die These auf, dass die neuen Problembücher die Leser „verprell[en]" (Z. 11), weil sie erziehen statt erzählen. Man muss aber davon ausgehen, dass sowohl Brooks als auch Ani ihre Bücher sehr gut verkaufen, die Behauptung bleibt so ohne nachvollziehbare Begründung.
Ähnlich ist die These zu sehen, wonach die „neue" Jugendliteratur sich von „ewig gestrigen Bevormundern" (Z. 50 f.) abgrenzen wolle. Leider wird weder erwähnt, wer diesen Vorwurf erhebt, wer mit „Bevormundern" eigentlich gemeint ist noch auf welche Art von Bevormundung sich dies beziehen soll.

Die Position der Autorin ist eindeutig: Sie ist davon überzeugt, dass **Jugendbücher**, die **mit Schrecken und Grausamkeit** gegenüber Kindern und Jugendlichen aufwarten, ihren eigentlichen **Auftrag verfehlen**. Und sie findet, dass diese Bücher den Anspruch literarischer Kunstwerke nicht erfüllen können. Es gibt Geschichten, so die Autorin, die nicht in die Bücherregale 2.3

von Heranwachsenden gehören, weil sie nämlich mehr Schaden anrichten als nutzen. Insgeheim wirft sie dabei den Autoren und Verlagen vor, auf der Welle der Gewalt zu reiten, weil man damit gutes Geld verdienen kann. Nicht alles, was geschieht, muss ihrer Meinung nach erzählt werden. Auch zu dieser Haltung führt sie am Ende Ihres Aufsatzes ein aktuelles Beispiel aus der Sparte Jugendliteratur an. In dem zitierten Roman geht es um eine Misshandlung, allerdings mit dem großen Unterschied zu den ausführlich besprochenen Werken von Brooks und Ani, dass die Erzählerin und betroffene Hauptfigur darüber offenbar nicht sprechen will. Trotz dieses Verschweigens entsteht eine, nach der Meinung der Autorin, große Geschichte.
Die Absicht, die hinter der **deutlichen Kritik** Knödlers an bestimmten Auswüchsen in der Jugendliteratur steht, lässt sich leicht erschließen: Sie will auf Fehlentwicklungen aufmerksam machen und durch den Vergleich mit gelungenen Beispielen aus der Jugendliteratur aufzeigen, welche **besseren Alternativen** zur Verfügung stünden. Ganz deutlich wird, dass sie befürchtet, die von ihr so genannte „Elendsliteratur" (Z. 89) gewinne die Oberhand in dieser für die Entwicklung junger Menschen so wichtigen Sparte.

Die Behauptungen und die Botschaft des Textes werden durch den **Sprachstil** 2.4
deutlich unterstrichen. Dies soll an ausgewählten Beispielen aufgezeigt werden.
Ein auffälliges Kennzeichen des Textes sind die vielen **Aufzählungen**. Gleich zu Beginn werden die von der Autorin kritisierten Themen aktueller Jugendbücher aussagekräftig aneinandergereiht. Dabei spielt sie mit Alliterationen (allein die ersten sechs Begriffe beginnen mit dem Buchstaben A) und dem Alphabet. Letzteres wird zwar nicht ganz exakt eingehalten (M vor K), insgesamt soll aber der Eindruck vermittelt werden: In der Jugendliteratur geht es von A bis Z um Negatives (vgl. Z. 4 ff.). Dieses Betonen von Extremen durch Aufzählung findet sich z. B. auch bei der Inhaltsangabe zu Anis Roman, wenn die Qualen der Kinder durch die vier Begriffe „Tränen, Stottern, Verstummen, Kriechen" (Z. 76) dargestellt werden. Man kann diese asyndetische Reihe auch als Klimax lesen, denn die menschliche Regung des Weinens ist sicher die einfachste Form, auf eine bedrohliche Situation zu reagieren; im Stottern und gar im Verstummen zeigen sich dann bereits psychosomatische Symptome der Gewalt. „Kriechen" ist schließlich ein Hinweis auf die Entmenschlichung, denn das Kennzeichen des Menschen ist ja sein aufrechter Gang.
Neben der Aufzählung ist es wiederum die **Alliteration**, mit deren Hilfe Knödler die Fehlentwicklungen der Jugendliteratur auf den Punkt bringt. So formuliert sie, dass Brooks in seinem Buch die „absolute Ausweglosigkeit" (Z. 49 f.) darstelle. Damit wird die fehlende Perspektive nicht nur sprachlich markiert, sondern auch inhaltlich sozusagen gedoppelt, denn eine Steigerung der Ausweglosigkeit durch das Attribut „absolut" ist eigentlich gar nicht nötig. Deshalb darf die Autorin auch behaupten, dass in den einschlägigen Romanen nicht „[g]eträumt", sondern „gealbträumt" (Z. 38) wird. Mit diesem al-

literierenden Paar, das sich grammatisch aus der Partizipkonstruktion ergibt, wird der Kern der Kritik deutlich betont: Die vorgestellte Art der Literatur führe Albträume vor, die vermutlich beim Leser selbst wiederum Albträume erzeugen. Dass das Verb „albträumen" einen Neologismus darstellt, verstärkt die Wirkung der Formulierung.

Christine Knödler ist eine Expertin in Sachen Jugendliteratur. Diese Kennerschaft findet sich auch im Stil des Textes wieder. Die Autorin verfügt über einen ausgewiesenen **Fachwortschatz**. Begriffe wie „realistische[...] Literatur", „Dystopie", „Utopie" (Z. 37 f.) belegen, dass sie in der Welt der Literatur zu Hause ist. Diesen Fachwortschatz nutzt sie aber auch, um gegen die kritisierten Werke ins Feld zu ziehen. Schon die Einordnung der besagten Bücher unter dem „Rubrum ‚Problembücher'" (Z. 8 f.) zeigt eine gewisse Distanz, denn der Begriff „Rubrum" ist sehr altertümlich und bedeutet eigentlich „Aktenaufschrift". Den Autoren unterstellt Knödler dann einen „missionarischen Weltverbesserungs-Impetus" (Z. 9 f.). Mit dieser Wortneuschöpfung zielt die Autorin auf die Intention der Jugendbuchautoren ab, mit ihren Werken die Welt besser zu machen. In der Koppelung mit dem Adjektiv „missionarisch" erhält diese Einstellung einen negativen Beigeschmack.

Mit einer Reihe von **rhetorischen Fragen** möchte sie auch deutlich machen, dass Brooks und andere Schriftsteller den Bereich der Jugendliteratur – bewusst oder unbewusst – bereits verlassen haben, denn hier werden keine neuen Wege beschritten (vgl. Z. 59 f.), sondern die „Sparte" wird sogar „entsorg[t]" (Z. 64). Mit diesem Wortspiel – Knödler selbst weist auf den Doppelsinn hin (etwas wegwerfen und etwas der Sorge entheben) – und der rhetorischen Frage wird auf die Tatsache aufmerksam gemacht, dass mit der Schreibhaltung der Autoren Jugendliteratur im eigentlichen Sinn gar nicht mehr entstehen kann.

Insgesamt kann behauptet werden, dass Christine Knödler mit sehr deutlichen Worten die **Zumutungen der neueren Jugendliteratur zurückweist**. Wie bereits erwähnt, erkennt man das schon an der Überschrift. Die Redewendung „Wir haben da was für dich" wird dabei variiert. In der Regel wird der Satz nämlich immer dann geäußert, wenn der Sprecher ein Angebot zur Problemlösung machen möchte: Du hast Kopfschmerzen – wir haben da ein passendes Medikament usw. Knödler kehrt die Reihenfolge um: Es geht dir gut, dann können wir dir ein „Problem" anbieten. Gemeint sind natürlich die Jugendbücher, die die Leser quasi dazu zwingen, ihnen ferne Probleme zu verarbeiten.

Zwischen Horror und Happy End – Aufgabe und Funktion von Jugendliteratur

Jugendliche werden in Bunkern gefangen gehalten, gequält, gefoltert und 3
schließlich getötet. Andere müssen in Kriegen ums Überleben kämpfen oder werden zur Kinderprostitution gezwungen. Bücher über diese Themen können sich Jugendliche aktuell in den Buchläden kaufen. Angesichts solcher Entwicklungen im Bereich der **Jugendliteratur**, welche laut der Expertin Christine Knödler deutliche **Tendenzen zu schockierenden Themen** hat, stellen sich mir einige Fragen: Was wollen diese Bücher ihren Lesern sagen? Zu welchem Zweck werden eigentlich Jugendbücher geschrieben? Ist es die **Aufgabe von Jugendliteratur**, den Horror der Welt zu zeigen? Oder sollte nicht auch ein Happy End als Möglichkeit ins Auge gefasst werden?

Am **Beispiel des Klassikers „Krabat“** von Otfried Preußler lässt sich rasch 3.1
nachweisen, welche Funktionen Jugendbücher auch übernehmen können. Die Geschichte spielt in einer weit vergangenen Zeit und handelt vom vierzehnjährigen Waisenjungen Krabat, der eine Lehrstelle in einer dunklen Mühle annimmt, in der die schwarzen Künste unterrichtet werden. Es ist eine abgeschlossene und düstere Welt, in der jedes Jahr ein Geselle sterben muss, denn der Meister der Mühle hat einen Vertrag mit dem Bösen abgeschlossen. Krabat erkennt nach und nach die Zusammenhänge. Mithilfe eines Mädchens aus dem Dorf, Kantorka, gelingt es ihm, den Meister zu besiegen und den Bann zu brechen.

Preußlers Protagonist ist ein Junge, der den Weg ins Erwachsenenalter im Schnelldurchgang durchlaufen muss. Der Autor bedient sich dabei eines Tricks, denn ein Jahr in der Mühle entspricht drei Jahren in der normalen Welt. In dieser Zeit beendet Krabat sozusagen seine Berufsausbildung, er findet die Frau seines Lebens und er besiegt die böse Autorität, den Schwarzen Meister, um anschließend ein Leben in Freiheit und Frieden zu führen. Mit dieser Entwicklung des Helden wird die zentrale Bedingung, die laut Knödler gute Jugendliteratur ausmacht, erfüllt: Die **Befreiung aus einer schwierigen Situation** gelingt. Die Botschaft: Es gibt immer eine Perspektive im Leben.

Natürlich erfüllt der Roman auch weitere Funktionen, die meiner Meinung nach für Werke der Jugendliteratur wichtig sind: Er ist wirklich spannend geschrieben, sodass man in eine ganz **andere Welt abtauchen** kann – auch deshalb, weil man große Sympathie für die Hauptfiguren empfindet. Als Leser ist man auf der Seite von Krabat und kämpft seinen Kampf tapfer mit – ohne dass man es unbedingt bewusst wahrnimmt, erhält man so **für die eigene Entwicklung Denkanstöße**.

Sicher, der Roman enthält auch einige Grausamkeiten. Gesellen verschwinden und der Leser merkt schnell, dass sie umgebracht und ihre Knochen zu Mehl verarbeitet werden. Allerdings wird diese Grausamkeit nie wirklich gezeigt. Der größte Unterschied zu den Büchern eines Kevin Brooks ist freilich, dass es bei Preußler ein Happy End gibt. Das aber heißt nun nicht, dass alle empfehlenswerten Jugendbücher einen positiven Schluss haben müssen, um ihre Funktion zu erfüllen. Im Gegenteil! Das zeigt ein anderes, aktuelleres Beispiel.

Knödler selbst verweist in ihrem Essay auf **Janne Tellers Roman „Nichts“**, 3.2
der vor einiger Zeit für Furore gesorgt hat. Der Roman ist ein Gedankenexperiment, das sich um die Haltung eines Siebtklässlers namens Pierre dreht, der auf einem Pflaumenbaum sitzt und behauptet, dass es nichts gebe, was Bedeutung habe. Davon angestachelt versuchen seine Klassenkameraden, den Gegenbeweis anzutreten und Dinge zu sammeln bzw. abzugeben, die für sie sehr wichtig sind. Es beginnt harmlos mit den Lieblingsschuhen und endet brutal mit Kindersärgen und abgeschnittenen Fingern. Nachdem die Sache aufgeflogen ist, gerät der durch die Sammlung entstandene „Berg der Bedeutung“ in die mediale Vermarktungsmaschine und soll sogar als Kunstwerk für viele Millionen verkauft werden. Auf der Suche nach der Bedeutung wird nur umso klarer, dass die Aussage Pierres vielleicht doch richtig ist. Diese Einsicht kostet am Ende Pierre das Leben. Die Figuren bleiben ratlos zurück, der Leser auch!
Die Intention dieses Romans ist es, die Frage nach dem Sinn des Lebens radikal durchzuspielen. Die Story erinnert in ihrer Radikalität an die von Knödler vorgebrachten und beklagten Beispiele absoluter Hoffnungslosigkeit. Obwohl sie selbst Janne Tellers Buch nicht in eine Reihe mit den Horrorvisionen von „Bunker Diary“ und „Die unterirdische Sonne“ stellt, trifft ihre Kritik an **Grausamkeit und Perspektivlosigkeit** in aktuellen Jugendbüchern auch auf „Nichts“ zu. Es bleibt die Frage, ob man das Jugendlichen zumuten darf. Knödler gibt als Antwort darauf ein klares „Nein“. Denn ihrer Meinung nach geht es in Werken wie diesen weniger um die nötige Aufklärung von Problemfeldern oder um Identitätsfindung bei Heranwachsenden als vielmehr um **tiefe emotionale Ergriffenheit:** Die Leser sollen sich offensichtlich bei der Lektüre vor allem fürchten und in Hoffnungslosigkeit verfallen. Dazu werden alle nur denkbaren Szenarien erfunden. Dies lehnt die Autorin vehement ab, denn ihrer Ansicht nach muss nicht alles Negative, das geschehen kann, auch aufgeschrieben werden.
Dagegen muss natürlich eingewendet werden, dass sich **Jugend heute** fundamental **von früheren Zeiten unterscheidet**. Wer deutlich nach der Jahrtausendwende aufwächst, ist medial ganz anders geprägt und sicher auch abgehärteter, als das z. B. in den siebziger Jahren des 20. Jahrhunderts der Fall war. Das rechtfertigt nicht alles, aber die Aussage von Kevin Brooks, „[j]unge Leute [seien] keine Dummköpfe“ (Z. 53), stimmt und führt zu anderen Lesegewohnheiten. Nur weil die Protagonisten die Erfahrung von Perspektivlosigkeit machen, heißt das nicht, dass die Leser diese Haltung unreflektiert übernehmen. Geschichten mit Happy End können bewirken, dass man das Buch enttäuscht beiseitelegt, weil es eben unrealistisch ist, dass immer alles gut ausgeht. Ist eine ehrliche Auseinandersetzung mit harten Problemsituationen und die Reflexion elementarer Sinnfragen nicht doch die bessere Alternative? Die positive Perspektive muss nämlich dadurch nicht aufgelöst sein – der

Leser muss sie sich vielleicht einfach selber schaffen. Bei Tellers Jugendgruppe verspürt man z. B. schon bald beim Lesen den Drang, hineinzurufen und den Wahnsinn aufzuhalten: „Ihr stellt die richtigen Fragen, aber was ihr da macht, kann nicht funktionieren!“

Was meiner Meinung nach entscheidend für viele Leser ist und eine der 3.3
wichtigsten Aufgaben von Jugendliteratur darstellt, ist ihr **Unterhaltungswert**. Was nützt mir das schönste Buch, wenn es nicht spannend geschrieben ist, mich nicht fesselt, berührt, zum Nachdenken bringt oder in fremde Welten eintauchen lässt? Sollten gute Jugendbücher nicht auch dafür sorgen, dass Jugendliche gerne lesen? Nicht umsonst ist Joanne K. Rowlings Harry-Potter-Reihe auf der ganzen Welt so erfolgreich. Hier geht es nicht (nur) um Zauberei und unsichtbare Welten, es geht in erster Linie um die Probleme eines pubertierenden Jungen, der die Herausforderungen des Erwachsenwerdens meistern muss. Entscheidend für den Erfolg der sieben Bände ist aber vor allem der große Unterhaltungswert der Geschichte. Als Leser bekommt man die Möglichkeit, den Alltag zu vergessen und neue Welten kennenzulernen. Die Spannung wird bis zum Schluss aufrechterhalten und erstickt die Gefahr im Keim, eines der Bücher halb gelesen zur Seite zu legen – und erfüllt damit vorbildhaft die Funktion der Unterhaltung.

Wichtig ist, dass Jugendliteratur junge Leser anspricht, weil sie die Fragen 3.4
von Jugendlichen stellt, Ängste und Sorgen dieser Altersgruppe anspricht und auf spannende Weise in eigene Storys kleidet. Ob die jeweiligen Autoren den **Geschmack der Generationen** treffen, entscheidet sich letztlich sowieso am **Verkaufstisch**.

Deutsch (Bayern G8) – Abiturprüfung 2012:
Aufgabe 1: Erschließen eines poetischen Textes

a) Erschließen und interpretieren Sie das Gedicht „Am Walde“ (Text A) von Eduard Mörike!

b) Untersuchen Sie, inwieweit sich die Verbundenheit des modernen Dichters Hermann Lenz mit Eduard Mörike in den vorliegenden Texten B und C niederschlägt!

Text A

Eduard Mörike (1804–1875)
Am Walde

Am Waldsaum kann ich lange Nachmittage,
Dem Kukuk horchend, in dem Grase liegen;
Er scheint das Tal gemächlich einzuwiegen
Im friedevollen Gleichklang seiner Klage.

Da ist mir wohl, und meine schlimmste Plage,
Den Fratzen der Gesellschaft mich zu fügen,
Hier wird sie mich doch endlich nicht bekriegen,
Wo ich auf eigne Weise mich behage.

Und wenn die feinen Leute nur erst dächten,
Wie schön Poeten ihre Zeit verschwenden,
Sie würden mich zuletzt noch gar beneiden.

Denn des Sonetts gedrängte Kränze flechten
Sich wie von selber unter meinen Händen,
Indes die Augen in der Ferne weiden.

Entstehung 1830; Erstdruck 1832; Orthographie und Interpunktion entsprechend der Werkausgabe von 1981

Text B

Hermann Lenz (1913–1998)
Leben und Schreiben. Frankfurter Vorlesungen

[…] Mich erfreuten zunächst[1] die Gedichte. Die saugten mich sozusagen an, und bald las ich nur Mörike. […] Seine Briefe las ich, als wären sie an mich geschrieben worden, und ich meine […], es lohne sich, einmal nur Mörikes Briefe zu lesen, in denen das Persönliche und Private ebenso lebendig wird wie das Allgemeine. Und es kommt mir – Sie werden lächeln – wenig verschieden von allem Heutigen vor. Immerhin, wenn Sie das Technische weglassen, die Errungenschaften der Industrie vergessen zugunsten eines Wintermorgens vor Sonnenaufgang und wie der auf Sie wirkt,[2] dann kommen Sie zu sich selbst.

Dies nur als Beispiel. Wobei ich mir anzumerken erlaube, daß die Empfindungen und Gefühle immer noch aktuell sind wie das Gras und das Bachwasser, das uns, des sauren Regens zum Trotz,[3] hoffentlich überleben wird. Am Waldrand zu liegen, den Rucksack im Nacken, das lohnt sich immer noch. Und Sie wiederholen bei sich die Strophen: „Am Waldsaum kann ich lange Nachmittage / Dem Kuckuck horchend, in dem Grase liegen."

Und so weiter. Die Welt reinigt sich in Mörikes Versen auch heute noch wie damals, als ich sechzehn Jahre jung war und für „ein bißchen g'spässig", also für seltsam, galt. Ja, das stimmte schon, ich ließ mir Zeit und wartete ab als ein junger Mann, der sich etwas vorstellt, das es nicht gibt. […]

Aus: Lenz, Hermann: Leben und Schreiben. Frankfurter Vorlesungen, Frankfurt/M.: Suhrkamp 1986

Worterläuterungen:
1 Hermann Lenz hatte zur Konfirmation eine Ausgabe mit den Werken Mörikes geschenkt bekommen.
2 Anspielung auf Mörikes Gedicht *An einem Wintermorgen, vor Sonnenaufgang*
3 Seit Mitte der 1980er-Jahre ist „saurer Regen", ein umweltschädlicher Regen mit sehr niedrigem pH-Wert, ein wichtiger Begriff in der Auseinandersetzung um Gefahren durch Luftverschmutzung, insbesondere für die Wälder.

Text C

Hermann Lenz (1913–1998)
Nebendraußen

Du erlaubst dir,
Den Wald zu preisen,
Der Grasmücke[1] zuzuhören
An einem hellen Tage im Juni,
Unbekümmert, während du
Luft spürst an nackter Haut,
Dazu einen Ameisenbiß.

Blaue Wälder und Höhenzüge,
Die weithin gelagert sind.
Hinter Stämmen schimmern die Blätter.

Froh, nicht alles wissen zu müssen,
Keine Ahnung zu haben von …
Aber den Wald zu hören.

Aus: Lenz, Hermann: Vielleicht lebst du weiter im Stein, Frankfurt/Main: Suhrkamp 2003

Worterläuterung:
1 *Grasmücke:* ein Singvogel

Hinweise und Tipps

- *Die Aufgabe ist in einen Erschließungs- und Interpretationsauftrag (a) und einen Vergleichsauftrag (b) gegliedert. Zunächst muss das Gedicht von Eduard Mörike bearbeitet werden. Kriterien für die Erschließung können Sie dabei selbst wählen.*
- *Unter der* ***Erschließung*** *eines Textes versteht man, dass seine Aussage in inhaltlicher, in formaler und in sprachlich-stilistischer Hinsicht herausgearbeitet wird. Gerade bei kurzen Texten bietet es sich an, die* ***Untersuchungsschwerpunkte*** *nacheinander abzuhandeln, also erst Aufbau und Inhalt darzustellen und anschließend die Besonderheiten der sprachlich-stilistischen Gestaltung in den Blick zu nehmen. Lediglich die formale Gestaltung integriert man besser in andere Gliederungspunkte, um einer bloßen Aufzählung zu entgehen.*
- *Die* ***Interpretationsschwerpunkte*** *werden Ihnen in der vorliegenden Aufgabenstellung nicht vorgegeben. Nachdem im Gedicht ein lyrisches Ich auftritt, das sich selbst als Dichter ausweist, wird ein Deutungsaspekt das* ***poetische Selbstverständnis*** *gerade im Verhältnis zur Gesellschaft sein. Darüber hinaus spielt die* ***Natur*** *eine große Rolle. Diese Aspekte werden zusammen mit der Analyse der sprachlich-stilistischen Besonderheiten herausgearbeitet, denn das „Wie“ der lyrischen Rede führt direkt zum „Was“ oder „Worüber“ des Inhalts und der Intention des Gedichts.*
- ***Einleitung*** *und* ***Schluss*** *können Merkmale der Literatur um 1830 behandeln. Eine literaturgeschichtliche Einordnung Eduard Mörikes wird aber nicht verlangt.*
- *Für den* ***zweiten Aufgabenteil*** *müssen Sie zunächst die beiden Texte von Hermann Lenz aspektorientiert untersuchen. In dem Auszug aus der Frankfurter Vorlesung erklärt er seine Verbundenheit mit Mörike biografisch und poetologisch. Das Gedicht „Nebendraußen“ überführt diese Verbundenheit dann in ein eigenständiges Kunstwerk. Es ist empfehlenswert, auf die unterschiedlichen* ***Textsorten*** *– hier ein Sachtext, dort ein Gedicht – hinzuweisen und den Vergleich entsprechend aufzubauen.*

Gliederung

A Biedermeier

B Erschließung und Interpretation des Gedichts *Am Walde* von Eduard Mörike und Rezeption Mörikes in der modernen Dichtung (Hermann Lenz)

I. Aufbau: Natur versus Gesellschaft

II. Inhalt
1. Ruhe und Geborgenheit in der Natur (Quartett 1)
2. Distanzierung von den Anforderungen der Gesellschaft (Quartett 2)
3. Natur und Kunst (Terzett 1 und 2)

III. Kunst, Natur und Gesellschaft: Mörikes poetologisches Programm (formale und sprachlich-stilistische Gestaltung, inhaltliche Deutung)
   1. Sonett: These – Antithese – Synthese
   2. Naturbeschreibungen
   3. Gesellschaftskritik
   4. Poesie
   5. Zwischen Klassik und Romantik

IV. Mörike als Vorbild: Hermann Lenz
   1. Frankfurter Poetikvorlesungen: Mörike als Hilfe in der Adoleszenz
   2. *Nebendraußen*: Zurückhaltende Modernität

C Natur als Gegenbild

Lösungsvorschlag

Als Eduard Mörike 1830 sein Gedicht *Im Walde* schreibt, ist das gesellschaftlich-politische Leben in Europa von der sogenannten Restauration geprägt. Nachdem die europäischen Fürsten auf dem Wiener Kongress ihre durch die Wirren der Revolutionskriege gefährdete Vormachtstellung wieder absichert haben, geht es für die Staaten Europas nun darum, die nationalen und liberalen Bewegungen durch Unterdrückung und Zensur unter Kontrolle zu halten. In dieser Situation zeigen sich bei den Künstlern zwei grundverschiedene Verhaltensmuster. Während die einen sich mit ihrer Arbeit für soziale und demokratische Rechte der Bürger einsetzen, kann bei anderen der Rückzug ins Private und die Abwendung vom politischen Geschehen beobachtet werden. Für die letztgenannte Handlung hat sich der Begriff des **Biedermeier** eingeprägt, der oft gleichgesetzt wird mit der verklärenden Darstellung der Wirklichkeit, der **Hinwendung zu Heimat, Natur, Familie** und zur sprichwörtlichen biedermeierlichen **Beschaulichkeit** eines Carl Spitzweg. Die Künstler berufen sich dabei auf die Konzepte von Klassik und Romantik, wollen in Einklang mit der Schöpfung leben und dies auch zum Inhalt ihrer Kunst machen. Die Werke des Biedermeier sind jedoch nicht grundsätzlich als unpolitisch zu bezeichnen: Eduard Mörikes Gedicht *Am Walde* zeugt deutlich von einer **kritischen Grundeinstellung** gegenüber der Gesellschaft. Genau an diesen Aspekt knüpft im 20. Jahrhundert der Schriftsteller Hermann Lenz an, der die Natur als Rückzugsort im Sinne Mörikes empfindet und sich gleichzeitig politisch äußert, indem er die Gefährdung durch die fortschreitende Industrialisierung nicht verschweigt. A

Im Folgenden soll zunächst Mörikes Gedicht aus dem Jahr 1830 genauer erschlossen und interpretiert werden. Im Anschluss daran wird aufgezeigt, inwiefern der Dichter des 19. Jahrhunderts für Hermann Lenz zum Vorbild werden konnte und wo sich dabei Unterschiede ergeben. B

In den vier Strophen des vorliegenden Sonetts wird ein **klarer Gegensatz** I.
zwischen dem Sprecher, der ein Lob auf die Ruhe und Harmonie der freien **Natur** singt, und der **Gesellschaft**, die sehr kritisch betrachtet wird, offenbar. Dabei gibt sich das lyrische Ich als Dichter zu erkennen, dessen Kunst mit absichtsloser Naturbetrachtung verbunden ist. Das Metrum der vierzehn Verszeilen ist der fünfhebige Jambus mit jeweils weiblicher Kadenz. Der **Gattung Sonett** entsprechend wählt Mörike den umarmenden Reim, der in den beiden Quartetten dem Schema abba und in den beiden Terzetten dem Schema cde cde folgt und so das im Gedicht aufgegriffene Bild des Kränzeflechtens widerspiegelt. Diese enge Verflechtung innerhalb des Gedichts wird noch unterstützt durch das Wiederaufgreifen der Reime in jeweils zwei Strophen und auch durch das Enjambement in den Versen 12 und 13. Damit ist der Text ein Beispiel für eine sehr formstrenge Dichtung, die so das Selbstverständnis des Künstlers als Handwerker zum Ausdruck bringt. Darauf wird im Folgenden noch genauer eingegangen; zunächst soll aber der Inhalt der vier Strophen erfasst werden.

In der ersten Strophe denkt sich der lyrische Sprecher in die Ruhe und Abge- II.
schiedenheit einer **menschenfernen Naturidylle**, die einzig durch die Vogel- 1.
laute eines Kuckucks belebt wird. Dessen Ruf ist geeignet, die ganze Landschaft gleichsam in den Schlaf zu singen. Die Tätigkeit des Sprechers besteht einzig darin, dem Vogelton nachzuhören, zwischen Wald und freiem Feld dazuliegen und die friedliche Geborgenheit der Situation zu genießen. Der lyrische Sprecher befindet sich nicht selbst in der Natur, sondern erklärt nur, dass er sich stets besonders wohlfühlt, wenn er die Gelegenheit hat, am Waldrand auszuruhen.

Dass der Sprecher hier einen romantisch-idealen Ort evoziert, wird besonders 2.
deutlich, wenn er in der zweiten Strophe diesen Naturraum von der Gesellschaft abgrenzt, von deren Erwartungen er sich verfolgt fühlt. Die **Ansprüche der Alltagswelt** in all ihren Erscheinungsformen – Familie, Beruf, Politik, Wirtschaft, gesellschaftliches Leben – quälen den lyrischen Sprecher, weil sie ihn offensichtlich dazu drängen, sich ihnen und ihren Vorstellungen anzupassen. Von diesen Anforderungen der Gesellschaft wird er in der freien Natur verschont, weil er hier ganz auf sich allein gestellt ist und nur seinen eigenen Gesetzen gehorchen muss.

Im ersten Terzett kann eine Zuspitzung des Gedankengangs festgestellt wer- 3.
den: Wüsste der Teil der Gesellschaft, der der Oberschicht zugeordnet werden muss, was ihn, den Dichter, so beglückt, empfände er wohl Neid. Das Gedankenspiel an dieser Stelle zeigt sehr deutlich, wie der Sprecher die Weltanschauung der Gesellschaft kritisch hinterfragt. Der Grund für diese Einstellung ist im zweiten, abschließenden Terzett erkennbar. Der Prozess des Dichtens, die Erschaffung seiner **Kunst**, gelingt dem lyrischen Sprecher in der **Natur** offenkundig mühelos. Diese privilegierte Stellung genießt er unausgesprochen gegenüber den Anstrengungen der Arbeit in der Gesellschaft.

Wie bereits bei der Zusammenfassung des gedanklichen Aufbaus erwähnt, III.
handelt es sich beim vorliegenden Gedicht um ein **klassisches Sonett**, das den 1.
oben aufgezeigten strengen Formregeln gehorcht. Zu den inhaltlichen Merkmalen dieser Gedichtform gehört, dass die beiden ersten Strophen, also die Quartette, **These** und **Antithese** zu einem Thema aufstellen: Die Gegenüberstellung von (guter) Natur und (schlechter) Gesellschaft wird bei Mörike klar formuliert. Nach der klassischen Lehre des Sonetts wird dann in den beiden Terzetten eine **Synthese**, also eine Aufhebung der Gegensätze, vollzogen. Im Gedicht *Am Walde* steht am Ende die Kunst, genauer: das Kunstschaffen, im Mittelpunkt. Das Bild der harmonischen, in sich ruhenden Natur und das Gegenbild einer entfremdeten Gesellschaftswelt werden hier reflektiert und erscheinen im poetischen Schaffensprozess aufgehoben. Die beiden Bereiche kommen jedoch allenfalls im Dichter selbst zur Deckung, denn die Mitglieder der Gesellschaft haben, so legt der Text nahe, keine Ahnung davon, wie der Künstler und wie seine Kunst funktionieren. Die Dichotomie wird also in Wirklichkeit nicht überwunden. In jedem Fall dient die Sonettform dazu, über ein Thema, nämlich die Wirkung und die Bedeutung von Kunst im Spannungsfeld von Natur und Gesellschaft, nachzudenken.

Die **Natur** wird im vorliegenden Gedicht **als Idylle gezeichnet**, die vor allem 2.
über die akustischen Signale des Kuckucks wahrgenommen wird. Unterstützt wird dieser Klangraum durch die **Assonanzen**, die vor allem die erste Strophe – der dunkle „a"-Vokal verbindet fließend den „Waldsaum", „lange Nachmittage", das „Gras[]", das „Tal" und schließlich den „Gleichklang [der] Klage" (V. 1 ff) miteinander – und die letzte Strophe („ä"-Umlaut) prägen und dem Text eine sonore, ruhige Atmosphäre verleihen. Die beruhigende Wirkung des Vogelgesangs in Strophe 1 spiegelt sich deutlich im „Gleichklang" der Sprache. In diesem Kontext muss wohl auch die „Klage" (V. 4) verstanden werden: als Ausdruck eines wehmütigen Liedes in der Abenddämmerung, nicht als Hinweis auf eine depressive Grundeinstellung.
Neben dem akustischen Sinn spielt aber auch das Sehen für den Sprecher eine Rolle. Seine Arbeit als Poet verrichtet er, während seine „Augen in der Ferne weiden" (V. 14). Die metaphorische Verknüpfung des menschlichen Sinnesorgans mit der geruhsamen Nahrungsaufnahme von Tieren ist ein treffendes Bild für die Natürlichkeit des poetischen Produktionsprozesses und für die Einheit, die zwischen Ich und Natur herrscht. So ist es auch nicht verwunderlich, dass sich die Kunstprodukte, in diesem Fall ein Sonett, „wie von selber" (V. 13) herstellen. Und auch die fertigen Sonette sind nichts anderes als „gedrängte Kränze" (V. 12), also Produkte, die der Mensch aus der Natur schöpft. Die **Metapher des Kränzeflechtens** ist ein fester Topos zur Darstellung der Sonettproduktion, da die Reimformen des Sonetts, wie bereits erwähnt, als geflochtener Kranz beschrieben werden können.

Im Gegensatz zum Freiraum der Natur, die in einem ganzheitlichen Erleben 3.
wahrgenommen wird und zwanglos zur Kunst führt, steht die Sphäre der **Gesellschaft**, die **als feindlich empfunden** wird. In der zweiten Strophe wird

sie als „schlimmste Plage" (V. 5) bezeichnet und antithetisch dem „Behagen" (vgl. V. 8) gegenübergestellt, das der Sprecher in der Natur empfindet. Schlüsselbegriff für die Gesellschaft sind die „Fratzen" (V. 6), also die verzerrten Gesichter, die für eine ganz andere Form des Lebens und Arbeitens stehen. Fratzen sind auch Masken, die nicht nur verzerren, sondern auch eine Wahrheit verbergen können. Der Dichter will sich diesen gesellschaftlichen Anforderungen nicht „fügen" (V. 6) und man darf annehmen, dass er damit die Anpassung an gesellschaftliche Arbeitszwänge meint. Mit dem abwertend zu verstehenden Hinweis auf die „feinen Leute" (V. 9) gibt er zudem zu erkennen, dass er von der führenden Gesellschaftsschicht nichts hält. Zwischen Natur und Gesellschaft besteht also ein gewaltiger Gegensatz. Mörike hat zur Darstellung dieser Dissonanz noch ein sehr subtiles sprachliches Mittel eingesetzt: Die beiden Mittelreime in Strophe 1 und 2 sind nicht ganz rein aufeinander bezogen, denn das Sich-Fügen im sechsten Vers wehrt sich hörbar gegen das Liegen (V. 2), das Einwiegen (V. 3) und das Bekriegen (V. 7).

Der dichtende Sprecher setzt der Gesellschaft, die ihn zwingen will – er spricht 4. sogar von „bekriegen" (V. 7), also einer kämpferischen Auseinandersetzung –, den Müßiggang des „Poeten" (V. 10) entgegen, der mit offenen Sinnen die Natur betrachtet und in einem fast traumartigen Zustand seine Kunst schafft. Diese „Zeitverschwendung" (vgl. V. 10), vermutlich ein grundsätzlicher Vorwurf der Gesellschaft gegenüber dem Dichten, bezeichnet der Sprecher als „schön" und bewertet sie aus der Sicht des Künstlers neu. Die Verwandlung von Natur zu Kunst ergibt für ihn eine **künstlerische Befriedigung**, eine Erfüllung, die, wenn sie es nur wüssten, die Menschen aller Gesellschaftsschichten glücklich machen würden. Das komplexe Konditionalgefüge im Irrealis lässt einen Sprecher erahnen, der sich im Innersten sehr darüber freut, dass er in dieser für ihn privilegierten Situation ist (vgl. V. 9 ff).

Mörikes Gedicht *Am Waldrand* knüpft mit seiner Form und seiner Aussage an 5. die **Ideale der Klassik und Romantik** an. Die schöne, autonome und selbstverständliche Kunst ist eine Idee der Klassik, während die Verknüpfung von Kunst und Natur sehr stark an die Romantik und die auch in dieser Epoche gepflegte Ablehnung der bürgerlichen Zwänge erinnert: Mensch, Kunst, Natur und Leben sollten zu einer Einheit verschmelzen. Das Biedermeierliche liegt bei Mörike in der Hinwendung zur Natur sowie in der deutlichen Ironie und der Einstellung gegenüber dem Bürgertum. Nirgends im Gedicht wird der Weltschmerz oder die romantische Sehnsucht nach einer besseren Welt greifbar. Vielmehr scheint der Sprecher recht zufrieden mit seiner Rolle zu sein: Er hat sich behaglich eingerichtet. Man kann aber aus dem Gedicht auch einen scharfen Angriff auf das Bürgertum des 19. Jahrhunderts herauslesen, dem es in erster Linie darum ging, wirtschaftlich erfolgreich zu sein und das deshalb keine „Zeit verschwenden" (V. 10) wollte. Nur harte Arbeit zählte für den Erfolg, Müßiggang war verpönt.

Die Literaturgeschichte ist voll von biografisch begründeten oder in den Texten deutlich nachvollziehbaren Querverbindungen zwischen einzelnen Epochen. Auch in Hermann Lenz' 1986 veröffentlichten Frankfurter Poetikvorlesungen findet sich eine solche Verbindung: Seine **Begeisterung für Eduard Mörike** wird Zeile für Zeile belegt. Schon als junger Konfirmant hat er dessen Werke als Geschenk erhalten und sich ab dieser Zeit Mitte der 1920er-Jahre intensiv mit den Gedichten des Biedermeier-Lyrikers beschäftigt. Daneben sind es offenbar die Briefe gewesen, die ihn als Leser begeistern konnten (vgl. Text B, Z. 1–5). Im Mittelpunkt seines Interesses steht nach seinen Ausführungen Mörikes Naturverständnis. Dabei behauptet Lenz, dass die Naturdarstellungen in den Gedichten des Lyrikers dem Leser nicht nur alltägliche Erscheinungen und Beobachtungen der Außenwelt nahebringen, sondern auch die Selbsterkenntnis anstoßen können (vgl. Z. 5–8). Voraussetzung für diese Haltung ist nach Lenz die Suche nach Ruhe und Einsamkeit in der Natur, die zu einer Entschleunigung des Lebens führen kann. Wörtlich zitiert er an dieser Stelle das Bild des Dichters, der am „Waldsaum" liegt und dem Kuckuck zuhört (vgl. Z. 9–14). Ganz ähnlich wie Mörikes Gedicht gibt Lenz hier noch eine Erklärung für die Kraft, die aus dem Ruheraum Natur erwächst. Sie hilft nämlich nicht nur dem Dichter, zu sich selbst zu kommen, sondern auch dem **Heranwachsenden**, der noch nicht weiß, welchen Platz er in der Welt einnehmen soll (vgl. Z. 15–18). Lenz war offensichtlich in seiner Jugend ein Suchender, wohl auch ein Außenseiter, der in der Literatur Erkenntnisse und Klarheit gesucht und gefunden hat. IV. 1.

Als er dann selbst zum Dichter geworden ist, zeigen sich auch in seinen Texten Anklänge an sein Vorbild Mörike. Mit dem 1991 veröffentlichten Gedicht *Nebendraußen* knüpft er sehr deutlich an *Am Walde* an. Zunächst ist die Ausgangssituation die gleiche: Ein Sprecher preist den Rückzugsraum der unbehelligten Natur. Wie bei Mörike gibt es in *Nebendraußen* einen Wald, ein Vogel – hier ist es die Grasmücke – singt, nicht einmal ein Ameisenbiss stört die Idylle an einem Junitag. Der Blick des Sprecher schweift wie im Vorbild in die Ferne und entdeckt „[b]laue Wälder und Höhenzüge" (V. 8) und schimmernde „Blätter" (V. 10). 2.

Mörike hatte eine klare und deutliche Abgrenzung zwischen dem dichtenden Ich und der Gesellschaft konstatiert. Soweit geht Lenz in seinem Gedicht nicht. Der Titel *Nebendraußen*, ein **Neologismus**, lässt zwar darauf schließen, dass sich die Naturempfindung von der Alltagswelt abgrenzen lässt, also eine willkommene Abwechslung zur Gesellschaft darstellt, aber eine explizite Ablehnung oder Gegenüberstellung findet sich nicht. In der letzten Strophe wird nur darauf hingewiesen, dass es von Vorteil sein könne, wenn man – zumindest partiell – „[k]eine Ahnung" (V. 12) habe. Allerdings wird der konkrete Bezug dieser vom Ich genossenen Ahnungslosigkeit durch drei Auslassungspunkte völlig offen gelassen. Der Ausdruck ‚keine Ahnung haben' ist darüber hinaus aber doppeldeutig: Er verweist nicht nur auf konkretes Nicht-Wissen, sondern auch auf die Abwesenheit von Zukunftsvorstellungen. Das Ich genießt den

naiven Zugang zur Welt; ganz in der **Tradition der Romantik** nutzt es alle seine Sinne – es hört, fühlt und sieht – und empfindet Freude darüber, dass es für diesen Moment seiner Umwelt nicht rational-analysierend gegenübertreten muss.
Nimmt man die Poetikvorlesung als Referenztext dazu, dann könnte man die Vermutung anstellen, dass der moderne Dichter die **Natur trotz der Umweltbelastungen als Genussmöglichkeit** sieht, auch wenn dies nur für die kurze Zeit des „Nebendraußens“ zu akzeptieren ist. Für einen Dichter des ausgehenden 20. Jahrhunderts wäre es wohl ein Zeichen von Ignoranz, wenn er die Natur so unbekümmert hochleben lassen würde, wie dies Eduard Mörike im ersten Drittel des 19. Jahrhunderts möglich war. Lenz weiß von den technischen Entwicklungen und den „Errungenschaften der Industrie“ (Text B, Z. 6), er weiß auch, dass der durch Abgase erzeugte saure Regen (vgl. ebd. Z. 11) die Wälder konkret gefährdet, er hält aber noch an einer erbaulichen Naturpoesie fest.
Blickt man auf die Form des Gedichts, dann erkennt man, dass es im Vergleich zu Mörike deutlich zurückhaltender gestaltet ist. Während der Dichter des 19. Jahrhunderts noch an der strengen Form festhielt und darüber hinaus die Selbstverständlichkeit der Herstellung dieser Form für sich proklamiert, so tritt Lenz sehr bescheiden auf. Äußerlich weist das Lenz-Gedicht kaum eine Regelmäßigkeit auf. Die drei Strophen lassen keine Metrik erkennen, nur die Doppelung der Dreizeiligkeit mag als Kunst-Wollen angeführt werden. Die Sätze sind einfach reihend konstruiert. Die elliptische Bauweise (in der zweiten und dritten Strophe fehlen die Satzprädikate) erinnert eher an eine spontane Reflexion, nicht an eine programmatische Aussage, wie sie Mörikes Text prägt. Diese **Bescheidenheit** ist ein Grundzug von Hermann Lenz und durchzieht auch seine Aussagen zur Verbundenheit mit seinem großen Vorbild Eduard Mörike.

In der Literatur ist die Vorstellung eines **Naturraumes**, der **als Gegenbild zu gesellschaftlichen Zwängen** konzipiert wird, ein fester Topos. Wenn Goethes Faust, um nur ein Beispiel zu nennen, mit seinem Schüler Wagner den Osterspaziergang macht, ruft er begeistert aus: „Hier bin ich Mensch, hier darf ich's sein!“ und bezeichnet damit die Freiheit und Selbstbestimmung, die die Natur ihm gewährt. In den Szenen davor war er in der Enge seiner Studierstube gefangen und verzweifelte aus unerfülltem Wissensdrang am Leben. Nicht immer aber ruft die Natur nur positive Assoziationen hervor. Max Frisch hat beispielsweise in Walter Faber eine Figur geschaffen, für die Natur zunächst ein Zustand der Unberechenbarkeit und der mystischen Unklarheit ist. Er ist ein Mann der Technik, dem es darum geht, die Gesellschaft von der unberechenbaren Natur zu befreien. Aber auch Faber muss schließlich einsehen, dass er seine eigene Natur nicht beherrschen kann. c

Deutsch (Bayern G8) – Abiturprüfung 2012: Aufgabe 2: Erschließen eines poetischen Textes

a) Erschließen und interpretieren Sie den folgenden Szenenausschnitt unter besonderer Berücksichtigung satirischer Gestaltungsmittel!

b) Zeigen Sie ausgehend von Ihren Ergebnissen vergleichend auf, wie das Thema „Schuld" in einem anderen literarischen Werk gestaltet wird!

Vorbemerkung

„Freispruch" ist eines von sieben Dramoletten* Thomas Bernhards, die zusammen ein Schlaglicht auf die deutsche Gesellschaft der Nachkriegszeit werfen. Eine Anklage gegen den Gerichtspräsidenten Sütterlin wegen seiner NS-Verbrechen ist auf Betreiben seines Stellvertreters Hueber fallen gelassen worden. Im Personenverzeichnis des Stücks werden Sütterlin, Hueber und Gerichtsrat Mühlfenzl gleichwohl mit dem Titel „Massenmörder" mitgeführt. Zusammen mit ihren Ehefrauen, der Schulrätin Sütterlin, der Lehrerin Hueber und der Stadträtin Mühlfenzl, feiern die drei Herren nun im Haus Sütterlin am Rhein in gelöster Stimmung die Einstellung des Verfahrens als Freispruch.

* *Dramolett:* kurze, in sich geschlossene Szene

Thomas Bernhard (1931–1989)
Der deutsche Mittagstisch. Dramolette

Freispruch

[…]
HERR HUEBER Wann sank denn die Tirpitz[1]
HERR SÜTTERLIN Ja wann sank denn die Tirpitz
HERR HUEBER So Ende vierundvierzig denke ich
HERR SÜTTERLIN Ende vierundvierzig
HERR HUEBER Kann sein
HERR SÜTTERLIN Die Tirpitz sank Ende vierundvierzig
wenn nicht schon früher
wenn nicht schon früher
HERR MÜHLFENZL Die sank vielleicht schon Anfang vierundvierzig
HERR HUEBER Vielleicht sank sie schon dreiundvierzig
HERR SÜTTERLIN Dreiundvierzig bestimmt nicht
HERR MÜHLFENZL Oder erst fünfundvierzig
möglicherweise sank sie erst fünfundvierzig
FRAU HUEBER So ein stolzes Schiff

HERR SÜTTERLIN Ich sehe sie noch auslaufen
Da stand ich in Wilhelmshaven an Land
als die Tirpitz auslief
tolles Schiff
da stand ich lange und sah ihr nach
FRAU MÜHLFENZL Wo sank die denn
HERR MÜHLFENZL Am Skagerrak[2] nicht wahr
HERR HUEBER Ich dachte am Kattegatt
am Kattegatt dachte ich
FRAU HUEBER In der Ostsee nicht wahr
HERR SÜTTERLIN Sank sie in der Ostsee
oder sank sie in der Nordsee
oder im Atlantik
Nun ja
merkwürdig daß ich nicht weiß
sank sie in der Ostsee
oder in der Nordsee
FRAU HUEBER Jetzt ist die Tirpitz gesunken
jetzt geht es bergab
sagte mein Mann
natürlich dachten wir nicht an Niederlage
aber irgendwie ging es von da an
als die Tirpitz sank
bergab
HERR SÜTTERLIN Bergab
wie es sich anhört bergab bergab
nun ja
Ich denke jetzt geht es doch wieder
bergauf
habe ich nicht recht
bergauf
bergauf
bergauf
FRAU SÜTTERLIN Diese schönen deutschen Schlachtschiffe
wie die alle sanken
ich sehe das noch in der Wochenschau
und dazu Liszt[3]
wie schrecklich
In der Wochenschau sah man
Deutschland sinken
und immer Liszt dazu
wie schrecklich
läutet dem Hausmädchen

Das Tragische waren die hohen Militärs
auf die sich der Führer nicht verlassen konnte
auf den Adel nicht
auf niemanden
Das Mädchen tritt auf

FRAU SÜTTERLIN *zu ihm*
Ach bringen Sie uns doch noch etwas Sahne
Fräulein Nora
und dann servieren Sie im Salon den Kaffee
Das Mädchen geht hinaus

FRAU SÜTTERLIN Die Generäle selbst
haben den Führer verraten
Die Militärs waren die Verräter
Wo stünden wir heute
wenn wir tapfere und treue Generäle gehabt hätten
zu Herrn Mühlfenzl
Herr Gerichtsrat Mühlfenzl
sagen Sie selbst
es gab doch nicht einen einzigen
wirklich führertreuen General
nicht einen einzigen
Die Katastrophe mußte kommen
denken Sie nur an die Leute wie Brauchitsch[4]
wie von Rundstedt
ganz zu schweigen von Paulus
ich schäme mich
diesen Namen überhaupt in den Mund zu nehmen
Überhaupt die Männer
waren nie so treue Deutsche wie die Frauen
Die Männer sind Deutschland immer
in den Rücken gefallen
Mit ein paar Ausnahmen
blickt sich in der Runde um
zu ihrem Mann
Du zum Beispiel
zu Mühlfenzl
und Du unser lieber Gerichtsrat
und zu Hueber
und Du unser stellvertretender Gerichtspräsident
Ich sage zu meinem Mann immer
wenn dich der Schlag trifft
wird Hueber dein Nachfolger
das hört er nicht gern

zu ihrem Mann, Herrn Sütterlin
Nicht wahr
damit erschrecke ich dich
Aber wie ich dich kenne
überlebst du uns alle
Sie steht auf und geht zu einem Plattenspieler und legt eine Platte mit dem Schlußchor aus Beethovens Neunter auf
Nein nicht diese Töne[5]
wir wollen doch heute keinen tragischen Ton aufkommen lassen
Das Mädchen bringt eine Schüssel mit Sahne herein und stellt sie auf den Tisch
FRAU SÜTTERLIN *zum Mädchen*
Machen Sie den Kaffee stark Fräulein Nora
Nun gehen Sie schon
Das Mädchen geht hinaus
FRAU SÜTTERLIN *über das Mädchen*
Wie dumm diese Geschöpfe sind
wie dumm
Jetzt ist sie schon zwei Jahre im Haus
und weiß noch immer nicht
wie Sahne geschlagen wird
Sie setzt sich wieder an den Tisch
Aber wir kommen ohne diese Dummköpfe
nicht aus
plötzlich zu ihrem Mann
Du hast zwölftausend umgebracht
verzeih das harte Wort
blickt auf Hueber
und Hueber hat dich freigebracht
wie Mühlfenzl mich freigebracht hat
schließlich habe ich eigenhändig
achtundzwanzig umgebracht
HERR SÜTTERLIN *mit hocherhobenem Kopf*
Erhängt
FRAU SÜTTERLIN Ja
HERR SÜTTERLIN Neunzehn Französinnen
und neun Russinnen
FRAU SÜTTERLIN Ja so ist es
HERR SÜTTERLIN Aber die Zeit heilt schließlich
alle Wunden
was danken wir nicht alles
der Firma Hueber und Mühlfenzl sage ich immer
FRAU SÜTTERLIN Das sagt er wirklich
manchmal
wenn er in sich geht
Aber wir wollten fröhlich sein nicht wahr

reicht die Sahneschüssel herum
Nehmen Sie sich doch von der Sahne
HERR HUEBER In Buchenwald war es ja nicht so schlimm
nicht wahr
HERR MÜHLFENZL In Ebensee[6] auch nicht
in den kleineren Lagern war es nicht so schlimm
da sind ja auch nicht Millionen umgekommen
FRAU SÜTTERLIN In Buchenwald war es nicht so schlimm
stellt die Sahneschüssel auf den Tisch
Übrigens
in Buchenwald haben mein Mann und ich geheiratet
das war gar nicht leicht
ein weißes Kleid aufzutreiben
HERR MÜHLFENZL Und hatten Sie eine lange Schleppe
FRAU SÜTTERLIN Ja
HERR SÜTTERLIN Die Schleppe meiner Frau war drei Meter lang
französische Seide
direkt aus Paris
die Zeremonie duftete ganz nach dem feinsten französischen Parfum
nach dem allerfeinsten
HERR HUEBER *plötzlich ausrufend*
Am zwölften
Alle hören
FRAU HUEBER Was ist am zwölften
HERR HUEBER *nach einer Pause*
Am zwölften November vierundvierzig
ist die Tirpitz gesunken
[...]

Aus: Bernhard, Thomas: Der deutsche Mittagstisch. Dramolette, Frankfurt/Main: Suhrkamp 1988; Uraufführung 1981

Worterläuterungen:
1 *Tirpitz*: größtes deutsches Schlachtschiff im Zweiten Weltkrieg, am 12. November 1944 bei einem Angriff der Royal Air Force versenkt
2 *Skagerrak, Kattegatt*: Im Zweiten Weltkrieg umkämpfte Meeresgebiete zwischen Dänemark und Schweden
3 *Liszt*: Komponist, mit dessen „Préludes“ zur Zeit des Nationalsozialismus die Wochenschau eingeleitet wurde
4 *Brauchitsch, Rundstedt, Paulus*: Oberbefehlshaber der Wehrmacht im Zweiten Weltkrieg
5 *nicht diese Töne*: Zitat aus dem Schlusschor von v. Beethovens Neunter Symphonie
6 *Ebensee*: Außenlager des österreichischen Konzentrationslagers Mauthausen

Hinweise und Tipps

- *Die Abituraufgabe ist in einen **Erschließungs- und Interpretationsauftrag** (a) und einen **Vergleichsauftrag** (b) gegliedert. Zunächst muss das Dramolett „Freispruch" von Thomas Bernhard bearbeitet werden.*
- *Kriterien für die Erschließung und auch die Reihenfolge der Analyseinstrumente können Sie selbst wählen. Allerdings werden die üblichen Aspekte wie **Inhalt und Aufbau, dramaturgische Gestaltung** (Redeanteile der Figuren, Regieanweisungen, Bewegungen im Raum, Requisiten) und **sprachlich-stilistische Mittel** sowie die **Dialoganalyse** im Mittelpunkt der Untersuchung stehen müssen. Zu entscheiden ist dabei, ob die sprachlich-stilistischen Beobachtungen in die Interpretation integriert werden. Sie können sowohl aspektorientiert vorgehen als auch integrativ, indem Sie den Dialog nach inhaltlichen Abschnitten gliedern und die verschiedenen Aspekte gemeinsam abhandeln. Wichtig ist dabei, dass, wie in der Aufgabenstellung gefordert, die **satirischen Gestaltungsmittel** besonders herausgearbeitet werden.*
- *Die **Vergleichsaufgabe** ist auf ein weiteres literarisches Werk bezogen. Dabei gibt es weder eine Gattungs- noch eine Epochenbegrenzung, d. h., dass neben einem weiteren Drama auch Gedichte und epische Texte verglichen werden dürfen. Achten Sie aber auf die genaue Fragestellung: Sie sollen herausarbeiten, wie das Thema „Schuld" gestaltet ist. Es geht demnach nicht nur um einen inhaltlichen Vergleich, sondern auch um die Frage, mit welchen literarischen Gestaltungsmöglichkeiten in dem Vergleichswerk gearbeitet wird. Das Thema „Schuld" findet sich in zahlreichen literarischen Werken. So bietet sich z. B. ein Vergleich mit Goethes „Faust", Schlinks „Der Vorleser", Fontanes „Effi Briest", Hauptmanns „Bahnwärter Thiel" oder Büchners „Woyzeck" an.*
- ***Einleitung** und **Schluss** können Besonderheiten der Gegenwartsliteratur behandeln. Eine literaturgeschichtliche Einordnung Thomas Bernhards wird aber nicht verlangt. Thematisch bietet sich bei dieser Aufgabenstellung auch die Frage nach der Vergangenheitsbewältigung in der Bundesrepublik nach 1945 an.*

Gliederung

A Vergangenheitsbewältigung im Nachkriegsdeutschland

B „Schuld" in Thomas Bernhards *Freispruch* und im *Woyzeck* von Georg Büchner

I. Erschließung und Interpretation des Dramoletts *Freispruch*
   1. Inhaltskern und Aufbau: kreisender Dialog zwischen den Ehepaaren Sütterlin, Hueber und Mühlfenzl nach der fallengelassenen Anklage gegen Gerichtspräsidenten Sütterlin wegen seiner NS-Verbrechen
   2. Gesprächssituation: scheinbar ungezwungenes Gespräch über die Vergangenheit (NS-Zeit), gelenkt durch Frau Sütterlin
   3. Stilmittel der Satire als Mittel der Gesellschaftskritik
   4. Kritik an Nachkriegsgesellschaft

II. Schuld in Georg Büchners *Woyzeck*
   1. Mord an Marie
   2. Gesellschaftliche Umstände als Ursache

C Schuld als Dauerthema in der Literatur

Lösungsvorschlag

Nach Beendigung des Zweiten Weltkriegs und der endgültigen Aufdeckung der Verbrechen, die im Namen des nationalsozialistischen Regimes begangen worden waren, versuchten zunächst die Alliierten in ihren Besatzungszonen, den Deutschen ihre Verantwortung vor Augen zu führen. Filme und Plakate sollten die grausamen Schandtaten dokumentieren und die Auseinandersetzung damit in der Bevölkerung anleiten. Auch wenn die Reaktionen der Deutschen differenziert beurteilt werden müssen, so ist doch festzustellen, dass viele die Folgen des menschenverachtenden Rassenwahns der Nationalsozialisten genauso wenig sehen wollten wie die Kriegsverbrechen, die im Zuge der militärischen Eroberungen in ganz Europa begangen worden war. Diese **Schuldverdrängung** galt auch für diejenigen, die aktiv beteiligt waren am Holocaust, an der Ausbeutung von Kriegsgefangenen und anderen Verbrechen. Von den Konzentrationslagern wollte man meist nichts gewusst haben. Die Alliierten versuchten zwar, in zentralen Prozessen und Befragungen die Verantwortlichen zur Rechenschaft zu ziehen, die Problematik einer Verurteilung wurde aber sehr schnell deutlich. Darüber hinaus war die deutsche Gesellschaft auf eine funktionierende Verwaltung und eine wiederaufbauwillige Wirtschaft angewiesen. Es kam deshalb lange Jahre immer wieder zu vorschnellen **Freisprüchen** in den Kriegsverbrecherprozessen, die durchaus für Aufsehen sorgten. A
So entstand in der **Nachkriegszeit** eine von Schuldfreisprüchen und Schuldverdrängung geprägte Atmosphäre. Diese Verdrängung war ein großes Thema in Kunst und Literatur. Thomas Bernhard hat sich in seinen Dramoletten *Der deutsche Mittagstisch*, die allerdings erst 1988 veröffentlicht wurden, mit einer bestimmten Gesellschaftsschicht auseinandergesetzt, die eine eindeutige Haltung zur Schuldfrage eingenommen hat: Mit den Verbrechen der Nationalsozialisten wollten sie nichts zu tun gehabt haben; ihre eigene Beteiligung am NS-System wurde heruntergespielt oder als völlig legal hingestellt.

Im Dramolett *Freispruch*, einem dieser sieben Dramolette Bernhards, feiern die Ehepaare Sütterlin, Hueber und Mühlfenzl die Einstellung des Verfahrens gegen den Gerichtspräsidenten Sütterlin wegen dessen NS-Verbrechen. B

Zu Beginn des Textauszugs spekulieren die Herren ergebnislos über Ort und Zeit des Untergangs des deutschen Schlachtschiffs Tirpitz (vgl. Z. 1–31). I. 1.
Dieses Ereignis wird im folgenden Gespräch auf die **geschichtliche Entwicklung** übertragen (vgl. Z. 32–57). So deutet Frau Hueber das Sinken des Schif-

fes als Hinweis auf das Ende des „Dritten Reichs“. Gleichzeitig hebt Herr Sütterlin aber hervor, dass sich gegenwärtig die Situation wieder verbessert, während seine Frau sich noch einmal das Niedergangsszenario in der Endphase des Zweiten Weltkriegs vergegenwärtigt.
Der dritte Abschnitt dieser Szene wird von Frau Sütterlin dominiert. Sie sucht nach einer Erklärung für die Niederlage Deutschlands im Zweiten Weltkrieg (vgl. Z. 58–109). Ihrer Meinung nach sind daran die militärischen Führungspersönlichkeiten schuld, die den Führer verraten hätten, während die Frauen im Allgemeinen die größere „Führertreue“ zeigten. Im Anschluss an diese Reflexion über die Vergangenheit lässt sich die Gastgeberin, als das Dienstmädchen eine Schüssel Sahne hereinbringt, über unzulängliches Dienstpersonal aus (vgl. Z. 110–123).
Übergangslos erinnert sich das Ehepaar Sütterlin an die **Zeit im Konzentrationslager Buchenwald** (vgl. Z. 124–165). Sie heben dabei ihre eigenen dort begangenen Gräueltaten hervor und rühmen sich der von ihnen begangenen Morde. Eingeschoben in diese Ausführungen ist ein Dank Frau Sütterlins an Hueber und Mühlfenzl für deren erfolgreichen juristischen Beistand. Gleichzeitig verharmlosen alle die Situation in den Konzentrationslagern und Frau Sütterlin schwärmt von ihrer Hochzeit im KZ, die trotz der Umstände durchaus prachtvoll gewesen sei. Völlig unvermittelt kehrt das Gespräch zum Abschluss der Szene noch einmal zum Thema der gesunkenen Tirpitz zurück, indem sich Herr Hueber plötzlich wieder an das Datum erinnern kann (vgl. Z. 166–173).

An diesem scheinbar ungezwungenen **Gespräch** beim Mittagstisch sind die 2.
Ehepaare Sütterlin, Hueber und Mühlfenzl beteiligt. Jede Figur nimmt im Nachkriegsdeutschland eine relativ wichtige gesellschaftliche Position ein. Sütterlin als Gerichtspräsident, sein Stellvertreter Hueber und Gerichtsrat Mühlfenzl beeinflussen aufgrund ihrer Posten die Rechtsprechung nicht unerheblich. Auch ihre Frauen, Frau Sütterlin als Schulrätin, Frau Hueber als Lehrerin und Frau Mühlfenzl als Stadträtin, haben kraft ihrer Ämter Einfluss auf die bundesrepublikanische Gesellschaft nach 1945.
Im Tischgespräch konzentrieren sich die Figuren aber auf die Vergangenheit, auf die Zeit während des NS-Regimes. Zu Beginn des Gesprächs, als es um das Datum des Untergangs der Tirpitz geht, fallen häufige und rasche **Sprecherwechsel** auf (vgl. Z. 1–24). Gelenkt wird das Gespräch weitgehend von der Gastgeberin und Hausherrin Frau Sütterlin. Sie hat die meisten **Gesprächsanteile** und gibt die **Gesprächsthemen** vor. In ihrer Rolle bestätigt wird sie durch knappe Erwiderungen ihres Mannes und der Gäste (vgl. Z. 149 ff.). Keinen einzigen Redeanteil hat das Hausmädchen. Es bringt nur die bestellte Sahne, stellt diese auf den Tisch (vgl. Z. 110) und nimmt Befehle entgegen. Dadurch wird die gesellschaftliche Hierarchie besonders herausgestellt.
Frau Sütterlins Ausführungen über ihre Gräueltaten im Konzentrationslager werden mehrfach von ihrem Mann unterbrochen. Dabei handelt es sich jeweils um **Präzisierungen**: So bemerkt sie z. B., sie habe 28 Menschen umgebracht, woraufhin ihr Mann die Todesart einwirft (vgl. Z. 132 ff.). Fast stolz erwähnt

er, dass sie diese „eigenhändig“ (Z. 131) „erhängt“ (Z. 133) habe. Ebenfalls unterbrochen wird das Gespräch auch durch Frau Sütterlins Anweisungen gegenüber dem Hausmädchen, über dessen Dummheit sie sich auslässt, als das Mädchen den Raum verlässt, um Kaffee zu machen (vgl. Z. 116 ff.).
Während des Gesprächs gibt es keine Entwicklung oder neue Einsichten der Figuren, sodass am Ende die Rückkehr zum Ausgangsthema, dem Sinken der Tirpitz (vgl. Z. 167), den Kreis schließt und die Unterhaltung wieder von vorne beginnen könnte.

Die Gesprächssituation wirkt **grotesk verzerrt**, da es Massenmörder sind, die hier feiern und Kaffee trinken. Bernhard verwendet das **Stilmittel der Satire**, das dazu dient, die Figuren – ihr Denken und ihr Verhalten – zu entlarven. Die Satire ist eine literarische Form der Kritik an individuellen, gesellschaftlichen oder allgemeinmenschlichen Schwächen. Hier kritisiert sie die Verdrängung und Bagatellisierung der nationalsozialistischen Verbrechen in der Nachkriegsgesellschaft, indem sie deren Protagonisten ins Lächerliche zieht. Während die Figuren ihre Bäuche mit Sahne vollschlagen, erzählen sie gleichsam nebenbei, dass Herr Sütterlin „zwölftausend umgebracht“ (Z. 125) habe. Dass es dabei um Menschen geht, wird nicht erwähnt. Durch **Wiederholungen** zeigen die Figuren auch ihre Abgestumpftheit. Sie bestärken sich gegenseitig, wenn sie immer wieder betonen, dass „es ja nicht so schlimm“ (Z. 148) war (vgl. auch Z. 151, 153). Gerade durch die Fixierung auf **nebensächliche Details** – das genaue Datum und den Ort des Untergangs der Tirpitz (vgl. Z. 25 ff., 30 f.) – zeigt die Szene fast Züge des absurden Theaters. 3.
Durch abrupt erscheinende Übergänge, assoziative Themenwechsel und eingeschobene Alltagshandlungen wird das **Geschehen satirisch gebrochen** und gleichzeitig die immer noch andauernde nationalsozialistische Grundhaltung der Figuren aufgedeckt. Frau Sütterlin trägt dem Hausmädchen auf, „den Kaffee stark“ (Z. 112) zu machen, lästert im nächsten Satz über die angebliche Dummheit des Personals (vgl. Z. 116 ff.), um dann „plötzlich“ (Z. 124) ihren Mann daran zu erinnern, dass er „zwölftausend umgebracht“ (Z. 125) habe. Sie selbst hat „eigenhändig achtundzwanzig umgebracht“ (Z. 130 f.). Herr Sütterlin differenziert die Opfer dann auch noch: „Neunzehn Französinnen und neun Russinnen“ (Z. 135 f.). Zusammenhangslos erinnert seine Frau die übrigen, „wir wollten fröhlich sein nicht wahr“ (Z. 145), und reicht die „Sahneschüssel herum“ (Regieanweisung, Z. 146). Geradezu grotesk wirkt Huebers Entgegnung, es sei in „Buchenwald […] ja nicht so schlimm“ (Z. 148) gewesen. Auch Frau Sütterlin bestätigt dies (vgl. Z. 153 f.), um dann übergangslos von ihrer Hochzeit im Konzentrationslager zu berichten und ihren Schwierigkeiten, dort „ein weißes Kleid aufzutreiben“ (Z. 158). Im **Kontrast** zu den Gräuel der Konzentrationslager wirken die Details der Hochzeit, die „lange Schleppe“, „französische Seide“, „französische[s] Parfum“ wie Hohn (Z. 159 ff.).
Noch weiter banalisiert wird der Gesprächsinhalt, als am Ende des Gesprächsausschnitts Herr Hueber völlig unvermittelt zum Ausgangsthema zurückkehrt, indem er „plötzlich ausrufend“ (Z. 166) den „zwölften November vierund-

vierzig" (Z. 171) als Datum bekanntgibt, an dem die Tirpitz gesunken sei. Ein Unrechtsbewusstsein der Figuren wird an keiner Stelle ersichtlich. Gerade durch das **Nebeneinanderstellen von banalen Alltagsaussagen und den mitleidlosen Erinnerungen** an die Gräueltaten, was in der Kombination beinahe komisch wirkt, werden die nationalsozialistischen Eliten entlarvt und ihre Verbrechen angeprangert. Das Mittel der Satire macht die Leser bzw. Zuschauer zu ihren Richtern, und schafft so ein Bewusstsein für die Problematik.

Die Szene soll darstellen, wie unbeirrbar die Verantwortlichen und Entschei- 4.
dungsträger während und nach der Zeit des Nationalsozialismus waren. Offensichtlich ist ihnen nicht einmal das Ausmaß des Leides bewusst, das sie angerichtet haben: „Die Zeit heilt schließlich alle Wunden" (Z. 138 f.), meint Herr Sütterlin. Die **Massenmörder** des Nationalsozialismus werden hier in ihrer Banalität und **ohne jegliches Unrechtsbewusstsein** gezeigt. Bei der Feier anlässlich der Verfahrenseinstellung des wegen seiner NS-Verbrechen angeklagten Gastgebers tauschen sich die Figuren über Belanglosigkeiten aus: über das „stolze[] Schiff", das „tolle[] Schiff", „die Tirpitz" (Z. 14 ff.). Man knüpft an den Vorredner an und holt sich von ihm eine Bestätigung des eigenen Gesagten (vgl. Z. 44). Ausdruck mangelnden Reflexionsvermögens ist der Rückzug in **Redensarten** wie „die Zeit heilt schließlich alle Wunden" (Z. 138 f.). Diese Alltagsweisheit, die die unvergleichlichen Verbrechen der Zeit nach 1933 auf geschmacklose Weise relativiert, wirkt hier zynisch.
Frau Sütterlin versichert sich des Wahrheitsgehalt ihrer Aussagen immer wieder durch kurze **rhetorische Fragefloskeln** („nicht wahr"; vgl. Z. 102, 145 f.). Dass es den Gesprächsteilnehmern nur um Selbstbestätigung geht, zeigt sich auch an den häufigen **Wiederholungen** auf der Wort- und Satzebene. Mit dem Untergang der Tirpitz ist es „bergab" (Z. 38, Frau Hueber) gegangen, „Bergab […] bergab bergab" (Z. 39 f., Herr Sütterlin). Jetzt aber nach der Verfahrenseinstellung geht es wieder „bergauf bergauf bergauf" (Z. 45 ff.). Die Eindringlichkeit des Sprechens wird dadurch gesteigert, genauso wie durch die **Reihung einzelner Wörter** und die **Variation von Teilsätzen** besonders am Anfang des Textauszugs. Als die Figuren sich über das Sinken der Tirpitz verständigen, wirft Herr Hueber „Ende vierundvierzig denke ich" (Z. 3) ein, Herr Sütterlin bestätigt das – „Ende vierundvierzig" (Z. 4) –, während Herr Mühlfenzl meint: „Die sank vielleicht schon Anfang vierundvierzig" (Z. 9). Auffällig ist dabei auch der Verzicht auf Interpunktion. Insgesamt entsteht so eine **Rhythmisierung**, fast eine Melodisierung des Sprechens, zu der auch die Zeilenumbrüche jeweils am Ende der Teilsätze und bei Aufzählungen (vgl. z. B. Z. 45 ff.) beitragen.
Entlarvend für die Nachkriegselite ist auch die Pervertierung der **Begriffe Schuld, Scham und Treue**. Frau Sütterlin wirft den Generälen Hitlers vor, sie hätten sich nicht loyal und treu verhalten und damit die „Katastrophe" (Z. 79) herbeigeführt. Gemeint sind hier aber nicht die Untaten des NS-Regimes, sondern der Untergang des Hitlerreichs, für den sie sich statt derer schämt (vgl. Z. 83). Auch dass die deutschen Frauen Hitler treuer ergeben waren als viele

Männer, sieht sie positiv (vgl. Z. 85 ff.), während alle, die den Unrechtsstaat kritisiert hätten, „Deutschland [...] in den Rücken gefallen" (Z. 87 f.) seien. Allein die anwesenden Männer, die alle in der neugegründeten Bundesrepublik wieder eine führende Position innehaben, noch dazu in der Justiz, bildeten eine Ausnahme. Hier wechselt Frau Sütterlin auch von der höflichen Anrede – „Herr Gerichtsrat Mühlfenzel / sagen Sie selbst" (Z. 74 f.) – zum vertraulichen Du (vgl. Z. 92 ff.) und fraternisiert dadurch mit ihnen. Die Tatsache, dass das Ehepaar Sütterlin trotz seiner Morde ungestraft davon kommt, wird durch das **Wortspiel** „umgebracht" – „freigebracht" weiter betont: „Du hast zwölftausend umgebracht / [...] und Hueber hat dich freigebracht / wie Mühlfenzl mich freigebracht hat / schließlich habe ich [...] / achtundzwanzig umgebracht" (Z. 125–131).
Diese Massenmörder gehören alle einer höheren Gesellschaftsschicht an und verfügen über einen **bürgerlichen Bildungshintergrund**. Frau Sütterlin empfindet es als „schrecklich", dass in der Wochenschau der deutsche militärische Untergang mit der Musik von Franz Liszt verbunden worden ist (Z. 48 ff.). Gleichzeitig legt sie, während sie das Hausmädchen Sahne auftragen lässt, Beethovens 9. Symphonie mit dem Schlusschor *Ode an die Freude* auf. Durch diese beiden **Symbole** für Freude und Genuss wird die Erzählung der begangenen Morde kontrastiert und damit die Banalität des Bösen deutlich herausgestellt.
Thomas Bernhard kritisiert in seinem Dramolett *Freispruch* den Alibicharakter vieler Kriegsverbrecherprozesse, die vielfach zur Folge hatten, dass die verbrecherischen NS-Eliten rehabilitiert und wieder als Führungsschicht installiert wurden. Die Entnazifizierung der Gesellschaft geschah nur äußerlich, eine wirkliche Aufarbeitung der Schuld fand lange Zeit nicht statt.

Das Thema „Schuld" wird in zahlreichen literarischen Werken in unterschiedlichster Weise verarbeitet. Während Bernhard in *Freispruch* in satirischer Weise die Schuldverdrängung der nationalsozialistischen Eliten entlarvt, führt Georg Büchner in seinem Dramenfragment *Woyzeck* die **gesellschaftliche Bedingtheit** der persönlichen Schuld vor. II. 1.
Das Drama basiert auf dem historischen Fall des Johann Christian Woyzeck, der aus Eifersucht seine Geliebte, Johanna Christiane Woost, umgebrachte. In zwei psychologischen Gutachten wurde die Zurechnungsfähigkeit des arbeitslosen Barbiers festgestellt und dieser 1824 auf dem Marktplatz in Leipzig hingerichtet. Büchner zeigt durch seine Art der Darstellung des Falls, dass die Autonomie des Individuums nicht immer gegeben ist und dass dies die persönliche Schuld des Einzelnen relativiert.
Woyzeck macht sich schuldig, indem er am Ende des Dramas seine Freundin Marie, mit der er ein gemeinsames Kind hat, umbringt. Marie ist bis dahin das einzig Positive, was Woyzeck im Leben hat. Sie hintergeht ihn aber mit dem stattlichen Tambourmajor, woraus sich der Anlass für den **Mord** ergibt.
Die Sympathie des Lesers ist dennoch auf Seiten Woyzecks, da in den vorhergehenden Szenen gezeigt wird, dass dieser von allen nur ausgenutzt wird. Er

muss neben seinem Militärdienst in jeder freien Minute zusätzliches Geld für sein Kind und Marie verdienen: So rasiert er den Hauptmann und macht für den Doktor eine Erbsendiät zu wissenschaftlichen Zwecken. Der Hauptmann spottet stets über den Soldaten Woyzeck, er behandelt ihn wie einen unselbstständigen Dummkopf, der nur zu seiner Erheiterung da ist. Allerdings wird bald klar, dass die Verständnisschwierigkeiten auf Seiten des Hauptmanns liegen, der den durchaus sozialkritischen Aussagen Woyzecks nicht folgen kann. Auch der Doktor ist an Woyzeck nur als Versuchsobjekt interessiert, er ist ein „interessanter Casus", den er seinen Studenten zeigen kann, da aufgrund der Mangelernährung dessen Reaktionsfähigkeit nachlässt. Von der Oberschicht wird Woyzeck nicht als Subjekt wahrgenommen und deshalb nur mit dem Personalpronomen „er" angesprochen. Neben dem körperlichen Verfall wird auch der psychische Druck immer größer, sodass Woyzeck Stimmen hört. Da er physisch und psychisch immer mehr abbaut, ist es ihm unmöglich, Maries Bedürfnis nach Sozialprestige und Erotik adäquat zu erfüllen, sodass sie schließlich fremdgeht. Seine Verzweiflung ist letztendlich so groß, dass sie sich gegen das Einzige, was er noch hat, gegen Marie richtet.

Woyzeck wird schuldig, weil ihm die **gesellschaftlichen Verhältnisse** keine 2.
Möglichkeit lassen, seiner Armut zu entfliehen. In einem Brief an seine Eltern schreibt Büchner 1834, dass er niemanden verachtet, „am wenigsten wegen seines Verstandes oder seiner Bildung, weil es in niemands Gewalt liegt, kein Dummkopf oder kein Verbrecher zu werden – weil wir durch gleiche Umstände wohl alle gleich würden und weil die Umstände außer uns liegen." Büchner spricht damit der Gesellschaft einen großen Teil der Schuld für den Mord, den Woyzeck begangen hat, zu – ganz anders als Thomas Bernhard, der die Massenmörder des NS-Regimes in ihrer Uneinsichtigkeit bloßstellt. Während Büchner gegenüber seiner Hauptfigur großes Verständnis entwickelt, klagt Bernhard mit seiner Satire die Verantwortlichen des 3. Reiches an. Die **Schuldfrage** wird aber in beiden Fällen eindeutig beantwortet.

Auch der **Gegenwartsroman** beschäftigt sich mit der **Frage der Schuld**. *Der* C
Vorleser, ein Roman von Bernhard Schlink aus dem Jahr 1995, behandelt etwa die Beziehung des anfangs 15-jährigen Teenagers Michael zur 36-jährigen Hanna. Neben den Folgen und Problemen dieser Beziehung setzt Schlink sich gleichzeitig mit der Judenvernichtung im Dritten Reich auseinander: Hanna hat sich als ehemalige Aufseherin in einem Konzentrationslager schuldig gemacht. Als Michael, mittlerweile Jurastudent, sieben Jahre später zufällig einen Kriegsverbrecherprozess gegen frühere Wärterinnen in Konzentrationslagern besucht, trifft er dort Hanna als Angeklagte wieder. In diesem Zusammenhang reflektiert Michael Hannas Schuld und die Frage nach ihrer Schuldfähigkeit – sie ist Analphabetin. Für ihn selbst stellt sich die Frage, ob er sich durch seine Liebe ebenfalls schuldig gemacht hat. Das Buch ist bis heute Gegenstand einer kontroversen Debatte, da Bernhard Schlink vorgeworfen wurde, er vereinfache in seinem Roman die Geschichte und verharmlose Hannas Schuld.

a) Erschließen und interpretieren Sie den folgenden Romanausschnitt (Text A)! Berücksichtigen Sie bei Ihrer Interpretation insbesondere die Darstellung der Hauptfigur! Ziehen Sie dafür auch Text B heran!

b) Legen Sie ausgehend von Ihren Ergebnissen dar, wie die Phase der Adoleszenz (vgl. Text B) in einem weiteren literarischen Werk dargestellt wird!

Vorbemerkung

Der Roman schildert die Erlebnisse des jungen Törleß, des einzigen Sohns eines Hofrats, in einer elitären Militärerziehungsanstalt im Osten der ehemaligen österreichisch-ungarischen Monarchie. Der folgende Ausschnitt stammt aus dem Anfangsteil des Romans: Zusammen mit weiteren Internatszöglingen hat der 16-jährige Törleß seine Eltern nach deren Kurzbesuch zum Bahnhof der entlegenen Stadt begleitet und dort verabschiedet. Nun macht sich die kleine Gruppe, darunter auch Törleß' Klassenkamerad von Reiting, auf den Rückweg ins Internat.

Text A

Robert Musil (1880–1942)
Die Verwirrungen des Zöglings Törleß (1906)

[…] Die jungen Leute hatten unterdessen den Bahnhof verlassen und gingen in zwei Reihen hintereinander auf den beiden Rändern der Straße – so wenigstens dem dicksten und zähesten Staube ausweichend – der Stadt zu, ohne viel miteinander zu reden.

Es war fünf Uhr vorbei, und über die Felder kam es ernst und kalt, wie ein Vorbote des Abends.

Törleß wurde sehr traurig.

Vielleicht war daran die Abreise seiner Eltern schuld, vielleicht war es jedoch nur die abweisende, stumpfe Melancholie, die jetzt auf der ganzen Natur ringsumher lastete und schon auf wenige Schritte die Formen der Gegenstände mit schweren glanzlosen Farben verwischte.

Dieselbe furchtbare Gleichgültigkeit, die schon den ganzen Nachmittag über allerorts gelegen war, kroch nun über die Ebene heran, und hinter ihr her wie eine schleimige Fährte der Nebel, der über den Sturzäckern und bleigrauen Rübenfeldern klebte.

Törleß sah nicht rechts noch links, aber er fühlte es. Schritt für Schritt trat er in die Spuren, die soeben erst vom Fuße des Vordermanns in dem Staube aufklafften, – und so fühlte er es: als ob es so sein müßte: als einen steinernen Zwang, der sein ganzes Leben in diese Bewegung – Schritt für Schritt – auf dieser einen Linie, auf diesem einen schmalen Streifen, der sich durch den Staub zog, einfing und zusammenpreßte.

Als sie an einer Kreuzung stehen blieben, wo ein zweiter Weg mit dem ihren in einen runden, ausgetretenen Fleck zusammenfloß, und als dort ein morschgewordener Wegweiser schief in die Luft hineinragte, wirkte diese, zu ihrer Umgebung im Widerspruch stehende Linie wie ein verzweifelter Schrei auf Törleß.

Wieder gingen sie weiter. Törleß dachte an seine Eltern, an Bekannte, an das Leben. Um diese Stunde kleidet man sich für eine Gesellschaft an oder beschließt ins Theater zu fahren. Und nachher geht man ins Restaurant, hört eine Kapelle, besucht das Kaffeehaus. Man macht eine interessante Bekanntschaft. Ein galantes Abenteuer hält bis zum Morgen in Erwartung. Das Leben rollt wie ein wunderbares Rad immer Neues, Unerwartetes aus sich heraus …

Törleß seufzte unter diesen Gedanken, und bei jedem Schritte, der ihn der Enge des Institutes nähertrug, schnürte sich etwas immer fester in ihm zusammen.

Jetzt schon klang ihm das Glockenzeichen in den Ohren. Nichts fürchtete er nämlich so sehr wie dieses Glockenzeichen, das unwiderruflich das Ende des Tages bestimmte – wie ein brutaler Messerschnitt.

Er erlebte ja nichts, und sein Leben dämmerte in steter Gleichgültigkeit dahin, aber dieses Glockenzeichen fügte dem auch noch den Hohn hinzu und ließ ihn in ohnmächtiger Wut über sich selbst, über sein Schicksal, über den begrabenen Tag erzittern.

Nun kannst du gar nichts mehr erleben, während zwölf Stunden kannst du nichts mehr erleben, für zwölf Stunden bist du tot …: das war der Sinn dieses Glockenzeichens.

Als die Gesellschaft junger Leute zwischen die ersten niedrigen, hüttenartigen Häuser kam, wich dieses dumpfe Brüten von Törleß. Wie von einem plötzlichen Interesse erfaßt, hob er den Kopf und blickte angestrengt in das dunstige Innere der kleinen, schmutzigen Gebäude, an denen sie vorübergingen.

Vor den Türen der meisten standen die Weiber, in Kitteln und groben Hemden, mit breiten, beschmutzten Füßen und nackten, braunen Armen.

Waren sie jung und drall, so flog ihnen manches derbe slawische Scherzwort zu. Sie stießen sich an und kicherten über die „jungen Herren“; manchmal schrie eine auch auf, wenn im Vorübergehen allzu hart ihre Brüste gestreift wurden, oder erwiderten mit einem lachenden Schimpfwort einen Schlag auf die Schenkel. Manche sah auch bloß mit zornigem Ernste hinter den Eilenden drein; und der Bauer lächelte verlegen, – halb unsicher, halb gutmütig, – wenn er zufällig hinzugekommen war.

Törleß beteiligte sich nicht an dieser übermütigen, frühreifen Männlichkeit seiner Freunde.

Der Grund hierzu lag wohl teilweise in einer gewissen Schüchternheit in geschlechtlichen Sachen, wie sie fast allen einzigen Kindern eigentümlich ist, zum größeren Teile jedoch in der ihm besonderen Art der sinnlichen Veranlagung, welche verborgener, mächtiger und dunkler gefärbt war als die seiner Freunde und sich schwerer äußerte.

Während die anderen mit den Weibern schamlos taten, beinahe mehr um „fesch“ zu sein als aus Begierde, war die Seele des schweigsamen, kleinen Törleß aufgewühlt und von wirklicher Schamlosigkeit gepeitscht.

Er blickte mit so brennenden Augen durch die kleinen Fenster und winkligen, schmalen Torwege in das Innere der Häuser, daß es ihm beständig wie ein feines Netz vor den Augen tanzte.

Fast nackte Kinder wälzten sich in dem Kot der Höfe, da und dort gab der Rock eines arbeitenden Weibes die Kniekehlen frei oder drückte sich eine schwere Brust straff in die Falten der Leinwand. Und als ob all dies sogar unter einer ganz anderen, tierischen, drückenden Atmosphäre sich abspielte, floß aus dem Flur der Häuser eine träge, schwere Luft, die Törleß begierig einatmete.

Er dachte an alte Malereien, die er in Museen gesehen hatte, ohne sie recht zu verstehen. Er wartete auf irgend etwas, so wie er vor diesen Bildern immer auf etwas gewartet hatte, das sich nie ereignete. Worauf ...? ... Auf etwas Überraschendes, noch nie Gesehenes; auf einen ungeheuerlichen Anblick, von dem er sich nicht die geringste Vorstellung machen konnte; auf irgend etwas von fürchterlicher, tierischer Sinnlichkeit; das ihn wie mit Krallen packe und von den Augen aus zerreiße; auf ein Erlebnis, das in irgendeiner noch ganz unklaren Weise mit den schmutzigen Kitteln der Weiber, mit ihren rauhen Händen, mit der Niedrigkeit ihrer Stuben, mit ... mit einer Beschmutzung an dem Kot der Höfe ... zusammenhängen müsse ... Nein, nein; ... er fühlte jetzt nur mehr das feurige Netz vor den Augen; die Worte sagten es nicht; so arg, wie es die Worte machen, ist es gar nicht; es ist etwas ganz Stummes, – ein Würgen in der Kehle, ein kaum merkbarer Gedanke, und nur dann, wenn man es durchaus mit Worten sagen wollte, käme es so heraus; aber dann ist es auch nur mehr entfernt ähnlich, wie in einer riesigen Vergrößerung, wo man nicht nur alles deutlicher sieht, sondern auch Dinge, die gar nicht da sind ... Dennoch war es zum Schämen.

„Hat das Bubi Heimweh?“ fragte ihn plötzlich spöttisch der lange und um zwei Jahre ältere v. Reiting, welchem Törleß’ Schweigsamkeit und die verdunkelten Augen aufgefallen waren. Törleß lächelte gemacht und verlegen, und ihm war, als hätte der boshafte Reiting die Vorgänge in seinem Innern belauscht.

Er gab keine Antwort. Aber sie waren mittlerweile auf den Kirchplatz des Städtchens gelangt, der die Form eines Quadrates hatte und mit Katzenköpfen[1] gepflastert war, und trennten sich nun voneinander. [...]

Aus: Musil, Robert: Die Verwirrungen des Zöglings Törleß, Reinbek: Rowohlt 1959; Orthographie entsprechend der Ausgabe von 2009

Worterläuterung:
1 *Katzenköpfe:* Kopfsteinpflaster

Text B

Aus einem wissenschaftlichen Aufsatz von Heinrich Kaulen zum Thema „Jugend- und Adoleszenzromane“:

[...] Der Begriff „Adoleszenzroman“ meint also eine spezifische Erscheinungsform oder Subgattung des modernen Jugendromans, und zwar eine solche, die durch folgende Merkmale definiert ist:

Geschildert wird die Adoleszenzphase eines (oder mehrerer) Jugendlichen, früher traditionell meist die eines männlichen Helden, heute verstärkt auch die einer weiblichen Protagonistin im Alter von etwa 11/12 Jahren bis (maximal) Mitte oder Ende zwanzig.

Diese Adoleszenzphase wird als Prozeß einer prekären Identitäts- und Sinnsuche aufgefaßt und findet ihre Binnenstrukturierung in einer Reihe prägender Krisenerfahrungen oder Initiationserlebnisse, die sich auf wenige, genau festliegende Problembereiche beziehen. Zu diesen Problemfeldern zählen in der Hauptsache die Ablösung von der Herkunftsfamilie, die Entwicklung eines eigenen Wertesystems, die ersten sexuellen Erfahrungen mit heterosexuellen oder gleichgeschlechtlichen Partnern, der Aufbau eigenständiger Sozialkontakte in der Peergroup und die Übernahme einer neuen sozialen Rolle. [...]

Anders als die meisten problemorientierten realistischen Jugendromane arbeitet der Adoleszenzroman nicht mit typisierten Figuren und exemplarischen Handlungskonstellationen, sondern mit der radikalen Subjektkonzeption des neuzeitlichen Romans, der die Handlungspersonen als je individuelle und unverwechselbare Einzelpersonen auffaßt. Von daher ergibt sich die Fixierung auf die psychische Innenwelt der Hauptfiguren, die in ihren Krisen und Verwicklungen für den Leser als widersprüchliche und komplexe Individuen erfahrbar gemacht werden sollen. [...]

Aus: 1000 und 1 Buch. Magazin für Kinder- und Jugendliteratur, Heft 1/1999

Hinweise und Tipps

- *Die Zweiteilung der Aufgabenstellung erfordert von Ihnen zunächst, dass Sie den Textausschnitt* ***erschließen*** *und* ***interpretieren****. Dazu werden* ***konkrete Leitlinien vorgegeben*** *und Hilfestellungen angeboten. In erster Linie geht es um eine Figurencharakteristik des Protagonisten. Schon der Titel des Romans legt die Vermutung nahe, dass sich dieser Törleß in einer schwierigen Lage befindet. Zusammen mit den Ausführungen der Vorbemerkung ergibt sich so bereits vor der ersten Textbegegnung das Bild eines Internatsschülers, der ohne die Unterstützung seiner Familie in einer entfernten Gegend mit sich und seiner Umgebung fertig werden muss.*
- *Um den Text erfassen zu können, sollten Sie wie immer erst den* ***Inhalt*** *und den* ***Aufbau*** *herausarbeiten.* ***Erzählerische Besonderheiten*** *und die* ***sprachlich-stilistische Gestaltung*** *können* ***integrativ*** *mit der* ***Interpretation*** *der Textstelle verbunden werden, um hier Wiederholungen zu vermeiden. Natürlich ist es kein Fehler, wenn man diese beiden Aspekte in jeweils eigenen Gliederungspunkten behandelt.*
- *Durch den wissenschaftlichen* ***Zusatztext*** *(Text B) werden Ihnen konkrete Hinweise zur* ***Figurencharakteristik*** *gegeben. Der inhaltlich dichte Text muss sicher nicht in allen Einzelheiten rezipiert werden. Herausgearbeitet werden kann vor allem die Tatsache, dass die Gattung des Adoleszenzromans individuelle Biografien aufgreift und die subjektiv empfundenen Schwierigkeiten des Erwachsenwerdens zum Thema hat.*
- *Die zweite Teilaufgabe verlangt von Ihnen, dass Sie die* ***Darstellung der Adoleszenzphase in einem weiteren literarischen Werk*** *untersuchen. Es gibt dabei keinerlei Einschränkungen, weder was die Herkunft des Vergleichswerkes angeht noch in Bezug auf seine literarische Qualität. Deshalb ist in der vorliegenden Ausarbeitung der Versuch unternommen worden, die populäre Harry-Potter-Reihe als Vergleichswerk heranzuziehen.*

Gliederung

A Erwachsenwerden als Thema der Literatur

B *Die Verwirrungen des Zöglings Törleß:* Die Unsicherheiten der Pubertät

I. Inhalt und Aufbau: Unbestimmte Gefühle und Ängste des Protagonisten

II. Sprachliche und erzählerische Mittel

1. Bedrückende Atmosphäre auf dem Rückweg vom Bahnhof
2. Konfrontation mit der Sinnlichkeit des Lebens im Dorf
3. Von Neckerei begleitete Auflösung der Schülergruppe auf dem Kirchplatz

III. Das Problem der Adoleszenz

1. Adoleszenzromane nach der Definition Heinrich Kaulens
2. Der junge Törleß – Figurencharakteristik

IV. Adoleszenz als zentrales Thema der *Harry-Potter*-Romane von Joanne K. Rowling
  1. Die Gesamtkonzeption des Werks
  2. Harry Potter
  3. Hermine Granger

C Die Schwierigkeit, erwachsen zu werden

Lösungsvorschlag

Zu den großen Themen, die die Literatur von ihrem Beginn an durchdekliniert – Familie, Liebe, Verrat –, gehört ohne Zweifel auch das **Problem des Erwachsenwerdens**. Zum einen wird thematisiert, dass eine Figur in ihrer Jugend die Familie verlassen und ihre Rolle in der Gesellschaft finden muss: Dies ist der Fall bei Theodor Fontanes Effi Briest, die viel zu früh verheiratet wird, sich in der Welt ihres Mannes, des Karrierebeamten von Innstetten, nicht zurechtfindet und deshalb scheitern muss. Zum anderen werden Geschichten erzählt, die die psychologischen Schwierigkeiten, die sich für jeden Heranwachsenden in der Phase der Pubertät ergeben, in den Mittelpunkt stellen. Auffällig ist, dass bei dieser Variante häufig die Schule eine wichtige Rolle spielt. Hermann Hesses Roman *Unterm Rad* gehört ebenso zu dieser Variante des sogenannten Adoleszenzromans wie der Roman *Die Verwirrungen des Zöglings Törleß* von Robert Musil. In allen diesen Romanen sind die Protagonisten auf dem Weg zum Erwachsensein erfolglos auf einer Suche. Familie und Freunde, die sie unterstützen könnten, sind entweder abwesend oder sie reagieren auf die sichtbaren Probleme völlig unzureichend. Als der begabte Schüler Hans Giebenrath in Hesses Roman am Ende im Fluss ertrinkt, weil er die Kontrolle über sich und sein Leben verloren hat, rätseln die Erwachsenen auf der Beerdigung über die Gründe für dieses jähe Ende eines hoffnungsvollen jungen Lebens. Dass auch die Hauptfigur in Robert Musils Roman mit sich und seinem Leben nicht zurechtkommt, erkennt man schon nach wenigen Zeilen des Textauszugs. A

Im vorliegenden Auszug erahnt man, dass der 16-jährige Törleß, der ein Internat besucht und gerade am Bahnhof seine Eltern nach einem Besuch verabschiedet hat, sich in eine ganz eigene Welt zurückgezogen hat. Ihn bedrängen **unbestimmte Gefühle und Ängste**, die mit seiner aufkeimenden Sexualität zu tun haben. Die gesamte Szenerie ist von einer bedrückenden Atmosphäre beherrscht, die sich auch in der **erzählerischen und sprachlich-stilistischen Gestaltung** niederschlägt. B

Der zu bearbeitende Textauszug lässt sich in zwei große Themenblöcke einteilen. Im ersten Abschnitt werden die Gedanken und Gefühle des Protagonisten Törleß nach der Abreise seiner Eltern vorgestellt (Z. 1–39); im zweiten wird erzählt, wie Törleß und die anderen Schüler das Leben in einem Dorf am I.

Wegrand in seiner Sinnlichkeit wahrnehmen (Z. 40–84). Der Textauszug wird mit einem dritten, sehr kurzen Abschnitt beendet, der erkennen lässt, dass Törleß von einem Mitschüler gehänselt wird (Z. 85–91).

Am Beginn des ersten Abschnitts steht eine Schilderung des Rückwegs vom II.
Bahnhof, an dem sich die Schüler des Internats gerade von ihren Eltern verab- 1.
schiedet haben. Geordnet und schweigsam gehen sie nun in Reihen zurück in die Stadt. Der Erzähler, der die Geschichte **personal** aus der Sicht des jungen Törleß wiedergibt, aber auch eine **auktoriale Haltung** einnehmen kann, lässt eine **beklemmende Atmosphäre** entstehen, die sowohl die Empfindungen der Hauptfigur als auch die Umgebung betrifft. Die Jugendlichen gehen durch eine unwirtliche vorabendliche Landschaft, ohne sich über ihre Gefühle und Gedanken auszutauschen. Törleß denkt zwar über seinen Gemütszustand nach, findet aber keine rechte Erklärung für seine depressive Grundstimmung. Die Eltern haben ihn nach ihrem kurzen Aufenthalt verlassen, aber darum geht es in seinen Reflexionen nur am Rande. Viel eher scheint das gleichförmige Leben, das keinerlei Überraschung und Spannung für ihn bereithält, der Grund für seine Verzweiflung zu sein: Alles, was ihn erwartet, scheint in seinen Augen vorherbestimmt. Demgegenüber stellt er sich vor, wie das Leben seiner Eltern geprägt ist von der Teilnahme an gesellschaftlichen Ereignissen kommunikativer und kultureller Art. Vor allem die Tatsache, dass man in diesen Kreisen nie weiß, wie das Leben weitergeht, erregt den Neid des jungen Törleß. Seine Frustration steigert sich noch, als er an die Internatsglocke denkt, die bald den Tag beenden und damit den Stillstand des Lebens besiegeln wird.

Dieser erste Abschnitt zeichnet sich durch die **Darstellung innerer Vorgänge** aus. Während die Schüler ihren Rückweg antreten, gibt der Erzähler den Bewusstseinszustand der Hauptfigur sehr genau wieder. Das **epische Präteritum** sorgt dafür, dass die Reflexionen und Unsicherheiten des Jungen distanziert beobachtet werden können, obwohl insgesamt eine personale Erzählsituation vorherrscht.

Der depressiven Seelenlage von Törleß entsprechend wird eine abweisende Landschaft entworfen, die das Innenleben der Hauptfigur widerspiegelt. Die Natur ist düster; die Rede ist von „glanzlosen Farben“ (Z. 9 f.) und „bleigrauen Rübenfeldern“ (Z. 13 f.). Die **Personifikation** und der **Vergleich**, die der Erzähler wählt, um die Umgebung mit einem Bedrohungspotential aufzuladen, dramatisieren die Situation: Zunächst „kriecht“ die „Gleichgültigkeit [...] über die Ebene heran“ (Z. 11 f.), das handelnde Gefühl wird zu einem Teil der trostlosen Landschaft. Dann folgt der Nebel „wie eine schleimige Fährte“ (Z. 13 f.) als sichtbare Spur der Gleichgültigkeit. Dabei steht die Naturbeschreibung im **Kontrast** zu den Vergnügungen der Gesellschaft, die sich Törleß ausdenkt und die die Welt seiner Eltern charakterisieren sollen. In **asyndetischen Reihungen** werden hier die positiven Seiten ihres Lebens aufgezählt: Theater, Abendgesellschaften, Restaurant- und Kaffeehausbesuche sind Gelegenheiten, die auch zu „galante[n] Abenteuer[n]“ führen können (Z. 26). Verglichen wird

dieses Leben mit dem Rollen eines „wunderbare[n] Rad[s]“, das immer wieder „Neues, Unerwartetes“ hervorbringt (Z. 27).
Die Stimmung des jugendlichen Protagonisten dagegen wird in das **zentrale Bild des „steineren Zwang[s]“** (Z. 16) gefasst. Zunächst ist damit die fast militärische Marschordnung der Jugendlichen gemeint, die den Weg zurück vom Bahnhof auf der staubigen Straße in einer exakten Linie hintereinander gehen. Das Attribut „steinern“ drückt die Dauerhaftigkeit und Unabänderlichkeit dieses Zwanges aus, der Törleß' „ganzes Leben“ (Z. 14 f.) betrifft. Wie einen Vorboten der Internatszwänge glaubt Törleß das „Glockenzeichen“ (Z. 31) der Internatsglocke wahrzunehmen, vor dem er sich fürchtet, denn es beendet den Tag „wie ein brutaler Messerschnitt“ (Z. 33). Der **Vergleich** des Signals mit der zerstörerischen Kraft einer Klinge macht deutlich, dass es für den Protagonisten um Leben und Tod geht. Tatsächlich gleicht für ihn die Nachtruhe einem zwölfstündigen Tod. Die **erlebte Rede** am Ende dieses Abschnitts macht Törleß' Verzweiflung über diesen „Tod“ besonders greifbar (vgl. Z. 37 ff.).
Die existentielle Krise des Heranwachsenden zeigt sich auch in seiner **Orientierungslosigkeit**. **Symbolisiert** wird diese durch den „morschgewordene[n] Wegweiser“, der an einer Kreuzung aufgestellt ist und die Richtung nicht mehr anzeigen kann, weil er „wie ein verzweifelter Schrei“ „schief in die Luft hineinragte“ (Z. 22 ff.). Durch den **Vergleich** erhält das **Bild des falschen Wegweisers** – wie der oben erwähnte „steinerne Zwang“ – eine Dimension der Gewalttätigkeit.

Der zweite Abschnitt schildert das Leben in einem Dorf, das die Schülergruppe auf ihrem Weg ins Internat passiert, und Törleß' Überlegungen dazu. Wichtig ist zunächst, dass sich die Wahrnehmung des Protagonisten ändert. Er löst sich von der bloßen Innenschau und nimmt die **Eindrücke der Umgebung** bewusster wahr. Die Begegnung mit den vitalen Menschen des Dorfes ändert seine Stimmung augenblicklich, obwohl er Abstand hält von den erotisch aufgeladenen Annäherungen zwischen den Schülern und den Frauen des Dorfes. Die Körperlichkeit der Dorfbewohner übt auf ihn aber auch eine tiefe Faszination und eine Begehrlichkeit aus, die er allerdings nicht in Worte fassen kann. Im Gegensatz zu seinen Kommilitonen bleibt er passiv, denn sein zurückhaltendes Wesen erlaubt es ihm nicht, offen zu seiner Sinnlichkeit zu stehen. Er beobachtet das Scherzen der Jugendlichen genauso wie die Kinder und Frauen des Dorfes, die sich ihrer Körperlichkeit nicht schämen. Törleß, der Zusammenhänge mit seiner **aufkeimenden Sexualität** mehr unbewusst spürt als begreift, assoziiert die Szenen mit eigenen Erfahrungen beim Betrachten von Kunstwerken, die ihn schon immer fasziniert haben. Auch in der bildenden Kunst, so erinnert er sich, werde die Sinnlichkeit des Lebens greifbar, die er noch als Scham empfindet. 2.
Das zentrale Thema dieses Abschnitts ist die **Sprachlosigkeit** des Protagonisten, der im Innersten weiß, dass seine Sexualität kurz vor einem wie auch immer gearteten Durchbruch steht. **Wortfelder** der Körperlichkeit und der

Sexualität geben die Richtung vor: Mehrfach wird die oberflächlich betrachtet harmlose Nacktheit der Dorfbewohner betont: „nackte[], braune[] Arme" (Z. 45), „[f]ast nackte Kinder" (Z. 65), die „frei[en] Kniekehlen (Z. 66) einer Arbeitenden. Die Frauen werden als „jung und drall" (Z. 46) bezeichnet, „Brüste" (Z. 48, vgl. auch Z. 66) und „Schenkel" (Z. 49) werden erwähnt und reizen die „frühreife[] Männlichkeit" (Z. 52) der Knaben. In diesem Zusammenhang wird mehrfach auf Schamlosigkeit und Scham hingewiesen (vgl. Z. 59, Z. 61). Interessant ist auch, dass Törleß vor allem den Schmutz wahrnimmt (vgl. Z. 43, 45, 65, 76, 78) und damit die Gefährdung, die für ihn offensichtlich hinter seiner unbewussten Sexualität steckt. Der junge Mann erwartet, dass ihn etwas „wie mit Krallen packe […] und zerreiße" (Z. 75). Dieser **Vergleich** ist wieder ein Beispiel für die Gewalt, die Törleß hinter ihm unverständlichen Vorgängen wahrnimmt.
Törleß kann seine Empfindungen nicht in Worte fassen, denn Worte sind für ihn nur „wie […] eine[] riesige[] Vergrößerung" (Z. 83), die die Wahrheit verfälschen würde. Der **Vergleich** am Ende des Abschnitts belegt noch einmal die **Problematik der Sprache** mit der das sexuelle Begehren nicht adäquat benannt werden kann und die gerade deshalb Törleß auch nicht weiterhilft. Sein Ringen um das richtige Wort spiegelt sich in den zahlreichen **Satzabbrüchen** (Aposiopesen, vgl. Z. 72, 77, 78, 84), die durch ein **Fragezeichen** (Z. 72) und eine **wiederholte Verneinung** („Nein, nein", Z. 78) verstärkt werden und die Ratlosigkeit des Protagonisten auf den Punkt bringen.

Törleß' Verwirrung wird von den Mitschülern durchaus erkannt. Der letzte 3.
Abschnitt beginnt mit der bissigen Nachfrage eines älteren Mitschülers, ob der Junge Sehnsucht nach seinem Zuhause habe. Törleß fühlt sich dadurch in seinen innersten Nöten erkannt und antwortet nicht. Der Nachhauseweg ist am Kirchplatz dann auch beendet und die Gruppe löst sich auf. Nach der intensiven Innensicht geht der **Erzähler** hier auf **Distanz** zu seinem Helden. Die **Zeitdehnung**, die die beiden ersten Abschnitte bestimmt hat, wird nun aufgelöst. **Erzählte Zeit** und **Erzählzeit** kommen zur Deckung. Die Spannung verflacht, die Szenerie wird wieder bestimmt von Ordnung und Sicherheit: Der Kirchplatz hat die regelmäßige „Form eines Quadrats" (Z. 90) und einen festen, gepflasterten Untergrund.

Musil entwirft im vorliegenden Textausschnitt das Porträt eines Jugendlichen, III.
der seine Position zwischen Gesellschaft, Familie, Internat und Klassenkame- 1.
raden noch nicht gefunden hat. Die Unsicherheiten, die er in sich spürt, rühren vor allem daher, dass er mit seiner aufkeimenden Sexualität Probleme hat. Damit behandelt der Ausschnitt eine Phase in der Biografie seiner Figur, die mit dem Begriff der Pubertät recht gut umschrieben ist. Man spricht in diesem Fall von einem Jugend- und **Adoleszenzroman**, der nach dem Literaturwissenschaftler **Heinrich Kaulen** eine Figur in der Zeit zwischen elf oder zwölf Jahren bis maximal Ende zwanzig charakterisiert. Entscheidend ist in dieser Phase, dass der Protagonist seine Rolle definiert und dabei Krisen erlebt oder Initiationserfahrungen macht. Dazu gehören nach Kaulen die „Ablösung von

der Herkunftsfamilie, die Entwicklung eines eigenen Wertesystems, die ersten sexuellen Erfahrungen […], der Aufbau eigenständiger Sozialkontakte […] und die Übernahme einer neuen sozialen Rolle." (Text B, Z. 11 ff.) Weil Adoleszenzromane dadurch gekennzeichnet sind, dass sie individuelle Charaktere auftreten lassen, spielt die Darstellung der Innenwelt der jeweiligen Hauptfigur eine zentrale Rolle.

Obwohl nur ein Textauszug des Romans von Robert Musil zur Verfügung steht, kann man die **Merkmale des Adoleszenzromans** recht genau herausarbeiten. Törleß ist 16 Jahre alt und muss im Internat ohne die Eltern zurechtkommen. Die Gedankenwelt des jungen Mannes lässt darauf schließen, dass er sich in einer Krise befindet. Eine nicht genauer begründbare Traurigkeit hat ihn befallen. Das Internat empfindet er als einen Ort des Zwangs, der sein Leben in eine Art Sackgasse führt, wo sich nichts Entscheidendes ereignet. Törleß hat aber auch nicht die Kraft, eigene Ideen und Aktivitäten zu entwickeln. Das lässt auf eine gewisse **Ich-Schwäche** schließen, die ein typisches Kennzeichen der Adoleszenzphase ist. Der Erzähler dramatisiert die Situation durch die Parallelführung der Psyche mit den äußeren Naturerscheinungen, die eine „furchtbare Gleichgültigkeit" (Z. 11) ausdrücken. Die **symbolhafte Konstruktion der Landschaft** ist ein Spiegelbild der inneren Zerrissenheit der Hauptfigur. 2.
Törleß' Suche nach der eigenen, stabilen **Identität** wird vor allem durch seine Entdeckung der eigenen **Sinnlichkeit** erschwert. Sexuell aufgeladene Fantasien sind der gesamten Schülergruppe eigen. Bei Törleß ist aber auffällig, dass er sich mit der Rolle des Zuschauers begnügt, weil er eine Scham empfindet, die einen freien Zugang zur anziehenden Welt der Erotik nicht zulässt. Erinnerungen an Kunstwerke helfen ihm zwar, die sinnlichen Erfahrungen einzuordnen, aber die Angst vor der „fürchterliche[n], tierische[n] Sinnlichkeit" (Z. 74 f.) kann ihm so nicht genommen werden. Typisch für einen pubertierenden Jugendlichen weiß er, dass etwas auf ihn zukommt, er kann sich von diesem Etwas aber „nicht die geringste Vorstellung machen" (Z. 73 f.).
Bei der Suche nach Orientierung und Sicherheit helfen ihm die Klassenkameraden offensichtlich auch nicht weiter. Zumindest wird am Ende des Textauszuges angedeutet, dass er von einem älteren Schüler wegen seiner Zurückhaltung gehänselt wird. Törleß findet also weder bei der eigenen Familie, die er ja verabschiedet hat, noch bei den Mitschülern Hilfe in seiner schwierigen Situation.

Heinrich Kaulen spricht in seinem Text in Bezug auf den Adoleszenzroman IV.
von einer „Subgattung des modernen Jugendromans" (Text B, Z. 2). Naturgemäß gibt es gerade im Jugendbuchbereich eine Vielzahl von Romanen, die sich intensiv mit dem Heranwachsen beschäftigen. Eines der erfolgreichsten dieser Werke ist sicherlich die siebenbändige Geschichte des Zauberlehrlings **Harry Potter** der englischen Autorin Joanne K. Rowling. Zwar kann die Fortsetzungsgeschichte im Gegensatz zu Musils Roman leicht als Trivialliteratur abgetan werden, aber dennoch muss festgehalten werden, dass die meisten

Merkmale des Adoleszenzromans vorhanden sind, wenn auch die Ausleuchtung der Innenwelt des Protagonisten Harry Potter ein wenig zurücktritt hinter der spannenden und ereignisreichen äußeren Handlung.

Betrachtet man zunächst die **Gesamtkonzeption** des mehrere tausend Seiten 1.
umfassenden Werkes, so sieht man, dass die Autorin die Geschichte eines englischen Jungen erzählt, der als zehnjähriger seine (Ersatz-)Familie verlässt, um in einem Internat erzogen zu werden. Sein Erwachsenwerden wird begleitet von einer Reihe dramatischer Abenteuer und ersten sexuellen Erfahrungen, bis er schließlich selbst eine Familie gründen und ein erfolgreiches eigenes Leben führen kann. Natürlich ist die Entwicklung der Hauptfigur auf den ersten Blick die fantastische Geschichte eines armen Jungen, der seine Eltern verloren hat, bei Tante und Onkel aufwachsen muss und ganz überraschend erfährt, dass er die Fähigkeit zum Zaubern hat. Natürlich sind die Abenteuer, die er mit dem Zauberstab meistern muss, dem Genre „Fantastik" zuzuordnen. Neben der sichtbaren Welt der Menschen existiert eine zweite Wirklichkeitsebene, die Welt der Zauberei, die man im King's Cross Bahnhof in London auf dem Gleis 9 3/4 betritt, aber nur, wenn man dazugehört. In dieser Parallelwelt gibt es jede Menge Magier, gute und böse, verschrobene Hauselfen und gutmütige Riesen, vor allem gibt es die Hogwarts-Schule für Hexerei und Zauberei mit ihren Lehrern für die Verteidigung gegen die dunklen Künste und für Zaubertränke. Der Kern aller Abenteuer und Prüfungen ist die Existenz des bösen Zauberers Voldemort, der nur ein Ziel hat, nämlich den Protagonisten zu vernichten. Aber hinter dieser doch sehr trivialen Folie wird nichts anderes erzählt als die **Geschichte eines Jungen, der zu sich selber finden muss**.

Wie Musils Törleß kommt Harry Potter im Laufe seiner Entwicklung immer 2.
wieder in Situationen, die er nicht einschätzen kann. Obwohl die Autorin ihren Protagonisten oft die richtige Entscheidung treffen lässt, weiß er manchmal nicht, was er denken und wie er seine Umgebung einschätzen soll. In erster Linie ergeben sich schwierige Situationen meist aus dem **Umgang mit dem anderen Geschlecht**. Immer, wenn Harry mit jungen Mädchen zu tun hat, wächst seine Unsicherheit ins Grenzenlose, wohingegen er im Kampf mit Riesenspinnen, Riesenschlangen und selbst den stärksten Zauberern die Oberhand behält. Seine **Identitätssuche** ist auch deshalb „prekär" (Text B, Z. 8), weil er ja in einer ganz eigenen, für ihn zunächst neuen Welt seinen Platz finden muss, was ihm allerdings recht schnell gelingt. Dieser Wechsel in die Zauberwelt ist gleichzeitig eine Entwicklungsmöglichkeit, weil das Leben des Harry Potter in der Welt der Menschen von Nichtbeachtung, ja von Unterdrückung geprägt gewesen ist. Hier hat er bei Tante Petunia, Onkel Vernon und seinem Cousin Dudley gelebt, die eine Karikatur der spießbürgerlichen, festgefahrenenen englischen Mittelstandsfamilie darstellen – sozusagen das Gegenteil einer Familie, die eine erfolgreiche Adoleszenzphase überhaupt zulassen würde. Nicht zufällig ist der bedauernswerte Dudley körperlich und geistig ein Muster dafür, wie Erwachsenwerden nicht funktioniert: Er ist ein-

fältig, halbstark und gleichzeitig ängstlich, auf Konsum bedacht und übergewichtig. Während der gesamten Geschichte entwickelt er sich kaum weiter. Harry, dessen Eltern im Kampf gegen Lord Voldemort getötet worden sind, erfährt erst als 11-Jähriger von seiner magischen Herkunft und durch welche Umstände er zur Waise wurde. Obwohl dieses Wissen geeignet wäre, bei Harry eine **tiefe Krise** auszulösen, kommt es – entgegen der Tradition des Adoleszenzromans – nicht dazu: In Hogwarts findet Harry seine Ersatzfamilie, auch wenn nicht alle Mitschüler auf seiner Seite stehen.
Nach einer längeren Suche kennt Harry Potter schließlich auch seinen Platz in der Welt, heiratet die Schwester seines besten Freundes und kann am Ende seine Kinder verabschieden, die wie er die Hogwarts-Schule besuchen werden – ein Happy End, das in dieser Form kaum einen Roman der Hochliteratur auszeichnen würde. Dort wird die Phase der Adoleszenz oftmals wenig erfolgreich beendet, die Protagonisten finden manchmal sogar den Tod.
Ein **weiterer Unterschied** zu den Adoleszenzromanen, die in die Literaturgeschichte eingegangen sind, ist der bloße Umfang und die große Anzahl an Figuren, die die Harry-Potter-Welt auszeichnen. Neben der titelgebenden Hauptfigur werden in den sieben Bänden eine ganze Reihe von weiteren Zauberern vorgestellt, die Harrys Übergang in die Erwachsenenwelt teilen.

Abschließend kann der weibliche Antipode zu Harry kurz vorgestellt werden, 3.
denn **Hermine Granger** ist ein gutes Beispiel dafür, wie in trivialen Adoleszenzromanen doch auch mit **Stereotypen** gearbeitet wird. Eine „unverwechselbare Einzelperson" (Text B, Z. 19), wie sie Kaulen als kennzeichnend für den Adoleszenzroman sieht, ist Hermine sicher nicht: Sie ist von Anfang an das triviale Beispiel eines bescheidenen, intelligenten Mädchens, das kaum Probleme mit dem Erwachsenwerden hat, sondern immer genau weiß, was zu tun ist. Bei den Lehrern gilt sie als Musterschülerin, bei den Mitschülern entsprechend als Streberin. Sie sammelt fleißig gute Noten und Punkte für die eigene Schulmannschaft, die Abenteuer der Potter-Clique begleitet sie mit guten Ratschlägen, Informationen und weiteren nützlichen Accessoires, die in brenzligen Situationen Rettung bringen. Für Harry Potter ist Hermine letztlich ein stabilisierender Faktor, also genau das, was dem jungen Törleß in seiner Umgebung fehlt.

Warum in vielen Werken der Weltliteratur und in zahlreichen Jugendromanen C
die Probleme der Pubertät in den Mittelpunkt rücken, liegt auf der Hand. Jeder Mensch muss diese Phase meistern; Vorbilder, die die Kunst anbietet, können dabei unter Umständen helfen. Adoleszenzromane spiegeln aber nicht nur die **Schwierigkeiten Jugendlicher** wider, sondern auch **gesellschaftliche Barrieren**, die diese Schwierigkeiten mitverursachen. Es ist kein Zufall, dass die Schule in diesem Zusammenhang eine zentrale Funktion einnimmt. In dieser Institution wird – neben der Familie – darüber entschieden, ob die Adoleszenzphase gelingt oder ob es zu einem Scheitern kommt.

Deutsch (Bayern G8) – Abiturprüfung 2012
Aufgabe 4: Materialgestütztes Verfassen eines informierenden Textes

Die Theatergruppe Ihrer Schule inszeniert Goethes Schauspiel *Faust. Der Tragödie erster Teil.* Sie gestalten gemeinsam mit Mitschülern das Programmheft zu dieser Aufführung.

Verfassen Sie zu diesem Zweck einen Beitrag mit dem Titel „*Faust* 2012“, in dem Sie das Verhältnis von Faust und Mephisto umreißen und die Aktualität des Stücks aufzeigen!

Verwenden Sie für Ihre Darstellung Ihre eigenen Kenntnisse sowie die Kerngedanken der beigefügten Materialien! Veranschaulichen Sie Ihre Ausführungen durch geeignete Verweise auf die Dramenhandlung!

Hinweise der Redaktion:

- Das Programmheft enthält folgende Beiträge verschiedener Autoren; **der von Ihnen zu verfassende Beitrag ist Punkt 4:**
  1 Die Handlung
  2 Unser Bühnenbild
  3 Unsere Darsteller
  4 *Faust* 2012
- Ihr Beitrag soll 1 200 bis 1 500 Wörter umfassen.
- Dem Stil des Programmhefts entsprechend können die Materialien ohne Zeilenangabe nur unter Nennung des Autors zitiert werden.

Material 1

Theaterkritik zur *Faust*-Inszenierung am Wiener Burgtheater:
Peter Kümmel, *Dieser Abgrund gehört mir!*

[…] *Faust*-Inszenierungen leben davon, dass sich die zentralen Figuren, Faust und Mephisto, gegenseitig belichten: Man sah Mephisto als gefallenen Engel und als Lebemann, als Folterknecht und als Diener, als den Erzieher, den Kompagnon, den Sekundanten oder den heimlichen Geliebten Fausts. Und je weiter wir voranschreiten in die Theater-Gegenwart, desto mehr scheinen Faust und Mephisto in eins zu fallen. Sie werden sich immer ähnlicher, sie brauchen einander. Der lebenshungrige Sterbliche und der erfahrungsmüde Unsterbliche – gemeinsam wirken sie wie ein Perpetuum mobile.

In Wien aber ist Mephisto ein einsamer Kerl ohne Gegenüber. Gert Voss spielt ihn als genussfrohen und bestechlichen Teufel, der genau weiß, wo er (Menschen-)Leckerbissen bekommt. Er liebt die gute Unterhaltung, die das Unglück der Sterblichen ihm bietet. Voss gibt einen spielsüchtigen alten Höllenkater, doch seine Wiener Beute erstarrt zwischen den Pfoten zu Stein. Mephisto, die „Spottgeburt von Dreck und Feuer" (so nennt ihn Faust), wirkt in dieser Inszenierung so verloren, als habe er sich in einer Computeranimation verlaufen.

Faust (Tobias Moretti) sitzt in tiefer Nacht in seinem Studierzimmer an einem Laptop; der angebissene Logo-Apfel glüht, es ist die einzige Lichtquelle im Saal. Faust tippt die Verse des Eröffnungsmonologs – „Habe nun, ach!" – in den Computer [...].

Aus: DIE ZEIT vom 10. 09. 2009

Material 2

Einführender Text auf der Homepage des Thalia-Theaters Hamburg von Benjamin von Blomberg zur Premiere von *Faust I* und *II* am 30. 09. 2011

Dass Faust uns heute als unseresgleichen anmutet, ist verstörend. Von unserer Welt und ihrer Entstehung erzählt Goethe: einer durchbefreiten Gesellschaft von Radikalindividualisten, unfähig zu Gemeinschaft und Arbeit an kollektivem Sinn. „Löse dich von allen äußeren, das Ich einschnürenden Einflüsterungen", ruft Mephisto diesem Faust zu: von den zweifelnden, skrupulösen, gedankenschweren, den Stimmen des Vergangenen und Ideellen. Des Teufels Lied geht so: Sei dein eigener Maßstab! Wie sehr es dem ganz anderen ähnelt, jenem von der Ohnmacht des allein auf sich selbst zurück geworfenen Menschen, seiner Liebesunfähigkeit, Rastlosigkeit, Depression – das ahnen wir. Wir, die unseligerweise vielleicht idealen Leser Goethes. In unserem Stammbuch funkeln seine Gedanken hell.

Aus: http://thalia-theater.de/h/repertoire_33_de.php?play=416

Material 3

Manfred Osten, *Die beschleunigte Zeit*

[...] Einer nämlich scheint schon lange vor uns aufgebrochen zu sein ins globale Dorf: Dr. Faust. Er hat uns früh erkannt mit seiner Verwünschung aller Langsamkeit. „Fluch vor allem der Geduld!" Und er hat sie auch lange vor uns schon erfunden, die Ablösung der Zeit vom Raum, das rasant beschleunigte Lebenstempo in Gestalt seines Weggefährten mit Namen Mephisto. Faust begab sich schon vor mehr als 200 Jahren bereitwillig unters Joch jener Eile, die bekanntlich des Teufels ist. Es ist ein sehr modernes Joch, das Goethe in genialer Wortschöpfung als veloziferisch bezeichnet, als Verschränkung von Velocitas (die Eile) und Luzifer.

Deutlich sichtbar werden auch schon die modernen Formen der Versklavung: Fausts Unterwerfung unter das Diktat der Eile, die erzwungene Adaptation seiner Sinne an eine beschleunigte Wahrnehmung und sein (schließlich mit Erblindung erkaufter) Glaube an eine unbegrenzte Fortschrittsdynamik. Faust hat sich Luzifer unterworfen im Namen einer Wette, deren *ultima causa* sein Fluch der Geduld ist: seine Verweigerung des Augenblicks zugunsten der Ungeduld. [...]

Aus: DIE ZEIT vom 26. 08. 1999

Material 4

Thomas Mann, *Über Goethes „Faust“* (1939)

[…] Ein zeitgenössischer Kritiker, Pustkuchen hieß der Mann, schrieb ärgerlich: „Zwar ist die Critik alles menschlichen Wissens, die Faust ausspricht, nicht sowohl die eines Mannes, der wie Alexander in Indien an den Grenzen steht und nach dem Unmöglichen langt, als die eines Studenten, der über seine Professoren spaßt, indeß that sie den Bedürfnissen der Meisten ein Genüge.“ […] Was aber solche Kritik unbemerkt läßt, ist das denkwürdige Phänomen, daß im „Faust“ der Genius studentischer Jugend die Repräsentanz der Menschheit an sich reißt und daß eine Welt, die abendländische, diese Repräsentanz angenommen, den Symbolwert der Faust-Gestalt für ihr tiefstes Wesen erkannt hat. Der Jugend geschieht große Ehre durch dieses Stück und die Größe, zu der es emporwuchs. In seiner Ungebändigtheit, Unbedingtheit, seiner Revolte, seinem Haß auf Grenzen, auf Ruhe und Behagen, seiner Sehnsucht und Himmelsstürmerei ist es ganz Ausdruck dessen, was das gemäßigte und beruhigte Alter jugendliche Unreife nennt. Kraft des Genies aber wird diese Unreife menschlich beispielhaft; der Jüngling steht für den Menschen selbst, und was jugendlicher Sturm und Drang, Studenten-Titanismus war, wird zum alterslos gültigen Typus.

Es ist freilich, der Maske nach, kein Jüngling, sondern ein stark angejahrter Magister und Doktor, den wir zuerst am Pult im dumpfen Gewölbe vor uns sehen. Da die Sudelköcherei der Hexenküche ihm dreißig Jahre vom Halse schaffen soll, und da er, als er Gretchen anspricht, etwa als Dreißigjähriger erscheint, so muß er zu Anfang des Stückes seine runden sechzig haben, und so pflegt er auf dem Theater auch auszusehen. Von diesem Sechziger aber sagt Mephistopheles zum Herrn:

Fürwahr! er dient Euch auf besondre Weise.
Nicht irdisch ist des Thoren Trank noch Speise.
Ihn treibt die Gärung in die Ferne,
Er ist sich seiner Tollheit halb bewußt;
Vom Himmel fordert er die schönsten Sterne,
Und von der Erde jede höchste Lust,
Und alle Näh’ und alle Ferne
Befriedigt nicht die tiefbewegte Brust.

Das sind natürlich nicht Worte, die auf einen Menschen an der Schwelle des Greisenalters passen. Goethe verlegt seinen Jugenddrang in einen Mann des Alters, in welchem er selber die „Wahlverwandtschaften“ schreiben wird. Sein Faust ist als Sorgenkind der Gottheit und Gegenstand der Eroberungsgelüste der Finsternis – der Mensch selbst; aber der junge Dichter, der mit Leichtigkeit diese kosmische Figur entwarf, gab ihr die eigenen Züge, den Charakter des Jünglings, und so wurde der Jüngling zum Menschen, der Mensch zum Jüngling. […]

Aus: Mann, Thomas/Mertz, Wolfgang (Hg.): Zutrauliche Teilhabe. Thomas Mann über Goethe, Frankfurt/Main: S. Fischer 1999

Hinweise und Tipps

- *Gefordert wird von Ihnen ein* ***informierender Text****, der* ***adressatenbezogen*** *geschrieben sein muss. Der Text ist gedacht als Teil eines Programmheftes, das Schüler begleitend zu einer Aufführung der schuleigenen Theatergruppe gestalten. Dabei ist es wichtig, dass Ihr Text den* ***kommunikativen Kontext*** *sowie die* ***Erwartungen und Interessen der Leser*** *mitberücksichtigt. Da das Programmheft wohl im Rahmen einer Schulaufführung verteilt wird, sind die Adressaten überwiegend Lehrer, Schüler und deren Eltern. Der Adressatenbezug kann sich z. B. durch die Wahl geeigneter sprachlicher Mittel äußern, aber auch durch einen Hinweis auf die hochgradige Kanonisierung des Werks.*
- *Unter der Überschrift „Faust 2012" erwartet der Leser eine Antwort auf die Frage, was* ***heute an Goethes „Faust" noch von Interesse*** *ist. Daneben verlangt die Aufgabenstellung die Beschreibung des* ***Verhältnisses von Faust und Mephisto****, nicht jedoch eine Inhaltzusammenfasssung des Stücks oder die Beschreibung des Bühnenbildes. Dass beides nicht Teil der Aufgabenstellung ist, können Sie den „Hinweisen der Redaktion" entnehmen.*
- *Die beigefügten* ***Materialien*** *müssen dabei kritisch ausgewertet werden und die gewonnenen Erkenntnisse sachlogisch geordnet werden, wobei jedoch eine detaillierte Analyse der Materialien nicht verlangt ist. Entsprechend dem Stil eines Programmheftes können Sie Zitate aus den Materialien ohne Zeilenangaben und nur unter Nennung des Autors integrieren.*
- *Grundsätzlich sind Sie frei in der Strukturierung Ihrer Ausführungen; die* ***Gliederung*** *muss jedoch eine gewisse Logik erkennen lassen.*
- *Wichtig ist der* ***Umfang*** *Ihres Beitrags; verlangt sind 1 200 bis 1 500 Wörter. Dies bedeutet eine deutliche Beschränkung, die allerdings durch die erwähnte Vorgabe, dass die Handlung im Programmheft bereits dargestellt ist, eine Richtung erhält.*

Gliederung

1 Faust im Jahr 2012

2 Verhältnis zwischen Faust und Mephisto

2.1 Die Wette zwischen Gott und Mephisto als Rahmenbedingung

2.2 Faust und Mephisto – Verführung im Zeichen der Wette

3 Aktualität von Goethes *Faust*

3.1 Überzeitliche Themen

3.2 Aufgreifen typisch moderner Themen

3.2.1 Selbstverwirklichungsbestrebungen des Individuums

3.2.2 Hedonismus als Teil des modernen gesellschaftlichen Selbstverständnisses

3.2.3 Fehlen verbindlicher Orientierungsinstanzen

4 Faust als unseresgleichen

Lösungsvorschlag

Irgendwann kommt wohl jeder einmal in Berührung mit Goethes *Faust*. Viele 1
werden sich vielleicht noch an die Schwierigkeit der eigenen *Faust*-Lektüre in ihrer Schulzeit erinnern, wo einem die versgebundene Sprache Goethes nicht eingehen wollte, während der Lehrer in den höchsten Tönen von diesem Werk schwärmte. Anderen steht diese Erfahrung erst noch bevor oder sie haben sie gerade hinter sich gebracht. Darum herum kommt kaum einer: Im bayerischen Lehrplan für Gymnasien ist Goethes *Faust I* die einzige namentlich festgelegte Pflichtlektüre. Kein anderes Werk der deutschen Literatur gehört so sehr zum **Kanon** oder wird ähnlich oft an deutschen Bühnen gespielt.
Warum also, so wird sich der Zuschauer fragen, wollen auch wir dieses Stück zur Aufführung bringen? Was interessiert uns daran? Was hat uns dieses vor mehr als 200 Jahren geschriebene Werk heute, 2012, noch zu sagen?

Kern des Dramas ist das **Verhältnis zwischen Faust und Mephisto**. Dass 2
Mephisto aber überhaupt an Faust herantritt, ist die Folge einer **Wette** mit 2.1
Gott. Mephisto hält nicht viel von den Menschen und bedauert sie, die sich auf der Erde mehr recht als schlecht durchschlagen. Gott entkräftet dieses abfällige Urteil über die Menschen und verweist ihn an Faust. Er erlaubt Mephisto sogar, dass er versuchen darf, diesen vom rechten Weg abzubringen. Gott ist sich jedoch sicher, dass dies nicht gelingen wird: „Ein guter Mensch in seinem Drange ist sich des rechten Weges wohl bewusst.“

Mephisto hat nun also die Erlaubnis, Faust auf die Probe zu stellen und nähert 2.2
sich diesem, bevor er sich zu erkennen gibt, zunächst in Gestalt eines Pudels. Er weiß schon, dass es nicht einfach sein wird, denn dieser Faust fordert vom Himmel „die schönsten Sterne / Und von der Erde jede höchste Lust, / Und alle Näh' und alle Ferne / Befriedigt nicht die tiefbewegte Brust.“
Zu Beginn lernen wir einen „stark angejahrten Magister und Doktor“ (Thomas Mann) kennen, der isoliert in seinem Studierzimmer **an der Beschränktheit des Menschen und seiner Erkenntnisfähigkeit verzweifelt**. Er klagt: „Da steh ich nun, ich armer Tor und bin so klug als wie zuvor!“ Er erkennt, dass „wir nichts wissen können“, und versucht zunächst mithilfe der Magie, ja sogar mit einem Selbstmordversuch, vor dem ihn in letzter Sekunde die Osterglocken bewahren, seine Grenzen zu überschreiten. Als Faust beim Osterspaziergang unter den vielen Menschen seine Isolierung am schmerzlichsten spürt, taucht Mephisto auf, um ihm seinen Pakt anzubieten. Er verspricht ihm, dass er das Absolute erfahren wird, die Grenzen seines Wissens überschreiten kann und damit die Ganzheit erfahrbar wird. Erst dann, wenn er erfährt, was die „Welt im Innersten zusammenhält“, und er zum „Augenblicke“ sagt, „verweile doch, du bist so schön“, will er sich zufrieden auf ein „Faulbett“ legen und Mephisto darf sich seine Seele holen. Faust glaubt jedoch nicht, dass Mephisto dies jemals gelingt, und besiegelt im Gefühl der eigenen Überlegenheit den Pakt mit seinem Blut.

Mephisto unterschätzt Faust zunächst und glaubt, ihn mit **Zerstreuungen** vom rechten Weg abbringen zu können. Sein erster Versuch –in Auerbachs Keller will er ihm das leichte Leben näherbringen – scheitert aber kläglich.
Auch Mephistos zweiter Versuch, die **Verführung** mit einer Frau, scheitert im Grunde. Faust verliebt sich wirklich in Gretchen. Fast ist er schon so weit, dass er das Gefühl der Ganzheit verspürt, aber wegen seiner Wette mit Gott muss Mephisto erreichen, dass Faust sich schuldig macht. Durch den vergifteten Schlaftrunk für Gretchens Mutter und dem Mord an ihrem Bruder Valentin scheint Mephisto auch das zu gelingen. Doch da erkennt Faust, dass dieses Gretchen doch nicht das Ziel seiner Wünsche ist, sein heißes Begehren ist schon wieder abgekühlt. Er versucht sie eher aus Mitleid als aus grenzenloser Liebe aus dem Kerker zu befreien. Gretchen erkennt ihre Schuld – sie hat ihr Neugeborenes umgebracht und fühlt sich auch am Tod der Mutter schuldig – und kann dadurch von Gott gerettet werden. Faust dagegen, immer noch in Gesellschaft von Mephisto, bleibt weiter auf der Suche.
Bereits seit Georg Lukacs wird **Mephisto**, der Neinsager (griech.), immer wieder als die **andere Hälfte von Faust** gesehen. Seine Zerrissenheit, die zwei Seelen in seiner Brust, wird dramaturgisch aufgespalten in zwei Figuren. Je „weiter wir voranschreiten in die Theater-Gegenwart, desto mehr scheinen Faust und Mephisto in eins zu fallen. Sie werden immer ähnlicher, sie brauchen einander." (Peter Kümmel)

Goethes *Faust* greift Themen auf, die von einer erstaunlichen **Aktualität** sind: 3
Faust ist mit seinem Wunsch nach dem Überschreiten der Grenzen und seinem Drang nach Erforschung der Natur und des Menschen der exemplarische Mensch der Moderne.

Schon Thomas Mann hat 1939 den „Symbolwert der Faust-Gestalt" herausge- 3.1
stellt. Fausts kompromissloses Fordern „in seiner Ungebändigtheit, Unbedingtheit, seiner Revolte, seinem Haß auf Grenzen, auf Ruhe und Behagen, seiner Sehnsucht und Himmelsstürmerei" (Thomas Mann) kann als **jugendliches Aufbegehren** gesehen werden. Auch wenn Faust zu Beginn der Tragödie als ein sechzigjähriger, ergrauter Doktor gezeigt wird, trifft seine Charakterisierung, die Mephisto dem Herrn gibt, eher auf einen Jugendlichen zu, wenn es heißt: „Ihn treibt die Gärung in die Ferne, / Er ist sich seiner Tollheit halb bewusst; / Vom Himmel fordert er die schönsten Sterne / Und von der Erde jede höchste Lust." Diese Figur, die gleichsam das Unmögliche verlangt, symbolisiert das abendländisch-moderne Menschenbild: Der „Jüngling steht für den Menschen selbst, und was jugendlicher Sturm und Drang, Studenten-Titanismus war, wird zum alterslos gültigen Typus." (Thomas Mann) Faust hat den Charakter eines jungen Menschen, „der Jüngling [wurde] zum Menschen, der Mensch zum Jüngling" (Thomas Mann).
Auch Gretchens völlige Hingabe an Faust und ihre **unbedingte Liebe** sind überzeitliche Themen, die gerade uns Jugendliche sehr interessieren. Scheinbar kopflos ist dieses Gretchen dazu bereit, alles für ihren Geliebten zu tun. So lässt sie sich sogar darauf ein, ihrer über alles geliebten Mutter einen Schlaf-

trunk zu geben, um ungestört mit Faust eine Liebesnacht zu verbringen. Erst später wird ihr dann klar, dass sie hier zu weit gegangen ist. Auch merkt sie, dass es wohl doch intellektuelle Unterschiede zwischen beiden gibt, die auf Dauer keine stabile Beziehung möglich machen.

Der *Faust* ist jedoch nicht nur wegen dieser überzeitlichen Themen heute noch für uns interessant, sondern gerade auch wegen seiner **typisch modernen Themen**. 3.2

Dr. Faustus kann gesehen werden als einer, der sich radikal **selbstverwirklichen** will. Einschränkende berufliche und gesellschaftliche Verpflichtungen und Werte lehnt er ab. Wenn sein Famulus etwas von ihm wissen möchte, ist er nur widerwillig bereit, mit ihm seine Erkenntnisse zu teilen. Er fühlt sich diesem intellektuell überlegen und hat keine Lust mehr, seine Verpflichtungen als Universitätslehrer zu erfüllen. Auch aus der Gesellschaft zieht er sich völlig zurück, obwohl das Volk große Stücke auf den Doktor hält. Aber auch das kann ihm keine Befriedigung mehr geben, da er sich innerlich zerrissen fühlt. „Löse dich von allen äußeren, das Ich einschnürenden Einflüsterungen, ruft Mephisto diesem Faust zu: von den zweifelnden, skrupulösen, gedankenschweren, den Stimmen des Vergangenen und Ideellen." (Benjamin von Blomberg) Und Faust ist bereit, für seine Selbstbestimmung selbst seine zwischenmenschlichen Beziehungen aufs Spiel zu setzen – eine Bereitschaft, die typisch ist für das moderne Individuum. 3.2.1

Auf eine wirkliche Beziehung mit Gretchen lässt sich Faust nicht ein, als er im Religionsgespräch erkennt, dass der intellektuelle Unterschied zwischen ihnen groß ist. Er bewundert sie zwar noch ob ihrer in sich ruhenden Ganzheit, die er gerade erreichen möchte, beginnt aber schon sich zurückzuziehen, nachdem seine sexuellen Bedürfnisse befriedigt sind. Diese **Liebesunfähigkeit** wird gerade unserer „durchbefreiten Gesellschaft von Radikalindividualisten" (Benjamin von Blomberg) vorgeworfen: Die Zahl der Single-Haushalte in unseren Großstädten nimmt immer mehr zu. Auch Faust ist so ein Single, der ständig auf der Suche ist und rastlos von einem Event zum anderen hastet, nur dass es Faust bei seinen Versuchen der Grenzüberschreitung um die Suche nach dem Absoluten geht. Faust steht wegen seiner unerfüllten Suche sogar kurz vor dem Selbstmord. Die Osterglocken läuten, als er nach der Phiole greift und sein Ausruf „Die Botschaft hör ich wohl, allein mir fehlt der Glaube" zeigt, dass nur die Erinnerung an längst verlorene Werte ihn noch davon abhalten.

Auch der heutige **Hedonismus**, der zu unserem modernen gesellschaftlichen Selbstverständnis gehört, wird im *Faust* thematisiert. Mephistos Versuche, Fausts Drängen mit Vergnügungen und Zerstreuungen zu befriedigen, erinnern an die Event- und Spaßgesellschaft des 21. Jahrhunderts. Mephisto kann als „genussfroher und bestechlicher Teufel" interpretiert werden, der die „gute Unterhaltung, die das Unglück der Sterblichen ihm bietet", genießt (Peter Kümmel). Nachdem sich Faust als beziehungsunfähig erwiesen hat, führt ihn Mephisto zur Walpurgisnacht. Bei dieser rauschhaften Party vergisst er sein 3.2.2

Gretchen, erst ganz am Ende kommt sie ihm wieder in den Sinn. Mephisto macht ihn bekannt mit entfesselter und ausschließlich triebhafter Sexualität, wie sie sich auch in der modernen Gesellschaft wiederfindet.
Als „spielsüchtiger alte[r] Höllenkater" (Peter Kümmel) zeigt Mephisto sich nicht nur in der Walpurgisnacht, sondern auch in der Hexenküche. Die dort stattfindende Verjüngung Fausts findet sich wieder im ausgeprägten Körperkult bzw. **Jugendlichkeitswahn**, der tausende in die Fitnessstudios und zu den Botoxspritzen treibt.

Das Problem der **Orientierungslosigkeit**, das in der aktuellen Wertediskus- 3.2.3
sion oft beklagt wird, findet sich schon bei Faust. In einer zunehmend säkularisierten Welt wird Sinn zum Teil in esoterischen Formen gesucht, so wie Faust auf die Magie zurückgreift, um mithilfe des Erdgeistes seine Erkenntnisgrenzen zu erweitern. Nennen könnte man für die heutige Zeit zudem Sekten oder Psychogruppen, aber auch Fluchten in Drogen und Alkohol.
Faust ist **rastlos**, weil er das Absolute erfolglos sucht. Seine Ungeduld und sein fortwährendes Streben kann man als Vorläufer der Erfahrung der Beschleunigung des Alltags sehen. Er hat sie „lange vor uns schon erfunden, die Ablösung der Zeit vom Raum, das rasant beschleunigte Lebenstempo in Gestalt seines Weggefährten mit Namen Mephisto." (Manfred Osten) Goethe selbst hat das moderne Diktat der Eile als „veloziferisch" bezeichnet, eine Kombination aus „Velocitas" (die Eile) und „Luzifer". Als höchstes Ziel wünscht sich Faust dann auch den Genuss des Augenblicks: „Werd ich zum Augenblicke sagen: Verweile doch! Du bist so schön!" Hier wird der moderne Wunsch nach Entschleunigung vorweggenommen.
Mit seinem Wunsch nach Selbstverwirklichung, seiner Unfähigkeit zu echter, verantwortungsvoller Liebe, seiner hedonistischen Jugendsehnsucht, seiner Orientierungslosigkeit und Rastlosigkeit mutet Faust uns „als unseresgleichen" an (Benjamin von Blomberg). Dies ist verstörend und faszinierend zugleich – und für uns mehr als Grund genug, den *Faust* im Jahr 2012 auf die Bühne zu bringen.

Deutsch (Bayern G8) – Abiturprüfung 2012
Aufgabe 5: Argumentieren, auch in freieren Formen

Muße. Vom Glück des Nichtstuns, so lautet der Titel eines im Jahr 2010 erschienenen Buchs von Ulrich Schnabel.

Bearbeiten Sie zum Thema „Nichtstun“ **eine** der beiden Varianten!

Variante 1:

Setzen Sie sich mit in der heutigen Zeit vertretenen Einstellungen gegenüber dem Nichtstun auseinander! Berücksichtigen Sie dabei die beigefügten Materialien sowie Ihre eigenen Erfahrungen und entwickeln Sie ausgehend von Ihren Ergebnissen mögliche Konsequenzen für den Einzelnen und die Gesellschaft!

oder

Variante 2:

Traditionell verfassen die Abiturienten Ihrer Schule einen Gastbeitrag für den am Ende des Schuljahres erscheinenden Jahresbericht. Der beste eingereichte Text wird gedruckt und prämiert. Gewünscht wird ein Essay über das Nichtstun in einer Länge von etwa 1 500 Wörtern.
Verfassen Sie diesen Essay und nutzen Sie dafür die beigefügten Materialien!
Finden Sie eine geeignete Überschrift!

Material 1

Friedrich Nietzsche (1844–1900), ***Muße und Müßiggang***

[…] Man schämt sich jetzt schon der Ruhe; das lange Nachsinnen macht beinahe Gewissensbisse. Man denkt mit der Uhr in der Hand, wie man zu Mittag isst, das Auge auf das Börsenblatt gerichtet, – man lebt, wie Einer, der fortwährend Etwas „versäumen könnte“. „Lieber irgend Etwas thun, als Nichts“ – auch dieser Grundsatz ist eine Schnur, um aller Bildung und allem höheren Geschmack den Garaus zu machen. Und so wie sichtlich alle Formen an dieser Hast der Arbeitenden zu Grunde gehen: so geht auch das Gefühl für die Form selber, das Ohr und Auge für die Melodie der Bewegungen zu Grunde.

Der Beweis dafür liegt in der jetzt überall geforderten *plumpen Deutlichkeit*, in allen den Lagen, wo der Mensch einmal redlich[1] mit Menschen sein will, im Verkehre mit Freunden, Frauen, Verwandten, Kindern, Lehrern, Schülern, Führern und Fürsten, – man hat keine Zeit und keine Kraft mehr für die Ceremonien, für die Verbindlichkeit mit Umwegen, für allen Esprit der Unterhaltung und überhaupt für alles *Otium*[2]. Denn das Leben auf der Jagd nach Gewinn zwingt fortwährend dazu, seinen Geist bis zur Erschöpfung auszugeben, im beständigen Sich-Verstellen oder

Ueberlisten oder Zuvorkommen: die eigentliche Tugend ist jetzt, Etwas in weniger Zeit zu thun, als ein Anderer. [...] Giebt es noch ein Vergnügen an Gesellschaft und an Künsten, so ist es ein Vergnügen, wie es müde-gearbeitete Sclaven sich zurecht machen. Oh über diese Genügsamkeit der „Freude“ bei unsern Gebildeten und Ungebildeten! Oh über diese zunehmende Verdächtigung aller Freude! Die *Arbeit* bekommt immer mehr alles gute Gewissen auf ihre Seite: der Hang zur Freude nennt sich bereits „Bedürfnis der Erholung“ und fängt an, sich vor sich selber zu schämen. „Man ist es seiner Gesundheit schuldig“ – so redet man, wenn man auf einer Landpartie[3] ertappt wird. Ja, es könnte bald so weit kommen, dass man einem Hange zur vita contemplativa[4] (das heißt zum Spazierengehen mit Gedanken und Freunden) nicht ohne Selbstverachtung und schlechtes Gewissen nachgäbe. [...]

Aus: Nietzsche, Friedrich: Die fröhliche Wissenschaft, Leipzig: A. Kröner 1930

Worterläuterungen:
1 *redlich sein*: i. S. v.: sich anderen gegenüber aufrichtig verhalten, ihnen Wertschätzung erweisen
2 *Otium (lat.)*: Muße
3 *Landpartie*: Ausflug aufs Land
4 *vita contemplativa* (lat.): das zurückgezogene, der meditativen Betrachtung gewidmete Leben

Material 2

Muße braucht Zeit, Auszüge aus einem Interview von Ulrich Schnabel mit Prof. Dr. Hartmut Rosa[1]

Rosa: Die Zeit wird uns wirklich knapp, und zwar aus drei Gründen: Erstens nimmt die technische Beschleunigung zu, das Auto ist schneller als das Fahrrad, die E-Mail schneller als der Brief, wir produzieren immer mehr Güter und Dienstleistungen in immer kürzerer Zeit. Das verändert den sozialen Erwartungshorizont: Wir erwarten von einander auch eine höhere Reaktionsfrequenz. Dazu kommt, zweitens, der soziale Wandel. Leute wechseln ihre Arbeitsstelle in höherem Tempo als früher, ihre Lebenspartner, Wohnorte, Tageszeitungen, ihre Gewohnheiten. Wir sind ungeheuer flexibel – und finden immer weniger Verankerung in stabilen sozialen Beziehungen. Und drittens ist insgesamt eine Beschleunigung des Lebenstempos zu beobachten. Wir versuchen, mehr Dinge in kürzerer Zeit zu erledigen. [...] In der säkularisierten Gesellschaft gilt als „gutes Leben“ vor allem das „reiche“, das erfüllte Leben. Wir wissen zwar, dass wir sterben müssen, aber wir versuchen vor dem Sterben noch, möglichst viel zu erleben. Die Logik lautet: Wer doppelt so schnell handelt, kann praktisch zwei Lebenspensen in einem unterbringen. [...] Mir scheint, wir verhalten uns ein wenig wie Suchtkranke: Wir suchen immer nach dem nächsten Kick. Und wenn es uns an Feiertagen einmal gelingt, aus dem täglichen Hamsterrad der andrängenden Optionen auszusteigen, haben wir plötzlich Entzugserscheinungen. Wer 365 Tage im Jahr gewöhnt ist, immer unter Strom zu stehen – noch schnell telefonieren, kurz was im Internet checken –, legt dieses Verhalten nicht so leicht ab. Deshalb braucht Muße Zeit.

DIE ZEIT: Muss man die Leere einfach aushalten können?

Rosa: Viele Menschen haben Angst, sich selbst ausgesetzt zu sein. Deshalb hat man diese totale Dauerstimulation – man hat überall Musik dabei, geht ins Kino, lässt sich von Werbung berieseln – auch das hat etwas von einer Sucht. Offenbar fehlt uns das Vertrauen darauf, dass in der Tiefe unserer selbst etwas ist, wenn mal nichts von außen andrängt. […]

Aus: DIE ZEIT vom 30. 12. 2009

1 Prof. Dr. Hartmut Rosa lehrt und forscht am Institut für Soziologie der Universität Jena mit Schwerpunkt auf den Gebieten Zeitdiagnose, Zeitsoziologie und Entschleunigungstheorie.

Material 3

Stanislaw Dick, In der Ruhe liegt die Kraft

[…] [D]er Neurophilosoph Evan Thompson von der Universität von Toronto: „Das Gehirn ist ständig aktiv, aus eigener Initiative und auf organisierte Weise. Doch was ist die Bedeutung dieser weitverzweigten Aktivität?“ Und er gibt die Antwort gleich selbst: „Während Ruhezeiten, wenn man keine Aufgabe zu bewältigen hat, ist man in einem Zustand, der sich auf das Selbst hin orientiert.“ Das Gehirn verändert dann die Richtung seiner Aufmerksamkeit, lenkt sie nach innen. […]

Aus: Frankfurter Rundschau vom 30. 07. 2009

Material 4

Zitate, Wörterbucheintrag, Graphik von 2009

Muße ist die Verteidigung der Vollkommenheit. (Oscar Wilde)

Wer Muße nur als Zeit der Wellness und Fitness versteht, unterwirft sie prompt wieder jenem Nützlichkeitsdenken, das bereits unseren gesamten Arbeitsalltag regiert. Muße wäre dann nichts anderes als eine funktionelle Methode, um die Schaffenskraft wiederherzustellen. (Ulrich Schnabel)

Aus: DIE ZEIT vom 30. 12. 2009

Mu-ße <f. 19; unz.> *Ruhe u. Zeit, ruhige, beschaul. Freizeit*; dazu fehlt mir die (nötige) ~; (genügend, keine) ~ haben, etwas zu tun; etwas mit ~ betrachten, tun [<ahd. *muoza* „freie Zeit zu etwas, Untätigkeit, Bequemlichkeit; Möglichkeit, Gelegenheit zu etwas“; zu germ. **motan* „müssen“]

Aus: Wahrig-Burfeind, Renate: Brockhaus. Wahrig. Deutsches Wörterbuch, Gütersloh/München: Wissenmedia in der Inmedia-ONE-GmbH 2011

Jeder dritte Deutsche unter Dauerdruck
(Ausmaß der Stressbelastung, in % der insgesamt 1 014 Befragten

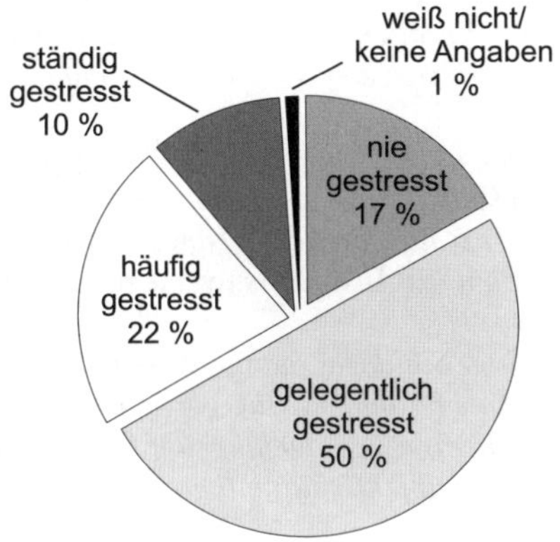

Quellen: Techniker Krankenkasse, F.A.Z.-Institut

Hinweise und Tipps

- *Die Aufgabe bietet Ihnen zwei Varianten des Argumentierens zum Thema „Nichtstun" an. Wichtig ist bei beiden Varianten, dass Sie sich zunächst intensiv mit den umfangreichen beigefügten* ***Materialien*** *auseinandersetzen und dass Sie* ***eigene Erfahrungen*** *einbringen. Dabei reicht eine distanzlose Wiedergabe des Materials nicht aus. Allerdings ist auch keine detaillierte Analyse der Texte verlangt.*
- *Das materialgestützte Erörtern erfordert neben der* ***analysierenden*** *natürlich eine* ***argumentierende Vorgehensweise****. Die gewählten Aspekte sollten möglichst reflektiert dargestellt werden, sodass Ihr Standpunkt erkennbar wird.*
- ***Variante 1****: Es handelt sich um eine* ***klassische antithetische Erörterung****, die sich mit den Einstellungen gegenüber dem Nichtstun auseinandersetzen soll. An den Anfang stellt man am besten eine* ***Definition*** *des Begriffs. Anschließend kann ein* ***historischer Rückblick*** *über den Nietzsche-Text erfolgen. Dabei ergibt sich die* ***Gegenüberstellung*** *von Zustimmung und Ablehnung ganz von selbst, auch wenn das Material eher einer Verteidigung des Nichtstuns das Wort redet. Im letzten Gliederungspunkt des Hauptteils müssen Sie dann die* ***Konsequenzen*** *untersuchen, die sich für den Einzelnen und für die Gesellschaft ergeben. Die Aufgabenformulierung lässt offen, ob sich diese Konsequenzen eher auf die Einstellungen zum Nichtstun oder auf das Nichtstun selbst beziehen. Im Kern geht es jedoch in beiden Fällen darum, zu überlegen, wie die Muße in unserer hektischen Welt wieder mehr Raum einnehmen könnte.*

- ***Variante 2:*** *Mit dieser Variante wird das sogenannte „neue Schreiben", das im Lehrplan verankert ist, eingefordert. Die freiere Form des Argumentierens ist* ***situations- und adressatenorientiert****. Achten Sie besonders auf folgende Punkte:*
  - *Die Angabe des* ***Zwecks*** *der Veröffentlichung (Jahresbericht; Text eines Abiturienten) weist darauf hin, dass sich der Text an Mitschüler, Lehrer und Eltern richtet.*
  - *Für den Essay sollten Sie eine möglichst originelle* ***Überschrift*** *finden.*
  - *Auch hier wird die* ***Berücksichtigung des Materials*** *verlangt; nachdem die Aufgabe gleichzeitig einen Text für einen Schreibwettbewerb verlangt, kann das Material dazu dienen, ein höheres Anspruchsniveau zu erreichen, um in diesem Wettbewerb zu punkten.*
  - *Die* ***Wörterbegrenzung*** *zwingt Sie dazu, möglichst pointiert zu formulieren und bei der Auswahl der Argumente besonders klug vorzugehen. 1 500 Wörter bedeuten bei durchschnittlicher Schriftgröße ungefähr fünf bis acht Seiten Text.*
  - *Ein Essay zeichnet sich durch* ***Subjektivität*** *und ein* ***hohes geistiges und sprachlich-stilistisches Niveau*** *aus.*

Gliederung – Variante 1

A Leben in der Activity-Gesellschaft

B Einstellungen gegenüber dem Nichtstun und Konsequenzen für den Einzelnen und die Gesellschaft

I. Begriffsbestimmung

II. Muße als unnötiger Luxus
1. Beschleunigung als Kennzeichen der Zeit
2. Die Ökonomisierung des Lebens

III. Muße als Grundlage einer sinnvollen Existenz
1. Bedeutung der Muße für die Bildung
2. Bedeutung der Muße für die Kreativität
3. Muße als Maßnahme zur Stressreduktion
4. Muße als Basis für Selbstfindungsprozesse

IV. Konsequenzen
1. Individuelle Konsequenzen
2. Gesellschaftliche Konsequenzen

V. Fazit

C „Augenblick, verweile doch, du bist so schön!"

Lösungsvorschlag – Variante 1

Eines der beliebtesten Spiele gerade auch unter Jugendlichen ist „Activity". In diesem Spiel müssen Begriffe geraten werden, die ein Mitglied der eigenen Mannschaft vorstellt. Die Begriffe können dabei mit eigenen Worten umschrieben oder durch Zeichnungen erklärt werden. Die Teilnehmer können auch als Pantomimen auftreten oder mit Hilfe einer gesummten Melodie die gefragten Sachverhalte vorstellen. Das hört sich nicht sonderlich kompliziert an, aber das Spiel entwickelt regelmäßig eine ganz eigene Dynamik. Aktiv sein macht Spaß, das ist die Botschaft des Spiels. Immer in Bewegung sein, Körper und Geist fit halten und so Aufgaben lösen – „Activity" kann durchaus als **Bild für das Leben in unserer Gesellschaft** gesehen werden. Während Aktivitäten auf allen Ebenen des Lebens positiv bewertet werden, wird die Kehrseite der Medaille, das **Nichtstun**, zunehmend **negativ wahrgenommen**. Aus diesem Grund hat der Journalist Ulrich Schnabel 2010 über das *Glück des Nichtstuns* ein Buch geschrieben, in dem Gedanken zur gegenwärtigen Lage unserer aktiven Gesellschaft festgehalten sind. Zumeist wird das Nichtstun gesellschaftlich sehr kritisch bewertet, es gibt aber auch Verfechter echter Muße. A

Welche Konsequenzen sich aus dieser Diskussion über das Nichtstun für jeden Einzelnen und die gesamte Gesellschaft ergeben, muss geprüft werden, wobei ein Blick in die Geschichte zeigt, dass die Diskussion nicht neu ist. Zunächst allerdings soll versucht werden, den **Begriff des Nichtstuns** näher zu bestimmen. B

Im **alltagssprachlichen Verständnis** wird das Nichtstun wörtlich genommen und bedeutet dann nichts anderes als Faulenzen. Anstatt seine Aufgaben zu erledigen, zum Beispiel die Hausaufgaben, beschäftigt man sich lieber mit angenehmeren Dingen, die allerdings unproduktiv sind. Zu diesen zeitverschwenderischen Aktivitäten gehören sinnlose Stunden vor dem Fernseher oder stundenlanges Musikhören; beides dient einzig dazu, der Arbeit zu entfliehen. I.

Eine **differenziertere Einschätzung** des Konzepts des Nichtstuns geht davon aus, dass die Abwesenheit von Aktivität die **Grundbedingung eines freien Lebens** ist. Menschliches Tun darf demnach nicht ständig unter dem Blickwinkel der Zweckgebundenheit gesehen werden. Nur wer frei ist von Verpflichtungen, hat die Möglichkeit, sich mit sich selbst auseinanderzusetzen und dadurch zu sich zu kommen. Während das alltagssprachlich verstandene Nichtstun einen negativen Beigeschmack behält, ist das hier beschriebene Verhalten am besten mit dem **Begriff der „Muße"** zu umschreiben. Darunter darf dann allerdings nicht Muße als „Zeit der Wellness und Fitness" verstanden werden (Schnabel, Material 4), sondern in seiner früheren Bedeutung als „Möglichkeit, Gelegenheit zu etwas", wie es das *Deutsche Wörterbuch* definiert (Material 4). Und dieses „etwas" ist die **Selbstreflexion**, die Beschäftigung mit dem eigenen Ich, die entscheidend für die Weiterentwicklung des Individuums ist.

In einer Gesellschaft, die, wie eingangs aufgezeigt, großen Wert auf ständige Aktivität legt, wird von vielen bezweifelt werden, dass das Nichtstun überhaupt sinnvoll sein kann. Wer über die positiven Seiten des Müßiggangs nachdenken will, sollte sich deshalb zunächst vor Augen führen, welche **Kritikpunkte gegenüber der Muße**, die oft als Luxus bezeichnet wird, angeführt werden. II.

Muße erfordert zunächst einmal Zeit. Wir leben aber in einer Gesellschaft, die von einer fast schon dramatischen **Zeitverknappung** geprägt ist. Das charakteristische Kennzeichen der Gegenwart ist laut des Soziologen Hartmut Rosa die **Beschleunigung**. Ursache ist die Technik, die alle Bereiche des Lebens erheblich beeinflusst – den Verkehr, die Kommunikation und die Produktion. Wir können uns schneller fortbewegen, wir können schneller miteinander in Kontakt treten und „wir produzieren immer mehr Güter und Dienstleistungen in immer kürzerer Zeit“ (Material 2, Z. 3 f.). Die damit einhergehende hohe Belastung am Arbeitsplatz, die Notwendigkeit, Überstunden oder ausgedehnte Geschäftsreisen zu machen, der oft notwendige Umzug – all dies führt zu einer „Beschleunigung des Lebenstempos“, die auch Rosa feststellt (Material 2, Z. 9 f.). Das Nichtstun, die Muße erscheint aufgrund dieser Gegebenheiten als vollkommen anachronistisch und muss deshalb abgelehnt werden. 1.
Die Beschleunigung dagegen wird heute von vielen sogar als Lebenselixier gesehen. Demnach besteht der **Sinn des Lebens** darin, möglichst viel zu erleben. Anders als in früheren Zeiten, als man aus religiösen Gründen sein Leben auf ein späteres Leben nach dem Tod ausrichtete, wird in unserer säkularisierten Gesellschaft zumeist davon ausgegangen, dass unsere Zeit mit dem Tod endet. Dies führt dazu, dass diese wenige **Zeit intensiv genutzt** wird: „Wer doppelt so schnell handelt, kann praktisch zwei Lebenspensen in einem unterbringen.“ (Material 2, Z. 13 ff.) Rosa macht in diesem Verhalten des modernen Menschen sogar Züge einer Sucht aus.

Die Muße passt nicht in unsere beschleunigte Zeit, sie passt auch nicht in unsere ökonomisch geprägte Welt: „Time is money“. Das hat bereits im 19. Jahrhundert der Philosoph Friedrich Nietzsche erkannt, als er in einem Aufsatz über *Muße und Müßiggang* nachdachte. Hier wirft er seinen Zeitgenossen vor, dass sie „mit der Uhr in der Hand“ denken und selbst beim Essen „das Auge auf das Börsenblatt gerichtet“ haben (Material 1, Z. 2 f.). Allerdings muss auch zugestanden werden, dass Menschen grundsätzlich **materiellen Zwängen** unterworfen sind. Einen Beruf zu ergreifen ist zunächst einmal eine schlichte Notwendigkeit, um die Lebensgrundlagen zu sichern und zur modernen Berufswelt gehören die oben beschriebenen Beschleunigungen. Der Erfolg in einer Leistungsgesellschaft hängt zudem auch davon ab, dass man mit den technischen Grundlagen der Arbeitswelt vertraut ist und sich ihnen an- 2.

passt. Wer heute Geschäftsverbindungen mit Hilfe handgeschriebener Briefe aufrecht erhalten wollte, der wäre sehr schnell gescheitert.
Erfolg und Leistung sind aber nicht nur die Voraussetzung für ein Leben in Sicherheit und Wohlstand, sondern auch ein Mittel, das Selbstbewusstsein zu stärken und damit ein Beitrag zur individuellen Entwicklung. Die **Hochachtung der Arbeit und des Erfolgs** sind historisch bedingt, die Erfüllung der Pflicht gilt in unserer Gesellschaft als ein hohes Gut. Nichtstun könnte so gesehen schnell zur sozialen Ächtung führen und damit der Ausbildung einer stabilen Identität entgegenstehen. Aus dieser Perspektive ist ein Leben, das sich dem Müßiggang hingibt, wenig erfolgversprechend.

Demgegenüber vertreten die **Verteidiger des Nichtstuns** einen anderen Stand- III.
punkt. Muße ist nicht überflüssig, sondern eine der wichtigsten Grundlagen für ein gelingendes Leben. Sie ist bedeutsam für die Bildung, die Kreativität und für die Auseinandersetzung mit dem eigenen Selbst.

Wieder hat bereits Nietzsche darauf aufmerksam gemacht, dass Muße eine 1.
grundlegende **Voraussetzung für echte Bildung** ist (vgl. Material 1, Z. 4 ff.). Um Zusammenhänge wirklich zu begreifen, braucht man Zeit. Das schulische Lernen von möglichst vielen Inhalten in möglichst kurzer Zeit etwa führt regelmäßig dazu, dass zwar kurzfristig Wissen angehäuft wird, dass aber dieses Wissen nach der Prüfung sofort wieder vergessen wird. Wenn man die Unterrichtsinhalte der zwölfjährigen Schulzeit in einer Tabelle erfassen und daneben die Wissensbestände aufführen würde, die ein junger Mensch ein Jahr nach dem Abitur noch sicher beherrscht, dann käme wohl ein deutliches Missverhältnis zwischen Aufwand und Ergebnis zum Vorschein.

Eine weitere mögliche Folge des Nichtstuns ist die **Steigerung der Krea-** 2.
tivität. Schon die Auseinandersetzung mit Kunst braucht Kontemplation. Glücksmomente ergeben sich bei der Begegnung mit bildender Kunst nicht, wenn man ein Museum im Eiltempo durchläuft, weil man die Highlights einer Urlaubsreise schnell abhaken will, sondern nur, wenn man die Muße hat, sich absichtslos und genauer mit einzelnen Kunstwerken auseinanderzusetzen. „Interesseloses Wohlgefallen" hat der Philosoph Immanuel Kant den ästhetischen Genuss eines Kunstwerkes genannt. Für seinen Begriff kann man ohne Verlust auch die Muße setzen.
Entsprechend gibt es auch **Kreativität nie auf Knopfdruck**, eine Erfahrung, die man im Schulalltag häufiger machen kann: Kaum jemand ist etwa fähig, in einer Unterrichtsstunde spontan ein Gedicht zu verfassen, auch wenn genau das immer wieder gefordert wird. Erst die kontemplative Beschäftigung mit einer Sache führt zu kreativen Lösungen.

In der heutigen Gesellschaft stehen die Menschen häufig unter Druck: Dem- 3.
entsprechend gaben in einer Befragung nur noch 17 % an, dass sie nie Stress empfinden. 10 % dagegen fühlen sich ständig gestresst, 22 % immerhin noch häufig gestresst und 50 % sagen, dass sie gelegentlich unter Stress leiden (vgl.

dazu Material 4). Gerade vor diesem Hintergrund gewinnt das gelegentliche Nichtstun, das **Stress und Stressphänomene verringern** kann, an Bedeutung. Selbst die Werbung hat sich diesen Zusammenhang zu eigen gemacht: Eine bekannte Bierwerbung zeigt einen jungen Mann, der sich ganz allein in den Dünen und am Strand relaxt bewegt und deutlich macht, dass er am glücklichsten ist, wenn er sich nur mit dem Spazierengehen beschäftigen muss – ganz im Sinne Nietzsches, der einen „Hange zur vita contemplativa" (vgl. Material 1, Z. 24 f.) befürwortete. Es ist nachgewiesen, dass jeder von uns seine Aktivitäten ab und zu herunterfahren muss, um sowohl physische wie psychische Leiden zu verringern.

Nach Beobachtung von Hartmut Rosa ist es heutzutage eine große Leistung, einmal nichts zu tun. Auf Anhieb können das nur sehr wenige Menschen, denn wer nichts tut, muss sich mit sich selbst beschäftigen. Und davor haben nach Ansicht des Soziologen viele Menschen schlicht und ergreifend Angst, es könnte ja sein, dass man in diesem Ich nicht viel findet (vgl. Material 2, Z. 22 ff.). Dass das Nichtstun tatsächlich zur **Beschäftigung mit sich selbst** führt, bestätigt übrigens auch die Hirnforschung. Neurowissenschaftlicher haben festgestellt, dass sich das Gehirn in den Zeiten der Ruhe automatisch nach innen wendet, also mit dem eigenen Selbst zu tun hat (vgl. Material 3). Wer Abstand von den Dingen des Alltags sucht, findet leichter zu sich selbst. Das Bewusstwerden der eigenen Person gehört vermutlich zu den entscheidendsten Vorteilen der Muße. Die Auseinandersetzung mit dem eigenen Charakter und die Selbstvergewisserung führen dabei zu einer **Sinnfindung**, die jenseits vorgegebener Normen und Werte aus einem selbst kommen kann und deshalb authentisch ist. Diese Konzentration auf das Wesentliche ist eine Folge des Nichtstuns, die sich einstellen kann und einen entscheidenden Vorteil in der Entwicklung des eigenen Selbst darstellt. 4.

Aus diesen Überlegungen zum Müßiggang ergeben sich **Folgerungen** für das Leben jedes Einzelnen und für die Gesellschaft insgesamt. Unbestreitbar ist, dass es in der westlichen Zivilisation ohne Arbeit nicht geht, weshalb das Nichtstun nur zeitweise eine Option sein kann. Alles deutet aber darauf hin, dass man sich gerade angesichts der Anforderungen der modernen Berufswelt mit Phasen der Muße helfen muss. IV.

Im **privaten Bereich** wäre zu überlegen, ob die ständige Verfügbarkeit bzw. die **Dauerkommunikation** nicht bewusst **unterbrochen** werden sollte, um sich wenigstens ab und zu auf das Wesentliche zu konzentrieren. Jüngste Untersuchungen belegen, dass gerade Jugendliche bereits Internet-Suchtverhalten zeigen. Wichtig wäre deshalb, hin und wieder bewusst für einige Stunden oder Tage auf Facebook oder ähnliche Plattformen zu verzichtet. Der Umgang mit der daraus entstehenden Leere muss allerdings erst wieder erlernt werden (vgl. Material 2). Dieses tiefe Loch, in das mancher ohne Smartphone und PC fallen würde, hat noch nichts mit Muße zu tun, sondern ist zunächst eine quälende Herausforderung. 1.

Möglichkeiten zur Muße können auch durch eine bewusste **Abgrenzung zwischen Arbeit und Nicht-Arbeit** erreicht werden. VW in Wolfsburg hat zum Beispiel den hausinternen E-Mail-Verkehr so programmiert, dass nach 18 Uhr keine Mails mehr weitergeleitet werden können. Solche Maßnahmen muss die Firma anbieten, aber auch der Einzelne kann die Möglichkeiten, die sich ihm bieten, ausschöpfen. Wochenenden sollten dann Wochenenden bleiben und nicht mit Arbeiten vollgestopft werden, die man während der Woche nicht mehr ganz geschafft hat. Ein Königsweg der Entschleunigung ist in der Berufswelt die **Auszeit**, die auch ein ganzes Jahr betragen kann, das sogenannte Sabbatjahr, was zunehmend auch genutzt wird. Wer für längere Zeit aus dem Beruf aussteigt, wird sich zwangsläufig mehr mit sich und seinen Wünschen und Vorstellungen beschäftigen können und so zu einer besseren Selbsteinschätzung kommen. Das ist dann Nichtstun im positiven Sinn, denn es geht nicht darum, seinen Körper und seinen Geist zu beruhigen, um am nächsten Tag im Job wieder besser zu funktionieren, sondern darum, zu sich selbst zu finden.

Während diese individuellen Maßnahmen immer an die Rahmenbedingungen 2.
gebunden bleiben – ein Sabbatjahr ist nur mit der Unterstützung des Arbeitgebers durchführbar –, haben **Staat und Gesellschaft** viele Möglichkeiten, Rückzugsorte zu schaffen.
Dies beginnt bereits in der Schule, wo klarer als bisher zwischen arbeitsintensiven Prüfungszeiten und **prüfungsfreien Zeiten** unterschieden werden sollte. Dies würde maßgeblich dazu beitragen, dass der Dauerdruck, der auf den Schülern lastet, zu minimieren. Wer die Schule ernst nimmt, kann kaum einen Nachmittag etwas kürzer treten. Selbst die Wochenenden müssen zur Vorbereitung genutzt werden. Weiß man aber, dass die nächste Woche prüfungsfrei ist, kann man sich entspannter mit den Inhalten der einzelnen Fächer auseinandersetzen. Nach Nietzsche ist es ja gerade dieses ständige Lernen neuer Dinge, das wirkliche Bildung verhindert (vgl. Material 2, Z. 4 ff.).
Um Muße für die Gesellschaft als Ganzes zu ermöglichen, brauchen alle Menschen grundsätzlich freie Zeiten jenseits des Urlaubs, der vorrangig dazu dient, die Arbeitskraft wieder herzustellen. Wichtiger erscheint in diesem Zusammenhang eine wirkliche Rhythmisierung des Lebens, und die leisten in unserem Kulturkreis die **Sonn- und Feiertage**. Diese müssen jedoch auch entsprechend genutzt werden: Aufwändige Freizeitaktivitäten bringen wenig, vielmehr muss jeder einzelne bewusst die freie Zeit annehmen und die Muße akzeptieren. In diesem Zusammenhang wäre es ein fatales Signal, wenn der Sonntag als echter Ruhetag abgeschafft werden würde, wieder bräche ein Stück Müßiggang weg. Tendenzen dazu gibt es schon länger: Bäckereien haben geöffnet, verkaufsoffene Sonntage werden immer wieder angeboten. Daraus erwächst bei manchen Vertretern der Konsummittelindustrie die Vorstellung, dass man auf Sonntage als geschützte Ruhetage ganz verzichten könnte.

Zusammenfassend kann festgehalten werden, dass in unserer hektischen Welt **Muße und Müßiggang fehlen**. Was Nietzsche bereits erkannt hat und die moderne Wissenschaft bestätigt, ist die Entwicklung einer Gesellschaft, die ununterbrochen aktiv sein muss, um entweder Erfolg im Beruf zu haben oder sich selbst abzulenken. Es ist durchaus zu befürchten, dass sich diese Tendenzen in den Zeiten der Globalisierung und der Medialisierung fortsetzen. Verkehr, Kommunikation und Warenproduktion haben inzwischen eine globale Dimension erreicht, die sich unmittelbar auch auf den Menschen und sein Verhalten auswirkt, denn die Arbeit nimmt den modernen Menschen zunehmend für sich in Anspruch. Es ist kein Wunder, dass sich seit einiger Zeit Klagen über das sogenannte Burn-out-Syndrom häufen. Alle Betroffenen berichten von einem **Gefühl der Überlastung**, das aus modernen Arbeitsprozessen erwächst. Zeit für das Nichtstun bleibt so kaum. V.

Dabei müsste die Muße mit aller Deutlichkeit gefördert werden. Alles deutet darauf hin, dass sie ein Kernbestand des menschlichen Daseins ist. Niemand ist dafür gemacht, 24 Stunden am Tag zu funktionieren. Zudem kann die Ausbildung zu einem seiner selbst bewussten Menschen nur gelingen, wenn genügend Zeit zur Verfügung steht. Niemand bezweifelt, dass Leistung und Arbeit wichtig sind. Erfolgreich ist man aber nur, wenn man auch seine **Persönlichkeit entwickelt** hat.
Aber auch jeder Einzelne sollte darauf achten, dass er nicht sein gesamtes Leben nur unter dem Aspekt des Nützlichen betrachtet. Wenn selbst in den Stunden der freien Zeit Ruhe ein Fremdwort bleibt, kann etwas nicht stimmen. In unserem schnelllebigen Jahrhundert ist es sehr wichtig, Stunden der Muße zu erleben, denn nur so kann man zu sich selber finden. Das bezieht sich im Übrigen nicht nur auf die geistige Erholung, sondern auch auf die körperliche. Wer selbst im Urlaub von einer sportlichen Höchstanstrengung, vielleicht sogar Überforderung, zur nächsten jagt, muss sich nicht wundern, wenn der Körper erschöpft aus dem Urlaub zurückkehrt.

Die Frage nach der **Bedeutung des Nichtstuns** lässt bereits **Goethe** seinen Faust stellen. Der Pakt, den dieser mit Mephisto eingeht, zielt auf den einen Augenblick, an dem er sagen kann: „Augenblick, verweile doch, du bist so schön!" In dieser Situation wäre Faust dann bereit, seine Seele dem Teufel zu überlassen. Selbst für den Alleskönner Faust ist es also von größter Bedeutung an einen Punkt zu kommen, an dem man nichts mehr erreichen will, sondern sich ganz auf sich selbst konzentrieren kann. Goethe brauchte zwei umfassende Dramen-Teile, um seinen Helden auf vielen Umwegen zu diesem Ende zu führen. C

Gliederung – Variante 2

A *Anekdote zur Senkung der Arbeitsmoral* (Heinrich Böll)

B Lob der Faulheit
- I. Die Zwänge der Gesellschaft
- II. Die Vorteile des Nichtstuns
  1. Kraft schöpfen
  2. Kreativität zulassen
  3. Selbsterkenntnis ermöglichen
- III. Plädoyer für mehr Muße
  1. In der Schule
  2. In der Gesellschaft

C Appell an den idealen Schüler

Lösungsvorschlag – Variante 2

Lob der Faulheit 2.0

Wer zwölf Jahre zur Schule geht, lernt einiges kennen, zum Beispiel die Polynomdivision, das Wormser Konkordat oder die berühmte Desoxyribonukleinsäure. Dazu kommt eine Fülle von Geschichten, die den Deutschunterricht erst zu dem machen, was er gerne sein möchte: Sprachunterricht und Lebenshilfe zugleich. Über die Jahre hinweg hat sich bei mir ein Favorit herauskristallisiert, dessen Überzeugungskraft unschlagbar ist und dessen Witz mir bei jedem Lesen mehr Vergnügen bereitet: **Heinrich Bölls *Anekdote zur Senkung der Arbeitsmoral***, die uns bereits in der achten Jahrgangsstufe nähergebracht wurde. Zurückblickend auf meine Schullaufbahn möchte ich die Anekdote allen Schülerinnen und Schülern wärmstens empfehlen – sie könnte viele Mühen der Schule abmildern. **A**

Worum geht es in der kurzen Geschichte? Sie handelt von einem sehr deutschen Urlauber, der auf einen sehr Einheimischen an einer westlichen Meeresküste Europas trifft. Dieser, so kann man erschließen, lebt vom Fischfang. Der Tourist beobachtet eines Tages, wie der Fischer in der Mittagssonne vor sich hindöst. Die beiden kommen ins Gespräch und ganz nebenbei entwickelt der Deutsche für den vollkommen entspannten Mann einen Masterplan zur **Steigerung der ökonomischen Effizienz**. Seine Ideen zur Fang- und Gewinnmaximierung entwirft er mit sichtlichem Enthusiasmus, bis zu dem Punkt, an dem der Fischer die alles entscheidende Frage stellt: Für was soll das gut sein? Nun, so sagt der Deutsche, wenn man genug getan habe, könne man sich in aller Ruhe an den Strand setzen und seine freie Zeit genießen. Die Antwort kann sich der Leser sicherlich denken, sie ist aber zu schön, um nicht wiederholt zu werden: Genau das mache ich doch jetzt schon! Volltreffer!! Und gleichzeitig ein Plädoyer dafür, sich sehr genau zu überlegen, ob das Prinzip des Immer-Mehr, Immer-Schneller wirklich in jedem Fall die beste Wahl ist. Oder ob es nicht gerechtfertigt ist, auch einmal die Faulheit zu rühmen, das *Lob der Faulheit* zu singen, wie es schon Lessing im 18. Jahrhundert in einem kleinen Gedicht vorgemacht hat. Wie lässt sich die **Faulheit** im 21. Jahrhundert **legitimieren**? Versuch eines Lobs der Faulheit 2.0:

Wenn mit Faulheit das süße Nichtstun, das zweckfreie Dasitzen und Herum- B
lungern gemeint ist, dann wirft dies in unserer **Gesellschaft** naturgemäß zu- I.
nächst einmal **kritische Fragen** auf. Kann es sich ein Schüler leisten, weder Hausaufgaben zu machen noch den Lernstoff zu verinnerlichen? Kann er sich gar einen Tag im Freibad gönnen, statt für die nächste Klausur zu büffeln? Oder weiter: Kann es sich ein Arbeitnehmer leisten, keine Überstunden zu machen, um ein Über-Soll zu erfüllen? Kann er sich Brückentage grundsätzlich freinehmen, kann er sich grundsätzlich weigern, auch am Wochenende, auch am Feierabend seine Mails abzurufen, um im Fall des Falles eingreifen zu können?

Die **intuitive Antwort** lautet vermutlich: Nein! Niemand kann sich das leisten. Der Schüler nicht, der doch das Klassenziel erreichen muss, der Arbeitnehmer nicht, der seinen Job pflichtbewusst erfüllen muss. Diese Haltung existiert nicht schon seit Anbeginn der Zeitzählung, sie hat sich erst mit der neuzeitlichen Entstehung des **modernen Arbeitsethos**, vor allem aber seit der Etablierung der bürgerlichen Gesellschaft in Mitteleuropa durchgesetzt. Bereits Friedrich Nietzsche hat im späten 19. Jahrhundert die Auswüchse dieser Wandlung beobachtet, als er feststellte, dass seine Zeitgenossen „mit der Uhr in der Hand" denken und selbst beim Essen „das Auge auf das Börsenblatt gerichtet" haben (Material 1, Z. 2 f.). Das menschliche Handeln sei, so Nietzsche, stets auf Gewinnstreben ausgerichtet. Man sei gezwungen, immer schneller als andere zu sein, unter Umständen sogar, indem man den anderen hintergehe. Der Philosoph attestierte der damaligen Gesellschaft ein abstoßendes Nützlichkeitsdenken: Selbst notwendige Erholungsphasen müssten damit gerechtfertigt werden, dass sie die Kraft für das Geschäft wiederherstellten.

Dies dürfte heute von den meisten nicht anders gesehen werden. Wer nicht arbeitet, soll auch nicht essen – so oder ähnlich hört man es oft, und das nicht nur an den Stammtischen. Und es stimmt ja durchaus: Die täglichen Brötchen werden einem nicht gegeben, man muss sie sich verdienen. Wie kann man das Lob der Faulheit trotzdem rechtfertigen?

Nichtstun ist nicht nichts, es bringt, wenn man genauer hinschaut, große Vor- II.
teile, und das nicht nur für das Individuum, sondern für die gesamte Gesell- 1.
schaft.

Da ist die Tatsache, dass niemand 24 Stunden am Tag durcharbeiten kann: Faulheit ist ein menschliches Grundbedürfnis. Wir müssen schlafen und wir brauchen Stunden, die nicht auf Schule oder Beruf ausgerichtet sind. Freizeit und Urlaub erlauben dem Menschen, **neue Kraft zu schöpfen**, sich zu erholen – sofern diese Mußestunden auch wirklich der Muße vorbehalten sind.

Und die braucht der Mensch durchaus in regelmäßigen Abständen. Befragt man die Deutschen nach dem Ausmaß der Stressbelastung, dann gibt knapp ein Drittel an, ständig oder häufig gestresst zu sein. Mußestunden erscheinen da als pure Überlebensstrategie!
Auch sind diese Stunden der Muße, ist Faulheit die **Voraussetzung kreativer Tätigkeiten**. Wie Kreativität nicht funktioniert, haben wir in der Schule manches mühselige Mal erfahren müssen, etwa dann, wenn Lehrer uns in den letzten zehn Minuten einer Unterrichtsstunde aufforderten, schnell noch ein Gedicht zu schreiben (besonders beliebt: Das Elfchen!). Kunst auf Knopfdruck sagten wir dann, und es stimmt: kreative Prozesse brauchen Zeit. Man muss die Möglichkeit haben, sich in eine Sache ganz zu versenken, vor allem darf man keinen Produktivitätsdruck verspüren. Kreatives entsteht dann wie von selbst. Das gilt übrigens nicht allein für die Kunst, sondern auch für die Lösung komplexer Aufgaben. Die besten Ideen entspringen manchmal der Muße. Leider kennen wir aus dem Unterricht vor allem den gegenteiligen Effekt: Während der Matheklausur will die Rechnung einfach nicht gelingen, in der Badewanne, zwischen Schaumbergen und Entchen, fällt es dann plötzlich wie Schuppen von den Augen. Wäre nur der Zeitdruck nicht gewesen!
Am wichtigsten aber: Faulheit ist keine bloße Schwäche des Charakters, sondern trägt erst zur Herausbildung desselben bei – die Auseinandersetzung mit sich selbst, das **Reifen der Selbsterkenntnis** ist ohne Zeiten der Ruhe und Einkehr nicht möglich. Dass andauernde Aktivität die Beschäftigung mit dem eigenen Selbst verhindert, bestätigt sogar die Hirnforschung inzwischen eindrucksvoll: Neurowissenschaftlicher haben festgestellt, dass sich das Gehirn in Zeiten der Ruhe automatisch nach innen wendet und so die Auseinandersetzung mit dem Ich in Gang setzt (vgl. Material 3). Unsere Gesellschaft scheint diese Selbstreflexion allerdings nicht unbedingt zu fördern. Es hat sich ein Verhalten ausgebildet, das darauf aus ist, möglichst keine Lücken zu lassen: Morgens werden wir vom Radio geweckt, die dauerfröhlichen Moderatoren geben die Losung des Tages aus – meist geht es darum, dass bald Wochenende ist. Schon am Frühstückstisch wird ein erster Blick auf den Facebook-Account geworfen (es könnte ja gemeldet werden, dass die erste Stunde entfällt). In der Schule hetzen wir von Stunde zu Stunde, von Fach zu Fach, bis in den Nachmittag hinein. Schnell noch die Mails gecheckt und den Abend dann dem Fernsehprogramm überlassen und so weiter und so weiter. Sollten sich dennoch Lücken ergeben, lassen sie sich zuverlässig durch zahlreiche Multimedia-Spielzeuge überbrücken. Der Soziologe Harmut Rosa erklärt diese Unrast damit, dass wir in beschleunigten Zeiten leben, in denen es darum geht, „möglichst viel zu erleben". Und das geht nach einem scheinbar logischen Prinzip: „Wer doppelt so schnell handelt, kann praktisch zwei Lebenspensen in einem unterbringen." (Material 2, Z. 13 f.) Das Problem dieses „Hamsterrades": Man muss Tag und Nacht aktiv sein. Ausstiegswillige tun sich zunächst wahnsinnig schwer mit dem Stillstand und empfinden eine einzige Leere. Aber genau diese **Leere muss ausgehalten werden**, in ihr ist man sich selbst ausgesetzt, in ihr findet man den Urgrund des eigenen Selbst.

Wir sollten lernen, dieser Auseinandersetzung mit sich selbst nicht aus dem Weg zu gehen. Erreichbar ist dies nur mit einem Mehr an Muße in Schule und Gesellschaft.

Die **Schule** bietet Möglichkeiten zur Muße, sie sollten genutzt werden. Eine sinnvolle Einrichtung sind etwa Ruheräume, die in Freistunden und Pausen als Rückzugsorte dienen können. Eine kleine Bibliothek, anspruchsvolle Spiele, der Verzicht auf Handys und Computer – mehr wäre nicht nötig. Die Schulgemeinschaft sollte sich auch überlegen, ob die Dauerbelastung der Schüler – ja, es gibt sie wirklich! – nicht minimiert werden kann, indem man prüfungsfreie Zeiten einführt oder die Leistungserhebungen grundsätzlich überdenkt. Schon Nietzsche hat erkannt, dass ständige Aktivität wahrer Bildung entgegensteht (vgl. Mat 1). Es geht also dabei nicht darum, dem faulen Schüler entgegenzukommen, vielmehr ist die Entwicklung der Schülerpersönlichkeit jenseits der Leistungsmessung ins Auge zu fassen. Und warum sollte man nicht auch ein neues Schulfach kreieren, das sich genau damit befasst: Lebensstile, Selbsterkenntnis? III.
Was für die Schule gilt, gilt selbstverständlich auch für die **Gesellschaft** insgesamt: Muße braucht Zeit, also gebt ihr diese Zeit. Beschallt nicht alle öffentlichen Räume mit lauter Musik, richtet für die wenigen arbeitsfreien Stunden Ruhezonen ein. Haltet am freien Wochenende fest, lasst vor allem den Sonntag als arbeitsfreien Tag unbedingt bestehen. Respektiert, wenn jemand sich dazu entschließt, für längere Zeit aus dem Beruf auszusteigen. Die vita contemplativa sollte eine gesellschaftlich akzeptierte Form des Lebens sein. Wer faul in der Hängematte liegt, leistet später vielleicht gerade deshalb mehr für die Gesellschaft als ein dauergestresster Manager!

Ist der faule Schüler der bessere Schüler? Meine Ausführungen nach acht Jahren am Gymnasium sollten nicht missverstanden werden. Es geht, um mit Aristoteles zu sprechen, immer um das **richtige Maß**. Ideal wäre es, wenn beides in der Schule Platz finden würde: Leistung und Muße, aktives Lernen und Ruhe, Wissenserwerb und Entwicklung des eigenen Selbst. Der ideale Schüler ist dann ein Heranwachsender, dem das Lob der Faulheit gelingt. C

Deutsch Bayern – Abiturprüfung 2013:
Aufgabe 1: Erschließen eines literarischen Textes

a) Erschließen und interpretieren Sie das Gedicht *Der Unbekannte* von Joseph von Eichendorff (Text A)! Nutzen Sie dabei auch Text B und berücksichtigen Sie den literaturgeschichtlichen Hintergrund.

b) Legen Sie ausgehend vom Verhalten der Frau im Gedicht und mit Blick auf eigene Erfahrungen abschließend dar, weshalb von der Begegnung mit Unbekanntem Faszination ausgehen kann.

Text A

Joseph von Eichendorff (1788–1857)
Der Unbekannte (Erstdruck 1837)

Vom Dorfe schon die Abendglocken klangen,
Die müden Vöglein gingen auch zur Ruh,
Nur auf den Wiesen noch die Heimchen[1] sangen
Und von den Bergen rauscht der Wald dazu;
Da kam ein Wandrer durch die Ährenwogen,
Aus fernen Landen schien er hergezogen.

Vor seinem Hause, unter blüh'nden Lauben
Lud ihn ein Mann zum fröhl'chen Rasten ein,
Die junge Frau bracht' Wein und Brot und Trauben,
Setzt dann, umspielt vom letzten Abendschein,
Sich neben ihn und blickt halb scheu, halb lose[2],
Ein lockigt Knäblein lächelnd auf dem Schoße.

Ihr dünkt, er wär' schon einst im Dorf gewesen,
Und doch so fremd und seltsam war die Tracht,
In seinen Mienen feur'ge Schrift zu lesen
Gleich Wetterleuchten fern bei stiller Nacht,
Und traf sein Auge sie, wollt' ihr fast grauen,
Denn's war, wie in den Himmelsgrund zu schauen.

Und wie sich kühler nun die Schatten breiten,
Vom Berg Vesuv, der über Trümmern raucht,
Vom blauen Meer, wo Schwäne singend gleiten,
Krystall'nen Inseln, blühend draus getaucht,
Und Glocken, die im Meeresgrunde schlagen,
Wußt' wunderbar der schöne Gast zu sagen.

„Hast viel erfahren, willst Du ewig wandern?“
Sprach drauf sein Wirt mit herzlichem Vertrau’n,
„Hier kannst Du froh genießen wie die andern,
Am eig’nen Herd Dein kleines Gärtchen bau’n,
Des Nachbars Töchter haben reiche Truhen,
Ruh’ endlich aus, brauchst nicht allein zu ruhen.“

Da stand der Wandrer auf, es blühten Sterne
Schon aus dem Dunkel über’m stillen Land,
„Gesegn’ euch Gott! mein Heimatland liegt ferne. –“
Und als er von den beiden sich gewandt,
Kam himmlisch Klingen von der Waldeswiese –
So sternklar war noch keine Nacht wie diese.

Joseph von Eichendorff, Werke in sechs Bänden, Bd. 1: Gedichte. Versepen, hrsg. v. Wolfgang Frühwald u. a., Berlin 1987, S. 391. Erstdruck 1837; Orthographie und Interpunktion entsprechend der Werkausgabe von 1987

Worterläuterungen:
1 *Heimchen:* eine Grillenart
2 *lose:* hier: nicht zurückhaltend, keck

Text B

Christiane Krautscheid
„Und jeder Schritt des Wandrers ist bedenklich“. Eine Wanderung durch die Motivgeschichte (1997)

[…] „Nach innen führt der geheimnisvolle Weg“, heißt die Parole bei Novalis[1]. Nicht objektive Welterfahrung, sondern subjektives Sich-finden in der Natur, die zum Spiegel des eigenen Innern wird. Der Wanderer ist jetzt die Personifizierung romantischer Sehnsucht nach dem Unendlichen. Und zur unbestimmten Sehnsucht paßt das Wandern ins Blaue besser als eine zielgerichtete Fahrt. […] Der romantische Wanderer ist immer auf der Suche: nach einem unbekannten Glück, nach einer entfernten Geliebten, einem Seelenfreund. Ist er fündig geworden, sehnt er sich danach, erneut auszuziehen. „Sehnsüchtig sah ich jedem Wandersmann nach, der auf der Landstraße vorüberzog, wie wohl ist Dir, sagte ich, daß Du Dein ungewisses Glück noch suchst! Ich hab’ es gefunden“, heißt es in *Franz Sternbalds Wanderungen* von Ludwig Tieck[2]. Die Sehnsucht nach dem Fremden rührt aus einer Spannung im Innern des Menschen, sie ist äußere Signatur einer Suche nach dem Selbst, dem Sinn der Existenz. […]

Christiane Krautscheid, Und jeder Schritt des Wandrers ist bedenklich. Eine Wanderung durch die Motivgeschichte, in: „… ich bin ein Fremdling überall.“ Publikation zum Wanderer-Zyklus des Berliner Philharmonischen Orchesters, hrsg. v. Sabine Borris, 11/1997, S. 9–20

Worterläuterungen:
1 *Novalis* (1772–1801): deutscher Schriftsteller, wichtiger Vertreter der Romantik
2 *Ludwig Tieck* (1773–1853): deutscher Schriftsteller, wichtiger Vertreter der Romantik

Hinweise und Tipps

- *Die Aufgabenstellung ist zweigeteilt in einen* ***erschließend-interpretierenden a)-Teil*** *und eine* ***b)-Aufgabe mit argumentativem Charakter****. Der Schwerpunkt der Arbeit liegt auch durch die Beigabe von Text B auf der Erschließung und Interpretation des Gedichts vor dem literaturgeschichtlichen Hintergrund.*
- *Die einzelnen Elemente der Erschließung werden in der Aufgabenstellung üblicherweise nicht mehr separat aufgelistet. Die* ***Untersuchungsschwerpunkte*** *ergeben sich vielmehr aus den spezifischen Besonderheiten des jeweiligen Gedichts. Erwartet wird die Herausarbeitung der Gesamtaussage in inhaltlich-struktureller, formaler und sprachlich-stilistischer Hinsicht. Es empfiehlt sich zu Beginn der Erschließung eine* ***strukturierte Inhaltsangabe*** *zu verfassen, die sowohl den Aufbau des Textes (durch Herausarbeitung der Struktur, Bildung thematisch zusammengehöriger „Blöcke“) als auch den inhaltlichen Verlauf bzw. die Gedankenführung wiedergibt. Da im vorliegenden Eichendorff-Gedicht kein explizites lyrisches Ich zu erkennen ist, wird der Schwerpunkt auf der* ***Strukturierung der vorgeführten Handlungsabfolge*** *liegen. Besonderes Augenmerk ist dabei auf die Frage zu legen, ob inhaltliche Brüche, Wendepunkte oder thematische Verklammerungen erkennbar sind.*
- *Nach dieser inhaltlichen Klärung erfolgt die Hauptaufgabe der Erschließung: Die Wahl geeigneter* ***Interpretationsschwerpunkte*** *und ihre Erarbeitung am Text. Die literaturwissenschaftlichen Erläuterungen in Text B bieten hier eindeutige Hilfen. Die explizite Einforderung des literaturgeschichtlichen Hintergrunds legt die Konzentration auf typische Motive der Romantik (Natur, Sehnsucht, Religion, Fantasie …) nahe. Hier haben Sie auch Gelegenheit, Ihr* ***Epochenwissen*** *zur Romantik (Ziele, Motive, Poetik) einzubringen. Der zentralen Bedeutung des* ***Wanderermotivs*** *kann ein eigener Gliederungspunkt gewidmet werden. Führen Sie die Wirkung sprachlich-stilistischer (z. B. Bildlichkeit, Lautgestalt, Motivik) als auch formaler (z. B. Versmaß, Reim, Strophenform) Auffälligkeiten an geeigneten Stellen vor. Vermeiden Sie jedoch ein aneinanderreihendes „Abhaken“ dieser Aspekte.*
- *Um einen geschlossenen Eindruck des Aufsatzes zu erreichen, empfiehlt es sich, die* ***Einleitung*** *und den* ***Schluss*** *auf den Wesenskern des Gedichts abzustimmen. Hier bieten sich Querverbindungen zu eventuell im Unterricht behandelten Gedichten und Erzählungen der Romantik an (z. B. Eichendorffs „Die zwei Gesellen“, „Sehnsucht“ oder „Aus dem Leben eines Taugenichts“). Genauso möglich ist auch die Formulierung des ersten Leseeindrucks (der dann später im Hauptteil überprüft wird) oder Überlegungen zum Zentralbegriff „Faszination“.*
- *Die* ***b)-Aufgabe*** *ist eher knapp gehalten; der Hinweis „abschließend“ kann auch als Möglichkeit für einen erweiterten Schlussteil gelesen werden. Der Operator „darlegen“ verlangt also keine eigenständige, ausführliche Erörterung, sondern eine weiterführende* ***Reflexion*** *über die Bedeutung und Zeitlosigkeit des zentralen Aspekts „Faszination durch Unbekanntes“. Der Verweis „mit Blick auf eigene Erfahrungen“ fordert dabei nicht eine erzählende Vorführung konkrete Erlebnisse in der „Ich“-Form, sondern eine stichhaltige argumentierend-abstrahierende persönliche Auseinandersetzung mit dem Thema. Wahren Sie hier den* ***Bezug zur Aussage des Gedichts*** *(„ausgehend von Verhalten der Frau im Gedicht“).*

Gliederung

A Das Reise-Motiv in der Literatur

B Erschließung und Interpretation des Gedichtes „Der Unbekannte" von Joseph von Eichendorff und Überlegungen zu der Frage, weshalb von der Begegnung mit Unbekanntem Faszination ausgehen kann

I. Strukturierte Inhaltsangabe
1. Schilderung einer ländlichen Abendlandschaft (V. 1–4)
2. Konfrontation einer Dorffamilie mit dem faszinierenden Fremden (V. 5–18)
3. Gedankenreise in ferne Welten durch die Erzählung des Wanderers (V. 19–24)
4. Kontrastierung im Angebot des Hausherrn (V. 25–30)
5. Veränderte Naturwahrnehmung nach dem Aufbruch des Wanderers (V. 31–36)

II. Sprachlich-stilistische Gestaltung vor dem literaturgeschichtlichen Hintergrund der Romantik
1. Volksliedhafter Charakter durch Harmonie in Metrum, Reim- und Strophenform
2. Symbolische Orts- und Zeitgestaltung
3. Klanggestalt und Bildlichkeit in der Beschreibung der Natur
4. Religiöse Metaphorik und märchenhaft-mythisierende Elemente

III. Die Bedeutung des Wanderer-Motivs unter Berücksichtigung von Text B
1. Schaffen von Gegenwelten durch kontrastierende Lebensentwürfe
2. Rastlosigkeit und Suche als zentrales romantisches Gefühl

IV. Gründe für die Faszination bei der Begegnung mit Unbekanntem
1. Ambivalenz durch Neugier und Irritation
2. Chance für eine neue Selbsterfahrung
3. Möglichkeit einer Projektion von Wünschen und Sehnsüchten

C Die Aktualität romantischer Sehnsucht heute

Lösungsvorschlag

Die **Figur des rastlos Reisenden** und des auf seiner Wanderschaft Suchenden ist eines der ältesten und beliebtesten Motive der Literaturgeschichte und findet sich bis in die großen – auch vom Film erfolgreich adaptierten – Epen unserer Zeit. Von der „Odyssee" über die Artussage bis hin zu Tolkiens „Herr der Ringe" machen sich meist männliche Helden auf den abenteuerlichen Weg, um entweder einen sagenumwobenen Schatz, ihre eigentliche Bestimmung oder die ferne Heimat zu finden. Im Zentrum steht dabei oft weniger das Ziel der Reise als die Suche danach. Die Helden reifen in ihrer Persönlichkeit gerade durch die vielfältigen Herausforderungen, Erfahrungen und Begegnungen auf den Stationen der Lebensfahrt, ganz nach dem Leitspruch: „**Der Weg ist das Ziel**". Die Epoche der Romantik verarbeitete wie kaum eine andere das Motiv des sehnsüchtigen Abenteurers zwischen Fern- und Heimweh, dem Joseph von Eichendorff in seiner Erzählung „Aus dem Leben eines Taugenichts" ein literarisches Denkmal gesetzt hat. Dabei ist diese **romantische Sehnsucht** durchaus zwiespältig: Einerseits steht sie für **ein positiv empfundenes Freiheitsverlangen**, andererseits dient sie auch als Warnung vor den **Gefahren des ruhelosen Schweifens** in die Ferne, wie es von Eichendorff selbst in seinem Gedicht „Die zwei Gesellen" eindringlich vorgeführt wird. Der wohl bekannteste romantische Schriftsteller verarbeitet auch im Gedicht „Der Unbekannte" dieses Sehnsuchtsmotiv, wenn er in der Begegnung eines Wandersmannes mit einer biedermeierlichen Dorffamilie eine Atmosphäre von Fremdheit und Faszination zugleich entstehen lässt. A

Im Folgenden soll Eichendorffs Gedicht auch unter Zuhilfenahme des Textes von Christine Krautscheid „Und jeder Schritt des Wanderers ist bedenklich" erschlossen und interpretiert werden. Abschließend werden davon ausgehend eigene Überlegungen zu der Frage angestellt, warum von der Begegnung mit Unbekanntem Faszination ausgehen kann. B

Eingeleitet wird das Gedicht in der ersten Strophe mit dem Entwurf einer spätsommerlichen Abendlandschaft, die zugleich den **zeitlichen und örtlichen Rahmen** eröffnet und in ihrer verklärten, typisch romantischen Naturschilderung mit der Schlussstrophe die atmosphärische Klammer des Gedichtes bildet. Die dörfliche Szenerie mit kirchlichem Geläut und bewaldeter Bergkulisse strahlt dabei eine in sich ruhende Idylle aus (V. 1–4). I. 1.

In diese Harmonie fügt sich ein unbekannter Wandersmann, der in die Einheit der Natur integriert zu sein scheint und den **konkreten Schauplatz**, die Laube einer kleinen Dorffamilie, erreicht. Mit einem jungen Paar mit Kind werden nun die weiteren – den Wanderer kontrastierenden – **Figuren** eingeführt. Ein besonderes Augenmerk wird dabei auf die junge Frau gerichtet, die den fremden Wanderer gastfreundlich bewirtet und auf die er eine eigentümliche Anziehung ausübt. Die gesamte dritte Strophe ist daraufhin aus ihrer 2.

Perspektive verfasst und veranschaulicht die **ambivalente Wirkung**, die der Gast auf sie ausübt. Einerseits erscheint er ihr vertraut, andererseits ist sie gebannt von seiner geheimnisvoll anmutenden Fremdheit (V. 5–18).

In Strophe 4 entführt der Wanderer seine Zuhörer durch packende **Reise-** 3.
erzählungen gleichsam in andere Welten. Dabei wird ein Panorama der abenteuerlichen Ferne ausgehend von den Extremen eines Vulkans bis zur Tiefe des Meeres entfaltet. Diese Schauplätze, insbesondere die Evozierung Italiens als das Sehnsuchtsland der Romantik, erhalten auch in Kontrastierung zur aufkommenden Kälte der realen Abendlandschaft einen Zug ins **Irreal-Märchenhafte** (V. 19–24).

Der Einwand des Hausherrn, der die rastlose Wanderschaft des Unbekannten 4.
in Frage stellt, holt die Beteiligten wieder in die zweckorientierte Wirklichkeit zurück. Dessen direkte Rede in der fünften Strophe entwirft mit dem Angebot an den Wanderer, sesshaft zu werden und reich einzuheiraten, eine **bürgerlich-philisterhafte Gegenwelt** zu der vorher geschilderten romantischen Lebensführung und bildet sowohl inhaltlich als auch formal einen Kontrast zur vorangegangenen Strophe (V. 25–30).

Daraufhin erfolgt der abrupte Aufbruch des Wanderers in die mittlerweile 5.
nächtliche Natur, die als Ergebnis der Begegnung **ins Verklärte verwandelt** scheint und von den Zurückbleibenden als hoffnungsvolle und glücksverheißende Heilslandschaft erlebt wird (V. 31–36).

Das sechsstrophige Gedicht ruft beim Leser durch die gleichmäßige Stro- II.
phengestalt mit jeweils sechs Versen und Kreuzreim mit sich anschließendem 1.
Paarreim (ababcc) Assoziationen zu dem in der Romantik so beliebten **Volkslied** hervor. Durchgängiges Metrum ist der fünfhebige Jambus, der durch seine schwebend-leichte Regelmäßigkeit den schlichten, volksnahen Erzählton noch verstärkt und Ausgeglichenheit bewirkt. Unterstützt wird diese durch die überwiegend zweisilbigen, harmonisch fließenden Verben und Partizipien, die einen sanften Klang erzeugen („Vom blauen Meer, wo Schwäne singend gleiten“ V. 21). Die auf den ersten Blick einfache Handlung mit szenischen Elementen (vgl. V. 25 ff.) trägt zugleich **balladenhafte Züge**. Unterbrochen wird die lineare Erzählstruktur lediglich durch die Inversion bei der rückblickenden Erzählung des Wanderers (V. 20–24), die somit sowohl syntaktisch als auch gedanklich eine Sprung in die vergangenen Erlebnisse erzeugt und – wie auch die direkte Rede des Hausherrn im Kontrast dazu – dadurch hervorgehoben wird. Unterstützt wird der **Eindruck eines Erzählgedichts** durch die Tempuswahl Präteritum und durch die Abwesenheit eines lyrischen Ichs, genauso wird das Geschehen durch genaue Orts- und Zeitangaben klar markiert.

Das Geschehen spielt sich in der **Dämmerung**, der Zwischenzeit zwischen 2.
Tag und Nacht ab, einer in der Romantik sehr wichtigen Übergangszeit, da sie laut Novalis das „zweite Augenpaar“ öffne für die Dinge, die bei hellem

Tageslicht nicht sichtbar sind. Von den „Abendglocken“ (V. 1), über den „letzten Abendschein“ (V. 10) und das Ausbreiten von „Schatten“ (V. 19) erstreckt sich am Ende „Dunkel“ (V. 32) über die „Nacht“ (V. 36) – die Zeit, die aus romantischer Sicht das Irrationale hervorhebt und darüber gleichsam als **Medium der Transzendenz** die verborgenen Geheimnisse des Seins zu erschließen vermag. Genau in diesem Sinne wird so nach dem Weggang des Wanderers im „himmlisch[en] Klingen“ (V. 35) die gesteigerte Wahrnehmung einer kosmischen Weltordnung vonseiten der Zurückgebliebenen ermöglicht. Auch der **Handlungsort** bildet **romantische Idyllen** ab. Die Kleinfamilie wohnt etwas abseits „vom Dorfe“ (V. 1) inmitten unberührter Natur, die Begegnung mit dem Wanderer spielt sich bezeichnenderweise auch nicht im Haus ab, sondern unter „blühn’den Lauben“ (V. 7), also im überdachten, blumenumrankten Vorgarten des Hauses. Fern von jeder einengenden gesellschaftlichen Norm ist in der Natur, unter freiem Himmel physische und gedankliche Freiheit möglich.

Die zentrale Bedeutung der **Natur** wird durch onomatopoetische Verben wie „klangen“ (V. 1) oder „rauscht“ (V. 4) untermalt. Genauso wird durch die Nennung von „Vöglein“ (V. 2) und „Heimchen“ (V. 3) eine **Klangkulisse** evoziert, welche im gesamten Gedicht durch ausdrucksstarke Verben aus dem Bereich der Natur unterstrichen wird. So dient das Verb „blühen“ in dreimaliger Variation (Z. 7, 22, 31) als motivische Klammer, die die positive Grundstimmung, z. B. im metaphysisch überhöhten Blühen der nächtlichen Sterne (vgl. V. 31), versinnbildlicht. Die auffällige **Metaphorik des Gedichtes** arbeitet ebenso mit Bildern aus dem Bereich der Natur, die oft an verschiedenen Stellen des Textes miteinander in **Korrelation** zueinander treten. Der Wanderer taucht zwischen „Ährenwogen“ (V. 5) auf – eine Metapher, die das Kornfeld zum fernen Meer werden lässt und dadurch gleich zu Beginn eine Verbindung von ferner Seereise sowie ländlicher Realität schafft und ihn eins werden lässt mit der Natur. Genauso ist das Rauschen der Wälder und das Vogelsingen des Anfangs (vgl. V. 2 ff.) am Schluss einem „himmlisch Klingen“ (V. 35) gewichen, die dörflich-romantische Klangkulisse hat nun eine neue, fast himmlisch-sphärische Dimension erlangt. Die Natur ist also nicht nur atmosphärischer Hintergrund, sondern dient gleichsam als „Mitspieler“ im Gedicht zur Reflexion und als **Spiegel für Gedanken, Gefühle und Unbewusstes**. Erscheinungen aus der Natur werden auch gebraucht, um die **Wirkung des unbekannten Wanderers auf die junge Frau** zu verbildlichen. Neben den ohnehin schon markanten, charismatischen Zügen in der Mimik des Fremden (sinnbildlich dargestellt durch die „feur’ge Schrift“ V. 15), werden seine Mienen mit „Wetterleuchten fern bei stiller Nacht“ (V. 16) verglichen. Der Vergleich mit dem Widerschein von Blitzen als Verkündigung eines in der Ferne drohenden Gewitters ruft erstmals in der bisher rein positiv beschriebenen Umgebung das Gefühl einer nicht fassbaren **Bedrohung** hervor. Sein „Auge“ (V. 17) – für die Romantiker der Sitz der Seele – erscheint ihr im Moment des Blickkontakts wie der „Himmelsgrund“ (V. 18), in seiner 3.

Unendlichkeit also unergründlich, und bewirkt fast ein „[G]rauen“ (V. 17), eine Verunsicherung und instinktive Distanzierung von dem Unbekannten. Verdichtet wird dies noch in der Reiseerzählung des Wanderers, die sowohl fantastische Naturelemente wie singende Schwäne (vgl. V. 21) und „krystall’ne Inseln“ (V. 22) beinhaltet als auch den gefahrbringenden Vulkan, der alles in „Trümmer“ legt, oder das sogar Städte verschlingende unberechenbare Meer (vgl. V. 23).

Häufig verwendet werden auch Begriffe und Motive, die religiös konnotiert 4.
sind, so zunächst die „Abendglocken“ (Z. 1), die ebenso in der Reiseerzählung wieder aufgegriffen werden (vgl. Z. 23). Der Vers „Die junge Frau bracht’ Wein und Brot und Trauben“ (Z. 9) lässt an das Abendmahl denken, die polysyndetische Reihung gibt diesem Mahl in seiner Schlichtheit zusätzlich einen feierlichen Ton. Das „lockigt Knäblein“ (Z. 12) erinnert an die Weihnachtsgeschichte, in der Jesus als holder Knabe mit lockigem Haar besungen wird. Diese Assoziationen zur heiligen Familie weisen der Dorffamilie die Rolle eines positiven Lebensmodells in Korrelation zum romantischen Freiheitsideal zu. Genauso beinhaltet die Abschiedsformel des Wanderers (vgl. V. 33) die **christliche Heilsgewissheit**. Nach dem Weggang des Wanderers bleibt etwas Magisches, Traumhaftes zurück, was sogar die Natur zu verändern scheint und die Menschen in ihrer Wahrnehmung im romantischen Sinne beeinflusst (vgl. V. 35 f.). Im letzten Vers scheinen sie hinter die Dinge zu blicken, das „zweite Augenpaar“ öffnet sich gleichsam im Blick auf die Schöpfung. Die Beschreibung der so poetisierten Nacht durch den Neologismus „sternklar“ (V. 36) lässt Assoziationen zum wohl bekanntesten Gedicht Eichendorffs, „Mondnacht“, zu, das am Ende mit derselben Wortwahl die Poetisierung der Natur im Sinne einer **harmonisch-kosmischen** Ordnung bezeichnet. Eine **metaphysisch-irreale** Ebene klingt auch in der Reiseerzählung des Wanderers an. Das faszinierende Schauspiel des rauchenden Vulkans Vesuv lässt wie die „krystall’nen Inseln“ (V. 22) die Kulisse des antiken Mittelmeerraums entstehen, die Anspielung auf die Sage der versunkenen Stadt Vineta in der Ostsee (vgl. V. 23) vermischt den Erfahrungsraum des Reisenden mit **märchenhaften Elementen**. Die für die Romantik zentrale Welt der **Fantasie** erweitert die Schilderung der Reise, die ohnehin ziellos wirkt, ins Imaginäre.

Die fortdauernde Suche, die niemals zu enden scheint, spiegelt sich in der III.
Frage des Gastgebers wieder: „Willst Du ewig wandern?“ (V. 25). Dass der 1.
Reisende sich nicht „endlich“ (Z. 30) ausruht, ist für diesen nicht verständlich. Das **Wortfeld „ruhen“** formuliert dabei den **biedermeierlichen Gegenentwurf** zum rastlosen Wanderleben. Der Rat des Wirts „Ruh’ endlich aus“ (V. 30), also der Wunsch nach einer inneren Zufriedenheit, ist damit genauso gemeint wie die Assoziation zum bürgerlich-sesshaften Eheleben im Vers „brauchst nicht allein zu ruhen“ (V. 30). Dabei werden implizit mit dem Preis der **Einsamkeit** und Unsicherheit die **negativen Seiten der Wanderschaft** verdeutlicht und das Glückspotenzial des bürgerlichen Lebensentwurfs betont.

Dass dies auch materiellen Wohlstand voraussetzt, gibt dem Angebot des Wirts durchaus **philisterhafte Züge** (vgl. V. 29). Die Alternative zum Wanderleben, die der Wirt in schlichter Sprache als erstrebenswert skizziert, enthält allerdings nur in einem kurzen Einwurf etwas Natürliches: ein „kleines Gärtchen" (V. 28). Dieses erscheint in diesem Kontext jedoch eher künstlich angelegt. Die vier Verse haben etwas Einengendes, das kleine Gärtchen wirkt bedrängt in den Satz gefügt, zwischen „Herd" (V. 28) und „Truhen" (V. 29) steht wenig Platz zu Verfügung. Die vom Hausherrn vorgeführte **einfache Bildlichkeit** erhält so auch im Gegensatz zu den in der vorangegangenen Strophe entworfenen Idyllen etwas Banales.

Mit der abrupten Verabschiedung des Wanderers, die als direkte Reaktion auf 2.
die Rede des Wirtes schon fast einer Flucht gleicht (vgl. V. 31), wird deutlich: „Der romantische Wanderer ist immer auf der Suche: nach einem unbekannten Glück, nach einer entfernten Geliebten, einem Seelenfreund" (Text B, Z. 6 f.). Wird dem Wanderer in „Der Unbekannte" gerade nicht all dies in Aussicht gestellt? Als Glück wird ihm ein „eig'ner Herd" (V. 28) angeboten, wo er „froh genießen" (V. 27) könne. Eine Geliebte, sogar mit reicher Mitgift, und als Seelenfreund der Wirt, mit „herzlichem Vertrau'n" (Z. 26), sind greifbar nahe. Und trotzdem verlässt der Wanderer den gastfreundlichen Ort, denn: „Ist er fündig geworden, sehnt er sich danach, erneut auszuziehen" (Text B, Z. 7 f.). Der Unbekannte in Eichendorffs Gedicht zieht sogar nachts weiter, ohne geschlafen zu haben. Auch dies verdeutlicht **den radikal romantischen Impuls, immer weiter zu suchen** und – auch wenn das Glück gefunden scheint – sich nicht auch nur eine geringe Zeit damit zufrieden zu geben. Wenn er sich mit den Worten „Gesegn' euch Gott, mein Heimatland liegt ferne. –" (V. 33) verabschiedet, endet dieser Abschiedsgruß mit einem Gedankenstrich: Er stockt – man meint, er wolle noch etwas hinzufügen. Er erzeugt damit eine Pause, die Raum offen lässt für Ergänzungen. Wo dieses „Heimatland" liegt, ist die bewusste **Leerstelle im Gedicht**, die vom Leser zu füllen ist. Genauso wird die nach dem Abschied des Wanderers als verändert empfundene Natur mit der Kunstpause eines Gedankenstriches hervorgehoben (vgl. V. 35). „Zur unbestimmten Sehnsucht paßt das Wandern ins Blaue besser als eine zielgerichtete Fahrt" (Text B, Z. 5). Mit dieser Feststellung bringt Christiane Krautscheid die **Rastlosigkeit und Suche als zentrales romantisches Gefühl** auf den Punkt. So wie die Forderung nach der „**progressiven Universalpoesie**" keinen Endpunkt auf der Suche nach der poetischen Vervollkommnung kennt, so ist der Wanderer „immer auf der Suche" (Text B, Z. 6).

Der Wanderer bildet das **zentrale Motiv** des Gedichtes und eröffnet gerade in IV.
der Begegnung mit der völlig entgegengesetzten Lebenswelt der jungen Frau 1.
den **Blick auf romantische Lebens- und Glücksvorstellungen**. Die Frau im Gedicht ist fasziniert von der Begegnung mit dem Unbekannten. Zunächst verhält sie sich als Gastgeberin, wie sie es wohl gewöhnlich bei der Einladung von Fremden tut. Dann setzt sie sich jedoch, sogar mit dem Kind auf

dem Schoß, etwas schüchtern aber auch keck (vgl. V. 11) zu ihm. Sie zeigt also keine Angst, jedoch Neugier und einen gewisse Befangenheit. **Das Unbekannte, Ungewisse irritiert sie und zieht sie zugleich an**. Der Fremde übt eine eigentümlich anziehende, fesselnde Wirkung, eine verzaubernde Ausstrahlung auf sie aus. Das Verhalten der Frau, begrifflich auf den Punkt gebracht in der Paarformel „halb scheu, halb lose“ (V. 11), spiegelt also die **Ambivalenz** wider, die den Umgang mit dem Unbekannten kennzeichnet: die **Faszination** auf der einen Seite und die **Skepsis** auf der anderen Seite. Gerade im Gegensatz zu ihrem begrenzten, ländlichen Erfahrungsraum eröffnet er ihr durch seine Erscheinung und durch die „wunderbar[en]“ (V. 24) Erzählungen völlig neue Welten und erweckt in ihr eine „Sehnsucht nach dem Fremden“ (Text B, Z. 11). Wenn auch dieser Sehnsucht nicht nachgegeben wird, klingt die Faszination, die von dem Fremden ausgeht, nach und bleibt für die Zurückgebliebene als Veränderung ihrer Sichtweise zurück. Diese kann allerdings nur dadurch erfolgen, weil die Frau im Gedicht sich begeistern lässt und Interesse für die Einstellung und Lebensweise des Unbekannten zeigt. Diese **Neugierde**, die Grundvoraussetzung für Faszination, kann man bei der Begegnung mit fremden Kulturen und Mentalitäten zum Beispiel auf Reisen entwickeln. Losgelöst von der Alltagsroutine und herausgelöst aus dem gewohnten Umfeld hat man in dieser kurzen Zeitspanne, gerade wohl auch weil sie zeitlich begrenzt ist, die Gelegenheit, völlig **neue Entdeckungen und Erfahrungen** zu machen, die den Blick auf scheinbar selbstverständliche Dinge ändern und den eigenen Horizont erweitern. So wird man die Eindrücke beim ersten Flug wohl kaum vergessen. Einerseits die Aufregung und auch Unsicherheit vor dem Start, andererseits dann das bereichernde Gefühl, über den Wolken zu schweben und die Welt von oben zu betrachten. Diese Begegnung mit unbekannten Sehweisen löst **neue Gedankenprozesse** aus: Grenzen zu durchbrechen und eine neue, eigentümliche Art von Freiheit zu erleben.

Die Faszination bei der Begegnung mit dem Unbekannten rührt von einer Ursache her, die auch schon Novalis erkannte: **Im Umgang mit dem Unbekannten lernt man sich selbst kennen.** Das kann sowohl faszinierend als auch angsteinflößend sein. Auch der jungen Frau kommt der Fremde auf eigentümliche Weise bekannt vor. Einerseits glaubt sie ein Gefühl von **Vertrautheit** zu spüren (vgl. V. 13), andererseits ist sie gebannt durch dessen geheimnisvoll anmutende **Fremdheit**. Die Psychoanalyse wird siebzig Jahre später darlegen, dass uns das Fremde als ein abgespaltener, verdrängter Teil unseres Selbst erscheint. Diese Beschäftigung mit den Seelenvorgängen des Menschen beginnt fast hundert Jahre vor Freud in der Romantik. Die unterbewusste Ahnung, dass in der eigenen Persönlichkeit viel mehr Facetten innewohnen, als man selbst glaubt, ist eine Erfahrung, die man beispielsweise bei der **Bewältigung von bisher unbekannten Aufgaben** macht. Gerade in der Qualifikationsphase des Gymnasiums ist man oft vor Herausforderungen gestellt, die einem zunächst nicht bewältigbar erscheinen. Vor der selbstständigen Arbeit in Seminaren, der bisher unbekannten Verantwortung bei der Or- 2.

ganisation von Projekten kann manchem Schüler durchaus zunächst „grauen" (V. 17). Andererseits ist es doch faszinierend, zu erleben, welche Talente und Charaktereigenschaften in einem selbst und den Mitschülern schlummern, die auf diese Weise zum Vorschein kommen. Diese Erfahrungen wirken also **sinnstiftend** und können sogar Berufsentscheidungen, also existenzielle Fragen, entscheidend beeinflussen.

Das Gedicht ist betitelt mit „Der Unbekannte" und nicht beispielsweise mit 3.
„Der Wanderer". Der Fremde bleibt unbekannt, bleibt schwer zu fassen. Der Leser erfährt nicht viel über ihn, durch die Fremdheit und das „[S]eltsam[e]" (V. 14) seiner Erscheinung erhält er selbst den Anschein des Irrealen, die Bedeutung seines Abschiedsgrußes bleibt offen. Damit wird der Wanderer mehr zum **Motiv** als zu einer konkreten Person und es drängt sich die Frage auf, ob er nicht in erster Linie als **Projektionsfläche** für Wünsche und Sehnsüchte der jungen Frau (und auch des Lesers) dient. Die Begegnung mit Unbekanntem, Nicht-Einordbarem, beispielsweise bei der Lektüre der eingangs genannten Romane, übt einen geheimnisvollen Reiz aus. Hier wird der Leser zum (Mit-)Erlebenden und damit in einen Zustand wachsamster Präsenz versetzt. In einer solchen Begegnung mit dem Unbekannten ereignet sich ein **Sich-Wundern und Überrascht-Werden jenseits von rationaler Bewertung und Einordnung**. Durch das Staunen, Schauen und Erfahren, z. B. der von Tolkien geschaffenen fantastischen Ereignisse in Mittelerde, wird das Lesen zur Begegnung mit eigenen Urängsten, Wünschen, Träumen und damit zu einem Vorgang intensiver ursprünglicher Lebendigkeit. Dies macht wohl auch die Faszination und das Erfolgsgeheimnis dieser über viele Generationen hinweg beliebten Bestseller aus.

„Wer bin ich und wenn ja wie viele?", so lautete der Titel des vielleicht aufse- C
henerregendsten Bestsellers der letzte Jahre. Mit seiner „philosophischen Reise" zur Sinnfrage des modernen Menschen traf der Autor Richard David Precht den Nerv unserer durch Globalisierung und Digitalisierung geprägten Zeit. Dabei ähneln die hier aufgeworfenen Fragen sehr stark den wesentlichen Fragestellungen der Romantiker. Die „Suche nach dem Selbst" (Text B, Z. 13) darf dabei als überzeitlich und vor allem in Umbruchzeiten als existenzielle Frage gelten. Genauso wie die Romantiker der Veränderung ihrer Welt durch die Industrialisierung eine Gegenwelt der Fantastik und Irrationalität entgegensetzten, ist auch die Sinnsuche der globalisierten Menschen des 21. Jahrhunderts als Sehnsucht nach einem bewussten Leben, „einer Suche nach dem Selbst, dem Sinn der Existenz" (Text B, Z. 13) zu deuten. Sich hierfür „auf den Weg" zu machen, sei es auf Reisen, beruflich oder in der Welt der Literatur, wird immer faszinierend bleiben.

Deutsch Bayern – Abiturprüfung 2013:
Aufgabe 2: Erschließen eines literarischen Textes

a) Erschließen und interpretieren Sie den folgenden Ausschnitt aus Arthur Schnitzlers Drama *Das weite Land!* Arbeiten Sie dabei insbesondere heraus, wie Friedrich Hofreiter sein Reisevorhaben rechtfertigt!

b) Zeigen Sie ausgehend von Ihren Ergebnissen vergleichend auf, wie die Entfremdung zwischen zwei Menschen in einem anderen literarischen Werk dargestellt wird!

Vorbemerkung

Arthur Schnitzler gilt als einer der bedeutendsten österreichischen Schriftsteller der Jahrhundertwende. Der folgende Ausschnitt aus *Das weite Land* stammt aus dem zweiten von insgesamt fünf Akten: Der erfolgreiche Fabrikant Friedrich Hofreiter lebt mit seiner Gattin Genia in einer Villa nahe Wien, während sich ihr gemeinsamer Sohn Percy in einem Internat in England befindet. Genia weiß von den zahlreichen Liebesaffären Friedrichs, weist aber ihrerseits ihren Verehrer Korsakow, einen mit der Familie befreundeten Klaviervirtuosen, zurück. Als Korsakow sich deshalb erschießt, eröffnet Genia ihrem Mann den Grund für den Selbstmord, indem sie ihm den Abschiedsbrief Korsakows präsentiert. Zwei Wochen später beschließt Friedrich, dem Angebot seines Freundes Mauer nachzukommen und für einige Zeit in die Tiroler Berge zu reisen. Als er das Haus verlassen will, stellt ihn Genia zur Rede.

Arthur Schnitzler (1862–1931)
Das weite Land

2. Akt

[…] FRIEDRICH Du hast mir noch was zu sagen, Genia?

GENIA Eigentlich nichts, als daß ich mich ein bißchen über deinen Entschluß wundre. Ich hab' nämlich keine Ahnung gehabt, daß du heute fortfahren willst.

FRIEDRICH Ich doch auch nicht, mein Kind.

GENIA Wirklich, keine Ahnung?

FRIEDRICH Daß es gerade heute abend sein wird – absolut nicht. Wenn der Mauer nicht zufällig gekommen wäre … Aber daß ich Lust hätt', auf ein paar Tage ins Gebirge zu gehen – das war dir ja nicht unbekannt. Ob ich nun heut fahr', – oder morgen oder übermorgen … Also zum Wundern ist doch kein Anlaß.

GENIA *sich über die Stirn streichend.* Gewiß, du hast ja recht. Nur weil eben so gar keine Rede davon war.

Bange Pause.

FRIEDRICH Also, ich telegraphier' natürlich täglich, sowohl hierher als ins Bureau. Und schreib' auch. Bitte gleichfalls um regelmäßige Berichterstattung. Und wenn

Friedrich will Haus verlassen
-> Genia will Grund wissen warum
-> F. idk aber wird schreiben

von Percy was kommt, so schick' mir's nach … Auch wenn's nur an die *dear mother* gerichtet ist … Ja, mein Kind. Also jetzt heißt's … der Mauer wird wirklich schon ungeduldig werden.

GENIA Warum – warum – fährst du fort?

FRIEDRICH *etwas ungeduldig, aber nicht heftig.* Du, Genia, mir scheint als hätt' ich dir darauf schon geantwortet.

GENIA Du weißt sehr gut, daß du mir noch nicht geantwortet hast.

FRIEDRICH Jedenfalls ist diese Art zu inquirieren etwas ganz neues – in unserm Haus.

GENIA Du bist nicht verpflichtet mir Rede zu stehn, gewiß nicht. Aber ich seh' eigentlich auch keinen Grund, warum du mir die Antwort direkt verweigern solltest.

FRIEDRICH Ja, mein liebes Kind, wenn du wirklich findest, daß es erst ausdrücklich festgestellt werden muß … also schön: Ich fühle mich seit einiger Zeit nicht besonders wohl. Das wird ja wieder vorübergehn – wahrscheinlich … gewiß. Aber in den nächsten Tagen brauch' ich eben eine andere Luft, eine andre Umgebung. Sicher ist jedenfalls, daß ich von hier fort muß.

GENIA Von hier!? … Von mir!

FRIEDRICH Von dir – Genia –? Das hab' ich doch nicht – Aber wenn du's absolut hören willst – gut, von dir! Ja, Genia.

GENIA Aber warum? Was hab' ich dir denn getan?

FRIEDRICH Nichts … Wer sagt denn, daß du mir was getan hast.

GENIA So erklär' dich doch, Friedrich … Ich bin ja ganz … Auf alles war ich eher gefaßt, als daß du jetzt … so plötzlich … Von einem Tag zum andern – von einer Stunde zur andern hab' ich erwartet, daß wir uns … aussprechen werden … daß wir …

FRIEDRICH Ja. Diese Erwartung hab' ich dir schon angemerkt, Genia. Ja. Aber … ich glaube, dazu ist es noch zu früh, – zum – Aussprechen … Ich muß mir noch über mancherlei klar werden …

GENIA Klar –? Ja … wo gibt's denn eine Unklarheit? Du hast doch … den Brief in der Hand gehabt? Du hast ihn doch gelesen? Wenn du vorher gezweifelt hast … was ich ja gar nicht glaube … seit dem Abend[1] – um Himmels willen, Friedrich – seit dem Abend muß dir doch eine Ahnung aufgegangen sein – Friedrich, was – was du mir … Gott … ist es denn wirklich notwendig, das erst mit Worten zu sagen! …

FRIEDRICH Nein, gewiß nicht … Das ist es ja eben. Der Abend. Ja. Mir ist nämlich schon die ganze Zeit her, verzeih – es ist natürlich nicht deine Absicht – aber ich hab' halt den Eindruck, als wenn du diese Affäre …

Zögert.

GENIA Nun – nun –?

FRIEDRICH Als wenn du den Selbstmord von Korsakow gegen mich irgendwie ausspieltest … Innerlich natürlich … Und das – das macht mich halt … ein bissel nervös …

GENIA Friedrich! Ja, bist du denn … Ich spiele den Selbstmord … Nein – ist es möglich! – … Das! – …

FRIEDRICH Ich sag' ja schon, du kannst nichts dafür. Du meinst es nicht so. Du bist gewiß nicht stolz darauf, daß er deinetwegen … daß du ihn sozusagen in den Tod – du bildest dir gewiß nichts ein, auf deine Standhaftigkeit, das weiß ich ja alles …

GENIA Nun also, wenn du das weißt …

FRIEDRICH Ja, aber daß es überhaupt geschehen ist …

GENIA Was, was?

FRIEDRICH Daß er sich hat umbringen müssen … das ist das Furchtbare … darüber komm' ich nicht weg.

GENIA Was … das … *Greift sich an den Kopf.*

FRIEDRICH Na, ja, bedenk doch nur, man kann's drehn und wenden, wie man's will … daß der arme Korsakow jetzt unter der Erde liegt und verwest … die Ursache davon bist ja doch du! … Natürlich … unschuldig – in doppeltem Sinn. – Ein andrer als ich würde vielleicht vor dir auf den Knien liegen, dich anbeten – wie eine Heilige – gerade deswegen! … Ich bin halt nicht so … Mir bist du gerade dadurch … gleichsam fremder geworden.

GENIA Friedrich! … Fremder … Friedrich! –

FRIEDRICH Ja, wenn er dir zuwider gewesen wäre – ja, dann, dann wär' es die natürlichste Sache von der Welt. Aber nein, ich weiß ja, er hat dir sogar sehr gut gefallen … Man kann schon sagen, du warst ein bissel verliebt in ihn. Oder – wenn ich's … um dich verdient hätte … wenn du mir gegenüber zu der sogenannten Treue verpflichtet gewesen wärst … Aber ich hab' doch wirklich kein Recht gehabt … na … davon müssen wir doch nicht erst reden. – Also ich frag' mich halt immer und immer wieder: Warum hat er sterben müssen?

GENIA Friedrich!

FRIEDRICH Und, verstehst du, dieser Gedanke … daß irgend etwas, das doch in Wirklichkeit gar nicht ist – ein Schemen, ein Phantom, ein Nichts, wenigstens einem so furchtbaren Ding gegenüber, einem so irreparabeln wie der Tod – daß deine Tugend – einen Menschen in den Tod getrieben hat, das ist mir einfach unheimlich. Ja … Ich kann's nicht anders sagen … Ja … Es wird ja wohl wieder vergehn … mit der Zeit … im Gebirg … und wenn wir ein paar Wochen nicht beieinander sind … Aber jetzt ist es nun einmal da – und da kann man nichts machen … Ja, liebe Genia … So bin ich einmal … Andre wären halt anders …

GENIA *schweigt.*

FRIEDRICH Ich hoffe, du nimmst mir's nicht übel, daß ich – auf deinen Wunsch hin – alles das so deutlich ausgesprochen habe. So deutlich, daß es schon wieder beinah nicht wahr geworden ist …

GENIA Es ist schon wahr geblieben, Friedrich … […]

Arthur Schnitzler, Gesammelte Werke in zwei Abteilungen. Die Theaterstücke, 4. Band, Berlin 1923, S. 344–348. Uraufführung 14. 10. 1911; Orthographie entsprechend der Werkausgabe von 1923

Worterläuterung:
1 *seit dem Abend:* der Abend, an dem Genia Friedrich den Abschiedsbrief Korsakows zeigte

Hinweise und Tipps

- *Die Aufgabe ist in einen* ***Erschließungs- und Interpretationsauftrag*** *(a) und einen* ***Vergleichsauftrag*** *(b) gegliedert. Zunächst muss der Dramenauszug bearbeitet werden.*
- *Kriterien für die Erschließung und auch die Reihenfolge der Analyseinstrumente können Sie selbst wählen. Allerdings werden die bekannten Aspekte wie* ***Inhalt und Aufbau, dramaturgische*** *(Redeanteile, Regieanweisungen, Bewegungen im Raum, Requisiten) und* ***sprachlich-stilistische Mittel*** *sowie die* ***Dialoganalyse*** *im Mittelpunkt der Untersuchung stehen müssen. Zu entscheiden ist, ob die sprachlich-stilistischen Beobachtungen in die Interpretation integriert werden. Sie können aspektorientiert vorgehen oder integrativ (indem Sie den Dialog nach inhaltlichen Abschnitten gliedern und die verschiedenen Aspekte gemeinsam abhandeln). Arbeiten Sie dabei, wie in der Aufgabenstellung gefordert, heraus, wie Friedrich Hofreiter sein Reisevorhaben rechtfertigt.*
- *Die* ***Vergleichsaufgabe*** *ist auf ein anderes literarisches Werk bezogen. Hier gibt es weder eine Gattungs- noch eine Epochenbegrenzung, Sie dürfen neben dem Drama also auch Gedichte und epische Texte verwenden. Das Thema Entfremdung zwischen Menschen wird in zahlreichen literarischen Werken verarbeitet. So bietet sich ein Vergleich z. B. mit Goethes „Faust", Fontanes „Effi Briest", Hauptmanns „Bahnwärter Thiel" oder Büchners „Woyzeck" an.*
- ***Einleitung*** *und* ***Schluss*** *können z. B. Besonderheiten des Epochenumbruchs um 1900 behandeln oder auch Reflexionen zum Thema Entfremdung. Eine literaturgeschichtliche Einordnung Arthur Schnitzlers wird aber nicht verlangt.*

Gliederung

1 Epochenumbruch 1900

2 Erschließung und Interpretation eines Auszugs aus dem II. Akt aus Arthur Schnitzlers „Das weite Land"

2.1 Inhaltkern und Aufbau: steigernder Aufbau des Gesprächs zwischen Genia und Friedrich als Zeichen der Entfremdung zwischen beiden

2.2 Gesprächssituation: Friedrich als sich überlegen fühlender Gesprächslenker

2.3 Entfremdung zwischen Friedrich und Genia und Friedrichs Rechtfertigungsversuch für seine unvermittelte Abreise

2.3.1 Thematisieren der plötzlichen Abreise

2.3.2 Schrittweises Offenbaren eines Beziehungskonflikts als Ursache für Friedrichs Reiseentschluss

2.3.3 Aussprechen des Zusammenhangs zwischen Korsakows Selbsttötung und der Entfremdung zwischen den Partnern

2.3.4 Zuspitzung des Konflikts durch Friedrichs Schuldzuweisungen

3 Entfremdung in Georg Büchners „Woyzeck“

3.1 Gesellschaftliche Zwänge als Ursache der Entfremdung zwischen Marie und Woyzeck

3.2 Unterschiedliche Ursachen der Entfremdung bei Marie und Woyzeck und dem Ehepaar Hofreiter

4 Entfremdung zwischen Gretchen und Faust

Lösungsvorschlag

Die **Jahrhundertwende um 1900** bedeutet für die europäische Gesellschaft 1
nicht nur einen zeitlichen Einschnitt, sondern einen **umfassenden kulturellen Umbruch**. Rasante Fortschritte von Industrialisierung und Urbanisierung, verbunden mit Entwicklungen in den Bereichen Technik und Naturwissenschaften kontrastieren mit einem konservativen Politikverständnis und den entsprechenden kulturellen Werten. Das sich daraus entwickelnde moderne Lebensgefühl ging einher mit einem von Dynamik und Traditionsverlust geprägten Klima. Die zeittypische Spannung zwischen einem Gefühl des Verlusts von Vertrautem, der Desorientierung, Sinnleere und Ungewissheit und der Erwartung eines Wandels, der Eröffnung neuer Möglichkeiten finden sich auch in der Literatur der Zeit wieder. **Arthur Schnitzler** gehört mit Sicherheit zu den bekanntesten Literaten dieser Zeit; er greift die genannten Phänomene auf und übersetzt sie in Literatur. In seinen Werken stehen oft Figuren im Zentrum, die in einer Sinnkrise sind. Meist sind es Menschen mit gewöhnlichen Lebenslügen in einer brüchig gewordenen Gesellschaft. Ehebruch, heimliche Affären oder Frauenhelden sind häufig sein Thema. So steht auch in seinem Drama „**Das weite Feld**“ ein sich fremd gewordenes Ehepaar im Mittelpunkt.

Die Beziehung zwischen Friedrich und Genia Hofreiter, einem gut situierten 2
Ehepaar, das in einer Villa in der Nähe von Wien lebt, ist durch zahlreiche 2.1
Affären Friedrichs belastet. Zudem hat sich ein Verehrer Genias vor Kurzem umgebracht, weil er mit seinem Werben erfolglos war. Die Szene setzt ein, als Friedrich gerade zu einer Reise in die Berge aufbrechen will. Die Ehefrau fordert ein klärendes Gespräch, das aber wegen der immer deutlicher werdenden Entfremdung zwischen beiden nicht mehr möglich ist.
Der Dramenauszug beginnt mit der **Thematisierung der plötzlichen Abreise Friedrichs**. Genia bringt ihre Verwunderung über sein Vorhaben zum Ausdruck, während ihr Mann nach Ausflüchten sucht und seine Ehefrau beruhigen will (Z. 1–17).
Genia beharrt aber weiter auf einer Begründung, sodass Friedrich zögerlich zugibt, dass er Distanz zu Genia brauche. Gleichzeitig weigert er sich aber, weiter darüber zu sprechen. Schrittweise wird so ein **ungelöstes Beziehungsproblem** als **Ursache seines Reiseentschlusses** offensichtlich (Z. 18–43).

Friedrich kommt nämlich auf den Selbstmord des gemeinsamen Freundes Korsakow zu sprechen und wirft schließlich Genia vor, dass sie ihn gewissermaßen unter Druck setze durch ihr Bekenntnis, zu ihrem Ehemann zu stehen und den Annäherungsversuchen Korsakows stets widerstanden zu haben. Genia hinterfragt zunehmend fassungslos diese Position Friedrichs (Z. 44–64).
Im Laufe des Gesprächs spitzt sich der Konflikt immer weiter zu durch Friedrichs Vorwurf, Genia trage Verantwortung für Korsakows Tod. Er bekennt, dass damit sein Gefühl der **Entfremdung** ihr gegenüber zusammenhänge. Genia reagiert auf diese befremdliche Schuldzuweisung von mal zu mal verzweifelter und wird dabei auch immer sprachloser (Z. 65–92).
Der Dramenauszug endet mit einer Selbstrechtfertigung Friedrichs, dass er alles nur auf Wunsch Genias ausgesprochenen habe, und einer resignierten Zustimmung Genias (Z. 93–96).

Das Gespräch findet in der Villa des Ehepaares Friedrich nahe Wien statt, 2.2
kurz vor der Abreise Friedrichs in die Berge.
Es ist **asymmetrisch** aufgebaut. Die Redeanteile von Friedrich überwiegen, die von Genia sind meist kurz und bestehen oft nur aus Fragen oder Reaktionen auf Friedrichs Ausführungen.
Friedrich beginnt das Gespräch und fragt seine Frau Genia, ob sie ihm „noch was zu sagen" (Z. 1) habe. Er redet sie mit „mein Kind" (Z. 4) an, wodurch deutlich wird, dass er sich **überlegen** fühlt und sie nicht als gleichberechtigte Partnerin sieht, mit der er seine Probleme besprechen könnte. Erst als Genia fragt, „Warum – warum – fährst du fort?" (Z. 18), wird klar, dass sie sich nicht wie ein Kind behandeln lässt, ihre eigene Position hat und erfahren will, was der wirkliche Grund für Friedrichs Reise ist. Friedrich ist schon *„etwas ungeduldig"* (Z. 19, Regieanweisung) und überrascht über diese „Art zu inquirieren" (Z. 22). Genia hat es geschafft, sich als Frau gegenüber ihrem Mann zu beweisen. In diesem Teil lenkt sie das Gespräch durch ihre **direkten Fragen**. Friedrichs Gesprächsverhalten ist eher **ausweichend**. Er verweist darauf, dass es ihm nicht gut gehe, dieses Unwohlsein aber „wieder vorübergehn" (Z. 29) werde. Danach scheint sich das Gespräch im Kreis zu drehen. Genia will weiterhin den Grund für Friedrichs Abreise wissen und stellt deshalb immer die gleiche Frage, nur etwas anders formuliert (vgl. Z. 32 ff.). Als Friedrich letztendlich als Grund nennt, dass Genia ihren Verehrer zurückgewiesen hat, gewinnt er wieder die Oberhand über das Gespräch. Genia ist zunehmend verzweifelt, verwirrt und *„schweigt"* schließlich (Z. 92). Sie geht auch nicht mehr auf die Entschuldigung ihres Mannes ein und man muss das **Gespräch** als **gescheitert** ansehen.

Das **Verhältnis** zwischen Friedrich und Genia ist schon zu Beginn des Dialogs 2.3
merklich **gestört**. Friedrich fragt Genia, ob sie „noch was zu sagen" (Z. 1) ha- 2.3.1
be, worauf Genia antwortet „Eigentlich nichts" (Z. 2). Da man aber im Laufe des Dialogs erfährt, dass sie eigentlich doch einiges geklärt haben möchte, zeigen bereits die ersten Zeilen, dass zwischen dem Ehepaar **keine vertraute, offene Atmosphäre** besteht. Friedrich spricht Genia mit „mein Kind" (Z. 4)

an und versucht sie **jovial** wie ein Vater zu beruhigen. Er rechtfertigt seine Abreise damit, dass es ihr „ja nicht unbekannt“ (Z. 8) gewesen sei, dass er für ein „paar Tage ins Gebirge“ (Z. 7 f.) fahren wolle, um einen Freund zu besuchen. Friedrich stellt sein Reisevorhaben als eine ganz normale Sache dar. Er meint darüber hinaus, es sei egal, ob er „nun heut fahr’, – oder morgen oder übermorgen“ (Z. 8 f.). Mit der Reihung von beliebigen Abfahrtstagen verdeutlicht er seinen Standpunkt und versucht Genias Besorgnis als unbegründet erscheinen zu lassen.
Genia streicht sich *„über die Stirn“* (Z. 10, Regieanweisung) und zeigt damit ihre **Unsicherheit**. Einerseits findet sie, dass er „ja recht“ (Z. 10) habe, andererseits weiß sie, dass mehr dahinter steckt. Auch die folgende *„bange Pause“* (Z. 12, Regieanweisung) macht deutlich, dass sich Genia nicht traut, die eigentlichen Probleme auszusprechen. Friedrich ist sich nicht sicher, ob es ihm gelungen ist, Genia zu beruhigen. Er zieht sich in **floskelhaftes Sprechen** zurück und verspricht, sich „natürlich täglich“ (Z. 13) zu melden. Gleichzeitig bittet er um die Briefe des gemeinsamen Sohnes, der in England in einem Internat untergebracht ist, und versucht dadurch, sich als verantwortungsbewussten Vater hinzustellen.

Genia bleibt aber standhaft und **insistiert** mit der Wiederholung des Frage- 2.3.2
worts „warum“ (Z. 18) auf einer Begründung für die Abreise. Wieder spricht Friedrich seine Frau mit „mein liebes Kind“ (Z. 27) an und zeigt ihr damit noch einmal, dass sie sich nicht wie eine Erwachsene verhalte und deshalb von ihm nicht ernst genommen werden müsse. Seine Frau zwinge ihn seiner Meinung nach, dass er ausspreche, was eigentlich klar ist, dass er sich „seit einiger Zeit nicht besonders wohl“ (Z. 28 f.) fühle. Dies macht deutlich, dass die Entfremdung zwischen beiden schon fortgeschritten ist. Friedrich ist sich durchaus **unsicher**, wie es weitergehen wird. Das zeigt allein die Tatsache, dass er seine Aussage, es werde „ja wieder vorübergehn“ (Z. 29), mit „wahrscheinlich“ (Z. 29) einschränkt. Als Friedrich dann endlich zugibt, von Genia wegzuwollen (vgl. Z. 33 f.), fehlen ihr immer mehr die Worte. Sie ist **fassungslos**, sodass sie ihre Sätze nicht mehr zu Ende bringt. „Auf alles war [sie] eher gefasst, als dass [er] jetzt … so plötzlich … Von einem Tag zum andern – von einer Stunde zur andern (…)“ (Z. 37 f.). Genias Forderung, sich auszusprechen, weist Friedrich als zu früh zurück (vgl. Z. 42). Dass Friedrich genauso seine **überlegene Position verloren** hat, offenbart sich darin, dass auch seine Sätze unterbrochen sind (vgl. Z. 41 ff.) und teilweise nicht zu Ende geführt werden.

Auf Friedrichs Ausflucht, dass er sich „noch über mancherlei klar werden …“ 2.3.3
(Z. 42) müsse, spricht Genia den **Abschiedsbrief** ihres gemeinsamen Freundes Korsakow an und meint, dass dadurch keine Unklarheiten entstehen könnten. Sie kann ihre Aufregung kaum unter Kontrolle halten und keine vollständigen Sätze mehr formulieren. Fassungslos wiederholt sie „seit dem Abend“ (Z. 46), „seit dem Abend“ (Z. 47), „Friedrich, was – was“ (Z. 47).

Doch Friedrich *„zögert"* (Z. 53) immer noch, bis er endlich nach weiterem Drängen Genias (vgl. Z. 54) seinen **ungeheuerlichen Vorwurf** ausspricht, dass Genia den „Selbstmord von Korsakow gegen [ihn] irgendwie" (Z. 55) ausspiele. Das Entsetzen Genias angesichts von Friedrichs Vorwürfen belegen die vielen Ausrufe: „Friedrich! Ja, bist du denn ... [...] ... Nein! – ist es möglich! ... Das! ..." (Z. 58 f.) Genias **emotionale Aufwühlung** lässt sich kaum noch in Worte fassen. Sie wiederholt nur noch das Fragewort „Was, was?" (Z. 65). Auch Friedrich ist irritiert und kann seinen Vorwurf nur gebrochen formulieren. Genia sei ihm gerade dadurch fremd geworden, dass sie ihm treu geblieben sei und sich Korsakow deswegen umgebracht habe. „Ein andrer (...) würde vielleicht vor [ihr] auf den Knien liegen, [sie] anbeten – wie eine Heilige – gerade deswegen! ... [Er sei] halt nicht so ... [Ihm sei sie] gerade dadurch ... gleichsam fremder geworden." (Z. 72 ff.) Friedrichs Argumentation ist immer wieder von **Sprechpausen** unterbrochen. Die **Paradoxie des Vorwurfs** gegenüber Genia wird nur angetippt. Die Gedankengänge Friedrichs werden nicht immer zu Ende geführt. Auch deutet er manches nur sehr **indirekt** an, so zum Beispiel auch seine Untreue. Die „sogenannte Treue", die ihm seine Ehefrau eigentlich schulde, gilt in seinen Augen nur, wenn er sie „verdient hätte" (Z. 79). Durch den Konjunktiv wird nahegelegt, dass dies eben nicht der Fall ist, Genia also wegen seines Verhaltens ihr gegenüber auch ihm untreu hätte sein können.

Diese **verqueren Beweisführungen** werden aber noch **gesteigert**: Genias 2.3.4
„Tugend" habe „einen Menschen in den Tod getrieben" und „das [sei ihm] einfach unheimlich" (Z. 87). Genia kann auf diese Ungeheuerlichkeit nur noch mit Ausrufen vor allem auch von Friedrichs Namen (vgl. Z. 75, 83) reagieren. Völlig sprachlos bleibt sie beim Bekenntnis ihres Mannes: „So bin ich einmal ... Andre wären halt anders ..." (Z. 91). Die **Entfremdung** zwischen beiden Figuren ist dadurch zu einem **Höhepunkt** gelangt und zeigt das völlig unterschiedliche Treueverständnis von Mann und Frau. Für Friedrich sind seine Affären offensichtlich selbstverständlich und er macht seiner Frau, die, ihm treu ergeben, einen Verehrer, in den sie sogar „ein bissel verliebt" (Z. 78) war, zurückgewiesen hat, ihre „Standhaftigkeit" (Z. 62) zum Vorwurf. Dass die Ehefrau eine konträre Position vertritt, zeigt ihre Sprachlosigkeit (vgl. Z. 92) und auch ihre Einsicht, nachdem Friedrich noch einmal versucht, das Gesagte abzuschwächen. „Es ist schon wahr geblieben, Friedrich ..." (Z. 96), sind ihre letzten Worte.

Der Dramenauszug macht deutlich, wie schwierig es ist, seelische Befindlichkeiten adäquat in Sprache umzusetzen. Immer wieder stocken die Figuren in ihrer Rede und es gelingt ihnen nicht, eine echte Kommunikation in der Krise aufrechtzuerhalten. Die Entfremdung zwischen den Ehepartnern spiegelt auch die **Verunsicherung des modernen Menschen** wider, der sich in einer zunehmend brüchig gewordenen Welt nicht mehr zurechtfindet.

Auch in **Georg Büchners „Woyzeck"** erkennt man, wie sich zwei Menschen immer mehr voneinander entfernen. Der arme Soldat Franz Woyzeck lebt mit Marie und ihrem gemeinsamen Kind. Mit allen Mitteln versucht Woyzeck, seine kleine Familie zu ernähren. Hierfür nimmt er mehrere Arbeiten gleichzeitig an. Er nutzt neben seinem Militärdienst jede freie Minute, um zusätzlich Geld zu verdienen, um sein Kind und Marie versorgen zu können. So rasiert er den Hauptmann und unterzieht sich für den Doktor einer Erbsendiät zu wissenschaftlichen Zwecken. Der Hauptmann macht sich stets über den Soldaten Woyzeck lustig, er behandelt ihn wie einen unselbständigen Dummkopf, der nur zu seiner Erheiterung da ist. Büchner allerdings ist hier auf der Seite des geknechteten Soldaten, denn der Leser bzw. der Zuschauer erkennt bald, dass der eigentliche Idiot der Hauptmann selber ist, der den durchaus sozialkritischen Aussagen Woyzecks nicht folgen kann. 3 3.1

Auch der Doktor ist an Woyzeck nur als Versuchsobjekt interessiert, er ist für den Wissenschaftler ein „interessanter Casus", den er seinen Studenten zeigen kann, da aufgrund der Mangelernährung seine Reaktionsfähigkeit nachlässt. Von der Oberschicht wird Woyzeck nicht als Subjekt wahrgenommen und deshalb nur mit dem Personalpronomen „er" angesprochen. Neben dem körperlichen Verfall wird auch der psychische Druck immer größer, sodass er Stimmen hört. Sein Körper wird physisch und psychisch immer mehr zerstört und er kann daher Maries Bedürfnis nach Sozialprestige und Erotik nicht mehr adäquat erfüllen. Die Entfremdung zwischen beiden führt dazu, dass Marie eine Affäre mit einem stattlichen Tambourmajor beginnt. Die gesellschaftlichen Umstände treiben Woyzeck schließlich soweit, dass er die Aggression gegen das ihm Liebste auf der Welt, Marie, richtet und sie ersticht.

Die **Ursache der Entfremdung** ist in beiden Werken sehr **unterschiedlich**. 3.2
Armut und die damit verbundene körperliche und psychische Schwäche Woyzecks sind die Gründe dafür, dass sich **Marie und Woyzeck** immer weiter voneinander entfernen und sie schließlich nicht mehr zueinanderfinden können. Das einzig verbindende Element ist offenbar das gemeinsame Kind, das aber bereits das Zeichen der Armut trägt. Als Woyzeck einmal das schlafende Kind betrachtet, stellt er fest, dass es stark schwitzt. Für ihn ist das ein Beleg dafür, dass in seiner Schicht selbst das Schlafen zu einer harten Arbeit wird.

Diametral entgegengesetzt ist die soziale Schicht des **Ehepaars Hofreiter**. Der erfolgreiche Fabrikant lebt mit seiner Frau in einer Villa bei Wien. Materielle Sorgen haben sie nicht. Das zeigt allein die Tatsache, dass der Sohn im weit entfernten England ein Internat besuchen kann. Auch scheint es kein Problem zu sein, dass der Fabrikant spontan zu einem mehrtägigen Urlaub in die Berge aufbricht. Die Entfremdung beider entsteht hier vor allem aus den zahlreichen Affären, die Friedrich Hofreiter trotz Wissens seiner Frau offensichtlich selbstverständlich auslebt. Er geht sogar soweit, dass er seine Untreue als Maßstab setzt und seiner Frau die Treue vorwirft. Dieser paradoxe Umstand führt zur Entfremdung der Partner und endet in der Sprachlosigkeit.

Sprachlosigkeit ist auch in „Woyzeck“ ein Zeichen der Entfremdung, diese geht bei **Büchner** sogar bis zum Mord. Jedoch zeigt er mit seinem Drama, dass die Schuld nicht bei autonom handelnden Figuren liegt, sondern die **gesellschaftlichen Umstände** einen Menschen dazu bringen. Bei **Schnitzler** dagegen finden sich keine gesellschaftlichen Ursachen für die Entfremdung. Soweit es der Textauszug erkennen lässt, sind es eher **unterschiedliche psychische Bedingtheiten**, die eine Beziehung scheitern lassen.

Entfremdung zwischen den Figuren ist in zahlreichen literarischen Werken 4
ein zentrales Thema. Auch in **Goethes „Faust I“** glaubt Faust in Gretchen eine ideale Partnerin gefunden zu haben. Sein Ziel „zu erkennen, was die Welt im Innersten zusammenhält“, das Absolute zu erfahren, will er mit seiner Margarete erreichen. Bei näherer Bekanntschaft stellt sich aber schnell heraus, dass die Unterschiede zwischen beiden doch zu groß sind. Am Höhepunkt der Beziehung zeigen sich erste Entfremdungserscheinungen, als Gretchen mit der Frage nach der Religion Fausts Weltanschauung prüft und sich die intellektuellen Differenzen zwischen beiden offenbaren. Dass aufgrund der Wette mit Gott Mephisto dem Geschehen noch eine diabolische Wendung gibt, führt zur weiteren Entfremdung der beiden. Im Kerker schließlich möchte Gretchen, zu ihren Taten stehend, nicht mehr mit Faust fliehen, der sie nur noch aus Mitleid, nicht mehr aber aus wahrer Liebe retten möchte. Gretchens Ausruf „Heinrich, mir graut vor dir“ ist der Höhepunkt der Entfremdung zwischen beiden.

Deutsch Bayern – Abiturprüfung 2013: Aufgabe 3: Erschließen eines literarischen Textes

a) Erschließen und interpretieren Sie das vorliegende Ende des Romans *Leyla* von Feridun Zaimoglu! Berücksichtigen Sie dabei auch Material 1 und 2!

b) Zeigen Sie ausgehend von Ihren Ergebnissen vergleichend auf, wie die Protagonistin eines anderen literarischen Werks den sich ihr stellenden Herausforderungen begegnet!

Vorbemerkung

Der türkischstämmige deutsche Autor Feridun Zaimoglu, Verfasser zahlreicher Romane und Theaterstücke, erhielt 2007 für seinen Roman *Leyla* den Grimmelshausen-Preis, der Autorinnen und Autoren würdigt, die einen bemerkenswerten Beitrag zur Auseinandersetzung mit der Zeitgeschichte geleistet haben. Im Roman *Leyla* wird aus Sicht der Ich-Erzählerin Leyla erzählt, wie sie in den 1950er-Jahren als jüngstes Kind von fünf Geschwistern in einem ostanatolischen Dorf aufwächst. Die Zeit ihrer Kindheit ist von der Gewaltherrschaft des Vaters geprägt. Nach dem Umzug der Familie nach Istanbul lernt Leyla dort ihren Mann Metin kennen, den sie den „Schönen" nennt und der als „Gastarbeiter"* nach Deutschland geht. Nach dem Tod ihres Vaters folgt Leyla ihrem Mann zusammen mit ihrer Mutter und ihrem Kind nach Deutschland nach. Mit dem abgedruckten Auszug endet der Roman.

* Die Bundesrepublik Deutschland warb seit Mitte der 1950er-Jahre Arbeitskräfte aus verschiedenen Ländern, z. B. der Türkei, an. Da ursprünglich nur an einen befristeten Aufenthalt gedacht war, wurde für diese Arbeitskräfte der Begriff „Gastarbeiter" verwendet.

Feridun Zaimoglu (* 1964)
Leyla (2006)

[…] Der Reiseproviant geht uns am zweiten Tag aus, ich traue mich nicht, die Passagiere in den anderen Abteilen um Brot und Käse zu fragen. Ich übergebe meiner Mutter das Kind und mache mich auf die Suche nach dem Schaffner. Doch ich kann ihn nicht finden, bestimmt hat er sich zu einer seiner vielen Mittagspausen zurückgezogen. Auf dem Weg zum Abteil bleibt der Zug auf der freien Strecke stehen, ich schaue hinaus und sehe nur weites verdorrtes Land. Der Schaffner tritt aus einem Abteil hinaus, er kaut noch an dem großen Bissen in seinem Mund.

Herr, ich brauche heißes Wasser für die Babynahrung, sage ich, und außerdem haben meine Mutter und ich nichts mehr zu essen.

Er hört schlagartig auf zu kauen, starrt mich nur kurz an, tritt wieder in das Abteil, in dem sein Schaffnerkollege an einem kleinen Tisch mit Brot, Käse und Oliven sitzt. Er erklärt ihm, daß „die Dame und ihre Mutter" am Verhungern seien, der zweite Schaffner steht sofort auf und packt eine Papiertüte voll, die mit Hackfleisch gefüllten Auberginen und Paprikaschoten müsse ich auch unbedingt probieren. Der Heizkessel sei defekt, ich müsse wegen des heißen Wassers leider etwas warten.

Meine Mutter wartet ab, bis ich das Essen in zweieinviertel Portionen teile, sie brockt den salzigen Käse in das Brot und beißt hinein, eine Tasse Tee würde ihre Laune heben, aber wir müssen geduldig sein, wie wir immer Geduld aufbringen mußten, um einen Brocken dessen zu bekommen, das wir uns gewünscht hatten. Ich bette meinen Sohn in meine linke Achselhöhle, meine Körperwärme soll auf ihn übergehen, ich reinige sein Gesicht, traue mich aber wegen der Kälte im Abteil nicht, sein Leibchen und seine Hose zu wechseln. Plötzlich muß ich auflachen, meine Mutter schaut mich verwundert an.

Mein Gott, sind wir naiv, sage ich, wir haben unsere Festtagskleider angezogen. Ich bin beim Friseur gewesen und habe mich geschminkt. Wir haben gedacht, es gehe auf eine kurze Reise. Jetzt sehen wir aus wie zwei zerrupfte Raben.

Du wirst langsam irre, sagt meine Mutter.

Ich habe wirklich geglaubt, daß der Zug uns sehr schnell hinbringen wird, ich zeige meinen Paß vor und entsteige dem Zug mit dem Kind, so schön und so gepflegt wie beim Einstieg.

Du wußtest doch, daß wir drei Tage und drei Nächte fahren.

Ja, sage ich, ich habe gehofft, daß es schnell geht.

Wir sind da, wenn wir da sind, sagt sie und starrt aus dem Fenster.

Sie ist diesem Leben entrückt, meine Mutter, meiner schönen Mutter Seele verfängt sich in ihren Träumen, ein unheimlich feiner Schleier hat sich auf ihre Augen gelegt.

Bereust du deine Entscheidung? frage ich.

Erst habe ich mein Leben einem Mann geopfert, sagt sie, jetzt schenke ich mein Leben meinem Enkelkind.

Und die Söhne, die du zurückgelassen hast?

Ich werde sie vermissen, sagt sie, genauso, wie ich den Duft der regengetränkten Erde vermissen werde … Dafür sehe ich meine Töchter[1] wieder.

Bist du froh, daß … du ihn[2] losgeworden bist?

Wirst du froh sein, wenn du mich los wirst? fragt sie zurück, kümmere dich um deinen Sohn.

Ich schließe die Augen, lehne meinen Kopf gegen die harte Sitzstütze, mein Kind ist in meiner Achselhöhle eingeschlafen. Ich bin unendlich müde. Vier Lidschläge später, so scheint es mir, rüttelt mich meine Mutter wach.

Der Schaffner sagt, wir sind gleich da!

Ich richte mich mit einem Ruck auf und bin wütend auf mich, einen halben Tag habe ich verschlafen, das Kind sitzt still auf dem Schoß meiner Mutter, ich fahre mir durch die Haare, ziehe vor dem Wandspiegel die Lippen nach. Wir hängen gespannt am Zugfenster, und endlich fährt der Zug im Bahnhof der deutschen Stadt ein. Die Schienenstränge ordnen sich zu geraden Linien, auf den Bahnsteigen verharren die Menschen reglos wie Statuen.

Ist das Deutschland? frage ich mit leiser Stimme.

Meine Mutter starrt eine Weile hinaus und sagt: Deutschland ist außerhalb des Bahnhofs.

Als die Türen schließlich aufgehen, lasse ich vor Angst meiner Mutter den Vortritt, der Schaffner reicht uns die Koffer herunter, und dann stehen wir auf dem kleinen Fleck deutsches Land, die Menschen um uns herum zerren und schleppen an ihren Mitbringseln, ich erblicke die Frauen, die uns aus sicherer Entfernung mustern, sie scheinen in tiefe Gedanken versunken zu sein. Plötzlich steht der Schöne vor mir, nimmt mir das Kind ab und drückt es an seine Brust. Endlich seid ihr da, ruft er aus, dem Herrn sei Dank.

Die Heizung war defekt, und wir sind halb erfroren, sage ich und schäme mich sofort meiner Worte, und um die Verlegenheit zu übergehen, umarme ich meinen Mann, der mich am Ohrläppchen faßt, und jetzt schäme ich mich wegen meiner Mutter, das gehört sich nicht in ihrer Gegenwart. Der Schöne küßt ihre Hand und führt sie an die Stirn.

Ich habe Hunger, mein Sohn[3], sagt sie.

Natürlich, ich besorge uns sofort heiße Suppe, sagt der Schöne, wir haben ja noch eine lange Zugfahrt vor uns.

Was? sage ich, ich dachte, wir sind schon angekommen.

Das seid ihr auch, aber in München. Es geht weiter nach Berlin. Das dauert zehn Stunden.

Bewegt euch nicht vom Fleck, ermahnt er uns und verschwindet in der Menschenmenge. Ich bin so unendlich müde, mein Sohn fängt an zu weinen, er ist das Geschrei nicht gewöhnt. Mir fallen die Frauen auf, die ohne männliche Begleitung in der großen Bahnhofshalle unterwegs sind, sie schreiten auf hohen Absätzen voran, als kennten sie ihr Ziel genau. Ich bewundere ihren blassen Teint, ihre zu Turmfrisuren hochgesteckten Haare, ihre Halstücher in schreiend bunten Farben. Sie gehen an den Männern achtlos vorbei, die Männer schauen ihnen nicht nach. Der Schöne kommt zurück und verteilt deutsche Kekse an uns, heiße Suppe sei ausgegangen, sagt er, und wir stärken uns mit den Butterkeksen, dafür, daß sie nicht hausgemacht sind, schmecken sie ganz gut. Ich nehme mir vor, mich in der Stadt Berlin nach einem Zuckerpastetenhaus umzusehen, vielleicht lerne ich dort deutsche Damen meines Alters kennen. Der Schöne hat mir erklärt, daß die Menschen hier ihre Festtagsglückwünsche nicht auf der Straße austauschen. Aber auch hier erkenne man am Zierrat der Frau den Wohlstand ihres Mannes.

Sind wir soweit? sagt mein Mann.

Ja, sage ich, und umfasse fest den Koffergriff, wir können weiterfahren.

Ich will dieses Land lieben, weil es vermißt werden will.[4]

Ich werde den Wolf streicheln, und er wird vielleicht die Hand nicht beißen, die ihm über das Rückenfell fährt.

Ende

Feridun Zaimoglu, Leyla, Köln: Kiepenheuer & Witsch [4]2006, S. 521–525

Worterläuterungen:

1 Leylas Schwestern Yasmin und Selda sind bereits nach Deutschland emigriert.
2 Gemeint ist ihr verstorbener Ehemann, Leylas Vater.
3 Sie spricht ihren Schwiegersohn mit „mein Sohn“ an.
4 Leyla geht, wie viele Gastarbeiterfamilien der ersten Generation, davon aus, nach einer gewissen Zeit in die Heimat zurückzukehren.

Material 1

Türkisches Sprichwort

Sürüden ayrilani kurt kapar.

(Übersetzung: Wer sich von der Herde trennt, den schnappt sich der Wolf; vgl. Z. 94 f.)

Türkisches Sprichwort u. a. nach Asker Kartari, „Deutsch-türkische Kommunikation am Arbeitsplatz“, Münster u. a. 1997, S. 107; online u. a. unter http://derstandard.at/1297818983740/Islam-in-Europa-Deutschland-erfindet-sich-neu, zuletzt aufgerufen am 29. 11. 2012

Material 2

Gespräch des Journalisten und Bloggers Eren Güvercin mit Feridun Zaimoglu, geführt am 06. 04. 2006

EREN GÜVERCIN: Herr Zaimoglu, [...] seit einigen Wochen ist Ihr neuer Roman *Leyla* auf dem Markt. Darin erzählen Sie die Geschichte eines jungen Mädchens, Leyla, wie sie in einem anatolischen Dorf aufwächst und später ihren Mann kennenlernt, mit dem sie als einem der ersten Gastarbeiter nach Deutschland kommt. Was für eine Person ist Leyla? In einem Interview für eine türkische Zeitung bezeichneten Sie die erste Generation der Gastarbeiter als die „goldene Generation“. Ist die Geschichte von Leyla die Geschichte dieser „goldenen Generation“? Was macht diese Generation aus?

FERIDUN ZAIMOGLU: Leyla ist eine einfache Frau aus dem Volk: Sie könnte meine Mutter sein, oder die Mutter eines Freundes, oder einer Bekannten aus der zweiten Generation. Viele junge Frauen [...] erkennen in der Romanheldin ihre eigene Mutter wieder. Leyla ist eine Frau aus dem anatolischen Kernland, aus dem sich hunderttausende andere moslemische Bäuerinnen nach Deutschland aufgemacht haben, alleine oder an der Seite ihrer Männer. Heute fällt es schwer, die Aufbruchstimmung des großen goldenen Anfangs zu begreifen. Aber wenn denn den Trümmerfrauen nach dem Krieg zu Recht großer Respekt gezollt wird, ist es auch an der Zeit, diesen großartigen Türkinnen der ersten Stunde den Platz zuzuweisen, den sie verdienen. Man muss sie aus dem historischen Dunkel herausstellen als die wahren Heldinnen der Einwanderung.

Gespräch von Eren Güvercin mit Feridun Zaimoglu, geführt am 06. 04. 2006, online unter http://erenguevercin.wordpress.com/interviews/, zuletzt aufgerufen am 16. 01. 2013

Hinweise und Tipps

- *Wie üblich ist auch hier die Aufgabenstellung **zweiteilig**. Verfassen Sie dennoch insgesamt einen in sich **geschlossenen Aufsatz**, der alle geforderten Aspekte der Themenstellung abdeckt.*
- *„**Erschließen**" und „**interpretieren**" beinhaltet neben der Beschreibung von **Inhalt und Aufbau** des Textes die Analyse der **erzählerischen und sprachlich-stilistischen Gestaltung** und die **Deutung** des Textes. Im vorliegenden Lösungsvorschlag wird die sprachlich-stilistische Gestaltung integrativ in die Interpretation eingearbeitet. Auch das **Zusatzmaterial** wird einbezogen. Dies ist allerdings nicht zwingend erforderlich, auch jeweils eigene Gliederungspunkten wären hier möglich.*
- *Für den zweiten Teil der Aufgabenstellung müssen Sie ein passendes **Vergleichswerk** finden. Die Fragestellung, wie eine Protagonistin auf die ihr gestellten Herausforderungen reagiert, ist sehr offen, sodass sich dafür zahlreiche literarische Werke anbieten. Den literatur- und zeitgeschichtlichen Hintergrund sowie formale Aspekte können Sie dabei mitberücksichtigen, explizit gefordert ist dies allerdings nicht. Wichtig ist nur, dass Sie – ausgehend von den Ergebnissen der Teilaufgabe (a) – **geeignete Vergleichskriterien** wählen. Dabei bieten sich z. B. die Art der Herausforderung, die Umstände, aus denen die Herausforderung resultiert, die Rolle des Umfelds, die Art und Weise des Umgangs mit der Herausforderung und die Konsequenzen für die Figur und ggf. auch für deren Umwelt an.*

Gliederung

1 Migrationsliteratur

2 Erschließung und Interpretation des Romanendes von „Leyla" von Feridun Zaimoglu: von Zuversicht und Entschlossenheit geprägte Zukunftsvorstellung

2.1 Inhalt und Aufbau: letzte Etappe der Reise von Istanbul nach München
2.1.1 Organisieren von Essen und selbstironische Beurteilung der Situation (Z. 1–30)
2.1.2 Gespräch mit Mutter über die Veränderung in deren Leben (Z. 31–45)
2.1.3 Schilderung der Ankunft am Bahnhof in München (Z. 46–86)
2.1.4 Positiver Blick in die Zukunft (Z. 86–96)

2.2 Erzählerische Gestaltung: Ermöglichen der Identifikation durch personale Ich-Erzählerin Leyla

2.3 Leylas positive Lebenseinstellung als Grundhaltung beim Umgang mit Neuem
2.3.1 Probleme des Übergangs zwischen Alt und Neu
2.3.2 Gegenüberstellung der Befangenheit Leylas mit ihrer Offenheit für die neue Kultur
2.3.3 Verantwortungsbewusste Leyla in einer Übergangssituation
2.3.4 Leylas Leistung als Repräsentantin der „goldenen Generation"
2.3.5 Offenheit der weiteren Entwicklung

3 Vergleich mit den Effi Briest gestellten Herausforderungen in Theodor Fontanes „Effi Briest“
3.1 Konfrontation Effis mit Heirat und Umzug nach Kessin
3.2 Neugierde, Angst und Flucht in eine Affäre
3.3 Resignation und Tod
3.3 Vergleichsaspekte Leyla – Effi

4 Immigration in Deutschland heute

Lösungsvorschlag

Ein wichtiges Kennzeichen der modernen Gesellschaft weltweit ist die Bereitschaft zur **Flexibilität** in jeglicher Hinsicht. Menschen sind gezwungen, aus wirtschaftlichen oder politischen Gründen ihre Heimat zu wechseln und sich in anderen Ländern und Kulturen zu integrieren. Dass dieser Migrationsprozess die deutsche Gesellschaft merklich verändert hat, ist auch an der Literatur zu sehen. Autoren mit Migrationshintergrund sind aus der deutschen Literatur nicht mehr wegzudenken. Man spricht mittlerweile gar von **Migrationsliteratur**. Diese Literatur bietet die Möglichkeit, Einblicke in für Deutsche fremde Kulturen zu gewähren und damit fremde Lebensweisen und Mentalitäten zu erschließen, um gängige Vorurteile abzubauen. So wird ein wertvoller Beitrag zur **Integration** von Einwanderern in unserer Gesellschaft geleistet. 1

Die Ursprünge der Migration nach Deutschland liegen in der 1950er-Jahren, als überwiegend türkische Gastarbeiter mit all ihren Gewohnheiten und ihrer Kultur nach Deutschland kamen und damit die heutige Interkulturalität ihren Anfang nahm. Der Roman **„Leyla“** von **Feridun Zaimoglu** erzählt die Geschichte einer dieser Immigrantinnen. Geschildert wird hier hauptsächlich die Vorgeschichte, die Zeit also, bevor Leyla nach Deutschland aufbricht. 2

Der zu erschließende **Schluss des Romans** beschreibt den letzten Teil der Zugfahrt von Istanbul nach München und die daraus resultierenden Ängste und Herausforderungen an die Protagonistin Leyla, denen sie sich offen stellt. 2.1

Der Romanauszug setzt am zweiten Tag der **Zugreise nach Deutschland** ein, als den Reisenden, Leyla, ihrem kleinem Sohn und ihrer Mutter, der Proviant ausgegangen ist. Es wird dargestellt, wie Leyla verantwortungsbewusst Essen beim Schaffner organisiert und sich fürsorglich um ihr Kind kümmert. Selbstironisch beurteilt Leyla die Situation, indem sie sich über ihre eigene Naivität, mit Festtagskleidern in den Zug gestiegen zu sein, lustig macht. Ihrer Mutter fehlt hingegen das Verständnis für diese Sichtweise (Z. 1–30). 2.1.1

Dieser Beschreibung folgt ein **Gespräch mit der Mutter** über die Veränderung in deren Leben. Leyla fragt ihre Mutter direkt, was sie denn empfinde, nachdem sie ihre Heimat und auch ihre Söhne zurücklassen und darüber hin- 2.1.2

aus immer noch den Tod des Ehemanns verarbeiten müsse. Leyla erhält aber nur knappe, ausweichende Antworten (Z. 31–45).

Im sich anschließenden nächsten Teil des Romanauszug wird zunächst kurz die aufgeregte Vorbereitung auf das Einlaufen des Zuges geschildert, dann die **Ankunft am Bahnhof in München**. Nach einer schnell vorübergehenden Unsicherheit und Ängstlichkeit beim Verlassen des Zuges und der ersten Begegnung mit ihrem Mann betrachtet Leyla interessiert die Umgebung, während ihr Mann versucht, Essen zu organisieren. Dabei fallen ihr vor allem die selbstbewusst auftretenden Frauen auf (Z. 46–86). 2.1.3

Der letzte Abschnitt beschreibt die von Zuversicht und Entschlossenheit geprägte **Zukunftsvorstellung** von Leyla, die sich vornimmt, das neue Land, in dem sie nun wohnen wird, zu lieben und sich darauf einzulassen. Ob ihr das gelingen wird, erfährt der Leser nicht mehr (Z. 86–96). 2.1.4

Erzählt wird die Zugfahrt aus der Perspektive der **Ich-Erzählerin Leyla**. Gefühle und Gedanken werden dabei wiedergegeben, wenn Leyla beispielsweise ihre Bewunderung für die deutschen Frauen am Bahnhof in München zugibt (vgl. Z. 81). 2.2
In diesem Auszug wird eine **Übergangssituation**, die mit der Reise im Zug über eine weite Strecke gleichgesetzt wird, beschrieben. Dies zeigt sich auch in der **Zeitgestaltung**. An einigen Stellen scheint die Zeit gleichsam zu verschwimmen, wenn Leyla „die Augen“ schließt und „vier Lidschläge später [sie ihre Mutter wieder wach]rüttelt“ (Z. 46 ff.). Wie viel Zeit vergangen ist, wie lange die Zugfahrt konkret dauert, erfährt man nicht. Daneben gibt es Passagen, die den Leser unmittelbar am Geschehen teilhaben lassen durch **szenische, weitgehend zeitdeckende Darbietung der Handlung im Präsens**. Zahlreiche **wörtliche Reden** (allerdings hier ohne Anführungszeichen) ermöglichen ein direktes Hineintauchen in die Situation. Das Gespräch mit der Mutter (vgl. Z. 31 ff.) oder die Ankunft in München (vgl. Z. 64 ff.) werden in direkter Rede wiedergegeben. Die **Identifikationsmöglichkeit** mit Leyla wird aber noch verstärkt durch die immer wieder eingeschobene **Gedankenrede**. Auf die Tautologie ihrer Mutter, „wir sind da, wenn wir da sind“ (Z. 33), reflektiert sie: „Sie ist diesem Leben entrückt, meine Mutter, meiner schönen Mutter Seele verfängt sich in ihren Träumen“ (Z. 34 f.). Der **Wechsel zwischen äußerem und innerem Geschehen** ist meist unvermittelt. Am Bahnhof in München macht sich Leylas Mann auf, Essen zu besorgen, und ermahnt die Familie, sich nicht vom Fleck zu rühren (vgl. Z. 77). Leyla bekennt: „Ich bin so unendlich müde“ (Z. 78). Im selben Satz findet dann der Wechsel zum äußeren Geschehen statt, wenn es heißt, „mein Sohn fängt an zu weinen“, um daraufhin wieder zum inneren Geschehen zu wechseln, als Leyla nach einer Erklärung für die Unruhe ihres Sohnes sucht (vgl. Z. 78 f.). Dadurch gewinnt der Leser **Einblicke in die psychische Auseinandersetzung Leylas** mit der momentanen Umbruchssituation und es gelingt eine Identifikation. Das **Sprachniveau** ist insgesamt **gehoben**.

Der Romanschluss rückt **die positive Grundeinstellung der Figur Leyla** in den Mittelpunkt. Auf der Reise von Istanbul nach Deutschland wird sie immer wieder mit neuen Problemen und fremden Eindrücken konfrontiert. 2.3

Am Beginn des Textauszugs versucht Leyla, vom Schaffner Essen zu bekommen, nachdem den Reisenden nach zwei Tagen der Proviant ausgegangen ist. Als der Zug auf freier Strecke stehen bleibt, sieht sie draußen „nur verdorrtes Land" (Z. 6), Symbol für ihre **Ängste**, dass vielleicht auch im neuen Land, in Deutschland, sich nicht alles zum Besseren wendet. Vom Schaffner, den sie, wie es sich für eine türkische Frau gehört, respektvoll mit „Herr" (Z. 8) anspricht, bekommt sie Lebensmittel, die typisch für die Türkei sind und ihr noch einmal bewusst machen, was sie zurücklässt (vgl. Z. 11–13). Gleichzeitig erinnert sie sich aber auch an die Entbehrungen in ihrer Heimat, wo sie und ihre Mutter „immer Geduld aufbringen mussten, um einen Brocken dessen zu bekommen", was sie sich „gewünscht hatten" (Z. 18 f.). Leyla hat auf ihrer Reise aber nicht nur das **Essen-Problem** zu lösen, sondern muss auch mit der **Kälte** fertig werden. Sie versucht, ihr Baby durch ihre „Körperwärme" (Z. 20) zu schützen. Heißes Wasser für die Babynahrung ist nicht verfügbar, da der „Heizkessel […] defekt" (Z. 14f.) ist. Nirgends gibt es Wärme, Halt für die Reisenden, den müssen sie sich selber geben. 2.3.1
Gleichzeitig sieht die Figur Leyla sich aber auch **selbstironisch** und belächelt ihre Naivität, mit der sie sich mit neuer Frisur, „Festtagskleider[n]" und Schminke für die dreitägige Zugreise hergerichtet hatte (vgl. Z. 24 ff.). Jetzt sehen sie aus „wie zwei zerrupfte Raben" (Z. 26). Die Reise zehrt an ihnen, „der Zug" bringt sie eben nicht „sehr schnell hin" (Z. 28) und sie „entsteige[n] dem Zug […] [nicht] so schön und so gepflegt wie beim Einstieg" (Z. 29 f.). Leylas Hoffnung, dass die Reise nach Deutschland „schnell geht" (Z. 32), erweist sich als **Trugschluss** und ist ein Indiz dafür, dass sie sich nicht besonders gut auf die doch bedeutsame Veränderung in ihrem Leben vorbereitet hat. Sie hat sich vielmehr einen **leichten, weniger anstrengenden Übergang** gewünscht, während ihre Mutter scheinbar lethargisch mit der Situation umgeht (vgl. Z. 34). Die Wiederholung „meine Mutter" an dieser Stelle und die gleichzeitige Präzisierung („meine[…] schöne[…] Mutter", Z. 34) unterstreicht die Wertschätzung, die Leyla ihrer Mutter entgegenbringt, und das, obwohl diese sich so zurückzieht.
Das sich anschließende Gespräch mit der **Mutter** belegt, dass sich diese **ihrem Schicksal ergeben** hat. Sie „starrt aus dem Fenster" (Z. 33) und harrt der Dinge, die auf sie zukommen. Mit der Tautologie „Wir sind da, wenn wir da sind" (Z. 33) wird dies noch einmal betont. Sie hat ihr Leben nie selbstbestimmt geführt, sondern „erst […] einem Mann geopfert […], jetzt schenk[t sie ihr] Leben [ihrem] Enkelkind" (Z. 39). Auch wenn sie ihre Söhne, die sie in der Türkei zurücklässt, vermissen werde „wie den Duft der regengetränkten Erde" (Z. 41), den Geruch der Heimat, wird sie in Deutschland ihre bereits ausgewanderten Töchter wiedersehen. Dass sie aber nicht weiter darüber sprechen will, zeigen die Auslassungszeichen (vgl. Z. 42). Was wirklich in ihrem

Kopf vorgeht, erfährt der Leser nicht. Auch Leyla hat Schwierigkeiten, den Tod ihres Vaters zu thematisieren, wenn sie fragt: „Bist du froh, daß … du ihn losgeworden bist?“ (Z. 43) Ihre Mutter weigert sich, darüber zu sprechen und fordert sie auf: „kümmere dich um deinen Sohn“ (Z. 45). Beide wissen um das patriarchalische, gewaltsame Verhalten des Vaters bzw. Ehemanns, setzen sich aber nicht damit auseinander. Leyla „schließ[t] die Augen, […] ist unendlich müde.“ (Z. 46 f.) Die anstrengende Reise, die Verletzungen der Vergangenheit und auch die Angst davor, was auf sie zukommen wird, **erschöpfen** sie.

Bei der Ankunft am Münchner Hauptbahnhof wird wieder Leylas Angst vor der Zukunft thematisiert. Sie lässt ihrer „Mutter den Vortritt“ (Z. 59). Gleichzeitig wird in diesem Abschnitt deutlich, dass die Figur **zwischen den alten Traditionen**, die in der Türkei ihre Gültigkeit haben, **und einer selbstbewussten Grundhaltung** steht. Leyla beklagt die Beschwernisse und Kälte der Zugfahrt und begrüßt ihren Mann zärtlich, merkt aber gleichzeitig, dass sich beides vor den Augen ihrer Mutter nicht schickt, und sie schämt sich (vgl. Z. 68). Nach deutschem Verständnis wäre ein solches Verhalten jedoch nicht kritikwürdig. Dass sie ihren Mann bewundert und zu ihm aufschaut, zeigt sich auch darin, dass er für sie immer nur der „Schöne“ (Z. 69) ist. 2.3.2
Das Motiv des Essens tritt hier erneut auf. Leylas Mutter hat „Hunger“ (Z. 71) und ihr Mann macht sich auf, etwas zu besorgen. Währenddessen beobachtet Leyla deutsche Frauen, ist fasziniert von ihrem selbstbewussten Verhalten, „bewunder[t] ihren blassen Teint, ihre zu Turmfrisuren hochgesteckten Haare, ihre Halstücher in schreiend bunten Farben“ (Z. 81 f.). Die Aufzählung, mit der die deutschen Frauen beschrieben werden, betont die **Intensität der Sinneseindrücke**, mit denen Leyla das neue Land mit seinen anderen Sitten wahrnimmt. Besonders fällt ihr auf, dass die Frauen sich selbstständig und frei bewegen. „Sie gehen an den Männern achtlos vorbei, die Männer schauen ihnen nicht nach.“ (Z. 82 f.) Allein die Erwähnung belegt, dass dies in der Türkei eben anders ist. Leyla ist **offen für die Veränderungen** und sie nimmt sich vor, in ihrer neuen Stadt Berlin nach Kontaktmöglichkeiten zu suchen, in der Hoffnung „dort deutsche Damen [ihres] Alters“ (Z. 87) kennenzulernen.

Die **Entschlossenheit Leylas, sich auf die neue Situation einzulassen,** wird am Ende der Textstelle noch einmal betont. Sie ist bereit, die Reise nach Berlin fortzusetzen, und „umfass[t] fest den Koffergriff“ (Z. 92) als Zeichen dieser Bereitschaft. Sie will sich den Anforderungen stellen, die mit einem Neuanfang in einem anderem Kulturkreis verbunden sind, und nimmt sich vor, „dieses Land [zu] lieben“ (Z. 93). Die letzten beiden Sätze beginnen mit einem selbstbewussten „Ich“ (Z. 93 f.) und zeigen bereits **Ansätze eines veränderten weiblichen Rollenverständnisses**. Das türkische Sprichwort „Wer sich von der Herde trennt, den schnappt sich der Wolf“ (M. 1) wird abgewandelt und umgedeutet durch den Vorsatz Leylas, sich auf das Fremde, den Wolf, einzulassen, „den Wolf [zu] streicheln, und er wird vielleicht die Hand nicht beißen, die ihm über das Rückenfell fährt“ (Z. 94 f.). 2.3.3

Der Autor betont mit seiner Figur Leyla die Leistung der ersten Gastarbeiterfrauen, die sich positiv den Anforderungen des neuen Kulturkreises stellten. Er sieht sie als **Repräsentantin der „goldenen Generation“** (M 2, Z. 7). „Sie ist eine einfache Frau aus dem Volk: Sie könnte meine Mutter sein, oder die Mutter eines Freundes“ (M 2, Z. 9 f.), sagt Zaimoglu in einem Interview und fordert, man solle diese Frauen „aus dem historischen Dunkel herausstellen als die wahren Heldinnen der Einwanderung“ (M 2, Z. 18 f.), die die auftretenden Herausforderungen angenommen und diese auch gemeistert haben. 2.3.4

Ob Leyla sich in Deutschland erfolgreich einleben wird, wie die Immigrantin in Deutschland zurechtkommt, lässt der Roman bewusst **offen** – im Kontrast dazu steht jedoch das abschließende Wort „Ende“ (Z. 96). Die kurze Textstelle betont aber, dass es darum gehen müsse, Traditionen nicht einfach abzuschneiden, sondern behutsam aufzugreifen und so in das Neue zu integrieren. Der Schmerz, der aus der Trennung von der Heimat notwendig resultiert, darf dabei auch nicht einfach ignoriert werden, sondern die Situation muss stets reflektiert werden. Indem **Leyla** die Trauer der Mutter aufmerksam beobachtet, indem sie die neue Umgebung mit wachen Blicken aufnimmt und schließlich indem sie gegenüber dem neuen Land zupackend-positiv auftritt, ist sie eine Protagonistin, die **Vorbildfunktion** hat. 2.3.5

In zahlreichen anderen literarischen Werken stehen Frauen im Mittelpunkt, die mit den ihnen gestellten Herausforderungen fertig werden müssen – im positiven, aber auch im negativen Sinn. Ganz anders als Leyla reagiert **Effi Briest** im gleichnamigen Roman von **Theodor Fontane** auf Veränderungen. Der Roman beschreibt das Leben der jungen Effi, die mit dem weitaus älteren Innstetten, einem ehemaligen Verehrer ihrer Mutter, verheiratet wird, von dieser Hochzeit bis zu ihrem frühen Tod. 3

Die erste Herausforderung im Leben von Effi ist ihre **frühe Hochzeit**, die sie aus ihrer glücklichen Kindheit reißt. Zwar willigt Effi in diese Heirat ein, da auch sie den Konventionen verhaftet ist, sich einen gesellschaftlichen Aufstieg erhofft und nicht das nötige Selbstbewusstsein hat, gegen den Willen ihrer Eltern zu handeln. Sie folgt ihrem Ehemann nach **Kessin** und muss dort mit den **Strukturen einer abgeschiedenen Kleinstadt** zurechtkommen. Ihr Mann, der beruflich als Landrat viel unterwegs ist, lässt sie oft allein und kann ihr auch nicht die für sie notwendige Wärme geben. Ihr Hund Rollo und ihre Tochter Anni sind die Einzigen, bei denen sie sich geborgen fühlt. 3.1

Effis einzige Ablenkung in diesem verlassenen Ort ist ihre **Beteiligung an der Aufführung eines Theaterstücks** durch eine Laienspielgruppe. Dazu wird sie vom Apotheker Gieshübler aufgefordert. Diese neue Herausforderung meistert Effi mit Bravour und es gelingt ihr, sich von ihrer Unzufriedenheit abzulenken. Auch eine sich daraus entwickelnde **Affäre mit Major Crampas** ist im Grunde nur eine Reaktion auf diese Situation. Ihre **Ängste und Unsicherheit** werden von ihrem Mann Innstetten aber bewusst nicht aufgeklärt. Er hält 3.2

sie im Unklaren über einen möglichen Chinesenspuk und nimmt sich auch nicht die Zeit, offen mit seiner Frau zu sprechen.

Effi wird, nachdem Jahre später ihre längst beendete Affäre bekannt wird und 3.3
Innstetten im Duell Crampas tötet, jeder Kontakt mit ihrer Tochter untersagt. Auch ihre Eltern verstoßen sie zunächst und Effi fügt sich ihrem Schicksal. Sie ist **gebrochen** und kann **keine Aktivität** mehr entwickeln. Als ihr Vater Effi dann doch noch die Rückkehr ins Elternhaus gestattet, **stirbt** sie dort, wo die Geschichte ihren verhängnisvollen Lauf genommen hat.
Fontane erzählt seine Geschichte als **Geschichte einer Herausforderung**, die sich daraus ergibt, dass die Protagonistin ihre Heimat sehr früh verlassen muss, um eine Ehe zu führen, die sie nicht wirklich selber wollte. Der Roman ist die **Geschichte eines Scheiterns**.

Bei **Leyla** ist die Ausgangssituation zunächst ganz ähnlich wie bei Effi. Ihr 3.4
Mann wandert nach der Hochzeit nach Deutschland aus und sie bleibt mit ihrem Kind allein zurück. Dass auch sie niemanden hat, mit dem sie offen reden kann, zeigt ihr Versuch, auf der Zugfahrt mit ihrer Mutter über den Vater zu sprechen. Diese antwortet ihr nicht, sondern konfrontiert sie nur mit einer Gegenfrage (vgl. Z. 43f.). Einschränkungen und zum Teil körperliche Gewalt gehören zum Leben Leylas in der Türkei. Sie darf nicht mit jedem reden und ihr Vater schlägt sie. Leyla jedoch **reagiert** auf den Druck mit einer Hochzeit mit Metin, lässt sich nicht einschüchtern wie Effi und folgt ihrem Mann schließlich nach Deutschland, wo sie sich vornimmt, sich **aktiv** auf das Neue einzulassen. Anders als Effi geht Leyla die Probleme mit einer positiven Haltung an.
Bei Zaimoglu, das muss festgehalten werden, stellt sich die Herausforderung anders dar als bei Fontane. Leylas Geschichte endet mit der Konfrontation mit einer ganz neuen Situation. Ob sie diese Herausforderung meistert, wird nicht beantwortet. Nur aus den Aussagen des Autors im zitierten Interview lässt sich erschließen, dass sie es geschafft hat. Der Roman begründet also in erster Linie, mit welchen Verhaltensmustern man an neue Aufgaben herangehen müsse. **Offenheit, Mut und Zuversicht** gehören auf jeden Fall dazu.

Auch heute noch ist **Immigration** in Deutschland ein großes Thema. Der An- 4
teil der Bevölkerung mit Migrationshintergrund nimmt ständig zu. Statistisch gesehen ist etwa jeder fünfte Bewohner der Bundesrepublik zugewandert oder hat immigrierte Eltern oder Großeltern. Angesichts der demographischen Entwicklung wird dieser Bevölkerungsanteil immer wichtiger für die Gesellschaft. So ist es nicht verwunderlich, dass immer mehr unternommen wird, um die **Eingliederung** zu erleichtern, sei es mit besonderen Förderkursen für die Schüler oder Sprachkursen für Frauen, die nicht im Berufsleben stehen und damit nicht per se gezwungen sind, die deutsche Sprache zu lernen. Dass die sogenannte **Migrationsliteratur** mittlerweile Einzug in die Deutschbücher gehalten hat, ist ein weiterer Beleg dafür, dass sich die Bevölkerung mit den Erfahrungen der Migranten auseinandersetzen muss, um ein **friedliches Neben- und Miteinander** zu ermöglichen.

Deutsch Bayern – Abiturprüfung 2013
Aufgabe 4: Vergleichendes Analysieren von Sachtexten

Analysieren Sie vergleichend die Texte A und B im Hinblick auf ihren gedanklich-argumentativen Aufbau und auffällige sprachlich-stilistische Gestaltungsmittel! Arbeiten Sie dabei heraus, welche Position die beiden Texte zu der Frage einnehmen, ob Lesen „schöne[r] Literatur" (vgl. Text A, Z. 13) glücklich macht! Nehmen Sie abschließend unter Heranziehung eigener Leseerfahrungen zu dieser Frage Stellung!

Vorbemerkung
Der Journalist Ulrich Greiner war von 1998 bis 2009 verantwortlicher Redakteur des Ressorts Literatur bei der Wochenzeitung DIE ZEIT. Seitdem ist er Kulturreporter und Herausgeber des Magazins ZEITLiteratur. Der von ihm verfasste Text A erschien am 25. Oktober 2007 in der ZEIT.
Peter Spork studierte Biologie, Anthropologie und Psychologie und arbeitet seit 1991 als freier Wissenschaftsjournalist. Text B wurde anlässlich einer Expertentagung des Jahres 1996 zum Thema „Leseglück" verfasst und 1999 in der populärwissenschaftlichen Monatszeitschrift *bild der wissenschaft* publiziert.

Text A

Ulrich Greiner (* 1945)
Macht Lesen glücklich? Über einen verbreiteten Irrtum (2007)

Ums Lesen gibt es ein großes Gewese[1]. Den Welttag des Buches haben wir hinter, den Vorlesetag (23. November) vor uns. Außerdem gibt es die Stiftung Lesen sowie manch andere ebenso philanthropische wie geschäftsfördernde Einrichtung. Die Branche, die vom Lesen lebt (zu ihr gehört auch dieses Blatt), ist groß, und sie muss zusehen, dass ihr der Nachwuchs nicht ausgeht. Das ist legitim, aber man sollte nicht übertreiben.

Zunächst mal ist klar, dass diejenigen, die nicht lesen können, von Wissen und Bildung und damit von beruflichem Erfolg ausgeschlossen sind. Die Nachricht, dass 22 Prozent aller Deutschen in diesem Jahr noch kein einziges Buch gelesen haben, bestätigt die Vermutung, dass der Prozess der Marginalisierung voranschreitet. Dagegen etwas zu tun ist notwendig. Aber wenn vom Lesen die Rede ist, dann meist im emphatischen Sinn.[2] Da sind nicht Lehrbücher oder Handbücher gemeint, sondern die Werke der schönen Literatur, der Dichter und Denker. *Warum Lesen glücklich macht* heißt ein Buch von Stefan Bollmann[3] (Elisabeth Sandmann Verlag), und diese Behauptung ist irreführend. Wer liest, um glücklich zu werden, sollte es lieber lassen. Lesen ist, wie die Fähigkeit, Rad zu fahren oder den Computer zu benutzen, eine Kulturtechnik, man muss sie beherrschen, um in dieser Gesellschaft überleben zu können. Mit Glück hat sie nichts zu tun, eher im Gegenteil: Das dauerhafte, wahrhafte Glück besteht wahrscheinlich in der vollendeten Dummheit.

Erinnert sich jemand an Emma Bovary[4]? Das Unglück dieser hübschen und selbstsüchtigen Frau in Flauberts Roman beginnt damit, dass sie andauernd Romane liest, die ihr Bild von der Wirklichkeit nachhaltig beschädigen. Auch der berühmte Ritter von der traurigen Gestalt,[5] der Don Quijote des Cervantes, hat so viele Romane gelesen, dass er sich zum Gespött seiner Mitmenschen macht. Nun ist es sicherlich richtig, dass Frau Bovary und Herr Quijote nicht intelligent genug waren, um aus ihrer Lektüre die richtigen Schlüsse zu ziehen. Angenommen, sie wären dazu imstande gewesen: Es hätte ihnen nicht zum Glück verholfen. Und wir hätten zwei große Romane weniger.

Die gern verbreitete These, Lesen im emphatischen Sinn führe zu größerer Weisheit und Einsicht und es wäre um die Welt besser bestellt, wenn die Staatsmänner und Wirtschaftslenker häufiger Hölderlin[6] läsen, ist unbeweisbar. Schaden würde es ihnen nicht, aber ob sie danach menschlicher und klüger entschieden, weiß man nicht. Marcel Reich-Ranicki[7] erzählte einmal, er habe seinen Augenarzt wechseln müssen. Der Mann habe ihn allzu oft mit der Kenntnis neuer Romane beeindrucken wollen, anstatt sich fachlich weiterzubilden.

Man sollte für das Lesen nicht mit falschen Versprechungen werben. Es vergrößert die geistige Reichweite. Zu Risiken und Nebenwirkungen fragen Sie Ihren Literaturkritiker.

Ulrich Greiner, Macht Lesen glücklich? Über einen verbreiteten Irrtum,
in: Die Zeit Nr. 44 vom 25. 10. 2007, online unter http://www.zeit.de/2007/44/Glosse-Literatur,
zuletzt aufgerufen am 16. 01. 2013

Worterläuterungen:

1 *Gewese:* laute, Aufmerksamkeit erregende Betriebsamkeit
2 *Lesen im emphatischen Sinn:* Lesen als Begegnung mit gehobener Literatur
3 Das Buch erschien 2007.
4 *Emma Bovary:* Titelfigur aus Gustave Flauberts berühmtem Roman *Madame Bovary* (zuerst 1856)
5 *Ritter von der traurigen Gestalt:* zur festen Redewendung gewordener Beiname Don Quijotes, der Titelfigur aus dem Roman von Miguel de Cervantes Saavedra (zuerst 1605); Don Quijote vermag nicht mehr zwischen der Welt der Ritterromane und der Realität zu unterscheiden.
6 *Friedrich Hölderlin* (1770–1843): Dichter der Goethezeit
7 *Marcel Reich-Ranicki* (* 1920): Publizist, Literaturkenner und -kritiker

Text B

Peter Spork (* 1965)
Unzufrieden? Sie sollten mehr lesen! Bücher sind gedruckte Arzneimittel. (1999)

Die Bettdecke spannt sich zwischen Nacken und Knien und bildet eine Höhle. Die rechte Hand hält eine Taschenlampe. Kein Lichtstrahl darf unter der Zimmertür nach außen dringen. Schon vor Ewigkeiten hat die Mutter dem Jungen befohlen, er solle endlich schlafen. Aber Viertelstunde um Viertelstunde vergeht, während der Daumen der linken Hand Seite für Seite umblättert. Ein Buch entführt den Leser in das ferne *Land der Skipetaren*[1], läßt ihn durch endlose Wüsten reiten, gemeinsam mit Kara Ben Nemsi und dem treuen Begleiter Hadschi Halef Omar Ben Hadschi Abul Abbas Ibn Hadschi Dawuhd Al Gossarah. An ihrer Seite reitet er im Geiste mit, fängt üble Schurken und erlebt tausend fesselnde Abenteuer.

Wer aus der heutigen Elterngeneration erinnert sich nicht gerne an die Jugendzeit, als Karl May, Michael Ende und Astrid Lindgren die Tür öffneten in ferne Welten, als Lesen gleichbedeutend war mit Abheben, Entschweben, Versinken oder mindestens Verreisen? Wer erinnert sich nicht daran, wie glücklich er damals war? Wer bedauert nicht hin und wieder die heutige Jugend, die scheinbar – Knopf im Ohr und Bildschirm vor der Nase – dieses Glück nicht mehr kennt? Wer bedauert nicht manchmal sich selbst, daß er für dieses Glück keine Zeit mehr hat? Umfragen des Allensbacher Instituts für Demoskopie zufolge nimmt nur ein Drittel der Deutschen mehrmals pro Woche ein Buch zur Hand. Ist die Mehrheit der Nicht- oder Gelegenheitsleser also unglücklich?

[...] „Nur auf Umwegen erreicht man das Glück", predigte schon Anfang der neunziger Jahre der prominente Glücksforscher Mihaly Csikszentmihalyi, Psychologe an der Universität Chicago. Er suchte nach gemeinsamen Verhaltensmustern zufriedener Menschen und entwickelte die Flow-Theorie: Wenn Menschen konzentriert auf ein Ziel hinarbeiten, ständig Rückmeldungen über ihr Fortkommen erhalten und sich selbst vergessen, empfinden sie irgendwann den sogenannten Flow, ein glücksbringendes Gefühl.

[...] Buchmarktforscher Ludwig Muth zeigte die Parallelen zwischen Flow-Theorie und Leseerfahrung – und definierte gleichzeitig die Grundvoraussetzungen für Leseglück: So wie Flow eine schwierige Aufgabe voraussetze, „der man gewachsen ist – und an der man wächst", erfordere Lesen eine „dynamische Balance zwischen Lese-Anstrengung und Lese-Fähigkeit".

Auch andere Aspekte der Flow-Theorie, etwa die volle Konzentration auf eine Aufgabe, ein verändertes Zeitgefühl oder das Gefühl, sich über das eigene Ich zu erheben, lassen sich laut Muth problemlos auf das Lesen übertragen. Kurt Tucholsky[2] jedenfalls empfand beim Lesen Flow: „Herz und Lungen arbeiten, der Körper verrichtet gleichmäßig seine innere Fabrikarbeit – Du fühlst ihn nicht. Du hörst nichts, Du siehst nichts, Du liest."

Aber Vorsicht, warnt die Literaturwissenschaftlerin Aleida Assmann, Lesen als selbstvergessene Erfahrung könne auch zu „Aussteigen und Eskapismus" führen, weshalb „Leseglück leicht umschlagen kann in Lebensunglück". Assmann definiert ein zweites, ganz praktisches Leseglück: Nur dank Bücher könnten viele Menschen die Welt kennenlernen, Erfahrungen machen, die ihnen sonst verwehrt blieben. Somit sei Leseglück oft geradezu „ein Einsteigen in soziokulturelle Zusammenhänge“.

Doch Einsteigen hin, Aussteigen her: Wenn das Lesen wirklich eine so schöne Erfahrung ist, warum tun es so wenige, und – wenn man den Umfragen glauben will – immer weniger? Auch darauf wissen die Experten eine Antwort: Konzentriertes Schmökern erfordert ständiges Training. Nur wer im Flow-Kanal schwimmt, also eine fordernde, aber nicht überfordernde Lektüre liest, macht die glücksbringende Erfahrung. Als Kinder stiegen früher viele völlig unbefangen mit *Hanni und Nanni,* den *Fünf Freunden* oder den *Drei Fragezeichen* in den Kanal ein. Der schwemmte sie früher oder später zu Grass und Eco[3]. Die neue Erwachsenengeneration aber hat den Kanal irgendwo auf dem Weg zur Erwachsenenlektüre verlassen, macht jetzt lieber den Fernseher an und schaut *Kommissar Rex, Boulevard Bio* oder *Wetten, daß …*[4]

[…] Als Erwachsener muß man sich sein Leseglück ungleich härter erkämpfen, sich mit Büchern gezielter und bewußter auseinandersetzen. Viele Menschen sind irgendwann nicht mehr bereit, die Zeit dafür bereitzustellen.

Daß Erwachsene weniger lesen als Jugendliche, ist also nichts Neues. Bedenklich ist dagegen, daß immer weniger Kinder überhaupt zum Buch finden. Graf[5] betont, wie wichtig es für künftiges Leseglück ist, „Rahmenbedingungen wie die Versorgung mit Lesestoff sicherzustellen, Erwartungen zu wecken und beginnende Aktivitäten zu unterstützen“.

Gefordert sind die Eltern. Statt den Wünschen ihrer Kinder nach Videospielen und einem Fernsehgerät nachzugeben und den Nachwuchs ständig zwischen Klavierunterricht, Bastelgruppe, Fußballtraining und Nachhilfestunden hin- und herzufahren, sollten sie ihm Freizeit gönnen, altersgerechte Bücher herumliegen lassen, beispielgebend die Fernbedienung weglegen – und selbst mehr lesen. Dann bräuchte wohl auch keine Expertentagung das fragile Leseglück unter warmen Bettdecken hervorzerren in den kalten Raum der Wissenschaft. Oder ist das nur die Idealvorstellung eines lebensfernen Germanisten?

Peter Spork, Unzufrieden? Sie sollten mehr lesen! Bücher sind gedruckte Arzneimittel, in: bild der wissenschaft 3/1999, S. 73–75, online unter http://www.peter-spork.de/39-0-Unzufrieden-Sie-sollten-mehr-lesen.html, zuletzt aufgerufen am 16. 01. 2013

Worterläuterungen:

1 *[Durch das] Land der Skipetaren:* Abenteuerroman von Karl May (1842–1912), einem über lange Zeit bei Jugendlichen sehr erfolgreichen Schriftsteller; Kara Ben Nemsi und Hadschi Halef Omar (dessen vollständiger Name hier wiedergegeben ist) sind die Hauptfiguren in mehreren seiner Romane.
2 *Kurt Tucholsky* (1890–1935): deutscher Schriftsteller und Journalist
3 *Umberto Eco* (* 1932): Verfasser anspruchsvoller Bestsellerromane
4 erfolgreiche und bekannte Fernsehsendungen zur Zeit der Abfassung des Artikels
5 *Werner Graf* (* 1949): Germanist und Literaturdidaktiker an der Universität Paderborn

Hinweise und Tipps

- *Bei einer vergleichenden Sachtextanalyse werden die Positionen zweier Autoren zu einem Thema gegenübergestellt. In der Regel ist davon auszugehen, dass sie unterschiedliche, meist sogar entgegengesetzte* **Positionen zu derselben Fragestellung** *einnehmen. Diese wird bereits in der Aufgabenstellung explizit genannt: Macht das Lesen „schöner Literatur" glücklich?*
- *Die Aufgabenstellung gibt im vorliegenden Fall die Vorgehensweise und damit auch die Gliederung der Ausarbeitung vor: Zunächst soll der* **gedanklich-argumentative Aufbau** *der beiden Texte herausgearbeitet und verglichen werden. Hier gliedern Sie den Text in zusammengehörige Abschnitte und skizzieren die Bedeutung des jeweiligen Abschnittes für den Argumentationsgang. Wie bei jedem argumentativen Text arbeiten die Autoren bei der Entwicklung ihrer Gedanken mit behauptenden, begründenden und illustrierenden Anteilen. Um die Funktion der Textabschnitte bereits sprachlich zu signalisieren, empfiehlt sich die Verwendung von Verben, die Sprechakte markieren: Der Autor verdeutlicht, weist darauf hin, stellt fest, stellt infrage, begründet seine Auffassung, betont seine Forderung, gibt zu bedenken, führt als Folge vor, schränkt seine Aussage ein, bestreitet die Möglichkeit, rechtfertigt die Behauptung …*
- *Bei der vergleichenden Analyse der* **sprachlich-stilistischen Gestaltungsmittel** *sollten Sie dem Charakter des Textes gerecht werden. Die Wirkungsabsicht ist dabei oft untrennbar mit der Textsorte bzw. dem Publikationsrahmen (wissenschaftliche Zeitschrift, Fachbuch, Wochenzeitung …) und der Adressatenorientierung verbunden. Lesen Sie daraufhin auch genau die in der* **Vorbemerkung** *enthaltenen Informationen. Gehen Sie stets präzise auf die Wirkung auffälliger sprachlicher Mittel an der konkreten Stelle ein. Vermeiden Sie nichtssagende Zuschreibungen wie: Der Autor veranschaulicht, Der Autor will den Leser zum Nachdenken/zum Schmunzeln anregen …, die auf sehr viele Formulierungen zutreffen können.*
- *Auf diesen analysierend-erschließenden Aufgabenteil folgt die* **eigene Stellungnahme**, *in der Sie auf eigene Leseerfahrungen eingehen sollen. Wie in jeder argumentierenden Schreibform sollten Sie sich hier mit Bezug auf konkrete Lektürebeispiele mit dem Thema auseinandersetzen, allzu persönliche Formulierungen in der Ich-Form jedoch eher vermeiden.*
- **Einleitung und Schluss** *sollten den Rahmen der Arbeit bilden und schlüssig in Bezug zur Themafrage stehen (definieren Sie den Begriff „schöne Literatur", bringen Sie Ihr Wissen über aktuelle Tendenzen am Buchmarkt ein, formulieren Sie einen anekdotisch-erzählenden Einstieg …).*

Gliederung

1 Was bedeutet „schöne Literatur"?

2 Unterschiedliche Sicht auf das Glückspotenzial von „schöner Literatur" in den Texten von Ulrich Greiner und Peter Spork

2.1 Ablehnung eines Zusammenhangs von Lesen und Lebensglück bei Greiner
2.1.1 Infragestellen der Relevanz von Aktionen zur Förderung des Lesens (Z. 1–6)
2.1.2 Ablehnung der These eines Zusammenhangs von Lebensglück und dem Lesen „schöner Literatur" (Z. 7–19)
2.1.3 Illustrierung dieser ablehnenden Haltung durch zwei literarische Beispiele (Z. 20–28)
2.1.4 Veranschaulichung des Unterschieds von Bildungswissen und Fachwissen (Z. 29–35)
2.1.5 Appell zu einer relativierend-pragmatischen Einschätzung „schöner Literatur" (Z. 36–38)

2.2 Möglichkeit einer Glückserfahrung beim Lesen von „schöner Literatur" bei Spork
2.2.1 Szenischer Einstieg zur Illustrierung des Glückspotenzials von Literatur (Z. 1–9)
2.2.2 Aktuelle Lesewirklichkeit Erwachsener und Jugendlicher im Kontrast dazu (Z. 10–19)
2.2.3 Untermauerung seiner These durch Autoritäten aus Psychologie und Kunst (Z. 20–37)
2.2.4 Gefahren und Chancen beim Vertiefen in belletristische Literatur (Z. 38–43)
2.2.5 Gründe für den Rückgang beim Lesen von belletristischer Literatur (Z. 44–56)
2.2.6 Appell an die Verantwortung von Eltern zur Steigerung der Leselust ihrer Kinder (Z. 57–61)
2.2.7 Rückbezug zur atmosphärischen Eingangsszenerie (Z. 66–69)

2.3 Sprache und Wirkungsabsicht beider Texte im Vergleich
2.3.1 Bewusst distanziert-polemischer Ton einer pointierten Glosse bei Greiner
2.3.2 Engagiert-persönliche Auseinandersetzung in dem Essay von Spork

2.4 Nüchtern-pragmatische Ablehnung einer Glückszuschreibung an Belletristik bei Greiner versus emotionales Plädoyer für das Glückspotenzial schöner Literatur bei Spork

3 Was ist „Leseglück"? – Eine sehr subjektive Frage!

Lösungsvorschlag

Was versteht man unter „**schöner Literatur**“? „Literatur“ und „schön“ – ein vertrautes Substantiv wird attribuiert durch ein gängiges Adjektiv, das in dieser Kombination auf den ersten Blick etwas holprig klingt. Man kennt „anspruchsvolle Literatur“, „gehobene Literatur“, „seichte Literatur“, „leichte Literatur“ – aber was macht Literatur „schön“? Ulrich Greiner definiert sie als Literatur der „Dichter und Denker“ (Text A, Z. 13), was nicht sehr viel weiterhilft, denn wer entscheidet, welcher Autor sich „Dichter“ nennen darf, von der Zuschreibung „Denker“ ganz zu schweigen. Einen anderen Zugang bietet der Umweg über den an das Französische angelehnten und auf dem Buchmarkt gängigen Ausdruck „Belletristik“, der die unterhaltende Literatur fern von Fach- und Sachliteratur bezeichnet. Eine weitere, noch eindeutigere Unterscheidung würde die Trennung in fiktionale und nicht-fiktionale Literatur bieten, die Bücher mit realem Sachbezug von denen unterscheidet, die eine ausgedachte Welt mit erfundenen Personen schaffen. Letztere füllen wohl auch die Sparte, in der sich die „schöne Literatur“ bewegt. Ist diese Bezeichnung also weitgehend mit den Zuschreibungen „**Belletristik**“ und „**fiktionale Literatur**“ bedeutungsgleich, bekommt sie doch durch das positiv besetzte Adjektiv eine Nuance der **Aufwertung**. Im Zusammenhang mit der Themafrage „Macht das Lesen von ‚schöner Literatur‘ glücklich?“ erscheint diese Begriffskombination sehr sinnig, impliziert doch bereits die Zuschreibung „schön“ eine gewisses Glückspotenzial. 1

Die Frage „**Macht Lesen schöner Literatur glücklich?**“ beantworten die Journalisten Ulrich Greiner in einem 2007 erschienenen Artikel der „Zeit“ und Peter Spork in der Monatszeitschrift „Bild der Wissenschaft“ (1999) auf gegensätzliche Weise. 2

Greiner stellt in seiner Glosse bewusst provokativ die Annahme, Lesen mache glücklich, in Frage und verneint diese abschließend mit dem Verweis auf einen vom Glücksbegriff unabhängigen intellektuellen Zugewinn durch Lesen. 2.1

Der Autor steigt mit der Behauptung ein, dass dem **Lesen** zum Zeitpunkt der Veröffentlichung des Artikels eine **große öffentliche Beachtung** geschenkt werde. Er belegt seine Auffassung mit der Nennung von öffentlichen Aktionstagen und der Existenz unterschiedlicher lesefördernder Projekte. Daraufhin relativiert er jedoch diese Maßnahmen mit einer Warnung vor zu vielen lesebezogenen Aktionen (vgl. Z. 1–6). 2.1.1

In seinen anschließenden Ausführungen nimmt er seine in dieser Warnung enthaltene implizite Forderung nach einem geringeren Stellenwert der Leseförderung teilweise wieder zurück. Er räumt ihr eine wichtige Bedeutung für die Ermöglichung von Chancengleichheit im Bildungssystem ein. Damit bezieht er sich jedoch auf die Kulturtechnik „Lesen“ und nimmt davon ausdrücklich das Lesen als Begegnung mit der Hochkultur aus. Durch diese Differen- 2.1.2

zierung konzentriert er sich von da an auf die **Ablehnung** der aus seiner Sicht naiven Behauptung von Stefan Bollmann, der einen **positiven Zusammenhang zwischen Lesen und Lebensglück** postuliert. Auf die Spitze getrieben wird diese Zurückweisung mit der Verkehrung von Bollmanns Theorie in das Gegenteil: Das höchste Glück erreichten nur die Einfältigen (vgl. Z. 7–19).

Illustrierend zu seiner provokanten Erwiderung führt er schließlich **zwei Beispiele** eben aus dem Bereich der „schönen Literatur" an. Sowohl die weibliche Hauptfigur aus Flauberts „**Madame Bovary**" als auch Cervantes' „Ritter von der traurigen Gestalt" **Don Quijote** hätten gerade durch übertriebene Lektüre von Romanen den Bezug zur Realität verloren und sich dadurch um ihr Lebensglück gebracht. Allerderdings bezweifelt Greiner, dass beide Figuren auch bei einer realistischen Einschätzung ihrer Lesestoffe das Lebensglück hätten finden können, und wiederholt seine zentrale These, dass Lesen nicht glücklich mache (Z. 20–28). 2.1.3

Ergänzend dazu zweifelt Greiner die Auffassung an, dass belletristische Literatur einen Nutzen für das soziale Zusammenleben der Menschheit und ihre intellektuellen Fähigkeiten bringe. Mit Hilfe einer Anekdote, die den **Gegensatz von Bildungswissen und Fachwissen** pointiert illustriert, unterstreicht er seinen rationalen und zweckorientierten Argumentationsgang (Z. 29–35). 2.1.4

Greiner beendet seine Glosse mit dem **pragmatischen Appell**, keine übertriebenden Erwartungen an das Lesen zu haben, und bringt gleichzeitig die aus seiner Sicht eigentliche Leistung des Lesens für den Zugewinn an intellektueller Bildung auf den Punkt (Z. 36–38). 2.1.5

Die entgegengesetzte Auffassung vertritt **Peter Spork**, der in seinem Essay „Unzufrieden? Sie sollten mehr lesen! Bücher sind gedruckte Arzneimittel" (1999) eine Glückserfahrung beim Lesen von Büchern für möglich hält. 2.2

Sein Aufsatz beginnt im Gegensatz zu der nüchtern-pragmatischen Herangehensweise von Greiner mit einem atmosphärisch untermalten, szenischen Einstieg, der die selbstvergessene, nächtliche **Lektüre der Kindheit** vor Augen führt und die Hauptfiguren der klassischen Jugendliteratur als persönliche Helden der vergangenen Jugendzeit glorifiziert (Z. 1–9). 2.2.1

Angesichts dieser nostalgisch überhöhten Leseerlebnisse wird ein Zusammenhang zwischen Lesen und persönlicher Glückserfahrung vorausgesetzt. Ausgehend von dieser Prämisse bedauert Spork den Verlust dieses Glücksgefühls angesichts des **veränderten Leseverhaltens der Gegenwart**. Der positiven Eingangsszenerie stellt er sowohl den Zeitmangel der Erwachsenen als auch das durch moderne Medien veränderte Freizeitverhalten der Jugendlichen gegenüber (Z. 10–19). 2.2.2

Seine auf persönliche Erfahrungen basierende These stützt Spark durch Bezug auf den anerkannten Psychologen Csikszentmihalyi und dessen Flow-Theorie, die das Gefühl des Glücks in Zusammenhang mit der vertieften 2.2.3

Konzentration auf einen Gegenstand stellt. Mit der durch den Buchmarktforscher Muth gezogenen Analogie zwischen Flow und Leseglück und einem Zitat von Kurt Tucholsky führt Spark weitere **Autoritäten zur Bekräftigung seiner Argumentation** an. Damit erweitert er aber auch seine zu Beginn rückblickend-verklärte Sicht auf den Leseprozess durch den Aspekt der Anstrengung, die eine Voraussetzung für das Glücksgefühl sei (Z. 20–37).

Eine Einschränkung seiner positiven Sicht auf das Lesen von „schöner Literatur" nimmt Spork mit der Warnung der Literaturwissenschaftlerin Assmann vor, dass **Lesen** auch zur **Flucht in imaginäre Scheinwelten** führen könne. Hier argumentiert er ganz ähnlich wie Greiner, der ja auch den verderblichen Einfluss von Romanen in seine Beispielgebung aufnimmt. Allerdings wird dieses Negativbeispiel sogleich ergänzt um die von Assmann komplementär dazu formulierte Chance der Lektüre, **neue Einblicke und Einsichten in die Welt** zu ermöglichen. Den Begriff „Glück" weitet Spork also vom empathisch-emotionalen über das intellektuelle zum lebenspraktischen Glücksgefühl aus (Z. 38–43). 2.2.4

Als **Erklärung** für die vor allem bei Erwachsenen konstatierte **hohe Leseunlust** räumt Spork daraus folgernd die mangelnde Anstrengungsbereitschaft bzw. die aufgrund von Zeitknappheit mangelnde Anstrengungsmöglichkeit ein. Als weiteren Faktor für den Rückgang des Lesens belletristischer Literatur nennt er die Ablenkung durch das weit weniger anstrengende Medium Fernsehen (Z. 44–56). 2.2.5

Wie Greiner seine pointierte Glosse mit einem knappen Schlussappell beschließt, formuliert auch Spork eine **appellierende Schlussbotschaft** an seine Leser, diese freilich sehr viel ausführlicher und differenzierter. Aus seiner Sicht liegt die **Verantwortung** für das künftige Leseverhalten bei den **Eltern**, die ihren Kindern sowohl durch die Bereitstellung von Lesestoff als auch durch vorgelebte Lesebegeisterung ein leseaffines Umfeld bieten sollen, um auch ihnen Leseglück zu ermöglichen (Z. 57–66). 2.2.6

Abgerundet wird der Essay durch den **Rückbezug** auf die zu Beginn evozierte atmosphärische Lesesituation der Kindheit und die rhetorisch-spielerische Infragestellung seiner Wunschvorstellung (Z. 66–69). 2.2.7

Greiners Text wurde für die Wochenzeitung „Die Zeit" verfasst und greift bereits zu Beginn tagesaktuelle Ereignisse auf, die den Buchmarkt betreffen. Durch die **kurzen Gedankenstränge** wie den knappen Verweis auf die Publikation von Stefan Bollmann (vgl. Z. 14), dessen Thesen nicht weiter ausgeführt und diskutiert werden, wirkt der Text **bewusst skizzenhaft** und kann als idealtypisch für eine **Glosse** gelten. Als einzigen Gewährsmann für seine Position wählt Greiner keinen Geringeren als Marcel Reich-Ranicki, den wohl berühmtesten Literaturkritiker, auf den er auch in seinem Schlussgag nochmals anspielt (vgl. S. 37 f.). Das **anekdotenhafte Anzitieren** von Ranickis Verhältnis zu seinem Augenarzt kann jedoch nicht für eine Beweisführung im 2.3. 2.3.1

eigentlichen Argumentationssinn dienen. Bezeichnend für Greiners Text sind dagegen Sprünge in der Gedankenführung und **argumentationslogische Brüche**. So führt er seine These vom Unglück der beiden Romanfiguren Bovary und Don Quijote aufgrund von Naivität und Dummheit ad absurdum, wenn er schließlich lakonisch feststellt, dass ihnen auch Intelligenz „nicht zum Glück verholfen" (Z. 27) hätte.

Polemische Spitzen wie die textsortentypische **Schlusspointe**, eine Abwandlung der in der Werbung oft heruntergeleierten Wendung „Zu Risiken und Nebenwirkungen …" (Z. 37 f.), sind dabei auf eine – aus seiner Sicht – naive Glückserwartung begeisterter Literaturliebhaber gemünzt. Mit solchen Anspielungen und sprachlichen Versatzstücken aus einem völlig anderen Bereich nimmt Greiner dem Thema den Ernst und verleiht ihm eine **schnoddrige Lässigkeit**. Dabei verwendet er aber durchaus auch Fachbegriffe und formuliert im elaborierten Stil, wenn er vom „Prozess der Marginalisierung" (S. 10) und „Lesen im emphatischen Sinn" (Z. 12) spricht und somit die überwiegend akademische Leserschaft im Blick hat.

Die Position Greiners wird bereits durch die als **rhetorische Frage** formulierte Überschrift und den Nachsatz „Über einen verbreiteten Irrtum" (Überschrift) deutlich. Dass Greiners klare Ablehnung einer glücksversprechenden Wirkung von Literatur nicht als differenzierte, abwägende Auseinandersetzung gewertet werden kann, beweisen die **knappen, apodiktischen Aussagesätze**, die nur selten durch relativierende Konjunktionen oder Adverbien eingeschränkt oder modifiziert werden (vgl. Z. 15: „Wer liest, um glücklich zu werden, sollte es lieber lassen."). Seine Position bringt er mit einer Feststellung wie „[z]unächst mal ist klar" (Z. 7) und den Parataxen z. B. im letzten Absatz (vgl. Z. 36 ff.) unmissverständlich zum Ausdruck. Die Position der Gegenseite formuliert er konsequent im **Konjunktiv** (vgl. Z. 29 ff.) und betont damit eine Realitätsferne. (Ab)wertungen drückt er häufig subtil, jedoch mit unmissverständlicher Schärfe aus, wenn er beispielsweise lesefördernde Stiftungen als „philanthropisch wie geschäftsfördernd" (Z. 3 f.) bezeichnet und in der kontrastierenden Gegenüberstellung diese Kulturinstitutionen als „Branche" (Z. 4) diskreditiert und ihnen damit den Nimbus der Gemeinnützigkeit nimmt.

Die gerade für eine Glosse so typische **Ironie** dient auch bei Greiner als Mittel der Herabwürdigung und endet nicht selten in **Spott**. So räumt er sogar ein, selbst ein Teil der „Branche, die vom Lesen lebt" (Z. 4), zu sein, rät aber dann beinahe herablassend: „… aber man sollte nicht überteiben" (Z. 5 f.). Mit der ironischen Anrede „Herr Quijote" und „Frau Bovary" (Z. 25) gibt er diesen beiden Kunstfiguren den Anschein realer Personen und zieht damit deren hohe Ansprüche an die Literatur zusätzlich zu deren Scheitern süffisant ins Lächerliche.

Greiner **bezieht** von Anfang an (vgl. Z. 1 f.) **den Leser** seines Artikels in die Darstellung **mit ein** und schafft gerade beim Thema Literatur ein Vertrauensverhältnis, wenn er die Frage in den Raum stellt: „Erinnert sich jemand an Emma Bovary?" (Z. 20) und schließlich resümiert: „Und wir hätten zwei große

Romane weniger“ (Z. 27 f.). Dadurch gibt er dem Leser nicht nur das Gefühl einer überdurchschnittlichen Bildung, er suggeriert ihm damit auch sehr geschickt eine gedankliche Nähe zu seinen Thesen. Die vertrauliche Anrede gipfelt in der Schlusspointe sogar in einen gespielt fürsorglichen Ratschlag bezüglich der Gesundheit der „Zeit“-Leser.

Differenzierter und ernsthafter verhandelt **Peter Spork** die Frage, ob das Lesen 2.3.2
von schöner Literatur glücklich mache. Seine Ausführungen sind bereits auf den ersten Blick viel breiter als die von Greiner, der textsortentypisch auf den Platz der Zeitungskolumne beschränkt ist. Der persönliche Stil Sporks rührt auch unter Umständen von dem **Konzept als mündlicher Vortrag** auf einer Expertentagung (vgl. Vorbemerkung) her, die ja eine **direkte Adressatenorientierung** verlangt. Später publiziert in der populärwissenschaftlichen Zeitschrift „bild der wissenschaft“, ist dieser Artikel nicht für Zeitungskonsumenten wie bei Greiner bestimmt, sondern bewegt sich auf dem schmalen Grat zwischen wissenschaftlicher Exaktheit und leserorientierter Verständlichkeit. Die Zielgruppe der interessierten Laien wird dadurch in passender Weise erreicht. Die drei Auslassungen (vgl. Z. 20, Z. 27, Z. 54) lassen vermuten, dass der Text im Original noch mehr Raum beansprucht und noch weitere illustrierende Aspekte umfasst.
Der Artikel kann als Beispiel für einen **Essay** gelten. Typisch dafür ist der **Wechsel der Stilebenen** in der Argumentationsstruktur, die eher assoziativ als reihend aufgebaut ist. So beginnt Greiner mit einem in **szenischem Präsens** gehaltenen, sehr persönlichem Einstieg, der bewusst nahelegt, dass es sich um eigene Jugenderlebnisse handelt (vgl. Z. 1–13). Auch mit der Präsentation der Nachhaltigkeit dieser prägenden Erlebnisse (er kennt sämtliche Vornamen von Kara Ben Nemsis Gefährten noch nach Jahrzehnten!) schafft er gleich zu Beginn eine Intimität. Psychologisch geschickt stellt er ein **Einverständnis mit dem Leser** her, das durch dessen unwillkürliche Assoziationen zu den eigenen frühen Lesererfahrungen erreicht wird. Mit seiner rhetorischen Schlussfrage „Oder ist das nur die Idealvorstellung eines lebensfernen Germanisten?“, kokettiert er mit dieser vorausgesetzten stillen Übereinkunft. Mit einer **anaphorischen Reihung von rhetorischen Fragen** spricht er den Leser auch direkt an („Wer erinnert sich nicht …?“, „Wer bedauert nicht …?“ Z. 1–19), er unterstreicht die Relevanz seines Anliegens und hebt den – aus seiner Sicht beklagenswerten – Verlust der Lesekultur hervor. Ähnliche **Akkumulationen** finden sich bei der Beschreibung der kindlichen Lesewelten als ein „Abheben, Entschweben, Versinken oder mindestens Verreisen“ (Z. 12). Beinahe poetisch adaptiert er damit sprachlich das Gefühl der Entgrenzung beim Lesen und spricht den vorher genannten Klassikern der Kinder- und Jugendliteratur eine einzigartige Qualität zu.
Im Gegensatz zu Greiner führt er **wissenschaftliche Autoritäten** zur Untermauerung seiner These vom Glückspotential schöner Literatur präzise und für den interessierten Leser durch **illustrierende Bildlichkeit** verständlich vor. So geht Spork im Mittelteil seines Essays auf wissenschaftliche Aussagen an-

erkannter Autoritäten aus Psychologie, Wissenschaft und Literatur ein und erreicht durch die **Vermittlung dieser Sachkompetenz** einen hohen Überzeugungsgrad. Diese werden an geeigneten Stellen zitiert, was die Vorstellung von Leseglück nicht nur präzisiert und durch eine Einschränkung differenziert (vgl. Z. 40 f.), sondern auch z. B. durch das Tucholsky-Zitat bildhaft vor Augen führt (vgl. Z. 35 ff.).
Die Bildebene prägt auch den fünften Absatz (Z. 44–53), in der er mit der **Metaphorik aus dem Vorstellungsbereich „Schwimmen"** das Ringen um das individuelle Leseglück einprägsam vorführt. Das von dem Psychologen Csikszentmihalyi übernommene Bild vom „Flow-Kanal" (Z. 47) wird so gleichsam zum Ausgangspunkt einer plastischen Vorstellungsebene. Die Gefühle beim Lesen werden den körperlichen Mühen, aber auch dem erhebenden Gefühl nach einer bewältigten Schwimmstrecke gleichgesetzt. Die Bildlichkeit des Textbeginns wird **antithetisch** auch im Schluss aufgegriffen, wenn die anfangs beschworene Intimität zwischen belletristischer Lektüre und jugendlichem Leser durch die Kälte der Wissenschaft „unter warmen Bettdecken" (Z. 67) hervorgezerrt wird. Den Kontrast zwischen seiner idealisierten Jugendzeit und der „heutigen Jugend" (Z. 14) formuliert er ebenso pointiert mit der formelhaften Parenthese „Knopf im Ohr und Bildschirm vor der Nase" (Z. 14) und übt damit auch deutliche **Kritik an der modernen Medienwelt**.

Spork behandelt das Lesen als ureigene Herzenssache und versucht nicht ein- 2.4.
mal den Anschein einer neutralen Abwägung zu erwecken. Seine Kritik an den Ursachen, die dem Zustandekommen eines von ihm verteidigten Leseglücks entgegenstehen, ist durch die vielen persönlichen Bezüge und die oben vorgeführte bildhafte Beispielgebung immer **authentisch** und erhält dadurch eine große Überzeugungskraft. Greiners „Waffe" im Argumentationskampf dagegen ist die des **bissig-ironischen Spiels** mit dem Thema. Gerade weil er sprachlich und auf der Beispielebene mit Versatzstücken der literarischen Bildung arbeitet, erhält seine Glosse **Esprit und Witz**. Interessanterweise argumentieren beide Autoren – trotz des großen zeitlichen Abstands von acht Jahren zwischen dem Erscheinen der Artikel – mit der Vorstellung, dass das **Lesen eine therapeutische Wirkung** haben könnte. Wenn Spork jedoch in der Überschrift seiner Publikation aus dem Jahre 1999 Bücher als „gedruckte Arzneimittel" tituliert, geschieht dies mit dem Brustton tiefster Überzeugung. Im Gegensatz dazu dient Greiners Anlehnung an den Sprachduktus der Pharmaindustrie am Schluss allein der spöttischen Verneinung dieses Zusammenhangs. Greiner stellt sich in seiner Glosse **bewusst provokativ** gegen die These, dass das Lesen schöner Literatur glücklich machen könne. Bereits zu Beginn seines Artikels präsentiert er sich als nüchterner Beobachter des literarischen Marktes, wenn er die Bildungsdiskussion über das hohe Kulturgut „Lesen" zu einer bloßen Kulturtechnik herabstuft und mit einem pejorativen Begriff wie „Gewese" (Z. 1) bewertet. Damit wendet er sich ausdrücklich gegen den bildungsbürgerlichen **Anspruch eines Mehrwerts von Belletristik** fern von jeder Zweckorientierung. Dies ist angesichts des bildungsaffinen

Mediums, in dem seine Glosse erscheint, durchaus mutig. Er eröffnet aber gerade in einem intellektuellen Umfeld wie der „Zeit“ dem Leser dadurch ein **Forum zur Kontroverse** und lädt den liberal denkenden Rezipienten dazu ein, den „Gegenstand Literatur“ fern von jeder Überhöhung, rein rational zu beleuchten. Der appellative Charakter seines Textes ist dadurch eher implizit erkennbar, ganz im Gegensatz zu Spork, der sich offensiv für die Ermöglichung von Leseglück von Jung und Alt einsetzt und mit den Eltern die dafür Zuständigen direkt anspricht. Sein **Appell an deren Verantwortung für die zukünftige Lesebiografie der nachwachsenden Generation** entbehrt nicht eines moralischen Zeigefingers. Diese mahnenden Schlussworte würde Greiner wohl als „Gewese“ (Z. 1) abtun.

Wie aber steht es nun um das Glückspotenzial „schöner Literatur“? **Sowohl** 3
Sporks Plädoyer für den Zugewinn an Lebensqualität durch das Lesen von Belletristik, als auch Greiners relativierende Gegenposition sprechen für sich. Um einer Antwort näher zu kommen, sollte zuerst geklärt werden, was hierbei eigentlich unter „Glück“ verstanden wird. Greiners Glosse lässt diese Antwort gänzlich offen, Spork setzt Glück im Wesentlichen mit dem von Csikszentmihalyi entworfenen Begriff des „Flow-Erlebnisses“ gleich. Die Vorstellung vom Glück ist eine der schillerndsten und subjektivsten, die man sich vorstellen kann, und wird von jedem Einzelnen wohl auf andere Weise geklärt werden. So würden viele Menschen verständnislos den Kopf schütteln, wenn man als Voraussetzung von Glück Anstrengung und Aufgabenbewältigung voraussetzt. Diese Vertreter einer hedonistischen Glücksauffassung würden wohl im befreiten Genießen des perfekten Augenblicks, im tatenlosen Faulenzen oder im anregenden Austausch mit Freunden ihr Glück empfinden. Demgegenüber klingt Sporks Theorie vom Erarbeiten eines „Lese-Flows“ sehr mühsam. Gerade in unserer schnelllebigen Zeit gibt es Glücksmomente, die auf viel weniger zeitaufwändige Weise erreicht werden können.
Die meisten Zeitgenossen würden wohl auch das höchste Glück im Austausch mit anderen und dem Erleben von echter Freundschaft beschreiben. Da wirkt die isolierende Lektüre auch noch so abenteuerlicher und anregender Romane doch eher als Flucht vor den Problemen des realen Lebens, worauf ja auch Spork einräumend hinweist (vgl. Text B, Z. 39). Auf der anderen Seite besteht durch die außerordentliche Erfahrung einer fesselnden Lektüre wie von Dan Browns „Illuminati“ ja gerade ein Anlass, um anregende Gespräche, wenn nicht sogar heiße Diskussionen mit Gleichgesinnten führen zu können und sich – im Idealfall im Austausch mit anderen Begeisterten – in eine fremde Welt zu vertiefen, die man zuvor überhaupt nicht kannte. Ist dieses fast kriminologische Interesse einmal geweckt, erlebt man das beglückende Gefühl, aus eigenem Antrieb Anteil zu haben an einem Kosmos von Zusammenhängen und kulturellen Einsichten, fernab von verordnetem Schulwissen.
Für viele Jugendlichen ist das „Verschlingen“ von Romanen und Geschichten ein durchaus nachvollziehbares Phänomen, aber eben beschränkt auf die – wie Spork es nennt – „unbefangen[e]“ (Text B, Z. 49) Kindheit, in der es für

die Eltern am wichtigsten war, dass ihre Kinder überhaupt irgendetwas lesen. So durften Bücher wie „Gregs Tagebuch“ oder „Harry Potter“ völlig wertfrei genossen werden und es konnte durchaus vorkommen, dass man Bedauern empfand, wenn die noch verbleibende Seitenzahl eines heißgeliebten „Schmökers“ immer geringer wurde und einem der Gedanke kam: „Schade, schon bald aus …“. Bereits die Vorfreude auf das genussvolle Vertiefen in die Welt von Harry und Hermine rief bei einer großen Lesegemeinde schon vor dem Erscheinen des neuen „Potter-Bandes“ Glücksgefühle hervor.
Der Spaß am Lesen von schöner Literatur endet für viele aber spätestens dann, wenn diese zur Pflichtlektüre in der Schule werden. Dies ist eigentlich bedauerlich, denn auch dem „Faust“ kann man in der Oberstufe durchaus eine bereichernde Erfahrung abgewinnen. Das „Aha“-Erlebnis nach den ersten Verständnisschwierigkeiten gibt doch auch die Empfindung von Stolz und der Ahnung, Teil eines kleinen Kreises von Eingeweihten zu sein. Eingeweiht in die außerordentliche Sprachgewalt und Stofffülle eines Mammutwerks. Ob man das „Leseglück“ nennen kann, bleibt wohl jedem selbst überlassen. Auf jeden Fall hat man das Gefühl, nun vielleicht auch andere vermeintlich „schwere“ Klassiker bewältigen zu können. Deswegen ist das Bild vom Flow-Kanal, der einen in das große Meer der Literatur schwemmt, sogar recht treffend. Angeregt von der Lektüre der „Schachnovelle“, wurde eine Mitschülerin beispielsweise regelrecht zum Stefan-Zweig-Fan und legte sich nach und nach alle seine Erzählungen zu. Ein Abiturient des letzte Abschlussjahres erzählte vor Kurzem, dass er beim Umzug an den neuen Studienort auch die für den Unterricht angeschaffte Reclam-Ausgabe von Eichendorffs „Aus dem Leben eines Taugenichts“ eingepackt habe, irgendwie war ihm das Buch wohl wichtig geworden. Er studiert übrigens nicht Germanistik.
Vielleicht ist die Frage nach dem „Leseglück“ wirklich nur von jedem selbst zu beantworten. Der eine schätzt sich glücklich, die Tolkien-Gesamtausgabe zu besitzen (und diese noch nicht komplett gelesen zu haben), ein anderer nennt die Erfahrung beglückend, in den Heldinnen der Jane-Austen-Romane verwandte Seelen entdeckt zu haben, wieder ein anderer ist bereits glücklich, mit Wolfgang Herrndorfs „Tschick“ endlich ein Schullektüre behandelt zu haben, die er mit Genuss gelesen hat – und damit ist doch auch schon viel gewonnen.

Deutsch Bayern – Abiturprüfung 2013: Aufgabe 5: Textbezogenes Argumentieren, auch in freieren Formen

Die Phrase

In Lexika wird der Begriff „Phrase“ u. a. wie folgt definiert: „Abwertende Bezeichnung für wortreiches leeres Gerede“ (Lexikon der Sprachwissenschaft); „abgegriffene, nichtssagende Aussage“ (Duden online).

a) Erarbeiten Sie die Argumentationsstruktur des Essays *Sagen Sie jetzt nichts* von Rainer Marx und klären Sie die Position des Verfassers!

b) Setzen Sie sich mit dem Text *Sagen Sie jetzt nichts* auseinander, indem Sie eine der beiden folgenden Varianten bearbeiten! Die beigefügten Materialien 1–3 bieten Ihnen jeweils Anregungen für Ihre Ausführungen.

Variante 1:

Erörtern Sie ausgehend von Ihren Ergebnissen, inwieweit sich die Verwendung von Phrasen positiv bzw. negativ auf Kommunikation auswirken kann!

oder

Variante 2:

Verfassen Sie einen Kommentar für eine überregionale Zeitschrift für junge Erwachsene zum Thema „Phrasen“, in dem Sie sich auf den Essay *Sagen Sie jetzt nichts* beziehen! Formulieren Sie eine passende Überschrift! Ihr Kommentar sollte etwa 750 Wörter umfassen.

Rainer Marx
Sagen Sie jetzt nichts (2012)

Die Phrase hat viele Gesichter, und keines davon ist besonders hübsch anzusehen. Mal ist es panische Hilflosigkeit, mal interesseloses Nichtgefallen [...]. So ist sie, die Phrase: Wie der Igel im Märchen ist sie immer schon vor dem Gedanken da, liegt passgenau zwischen Gaumen und Zunge, rollt über die Lippen, Wort um Wort, spielt sich auf und in den Vordergrund. Bühne frei für das geschniegelte Nichts, die klappernden Signifikantenketten[1]! Ja, die Phrase ist das Förmchen im Sandkasten der Sprache. Liegt einfach da, griffbereit. Man muss nur hinlangen.

Die Phrase ist immer da, wenn nichts gesagt werden soll, das aber ganz entschieden. Sie ist die Emanation[2] des Selbstverständlichen. Sie stört nicht, regt nicht auf, stellt nicht infrage, bringt keinen Widerstand und keine neuen Erkenntnisse. Sie sickert einfach warm in die Großhirnrinde ein, irgendwo Richtung Wernicke-Zentrum und Broca-Areal[3]. Dort macht sie es sich bequem, ihr Bett ist längst gemacht. Die Phrase ist das Rauschen innerhalb der Sprache.

Es ist nicht zu leugnen, sie hat einen schlechten Ruf, die Phrase – und das ist mehr als ungerecht. Niemand setzt sich für sie ein, bekennt sich zu ihr oder zeigt sich gern neben ihr in der Öffentlichkeit. Dabei hat die Phrase auch noch ein anderes Gesicht: Gerade in Gestalt der Floskel, unserem treuen Begleiter, macht sie gute Miene zum blöden Spiel. Wie oft schon hat sie uns gerettet, wenn nichts mehr zu retten war, etwa an der neuen Frisur der Kollegin oder dem Wohnzimmerteppich des Nachbarn, an der Pasta della casa im Restaurant an der Ecke oder dieser völlig verbogenen Diskussion über den Weltfrieden. Wie haben wir sie geliebt, als plötzlich der alte Schulkamerad vor uns stand, die Ex an derselben Kasse im Supermarkt oder der Vermieter im Hausflur.

Was hat sie uns nicht alles erspart, wie hat sie uns nicht geholfen, das Gesicht zu wahren, die Fassung, oft genug sogar den Anstand. Als nichts mehr ging, war sie zur Stelle, gerade noch rechtzeitig, bevor wir uns um Kopf und Kragen bringen konnten. Phrasen haben eine unschätzbare Funktion. Sie bauen eine Brücke, wenn kein Weg mehr sichtbar ist, öffnen eine Tür, wenn alles verschlossen scheint. Und das Beste ist: Sie sind selbst dann noch abrufbar, wenn bereits der Fluchtreflex ausgelöst und der zerebrale Apparat[4] nahezu außer Kraft gesetzt ist. Selbst dann sind wir noch in der Lage, etwas Verständliches und Nachvollziehbares zu artikulieren. Dafür sollten wir dankbar sein.

Irgendwie schafft die Phrase ja auch ein Gefühl der Zugehörigkeit, der Gemeinsamkeit, des Miteinanders. Man könnte es auch mit den Worten eines Ex-Bundespräsidenten sagen: „Die Menschheit sitzt in einem Boot.“[5] Phrasen haben schließlich auch mit ritualisiertem Handeln zu tun, dessen wichtige Funktion für das menschliche Zusammenleben unbestritten ist. Unser gesamter Höflichkeitsapparat beispielsweise fußt auf Phrasen.

Unbestritten: Ohne die Phrase wäre wohl vieles nichts. Veranstaltungen wie etwa eine Fußballeuropameisterschaft oder Olympische Sommerspiele wären ohne sie medial nicht zu vermitteln, geschweige denn eine handfeste Krise wie die des Euro zu meistern. Ja, Politik wäre nachgerade in Zeiten des Wahlkampfs überhaupt nicht zu praktizieren, zumal wenn es eine der ausgestreckten Hand ist oder sie nah am Bürger gemacht wird. Es gilt das gedroschene Wort. So sehr wir uns auch sträuben: Wir brauchen die Phrase, denn wir bauen auf sie. Sie bildet das Fundament unserer Kommunikation. Und solange sich in der Phrase die Kommunikation nur für einen kurzen Moment ihrer selbst versichert, um dann voranzuschreiten, ist der Untergang des Abendlands noch mal verschoben.

In der Phrase lässt sich etwas ablesen, das die Sprachwissenschaft Sprechplanung nennt. Man sieht förmlich jemanden seine Gedanken ordnen. Heinrich von Kleist hat das die „allmähliche Verfertigung der Gedanken beim Reden“ genannt und gleich eine ganze Abhandlung darüber geschrieben. Auch wenn es heutzutage oft eher der allgemeinen Verfettung der ursprünglichen Gedanken zu gleichen scheint oder, schlimmer noch, der allgemeinen Verflüchtigung der Gedanken beim Reden. [...] Es ist dieses kurze Luftholen, jener Moment des Innehaltens, der dem Sprecher die nötige Zeit verschafft, in sich zu gehen, um dann vielleicht im Anschluss etwas Sinnvolles zu sagen. Die Phrase ist die kleine Denkpause für zwischendurch, geschenkte Zeit mittels geliehener Wörter. Man muss nur etwas daraus machen.

Denn natürlich ist es so, dass in immer kürzerer Zeit immer mehr gesagt werden will, weil sich alles immer schneller bewegt in alle möglichen Richtungen, die Dinge sich zunehmend rasant verändern und auch das Umweltschutzprojekt in Patagonien nicht unkommentiert bleiben soll. Dadurch wächst der Sprechdruck. Bald meint man, die Zeit sei irgendein großes Gefäß, das ausschließlich dafür gemacht worden ist, um es mit Wörtern zu füllen.

Die Phrase ist schon deshalb unverzichtbar, weil ständig Dinge passieren, die so undenkbar sind, dass uns erst einmal die Worte fehlen. In diese Sprachlosigkeit hinein spricht sie. Hinein in eine Stille, die nicht auszuhalten ist, weil wir dahinter die Leere vermuten, ein Nichts, in dem wir zu verschwinden drohen.

Wohl niemand hat diese Stille so schön inszeniert wie der geniale Komponist John Cage[6]. In seinem *Vortrag über nichts* von 1959 hat er sie sogar mit Worten rhythmisch strukturiert. Die ersten Sätze lauten: „Ich bin hier, und es gibt nichts zu sagen. Wenn unter Ihnen die sind, die irgendwo hingelangen möchten, sollen sie gehen, jederzeit. Was wir brauchen, ist Stille; aber was die Stille will, ist, dass ich weiterrede.“

Rainer Marx, Sagen Sie jetzt nichts, in: DIE WELT vom 25. 08. 2012, online unter http://www.welt.de/print/die welt/debatte/article108791247/Sagen-Sie-jetzt-nichts.html, zuletzt aufgerufen am 30. 11. 2012

Worterläuterungen:
1 *Signifikantenketten:* hier im Sinne von Aneinanderreihung von Wörtern / Bezeichnungen
2 *Emanation:* hier im Sinne von Heraustreten, Hervorgehen
3 *Wernicke-Zentrum, Broca-Areal:* wesentliche Bestandteile des Sprachzentrums im Gehirn
4 *der zerebrale Apparat:* das Gehirn
5 In seiner „Berliner Rede“ vom 23. März 2009 zur Finanz- und Wirtschaftskrise plädierte der ehemalige Bundespräsident Horst Köhler mit den Worten „Die Menschheit sitzt in einem Boot. Und die in einem Boot sitzen, sollen sich helfen“ für ein neues, solidarischeres Miteinander.
6 *John Cage* (1912–1992): US-amerikanischer Komponist, berühmt für ausgefallene Kompositionen und Klangexperimente

Material 1

Brigitte Online-Forum, *Schatzkästlein beliebter & nützlicher Phrasen*[1]

Beitrag von Madiba (Beitrag 2):
Das hat nichts mit Dir zu tun! Ist nicht persönlich gemeint!

Beitrag von sterfing (Beitrag 9):
Ich werde ALS MENSCH immer für Dich da sein.

Beitrag von Amphib (Beitrag 24):
Ich bin jetzt mal ganz ehrlich.

Beitrag von PetitPots (Beitrag 32):
Das Leben ist kein Ponyhof!

Beitrag von Andilina (Beitrag 54):
In zehn Jahren denkt kein Mensch mehr dran!

Brigitte Online-Forum, Schatzkästlein beliebter & nützlicher Phrasen, online unter http://bfriends.brigitte.de/foren/pavillon/119810-schatzkaestlein-beliebter-and-nuetzlicher-phrasen-6.html, zuletzt aufgerufen am 16. 01. 2013

Worterläuterung:
1 In diesem Online-Forum der Frauenzeitschrift *Brigitte* finden sich unter dem obigen Titel Hunderte von Beiträgen mit Beispielen für Phrasen.

Material 2

Anne Otto, *Nie wieder sprachlos* (2012)

SMALLTALK

Die erste Stunde der Geburtstagsparty. Die erste Minute beim Vorstellungsgespräch. Immer, wenn wir uns munter unterhalten sollen, ohne allzu viel von uns preiszugeben, wird es irgendwie stressig. Dementsprechend holperig und löcherig läuft die Unterhaltung. Denn klar, es ist ein schmaler Grat: Wer wie eine fleischgewordene Phrasen-Dresch-Maschine von „Haben Sie gut hergefunden?“ zu „Was für ein herrliches Wetter“ springt, wirkt schnell unpersönlich, gestelzt, langweilig. Wer dagegen spannende Geschichten von den roten Zahlen in der Abteilung oder dem Krach mit dem Liebsten erzählt, erntet betretene Gesichter.

Genau aus dem Grund hassen viele Menschen Smalltalk. Sie denken, sie treffen den Ton nicht, müssten es besser machen. Und schweigen lieber. Tasten nach passenden Worten. Mühen sich. Das ist Quatsch. Denn besonders bei ersten Begegnungen gilt: Hauptsache, irgendetwas reden.

Der amerikanische Wirtschaftswissenschaftler Kay-Yut Chen hat in einer Studie herausgefunden: Wenn zwei Personen, die sich nicht kennen, Smalltalk machen, sind sie später, wenn sie zusammen Aufgaben lösen sollen, sehr kooperativ und arbeiten harmonisch zusammen. Haben sie vor der Aufgabe aber nicht miteinander gesprochen, sind sie eher auf Konkurrenz gepolt und streiten schneller. Dabei ist es komplett egal, ob die Mini-Unterhaltung im Vorfeld floskelhaft oder souverän gelaufen ist. Das pure Reden bricht das Eis zwischen den Personen für immer. Also: Entdecken Sie die innere Plaudertasche. […]

Anne Otto, Nie wieder sprachlos, in: MAXI (November 2012), S. 124 f., online unter http://maxi.wunderweib.de/leben/bildergalerie-2760958-leben/Smalltalk-Guide-Nie-wieder-sprachlos.html, zuletzt aufgerufen am 30. 11. 2012

Material 3

Phrasendreschen ist tabu (2011)

Bewerber dürfen im Vorstellungsgespräch keine hohlen Phrasen dreschen. Von Aussagen wie „Ich bin flexibel und teamfähig“, wenn jemand nach seinen Stärken gefragt wird, rät Peter Krötenheerdt vom Berufsverband für Trainer, Berater und Coaches (BDVT) ab.

„Das sind leere Worthülsen – so etwas muss man konkret belegen“, sagt der Coach. Wollen Bewerber zeigen, dass sie verantwortungsbewusst und zuverlässig sind, müssten sie dafür ein Beispiel geben. Dafür bietet es sich etwa an, wenn sie für das morgendliche Aufschließen im Betrieb oder für die Wartung der Produktionsmaschinen verantwortlich waren.

„Durch das Beispiel fängt es an zu leben – dann hat der Personaler ein Bild vor Augen“, sagt Krötenheerdt. Auch komme man durch solche lebendigen Erzählungen besser mit dem Personaler ins Gespräch. Denn auf ein konkretes Beispiel könne er leichter eingehen. „Das schafft aber nur eine Story, niemals die Worthülse.“

n-tv.de/dpa, Phrasendreschen ist tabu (25. 02. 2011), online unter http://www.n-tv.de/ratgeber/Phrasendreschen-ist-tabu-article2705556.html, zuletzt aufgerufen am 30. 11. 2012

Hinweise und Tipps

- *Die Aufgabe erfordert zunächst eine **Auseinandersetzung mit einem essayistischen Text**, der eine klare Argumentationsstruktur aufweist, obwohl er über weite Strecken auch eine Sprachübung darstellt. Rainer Marx kleidet seine Aussagen und Intention nämlich sehr intensiv in sprachlich-rhetorische Bilder. Gerade deshalb ist es ganz wichtig zu wissen, dass die Aufgabe **keine Sprachanalyse** verlangt. Es geht in Teilaufgabe a) lediglich darum, herauszuarbeiten, welche Einstellung Marx zu seinem Thema entwickelt. Leicht erkennt man, dass er die Phrase gegen ihre Verächter verteidigen will. (Deshalb steckt sein eigener Text auch voller Phrasen und Floskeln. Das macht ihn nicht unbedingt einfacher zu lesen!)*
- *Der **Schwerpunkt** der Aufgabe liegt allerdings nicht bei Teilaufgabe a), bei der es um die reine Textanalyse geht, sondern bei der **Erstellung eines argumentierenden Textes**, der den eigenen Standpunkt schlüssig vertreten soll. Die geschieht in **Variante 1** in Form einer **eigenständigen Erörterung**, in **Variante 2** in Form eines **Kommentars** für eine überregionale Zeitung.*
- *Während bei **Variante 1** der **überzeugende Aufbau einer Argumentation** sichtbar gemacht werden muss, sollte bei **Variante 2** unbedingt die Orientierung an den **Adressaten** (hier: junge Erwachsene, also Leser im Alter von Abiturienten) und der **Ort der Veröffentlichung** (hier: überregionale Zeitung) berücksichtigt werden. Nicht vergessen werden darf die Überschrift und die Begrenzung der Wörterzahl, die mit 750 relativ gering angesetzt ist (handgeschrieben je nach Schrifttyp ca. drei Seiten).*

- *Für die Gliederung muss je nach Variante eine andere Form gewählt werden: Während **Variante 1** ein **alphanumerische Gliederung** nahelegt, geht bei **Variante 2** nur die rein **numerische Gliederung**, weil hier ein abschließender C-Teil wenig Sinn macht.*
- *Es ist in beiden Varianten wichtig, dass die eigene Argumentation von einer **klaren Position** ausgeht, bei der Begründung kann natürlich auch die Gegenseite berücksichtigt werden. Schließlich müssen die richtigen **Schlussfolgerungen** gezogen und ein eindeutiges **Ergebnis** erzielt werden. Die Stellungnahme sollte widerspruchsfrei verfasst werden.*
- *Schwierig ist die Entscheidung, ob die Konjunktion „**beziehungsweise**", die in Variante 1 verwendet wird, tatsächlich die Freiheit eröffnet, entweder **nur** die negativen oder **nur** die positiven Seite der Phrasenverwendung darzustellen. Um hier ganz sicher zu gehen, sollte man auf jeden Fall beide Seiten in seine Argumentation einbauen.*
- *In beiden Varianten muss neben dem Ausgangstext (dem Essay von Marx) auch das beigefügte **Material** verwendet werden. Allerdings gibt es hier Unterschiede: **Variante 1** verlangt grundsätzlich, dass die Zusatzmaterialien in Form von Textbelegen oder direkten Zitaten eingebunden werden. Dies ist in **Variante 2** nicht unbedingt der Fall; eine Vielzahl von Zitaten, die mit Zeilenangaben nachgewiesen werden, würde sogar die Intention eines Artikels für eine Zeitschrift mit der genannten Ausrichtung konterkarieren. Der Rückgriff auf die Materialien erfolgt hier deshalb in der Regel indirekt. Weil die Aussagekraft der Materialien insgesamt begrenzt ist, wird man in den Ausführungen nicht besonders intensiv daraus zitieren.*

Gliederung – Variante 1

A Miteinander sprechen: Grundlagen menschlicher Kommunikation

B Die Phrase: Fluch oder Segen?

I. Rettung der Phrase: Der Essay „Sagen Sie jetzt nichts" von Rainer Marx
1. Die Phrase als nichtssagender Baustein der Sprache
2. Die Phrase als Mittel zur Aufrechterhaltung von Kommunikation
3. Die Phrase als soziale Funktion und sprachliches Hilfsmittel
4. Schlussgedanke: Reden und Schweigen
5. Position des Autors: Aufwertung der Phrase

II. Erörterung: Phrasen in Beruf und Alltag
1. Begriffsklärungen: Kommunikation, Phrase, Floskel
2. Negativer Gebrauch: Phrasendrescherei
3. Positive Funktion: Soziale und kommunikative Leistung der Phrase

C Miteinander schweigen als Alternative

Lösungsvorschlag – Variante 1

Ein Gespräch zwischen zwei Personen kann mit dem **Sender-Empfänger-Modell** beschrieben werden. Person A sendet eine Botschaft, die Person B empfängt und entschlüsselt. Träger der Information sind verbale wie non-verbale Signale. Dieses einfache Modell allerdings erfasst nicht unbedingt die ganze Bandbreite menschlicher Kommunikation, weil hier nur der Aspekt des Informationsaustausches erklärt wird. Der **Kommunikationsforscher Schulz von Thun** hat aber dargelegt, dass neben der bloßen **Information** drei weitere Aspekte in einem Gespräch zum Tragen kommen: die **Beziehungsebene**, die Ebene der **Selbstoffenbarung** und schließlich der **Appellcharakter**, der in jeder Äußerung auch eine Rolle spielt. Das alles zusammen macht ein Gespräch zu einem ziemlich komplizierten Akt des Austausches. Dies ist sicher mit ein Grund dafür, warum man sich manchmal sehr schwer tut mit der Kommunikation. Weil wir nicht immer genau genug wissen, auf welcher Ebene welche konkreten Botschaften gesendet werden, ist eine gewisse **Verunsicherung** in einem Gespräch gar nicht selten. Schulz von Thun selbst hat anschauliche Beispiele zur Darstellung seiner Theorie vorgestellt. Ein einfacher Satz wie „Du, die Ampel ist grün!“, gesprochen von einem Mann auf dem Beifahrersitz zu der neben ihm sitzenden Frau, kann dann zu einem heftigen Streit führen, weil die Frau vor allem die Beziehungsaussage („Ich traue dir nicht zu, richtig zu fahren!“) oder den Appell („Gib endlich Gas!“) heraushört, während der Sprecher doch nur eine sachliche Information (grüne Ampel in 50 Metern Entfernung) weitergeben will. A

Wenn es nun schon so schwierig ist, einen eigentlich klaren Satz wie den oben genannten – die grüne Ampel – zu entschlüsseln, der ein Gespräch zwischen zwei Bekannten einleitet, wie viel komplizierter ist es dann, einen Dialog zwischen zwei Unbekannten zu verstehen, die zufällig beieinander stehen und sich über das Wetter unterhalten? Menschen verwenden nämlich sehr häufig wenig eindeutige Aussagen in ihren Unterhaltungen und man denkt sich: das habe ich jetzt aber schon oft gehört. Die meisten Gespräche werden in der Tat von sogenannten **Phrasen und Floskeln** begleitet oder gar geprägt.

Welche **Bedeutung** diese Sprachbausteine **für die Kommunikation** haben, damit setzt sich Rainer Marx in einem Essay mit dem bezeichnenden Titel „Sagen Sie jetzt nichts“, der am 25. 8. 2012 in der „Welt“ erschienen ist, auseinander. Ihm geht es darum, den schlechten Ruf der Phrase zu rehabilitieren und die kommunikativ-soziale Bedeutung der Phrase nachzuweisen.

B I.1

Rainer Marx leitet seinen Essay mit einer zusammenfassenden Charakterisierung der **Phrase** als einem Baustein der Sprache, der allgegenwärtig ist und vor allem **negativ bewertet** wird, ein. Die Funktion dieses Sprachelements ist es, genau das zu tun, was nach der einleitend beschriebenen Kommunikationstheorie eigentlich gar nicht geht, nämlich keine Aussage zu machen (Z. 1–13). Diese negative Einschätzung **kritisiert** der Autor entschieden und möchte eine Neubewertung der Phrase durchsetzen (Z. 14–48).

Er sieht nämlich im phrasenhaften bzw. floskelhaften Sprechen eine entscheidende **Hilfsfunktion in schwierigen Kommunikationssituationen**. Nach der Meinung des Journalisten ist eine Phrase immer dann angebracht, wenn die Wahrheit nicht gesagt werden kann. Seine Beispiele verweisen auf Alltagssituationen, die mit Bewertungsfragen verbunden sind, etwa wenn über Neuerwerbungen oder über das Essen ein Urteil erwartet wird, man aber sein Gegenüber nicht enttäuschen will. Ähnliches gilt für das Zusammentreffen mit Menschen, die man zwar kennt, aber mit denen man lange keinen Kontakt mehr hatte. I.2

Die zentrale Leistung des inhaltsleeren Sprechens ist dann laut Marx die Aufrechterhaltung der Kommunikation. Deshalb übernimmt die Phrase neben der kommunikativen Funktion eine **soziale Funktion**, weil sie, wie andere Rituale auch, dafür sorgt, dass sich die Menschen innerhalb einer Gemeinschaft immer miteinander verständigen können, selbst dann, wenn es nicht um den Austausch von konkreten Informationen geht (Z. 33–48). Marx nennt die Bereiche Sport und Politik, in denen die Sprecher nicht selten darauf angewiesen sind, Verbindungen zum Publikum herzustellen, ohne konkrete Inhalte zu vermitteln. Deshalb sieht der Autor die Phrase sogar als Basis von Kommunikation überhaupt an. Nach seiner Meinung wäre ohne sie die Gefahr ständig präsent, dass Gespräche abgebrochen werden müssten. I.3
Dass dies so ist, kann Marx durch den Verweis auf die Sprachwissenschaft belegen (Z. 49–58). Im mündlichen Sprechakt, der ja immer schnell und direkt auf eine Äußerung reagieren muss, kann es sehr nützlich sein, wenn der eigentlich intendierten Aussage erst einmal eine Äußerung vorausgeschickt werden kann, die nur den Zweck hat, Zeit zu gewinnen. Für die sogenannte „Sprechplanung" (Z. 49) sind Phrasen dann nichts anderes als gesprochene Pausen, die das Gespräch aufrechterhalten, ohne Inhaltliches preiszugeben. Schon Heinrich von Kleist hat um 1800 diesen Zusammenhang in einem Aufsatz aufgedeckt.
Marx macht darauf aufmerksam, dass es gerade in unserer schnelllebigen und globalisierten Zeit immer häufiger darum geht, ein Statement zu allen möglichen Themen abzugeben. Weil es aber unmöglich ist, dann stets gleich etwas Sinnvolles zu sagen, bietet die Phrase immerhin die Chance, am Gespräch wenigstens teilzunehmen (Z. 59–68). Offensichtlich ist es unmöglich, seine eigene Unkenntnis durch Schweigen zu bekennen.

Am Ende seiner Ausführungen bringt der Autor noch ein Beispiel dafür, wie dieses **paradoxe Verhältnis von Reden und Stille** durch den Komponisten John Cage ausgedrückt wurde. 1959 hat Cage ein Stück aufgeführt, das er „Vortrag über nichts" genannt hat und das die Stille feiern sollte, und zwar mit gesprochenen Worten. Also ist auch das tatsächliche Nichtssagen an Sprache gebunden – so lautet die Schlusspointe des Essays. I.4

Rainer Marx vertritt eine klare Position zur Bewertung der **Phrase**. Sie stellt für ihn einen **entscheidenden Beitrag zur menschlichen Kommunikation** I.5

dar. Phrase und Floskel ersetzen dabei nicht den Kern eines Gesprächs, aber sie sorgen unter bestimmten Umständen dafür, dass echte Kommunikation überhaupt erst stattfinden kann. Zunächst geht es nämlich nach der Meinung des Journalisten darum, den Austausch zwischen zwei oder mehreren Menschen in Gang zu bringen. Erst danach ist es möglich und sinnvoll, Informationen, eventuell auch Appelle und Selbstaussagen auszutauschen. Marx kann sich bei seinen Ausführungen nicht nur auf zahlreiche Beispiele aus der Alltagswelt stützen, sondern auch auf wissenschaftliche Ansätze, die sich mit der Mündlichkeit auseinandersetzen.

Schaut man in aktuelle Lexika, dann wird mit dem **Begriff Phrase** tatsächlich II.1
zunächst vor allem Negatives verbunden. So ist für das Lexikon der Sprachwissenschaft die Phrase eine „(a)bwertende Bezeichnung für wortreiches leeres Gerede“ und der Duden definiert sie als „abgegriffene, nichtssagende Aussage“. Diese Charakterisierung der Phrase deckt sich mit der Definition für den **Begriff Floskel**, der laut Duden eine „nichtssagende Redensart; formelhafte, leere Redewendung“ ist. Vor allem in der sogenannten „Höflichkeitsfloskel“ wird die Bedeutung greifbar. Man sagt etwas, nur um seinem Gegenüber nicht die Wahrheit mitteilen zu müssen. „Das wäre doch nicht nötig gewesen“, ist z. B. ein Standardsatz bei der Entgegennahme eines Geschenks. Vielleicht steckt hinter dieser Aussage das Bekenntnis: „Ich weiß jetzt auch nicht, was ich darauf sagen soll.“
Phrasen und Floskeln sind allerdings nur dann inhaltsleer, wenn man sie vor allem auf die Sachebene der Kommunikation bezieht. Mit Schulz von Thun müssen aber auch die anderen **Ebenen der Kommunikation** im Auge behalten werden. Wer dies tut, kann durchaus die positiven Aspekte eines phrasenhaften Gesprächs herausfiltern. Im Folgenden sollen deshalb kurz die Probleme der Phrasendrescherei angesprochen, dann aber vor allem die Leistungen der Phrase, ausgehend von den Überlegungen, die Rainer Marx angestellt hat, herausgearbeitet werden.

Marx weist in seinem Essay den **Bereich des Sports** als besonders anfällig für II.2
Phrasen aus. Jeder, der regelmäßig die Sportberichterstattung im Fernsehen verfolgt, kann dem nur zustimmen. An erster Stelle steht hier die journalistische Arbeit bei Fußballübertragungen. Es gibt wohl kaum eine Kommunikationssituation, die so von **nichtssagenden Beiträgen** getragen wird, wie die Minuten nach dem Spiel, wenn Reporter einzelne Spieler in die Interviewzone zerren, um deren Einschätzung des Spiels einzufordern. Nun mag man zu diesem Sport stehen wie man will, nach neunzig Minuten intensiver Laufarbeit und manchmal frustrierender oder beglückender Momente ist die Antwort auf die Frage: „Wie schätzen Sie Ihre Leistung heute ein?“ wirklich nicht leistbar. Der Sportler, verschwitzt, durstig und wohl körperlich auch ausgelaugt, greift zur Phrase. „Ja, gut, ich meine, dass wir das Spiel gewonnen/verloren haben. Wichtig war nur, dass ich der Mannschaft helfen/nicht helfen konnte …“. Es fällt schon auf, dass in dem beschriebenen Fall in der Regel nur sprachliche Bausteine ausgetauscht werden, ohne konkrete Inhalte

zu vermitteln. Marx würde vielleicht auch diese Form des Interviewgesprächs verteidigen, denn seiner Meinung nach ist es ja immer noch besser, in gestanzten Formulierungen keine Aussage zu machen, als eben ganz zu schweigen. Im vorliegenden Beispiel muss das aber kritisch hinterfragt werden. Die Gespräche, die hier geführt werden, sind nämlich in der Tat **überflüssig**. Sie leiten auch nicht eine weiterführende Analyse des Spiels ein, denn die Expertenrunde, die sich im Anschluss meist im trockenen Studio trifft, um weiter über das sportliche Ereignis zu sprechen, findet kaum über die **Phrasendrescherei** hinaus. Auch hier werden die immer gleichen Aussagen mit den immer gleichen Formulierungen aufgetischt, die man aus unzähligen Liveübertragungen kennt. „Die Räume waren eng", „dem Gegner wurde zu viel Platz gelassen", „das Umschaltspiel hat funktioniert" und „gegen individuelle Fehler ist kein Kraut gewachsen" – „und dann verlierst du halt das Spiel". Dem Zuschauer beschleicht dabei ein Verdacht, nämlich der, dass es nur um die Ausdehnung von Sendezeiten geht, **nicht** um ein **wirkliches Gespräch über eine Sache**.
Wenn es im sportlichen Bereich noch akzeptiert werden kann, dass die Beteiligten mit dieser Art von **Aussageverweigerung** die Kommunikation beschädigen – Sport ist und bleibt eine beliebte Nebensache –, dann wird dieses Verhalten **in der politischen Arena schon problematischer**. Wie Marx andeutet, greifen Politiker zur Phrase, wenn sie nichts zu erklären haben. Oft tun sie es auch, wenn sie etwas zu erklären hätten, aber dies nicht wollen. Ein Beispiel hierfür ist die **Kommentierung von Wahlergebnissen**, die unabhängig vom Ausgang immer gleich besprochen werden. Egal, wie viele Wähler sich für die eigene Partei entschieden haben, immer wird zunächst den „Wählerinnen und Wählern" gedankt für ihre Stimme, dann meistens den „Helferinnen und Helfern" der eigenen Partei, die „unermüdlich dafür gekämpft haben, das gute Wahlprogramm nach außen zu vertreten". Auf die Frage, welche Koalition denn nach der Wahl möglich sei, kommt dann die Antwort: „Jetzt lassen Sie uns erstmal das Ergebnis in aller Ruhe analysieren!" Natürlich ist es richtig, dass mit diesen Aussagen vor allem Zeit gewonnen werden soll. Richtig ist aber auch, dass der interessierte Zuschauer doch wissen möchte, was der Befragte in diesem Augenblick wirklich denkt und vor allem, was er konkret plant. Die **Politikverdrossenheit**, die immer wieder diskutiert wird, hat m. E. genau hier ihre Ursache. Wer die Menschen von der Ernsthaftigkeit seines Tuns überzeugen will, darf sich nicht allzu lange mit **inhaltsleerem Gerede** aufhalten. Darunter leidet die Glaubwürdigkeit im wahrsten Sinn des Wortes. Es würde mit Sicherheit niemand wirklich abschrecken, wenn ein Politiker am Abend der Wahl einfach zugeben würde, dass er enttäuscht ist vom Wahlausgang, dass er darüber hinaus beim besten Willen nicht weiß, wie es weitergehen soll und dass er erst einmal eine Nacht darüber schlafen müsse. Konkrete Aussagen unter dem Deckmantel der Phrase zu verbergen, ist keine Lösung, Ehrlichkeit in diesem Fall aber schon.
Würde man in der **Berufswelt** so umstandslos zur Phrase greifen, könnten sich Probleme ergeben. Dies trifft vor allem auf **Bewerbungsgespräche** zu,

bei denen es um konkrete Aussagen geht. In einem Ratgeber wird deshalb sehr deutlich darauf verwiesen, dass Personalchefs **keine Worthülsen** vertragen, sondern immer genau wissen wollen, mit wem sie es zu tun haben. In der Situation des Vorstellungsgesprächs muss man also seine jeweiligen Vorzüge, seine konkreten Tätigkeiten und Ideen auf den Tisch legen. Ausweichmanöver sind dabei kontraproduktiv (vgl. M 3).

Das heißt nun nicht, dass Phrasen, Floskeln und andere sprachliche Nullaussagen wie die Redewendung oder der Smalltalk generell keine Berechtigung hätten. Ganz im Gegenteil. Marx' These, dass Phrasen eine **kommunikative und soziale Funktion** hätten, kann durchaus auch zugestimmt werden. II.3
Dies gilt in erster Linie für viele Situationen des **Alltags**. Wer in allen Gesprächen immer gleich mit der Wahrheit – oder dem, was er dafür hält – herausrückt, zerstört unter Umständen nicht nur die Kommunikation, sondern belastet auch die Beziehung zu seinem Gegenüber. Marx berichtet von der Frisur der Kollegin, die mit einer Floskel sozusagen schöngeredet wird. Ein weiteres Beispiel lässt sich aus dem Schulalltag anführen. Der beste Freund hat gerade eine Fünf in Mathematik geschrieben, verzweifelt sucht er Rat, vor allem aber sichtbar Trost. Nun könnte man ganz einfach ehrlich sein und darauf hinweisen, dass ganz offensichtlich weder die Begabung noch der nötige Fleiß vorhanden sind, um das Anspruchsniveau der Jahrgangsstufe zu erreichen. Zahlreiche gemeinsame Hausaufgabenstunden haben das sehr deutlich gemacht. Ganz unmittelbar nach der Herausgabe der Schulaufgabe ist diese Form der Ehrlichkeit aber nicht angesagt. Zunächst kann es nämlich wesentlich hilfreicher sein, wenn man einfach zur Phrase greift und darauf hinweist, dass „in zehn Jahren kein Mensch mehr daran" denke, welche Ziffer auf der dritten Matheschulaufgabe stand. Eine schlechte Note ist eben auch eine persönliche Kränkung und mit einer nichtssagenden Phrase kann man da unter Umständen etwas gegensteuern. Eine weitere Phrase kann in der gleichen Situation weiterhelfen, wenn man selbst ratlos ist und einfach nicht weiß, wie man helfen kann. „Das Leben ist eben kein Ponyhof" – damit ist zumindest klar gemacht, dass immer wieder Konstellationen auftreten werden, die einem an die Nieren gehen können, die aber zum Leben dazugehören.
Neben der privaten Kommunikation gibt es auch im **beruflichen Umfeld** Situationen, die es nahelegen, auf die Kunst der Phrase zu setzen. Das oben bereits erwähnte Vorstellungsgespräch gehört selbstverständlich nicht dazu, auch nicht das Mitarbeitergespräch mit dem Vorgesetzten oder die Diskussionsrunde in der Projektgruppe. Oft hat man es aber im Beruf mit neuen, unbekannten Gesprächspartnern zu tun. Bevor nun gemeinsame Aufgaben angegangen werden können, gilt es, überhaupt einen Kontakt aufzubauen. Forscher haben herausgefunden, dass der Smalltalk zwischen zwei Unbekannten die Erfolgsaussichten für das gemeinsame Lösen von Aufgaben erheblich steigert. Wenn dagegen zwischen den beiden vor der Erledigung der Aufgabe Funkstille herrscht, dann komme es viel eher zu einem Konkurrenzdenken (vgl. M 2, Z. 14 ff.). Der gleiche Effekt wird zwar nach dieser Studie auch

durch ein normales, phrasenfreies Gespräch erzielt, aber grundsätzlich gilt, dass auch das inhaltsleere Gerede eine intensive und erfolgreiche Kooperation einleiten kann.
In beiden Bereichen, also Alltag und Beruf, sind Phrasen und Floskeln immer dann hilfreich, wenn es um die bloße **Aufrechterhaltung des Gesprächs** geht. Egal ob beim Stehempfang in der Firma oder bei der privaten Party, nicht selten kommt eine Zeit, in der keiner mehr so recht weiß, was er jetzt sagen soll. Das ungute Gefühl, das dabei aufkommen kann, hat jeder schon mal erlebt. Witze zu erzählen, ist dann nicht immer die beste Lösung, weil diese schon auch peinlich sein können. Viel besser erscheint es, wenn der stotternde Motor der Unterhaltung mit ein paar Phrasen wieder in Gang gebracht werden kann. Ein Spruch über das aktuelle Wetter führt dann vielleicht schnell zu einem interessanten Urlaubserlebnis, das wiederum zu Beobachtungen über die wirtschaftliche Entwicklung – und schon hat das Gespräch wieder das gewünschte Format gefunden. Die **kommunikative Funktion der Phrase** ist hier nicht so sehr auf der **Sachebene** zu finden, sondern eher auf der **Ebene der Selbstoffenbarung** („Ich will das Gespräch weiterführen!") oder der **Beziehungsebene** („Wir sollten uns noch unterhalten!").
Man sieht also sehr deutlich, dass positive wie negative **Auswirkungen des Phrasengebrauchs** stark von der jeweiligen **Kommunikationssituation** abhängen. Wichtig scheint mir in jedem Fall zu sein, dass über die Bedeutung des Phrasengebrauchs auch nachgedacht wird. Der Sprecher sollte stets wissen, ob er in seinem Sprachgebrauch leere Aussagen macht, um damit seinem Gegenüber die Chance auf ein sinnvolles Weiterreden zu eröffnen, oder ob er damit nur etwas verschleiern will. Bei Letzterem gilt die dringende Bitte, diese Form des Gesprächs nicht zu übertreiben.

Kommunikation ist natürlich stark vom verbalen Zeichensystem, der Sprache also, abhängig. Dazu gehören dann auch Ausdrücke und Sätze, die nichts anderes aussagen, als dass sie nichts sagen wollen. Bei den eingangs erwähnten vier Ebenen der Nachricht spielen aber auch die **nonverbalen Signale** eine große Rolle. Deshalb muss man auch nicht immer etwas sagen, man könnte auch mal **schweigen**. Wenn man dabei nicht alleine ist, sendet man dabei ebenso Signale aus, die der Empfänger „lesen" kann. Marx scheint den Eindruck zu vermitteln, dass alles andere als reden den Menschen sehr schwer falle. Da kann man auch ganz anderer Meinung sein. Unter bestimmten Umständen ist es nämlich hilfreich, wenn zwischen zwei Menschen Ruhe herrscht. Kein Austausch von Informationen, keine Aufrechterhaltung des müden Gesprächs mit sinnleeren Worten, keine missverständlichen Interpretationen der unterschiedlichen Botschaftsebenen. Einfach schweigen und sich dabei gegenseitig respektieren. Auch das ist eine Möglichkeit. **c**

Gliederung – Variante 2

1 Miteinander sprechen: Grundlagen menschlicher Kommunikation
(siehe Variante 1)

2 Rettung der Phrase: Der Essay „Sagen Sie jetzt nichts“ von Rainer Marx
2.1 Die Phrase als nichtssagender Baustein der Sprache
2.2 Die Phrase als Mittel zur Aufrechterhaltung von Kommunikation
2.3 Die Phrase als soziale Funktion und sprachliches Hilfsmittel
2.4 Schlussgedanke: Reden und Schweigen
2.5 Position des Autors: Aufwertung der Phrase
(siehe Variante 1)

3 Kommentar: Schweigen ist Silber, Reden ist Gold
3.1 Kritik an Phrase, Floskel, Redensart
3.2 Lob der Phrase

Lösungsvorschlag – Variante 2

Schweigen ist Silber, reden ist Gold!

Herr Müller hat mich nun schon zum zweiten Mal einen Phrasendrescher genannt – Herr Müller ist unser Deutschlehrer, und die Bezeichnung war nicht als Lob gedacht. Herr Müller meint das nicht böse, wenn er an den Rand meiner Aufsätze immer wieder das Wort Floskel schreibt, z. B. wenn da steht: Eichendorff verwendet die Metapher, weil er damit die Erfahrungen des lyrischen Ichs „anschaulicher darstellen“ will. Ich habe jetzt extra nachgeschaut, was mein Kritiker damit meint: Eine **Floskel** ist nach einer Definition des Duden eine „formelhafte, leere Redewendung“. Das trifft ebenso auf die **Phrase** zu, die in einem Lexikon der Sprachwissenschaft als „(a)bwertende Bezeichnung für wortreiches leeres Gerede“ bezeichnet wird. Und zu guter Letzt darf hier auch noch die **Redensart** erwähnt werden, die – wieder laut Duden – aus „leeren, nichtssagenden Worten“ besteht. Klar, dass ich mit meiner Eichendorff-Interpretation den Deutschlehrer enttäuscht habe: Zu seinem Lieblingsdichter fällt mir also nichts ein. Diesen Vorwurf muss ich mir gefallen lassen.
Bloß – und ich hoffe, dass die Leser mir in dieser Sache zustimmen werden – ist für mich die Frage, was ich hätte tun sollen, wenn ich mit einem Text der Romantik einfach nicht so viel anfangen kann. Gleich gar nichts hinschreiben? Ich bin mir sicher, dass Herr Müller das noch schlechter gefunden hätte. Gehen wir noch einen Schritt weiter: Ist es wirklich so schlimm, wenn in unseren Aufsätzen, in unseren Gesprächen auch einmal zur Floskel gegriffen wird? Das gilt es genauer zu untersuchen. **Drei Beispiele** dazu können weiterhelfen.
Bei einem überregionalen Workshop mit Schülervertretern aus ganz Deutschland stehen vor der ersten Veranstaltung Gruppen von Menschen zusammen, die sich noch nie gesehen haben. Worüber reden? Welches Thema eignet sich zur ersten Kontaktaufnahme? Wenn gar nichts geht, ein paar Sätze über das Wetter gehen immer. Dass

dabei eine Floskel an die andere gereiht werden kann, ist eine oft gemachte Beobachtung. Aber niemand wird sich daran stören, solange überhaupt etwas gesprochen wird. Erste Einschätzungen des Gegenübers sind auf diesem Weg ganz entspannt möglich, man lernt sich kennen – das ist das Entscheidende. Es gibt Hinweise darauf, dass Menschen immer dann besonders gut zusammenarbeiten, wenn sie sich im Vorfeld durch Gespräche bereits abgetastet haben und so erste Barrieren abgebaut werden konnten.

Zweites Beispiel: Bei der Q12-Party taucht plötzlich ein bekanntes Gesicht auf. Das ist doch der Klassenkamerad aus der achten, der dann von der Schule musste, weil er nicht nur in einem Fach ein Mangelhaft im Zeugnis hatte. Gott, wie heißt der gleich nochmal? Wie ein Gespräch beginnen? „Ja, so ein Zufall. Lange nicht gesehen und gleich wieder erkannt. Wie laufen die Geschäfte?" Lauter Phrasen und lauter kleine Helfer, um peinliche Situationen zu vermeiden. Erstmal. Je nachdem, wie der Gesprächspartner reagiert – ob er es bei dem inhaltsleeren Austausch belässt, weil er selbst nicht weiß, was er sagen soll, oder ob er dann erzählt, wie seine Geschichte weiterging –, wird sich der Abend so oder so entwickeln. Und in jedem Fall genau so, wie es in der Situation richtig war.

Und als Letztes komme ich noch einmal zur Schule zurück: Herr Müller möchte das Wissen seiner Schüler abfragen. Wir sind nicht mehr in der Romantik, sondern in der Moderne angelangt. Stefan George steht auf dem Plan, wir haben in der letzten Stunde ein Gedicht von ihm gelesen. Irgendetwas mit einem „totgesagten Park". Ich soll die Ergebnisse zusammenfassen. Also los! „Das Gedicht ist ja zunächst ein Buch mit sieben Siegeln" – so recht kann ich mich nicht an die Interpretation erinnern –, „also, wenn ich ganz ehrlich bin, habe ich da letzte Stunde nur Bahnhof verstanden". Die Augenbrauen des Lehrers gehen steil nach oben, aber ich habe Zeit gewonnen, zumal er jetzt den Ball aufgreift: „Da hast du, meine ich, durchaus etwas Wichtiges gesagt. Warum ist denn George rein inhaltlich nur schwer zu fassen?" Aha, jetzt fällt mir was ein: „‚Den Wert der Dichtung entscheidet nicht der Sinn' – das hat George, glaube ich, gesagt". „Sehr gut", lobt Herr Müller und fährt fort: „Sondern die Form". Voila, das also ist auch der Sinn der Phrase, dass man nachdenken kann und hoffentlich dann die richtige Antwort auf die Frage findet.

Man kann also mit Fug und Recht behaupten, dass Phrasen, Floskeln und Redensarten **nicht zufällig** zu unserem Sprachschatz gehören, sie haben durchaus einen **Sinn**. Im Privaten helfen sie uns, peinliche Situationen zu vermeiden. Im Beruflichen können sie neue, unbekannte Gesprächskontexte entschärfen. Natürlich muss man gerade in diesem Bereich genau wissen, wann man zur Phrase greifen kann und wann man sich damit nur blamiert. Es ist nicht anzuraten, dass ein Vorstellungsgespräch mit lauter Phrasen und Floskeln wie „Ich bin für den Job hochmotiviert und werde mich mit meiner ganzen Kraft engagieren, um die Firma weiterzubringen" bestritten wird.

Aber auch in diesen und vielen weiteren Situationen hilft die Phrase einen kurzen Moment des Stillstands zu überbrücken. Ich weiß nicht weiter, also greife ich zur Phrase. Denn in (fast) allen Fällen gilt: Schweigen ist Silber, aber Reden ist Gold.

Deutsch Bayern – Abiturprüfung 2014:
Aufgabe 1: Erschließen eines literarischen Textes

a) Erschließen und interpretieren Sie das Gedicht „Transparenz in Blau" (Text A) von Durs Grünbein. Nutzen Sie dazu auch Text B!

b) Zeigen Sie ausgehend von Ihren Ergebnissen vergleichend auf, wie die Stadt in Text C dargestellt wird!

Der Schwerpunkt der Aufgabenstellung liegt auf Teilaufgabe a).

Text A

Durs Grünbein (*1962)
Transparenz in Blau

Vorbemerkung: Durs Grünbein ist deutscher Lyriker, Übersetzer und Essayist. Geboren in Dresden lebt er heute in Rom. Er hat u. a. den renommierten Georg-Büchner-Preis erhalten.

Das ist die Stadt: ein Inventar unserer Tage,
Der Ort, wo die Toten die Lebenden streifen,
Nicht nur in Friedhofsnähe, nein überall,
Wo Mieter sich folgen in wohnlicher Enge.

Dies sind die Wege, zu Fuß ausgemessen,
So oft, daß man sie blind noch gehen könnte –
Ein Traumspiel, das schon die Kinder mögen.
Löwenzahn kämpft da mit Staub und Regen,
Klee schluckt die Gase am Straßenrand.
Sieh nur das Kleeblatt: unter Tarnfarben grün.

Solange die Augen übergehen, glaubt keiner
An Leere, die uns sicherer ist als das Amen,
Das unter Kuppeln und Kirchenbänken verhallt.
Unfaßbar die Leere, du findest sie überall.
Vorläufig ist sie, aus Glas, dort die Häuserflucht.

Sieh nur den Kiosk, die Menschheit abgedichtet –
Zumindest für heute. Alles ist gut, sie klagen …
Und vergessen dabei, wie durchsichtig sie sind
Einer dem andern und alle zusammen der Zeit.

Fang jetzt schon an zu trainieren. Üb dich
In Abwesenheit. Dieser physischen Welt
Wird nichts fehlen, wenn bis zum letzten Atom
Luft bezeugt, was du immer schon warst: Luft.

Durs Grünbein: Koloss im Nebel. Gedichte, Frankfurt, Berlin: Suhrkamp 2012, S. 37; Orthographie nach dem Erstdruck von 2012

Text B

Aus einer Rezension von Ron Winkler zu Durs Grünbeins Gedichtband „Nach den Satiren“

[…] Grünbein widmet sich gern und fast exegetisch[1] neben dem Bedeutungslosen der Vergänglichkeit. Der Mensch findet sich immer mal wieder zurückradiert auf den corpus passatus, einen vergehenden Körper. Was von ihm bleibt, Ich-frei zuletzt, ist nicht mehr als ein Fundstück für eine spätere Archäologie. […] Ihm geht es um die Beobachtung des konditionierten[2] Menschen in den Routinen einer Potemkinschen Welt[3]. […]

Ron Winkler, Durs Grünbein „Nach den Satiren“, Online-Rezension unter http://rezensionen.literaturwelt.de/content/buch/g/t_gruenbein_durs_nach_den_satiren_rowi_11449.html; zuletzt aufgerufen am 07. 01. 2014

Worterläuterungen:
1 *exegetisch* hier: detailliert erklärend und auslegend
2 *konditioniert* hier: mit automatisierten Reaktionen auf bestimmte Reize antwortend
3 *Potemkinsche Welt* hier: i. S. v. Vorspiegelung, kulissenhafte Welt

Text C

Wolfgang Borchert (1921–1947)
Hamburg (entstanden 1946, Orthographie nach der Werkausgabe von 2013)

Vorbemerkung: In dem kurzen Prosatext „Hamburg“ stellt der Schriftsteller Wolfgang Borchert dem Leser sein Bild seiner Heimatstadt Hamburg vor Augen.

Hamburg!

Das ist mehr als ein Haufen Steine, Dächer, Fenster, Tapeten, Betten, Straßen, Brücken und Laternen. Das ist mehr als Fabrikschornsteine und Autogehupe – mehr als Möwengelächter, Straßenbahnschrei und das Donnern der Eisenbahnen – das ist mehr als Schiffssirenen, kreischende Kräne, Flüche und Tanzmusik – oh, das ist unendlich viel mehr.

Das ist unser Wille, zu sein. Nicht irgendwo und irgendwie zu sein, sondern hier und nur hier zwischen Alsterbach und Elbestrom zu sein – und nur zu sein, wie wir sind, wir in Hamburg.

Das geben wir zu, ohne uns zu schämen: Daß uns die Seewinde und die Stromnebel betört und behext haben, zu bleiben – hierzubleiben, hier zu bleiben! […]

Hamburg, Stadt: Steinwald aus Türmen, Laternen und sechsstöckigen Häusern; Steinwald, dessen Pflastersteine einen Waldboden mit singendem Rhythmus hinzaubern, auf dem du selbst noch die Schritte der Gestorbenen hörst, nachts manchmal.

Stadt: Urtier, raufend und schnaufend, Urtier aus Höfen, Glas und Seufzern, Tränen, Parks und Lustschreien – Urtier mit blinkenden Augen im Sonnenlicht: silbrigen, öligen Fleeten! Urtier mit schimmernden Augen im Mondlicht: zittrigen, glimmernden Lampen! […]

Wolfgang Borchert, Das Gesamtwerk, hg. von Michael Töteberg, 3. Auflage, Reinbek bei Hamburg: Rowohlt 2013, S. 82–85

Hinweise und Tipps

- *Die Aufgabenstellung ist zweigeteilt in einen* ***erschließend-interpretierenden Teil a)*** *und einen davon ausgehenden* ***Vergleichsauftrag b)****. Der Schwerpunkt der Arbeit liegt auch durch die Beigabe von Text B auf der Erschließung und Interpretation des Gedichts.*
- *Die einzelnen Elemente der Erschließung werden in der Aufgabenstellung üblicherweise nicht mehr separat aufgelistet. Die* ***Untersuchungsschwerpunkte*** *ergeben sich vielmehr aus den spezifischen Besonderheiten des jeweiligen Textes und aus dem* ***thematischen Fokus des Vergleichsauftrags****. In jedem Fall wird von Ihnen die Herausarbeitung der Gesamtaussage in inhaltlich-struktureller, formaler und sprachlich-stilistischer Hinsicht erwartet. Es empfiehlt sich, zu Beginn der Erschließung eine* ***strukturierte Inhaltsangabe*** *zu verfassen, die sowohl den Aufbau des Textes (durch Herausarbeitung der Struktur, Bildung thematisch zusammengehöriger „Blöcke", Herausarbeitung thematischer Verklammerungen) als auch die Gedankenführung des lyrischen Ichs wiedergibt.*
- *Nach dieser inhaltlichen Klärung erfolgt die Hauptaufgabe der Erschließung: die Wahl geeigneter* ***Interpretationsschwerpunkte*** *und ihre Überprüfung am Text. Die Aufgabenstellung a) gibt dabei keinen konkreten Interpretationsfokus vor. Die Erläuterungen in Text B bieten jedoch Hinweise an, die gerade bei der Erschließung von verrätselten Bildern des modernen Gedichtes hilfreich sind. Sie sollten die* ***sprachlich-stilistische Gestaltung*** *nicht getrennt von der Interpretation untersuchen, vielmehr besteht die Hauptaufgabe einer Gedichtanalyse in der Herausarbeitung der* ***Leistung der Sprache für die Aussage des Gedichts****. Ein aneinanderreihendes „Abhaken" von Stilmitteln widerspricht der Forderung nach einer in sich geschlossenen Interpretation und sollte von Ihnen auf jeden Fall vermieden werden. Gelegentlich ist es von Vorteil – wie auch beim vorliegenden Gedicht –, die* ***Auffälligkeiten formaler Aspekte*** *gesondert zu klären. Da gerade in modernen Gedichten die üblichen lyrischen Gestaltungsmittel wie Reim oder Metrum fehlen, kann die Bedeutung der Syntax bzw. der Sprechhaltung für den gesamten Text vorab erarbeitet werden.*
- *Um einen geschlossenen Eindruck des Aufsatzes zu erreichen, sollten Sie die* ***Einleitung*** *und den* ***Schluss*** *auf den Wesenskern des Gedichts abstimmen. Im vorliegenden Fall bieten sich dabei Querverbindungen zu eventuell im Unterricht behandelten Texten zum* ***Motiv der Stadt*** *an. Da Grünbein durch seine postmoderne Schreibweise viele Epochen und Motive zitiert, können Sie hier auch Literaturwissen z. B. zum Vanitas-Gedanken im Barock einbringen. Genauso möglich ist die* ***Formulierung des ersten Leseeindrucks*** *(der dann später im Hauptteil überprüft wird) oder erste bzw. abschließende Überlegungen zum Titel.*
- *Die* ***b)-Aufgabe*** *verlangt eine vergleichende Interpretation von* ***Gemeinsamkeiten und Unterschieden in der Gestaltung des Stadt-Motivs*** *in Text C. Auch hier sind die Vergleichspunkte z. B. bezüglich Form, Bildlichkeit, Sprachgestus oder Motivik frei wählbar. In jedem Fall sollten Sie dabei die unterschiedliche Aussage beider Texte ggf. auch vor dem Hintergrund der Entstehungszeit einander gegenüberstellen.*

Gliederung

1 Die Stadt als ein zentrales Motiv der Lyrik

2 Erschließung und Interpretation des Gedichts „Transparenz in Blau“

2.1 Strukturierte Inhaltsangabe: Vanitas-Gedanke als Rahmen für eine Reflexion über die Stadt in den Binnenstrophen

2.1.1 Einführung: Definition der Stadt als Begegnungsraum von Lebenden und Verstorbenen (V. 1–4)

2.1.2 Hinweis auf die bedrohte Natur am Rande der bekannten Wege (V. 5–10)

2.1.3 Verweis auf metaphysische und zwischenmenschliche Leere in der urbanen Architektur (V. 11–19)

2.1.4 Abschließender Appell: Aufforderung zur Einsicht in die eigene Vergänglichkeit (V. 20–24)

2.2 Formale Gestaltung und Sprechhaltung

2.2.1 Prosaähnliche Gestaltung trotz formaler Rückbindung an lyrische Tradition

2.2.2 Dominanz des impliziten Sprechers durch Zeigegestus und Anrede des Lesers

2.2.3 Hypotaktische Struktur mit prägnanter Zeichensetzung

2.3 Interpretation von „Transparenz in Blau“ unter Berücksichtigung von Text B und unter Einbeziehung stilistischer Gestaltungsmittel und Leitmotive

2.3.1 Vergänglichkeits-Motiv in Variation barocker Vanitas-Dichtung

2.3.2 Motiv des entindividualisierten und automatisierten Menschen als Produkt der Stadt

2.3.3 Überschrift als thematische Klammer und Chiffre für die Leere der Welt

3 Darstellung der Stadt in „Transparenz in Blau“ (2012) von Durs Grünbein verglichen mit „Hamburg“ (1946) von Wolfgang Borchert

3.1 Problematik einer genauen Gattungszuschreibung bei beiden Texten

3.2 Emphatische Verbundenheit mit Hamburg gegenüber distanziertem Blick

3.3 Borcherts Text als Sinnbild von Vitalität und Lebensbejahung gegenüber morbid-fatalistischer Weltsicht bei Grünbein

3.4 „Hamburg“ als identitätsstiftender Ort gegenüber „Transparenz in Blau“ als Sinnbild für Entfremdung

4 „Transparenz in Blau“ als Text der Postmoderne

Lösungsvorschlag

Die Stadt ist ein **Motiv**, das vor allem **Künstler der Moderne** in ihren Werken herausforderte. Spätestens seit der Industrialisierung und der darauf folgenden Urbanisierung nahm diese Siedlungsform einen hohen Stellenwert im Leben der Menschen ein. Neben neuen technischen und beruflichen Möglichkeiten erhofften sich viele ein besseres Leben in den Metropolen. Schnell zeigten sich jedoch auch die Schattenseiten der Verstädterung, die um 1900 explosionsartig zunahm. Wurden im **Naturalismus** noch die **unwürdigen Lebensverhältnisse** der Arbeiterschicht in den Industriezentren thematisiert, behandelten die **Expressionisten** das immer deutlicher werdende **Problem der Anonymisierung** in den Großstädten. Heutzutage lebt mehr als die Hälfte der Weltbevölkerung in Städten, die alle Möglichkeiten im Hinblick auf Ausbildung, Arbeit oder Selbstentfaltung und Versorgung zu bieten scheinen. 1

Urs Grünbein setzt sich als zeitgenössischer Lyriker 2012 in seinem Gedicht „**Transparenz in Blau**", das im Folgenden auch unter Heranziehung einer Rezension von Ron Winkler erschlossen werden soll, auf ganz eigenständige Weise mit diesem Thema auseinander. Sein Blick auf die Stadt und ihre vielfältigen Facetten führt zu einer tiefgehenden Reflexion über die Rolle der Menschen darin. Abschließend soll das von Grünbein entworfene Bild der Stadt mit demjenigen aus dem 1946 entstandenen Prosatext „Hamburg" von Wolfgang Borchert verglichen werden. 2

In der ersten Strophe führt ein **nicht explizit auftretender Sprecher** mit seiner Sicht auf die Stadt in die Thematik ein. In einer ersten Überschau wird bereits der transzendente Ansatz der Betrachtung deutlich. Die Stadt wird als eine **Bestandsaufnahme der Gegenwart** definiert, als Lebensraum, in dem die Menschen durch die Nähe zueinander ein Gefühl der Beengtheit empfinden, aber auch die Präsenz der Verstorbenen spüren. Diese Allgegenwart des Todes kennzeichnet von Beginn des Gedichtes an dessen zentrale Thematik: die der **Vergänglichkeit und Flüchtigkeit des Menschen**. 2.1 2.1.1

In den Binnenstrophen 2–4 wirkt der Text wie ein **Spaziergang durch die Stadt**, in der der Sprecher die Rolle eines Reiseführers einnimmt und das zu Sehende erklärt. Diesen Eindruck erwecken auch die **detailgetreuen Beschreibungen**, in denen einzelne Facetten der Stadt und konkrete Orte vorgeführt werden. Die zweite Strophe zerfällt so thematisch in zwei Teile. Einerseits (V. 5–7) wird dem Leser am Beispiel von **Alltagsroutinen** in der Benutzung bekannter Wege die Vertrautheit der eigenen Wohnumgebung vorgeführt, andererseits wird der Blick auf die **kärglichen Reste der Natur** gelenkt (V. 8–10), die sich in einer lebensfeindlichen Umwelt zu behaupten versucht. 2.1.2

In den folgenden Versen (Z. 11–19) rücken die **Fassadenhaftigkeit und Nichtigkeit der Stadtkulisse** und die **Rolle des Menschen** darin in den Mittelpunkt. So kann die in Strophe drei angedeutete Fülle von städtischen Kon- 2.1.3

sum- und Architekturwelten nicht über deren inhaltliche Leere hinwegtäuschen. Die **Allgegenwart dieses Nichts** wird schließlich auch auf die Stadtbewohner selbst übertragen. Dies wird von jenen allerdings nicht wahrgenommen. Am Beispiel eines sozialen Treffpunkts, des Kiosks, werden die Beschränktheit der Menschen und die Banalität der alltäglichen Kommunikation angedeutet und in Bezug zu ihrer **Flüchtigkeit** angesichts der verstreichenden Zeit gesetzt.

Den thematischen Abschluss und Gipfelpunkt der zentralen Vergänglichkeits- 2.1.4
Thematik bildet die letzte Strophe in der Tradition des barocken „Memento mori“ (Bedenke, dass du sterblich bist). Mit einem **abschließenden Appell** wird der Leser in kurzen Sätzen unmissverständlich dazu aufgefordert, den Gedanken der eigenen Entbehrlichkeit nicht nur zu akzeptieren, sondern sich bereits zu Lebzeiten darin zu üben (V. 20–24). Die letzte Strophe stellt somit den **negativen Höhepunkt einer nihilistischen Grundhaltung** dar. Das Fazit lautet, dass den Menschen weder während ihres Lebens noch nach dem Tode irgendeine Bedeutung zukommt. Dies wird durch die Aussicht auf die **Atomisierung des Einzelnen** auf die Spitze getrieben.

Auf den ersten Blick erscheint das Gedicht durch die Beibehaltung einer 2.2
klaren Strophenstruktur und die annähernd gleichmäßige Zeilenlänge ge- 2.2.1
ordnet und **verweist somit auf die traditionelle Lyrik**. Auch in der Strophenlänge ist ein System erkennbar, das sich auf den Inhalt übertragen lässt. Zwei Vierzeiler bilden den gedanklichen Rahmen für die drei Binnenstrophen, die absteigend aus sechs, fünf und vier Versen bestehen. Zunächst geraten hier der Lebensalltag mit den Wegen, der spärlichen Vegetation, den Bauten und schließlich der Kiosk als Kristallisationspunkt sozialer Begegnung und der Mensch selbst in den Fokus des Betrachters. Diese **zoomende Blickrichtung vom Allgemeinen auf das Einzelne** findet schließlich auch in der Benennung des „Atoms“ bzw. der „Luft“ am Gedichtende seinen konsequenten Endpunkt. Ein Reimschema ist nicht vorhanden. Anklänge an ein Versmaß sind insbesondere durch daktylische und jambische Versfüße erkennbar, sodass das Gedicht auch ohne eindeutiges Metrum rhythmisiert wirkt. Das fehlende Reimschema und der unstrukturierte Wechsel von männlichen und weiblichen Kadenzen erwecken beim Lesen den **Eindruck von gesprochener Sprache** und haben so eher den Anschein von Prosa als von Lyrik.

Die dadurch entstehende Nüchternheit beim Vortrag wird noch verstärkt 2.2.2
durch die **dozierende Haltung des Sprechers**, die alle Strophen in unterschiedlicher Intensität beherrscht. Er ist stets präsent, redet den Leser sogar direkt in der 2. Person an (vgl. V. 14) oder fordert ihn durch Imperative zu einer bestimmten Haltung auf (vgl. V. 20 f.). Die Aufmerksamkeit des Lesers wird durch den **sachlich-nüchternen Stil** auf die wesentliche Aussage des Gedichtes gelenkt, da der Leser gleichsam „von oben“ – geführt durch die Perspektive des Sprechers – aus der **Distanz** mit ihm auf die Städter herabschaut. Diese Überschau lässt auch Assoziationen zu einer technischen Experimentbeschreibung zu. Das Leben und der Tod der Städter werden sach-

lich betrachtet, ohne irgendwelche Gefühlsbezeugung, mit einem geradezu **naturwissenschaftlichen Sprachduktus**, der die „physische Welt“ (V. 21) erklärt und gleichsam bis zum letzten „Atom“ (V. 22) seziert. Dies geschieht ganz im Sinne einer „**exegetisch[en]**“ (Text B, Z. 1), **auf das Detail bezogenen erklärenden Haltung**. Durch die gehobene Wortwahl und den Gebrauch von Verallgemeinerungen, wie der „Menschheit“ (V. 16) oder Indefinitpronomina („Einer dem andern“, V. 19), erhebt der Sprecher zudem den **Anspruch auf allgemeine Gültigkeit** seiner Botschaft. Der Blick des Lesers wird durch Demonstrativpronomina („Dies sind die Wege“, V. 5) gelenkt; das geschieht noch deutlicher durch die explizite, zweimalige Aufforderung: „Sieh nur“ (V. 10, 16). Er wird dadurch direkt in den Text mit einbezogen. Genauso fungiert der Doppelpunkt vor dem letzten, zentralen Wort „Luft“ (V. 24) als **Zeigegeste des Sprechers**.

Den Charakter der **gesprochenen Erzählrede** unterstreicht auch die häufig 2.2.3
hypotaktische Satzstruktur. Die Sätze laufen durch Enjambements über mehrere Verse, wenn der Sprecher beispielsweise die „zu Fuß ausgemessen[en]“ (V. 5) Wege schildert und damit die Vorstellung dieser Alltagsroutine verdeutlicht. Durch die genaue und detaillierte Beschreibung des Systems Stadt wird auch die **Komplexität des Themas** betont. Abweichungen von dieser Erzählsprache kommen umso deutlicher zur Geltung und markieren inhaltlich Bedeutsames. Der Satz „Alles ist gut, sie klagen …“ (V. 17) bricht scheinbar ab, eine Auslassung wird durch drei Punkte gekennzeichnet und lässt Raum für eigene Ergänzungen. Gedankenstriche (vgl. V. 6, 16) verweisen auf Denkpausen und verdeutlichen so den **Redecharakter des Textes**. Dagegen fokussieren Inversionen und syntaktische Zusammenziehungen und Verknappungen zentrale Aussagen, wie die Beschränktheit menschlicher Einsicht in die eigene Vergänglichkeit („Und vergessen dabei, wie durchsichtig sie sind / Einer dem anderen und alle zusammen der Zeit“, V. 18 f.). Den syntaktisch gleich gebauten Imperativen zu Beginn der Schlussstrophe (vgl. V. 20 f.) wird durch die parallele, knappe Satzstruktur **Eindringlichkeit und Nachdruck** verliehen.

Das **Motiv der Vergänglichkeit** ist mit dem **Motiv der Stadt die themati-** 2.3
sche Klammer des gesamten Textes. Bereits zu Beginn wird der Ablauf der 2.3.1
Zeit durch **antithetische Bilder** verdeutlicht. Dem statischen Konstrukt Stadt wird der Wechsel der Generationen in den Wohnhäusern entgegengehalten, was im paradoxen Bild von der „wohnliche[n] Enge“ (V. 4) auf den Punkt gebracht wird. Dies geschieht nicht nur „in Friedhofsnähe“ (V. 3), die Emphase „nein überall“ (V. 3) macht das eindrücklich klar. Durs Grünbein stellt den Menschen in seinem Gedicht als einen Teil der Welt dar, der keinerlei Bedeutung für diese hat. Es „[w]ird nichts fehlen“ (V. 23), wenn ein Mensch stirbt, da er nur ein winziges Element des Systems ist und jederzeit ersetzt werden kann. Der Bewohner der Stadt fungiert lediglich als – wie es Ron Winkler in seiner Rezension formuliert – „**corpus passatus**“ (Text B, Z. 2 f.) und wird damit auf seine Körperlichkeit und damit Hinfälligkeit reduziert. Mit dem

Mittel der antithetischen Gegenüberstellung greift Grünbein das zentrale Thema der **barocken Vanitas-Dichtung** auf. Wurde im 17. Jahrhundert angesichts herrschaftlicher Prachtentfaltung die Eitelkeit der Menschheit beklagt, gehen in Grünbeins Gedicht dem Menschen angesichts der Erscheinungsformen moderner Megacitys „die Augen über“ (V. 11).

Das Grundprinzip antithetischer Gegenüberstellung verwendet Grünbein auch, um den **Gegensatz des urbanen Lebens zur Natur** aufzuzeigen. Die Vegetation, die in der zweiten Strophe angesprochen wird, trotzt dem „Staub“ (V. 8) und den „Gase[n]“ (V. 9). Um diesen Kontrast zu verstärken, werden die Pflanzen als Antagonisten der Stadt personifiziert. Im Unterschied zum Menschen versuchen sie sich noch zu wehren, um ihre ureigene Natur und Daseinsberechtigung zu behalten. Wenn dabei ausgerechnet der „Löwenzahn kämpft“ (V. 8), eine Pflanze, die überall von selbst wuchert, stellt sich die Frage, wie dann die Menschen in solch einer **lebensfeindlichen Umgebung** existieren können. Den **Niedergang der Natur** verdeutlicht der personifizierte Klee, der ja auch ein Symbol für Glück darstellt. Er „schluckt die Gase“ (V. 9) und ist nur noch „unter Tarnfarben grün“ (V. 10). Der Dreck der Auto- und Industrieabgase liefert also der Natur eine Tarnung für deren eigentlichen Charakter, für das Grün – die Farbe der Hoffnung. Dieses Bild für den **ignoranten Umgang der Menschen mit ihrer Umwelt** wirkt paradox und erhält so einen deutlich **ironischen Klang**.

Angesichts der eigenen Beschränktheit in einer „abgedichtet[en]“ (V. 16) Welt lebt dagegen der Mensch im Irrglauben, er spiele darin eine wichtige Rolle. Das Gedicht versucht, mit seinem zutiefst **misanthropischen Grundzug** diesen Irrtum aufzudecken und den Menschen vorzuführen, dass sie „durchsichtig“ (V. 18) sind, ohne es zu wissen. Diese Durchsichtigkeit kann dabei als Durchschaubarkeit gedeutet werden, aber auch im Sinne des Vanitas-Gedankens als **Bedeutungslosigkeit**. Verwiesen die barocken Dichter vor dem Hintergrund der allgegenwärtigen Todeserfahrung des Dreißigjährigen Kriegs auf die tröstliche Heilsgewissheit des Jenseits, ist eine solche metaphysische Geborgenheit in der Lyrik der Gegenwart nicht mehr vorhanden. Deutlich wird dies in der dritten Strophe, in der mit den „Kuppeln“ und „Kirchenbänken“ (V. 13) Begriffe aus dem Wortfeld der Religion dieses Verweismuster, auch lautlich durch Alliteration verbunden, zitieren. Die Hoffnung auf das Jenseits wird mit Hinweis auf die „Leere“ (V. 12) jedoch sofort verneint. Die gängige Redewendung „Das ist so sicher wie das Amen in der Kirche“, die die Geltung einer Aussage hervorhebt, wird durch den Komparativ „sicherer“ (V. 12) variiert und damit ironisch verstärkt. Der prophezeiten Leere ist also nicht zu entkommen. Die explizite **Verweigerung eines heilsgeschichtlichen Hoffnungsgedankens** am Ende des Gedichtes wirkt in seiner kategorischen Form sarkastisch, ja beinahe zynisch. Das barocke Sonett endete oft mit einem Appell zur Hinwendung zum Glauben oder zum tätigen Leben im Sinne des „Carpe diem“. Die Aufforderung, sich bereits zu Lebzeiten aktiv mit der eigenen Bedeutungslosigkeit auseinanderzusetzen, geschieht im Jahr 2012 mit den Verben „trainieren“ und „üb[en]“ (Z. 20 f.) aus dem Bereich des Sports und lässt mit der durch Wiederholung und dem Doppelpunkt betonten Pointe „Luft“ (V. 24) keinen Zweifel an der **Nichtigkeit der menschlichen Existenz**. Der Stadtbewohner ist nur Luft, sonst nichts. Sein Leben verpufft.

Letztendlich führt der Mensch demnach eine **Existenz des Übergangs**. Man wird, was man war – „Luft“ (V. 24), hier vergleichbar mit dem Nichts. Von persönlichen Erlebnissen oder dem eigenen Charakter bleibt auf der Erde nichts zurück, als wäre der Mensch nur eine Hülle. Eine individuelle Sichtweise verbietet auch die dargestellte Monotonie des Alltags (vgl. V. 6 f.). Diese kann sich bis hin zu einer Art „blind[em]“ (V. 6) **Automatismus** steigern – zu einem „Traumspiel“ (V. 7) –, wobei der dadurch „konditionierte“ (Text B, Z. 5) Mensch in einer Welt der verinnerlichten Routinen lebt. Die **Fassadenhaftigkeit dieser „Potemkinschen Welt“** (Text B, Z. 5), hier verbildlicht als Häuserflucht aus Glas (vgl. V. 15), verdeckt nur vordergründig die Leere in der Stadt. Dabei handelt es sich jedoch nicht nur um eine räumliche Leere, sondern vielmehr um **Mangel an Persönlichkeit, an erfülltem, sinnhaften Leben und an Individualität**. Doch die Einwohner bemerken die Leere angesichts der Vielzahl an Eindrücken (vgl. V. 11) und aufgrund der vorherrschenden Anonymität (vgl. V. 18 f.) nicht. Während das Leben in der Stadt immer monotoner, schneller und oberflächlicher wird, ist der Städter in seinem Mikrokosmus „abgedichtet“ (V. 16), also luftdicht verschlossen. Der Nachsatz „Zumindest für heute“ (V. 17) schwächt diese Aussage jedoch deutlich ab und verweist bereits auf die Prophezeiung am Schluss. Der einzelne Mensch hat für die Stadt keine Bedeutung, **der Einzelne ist nur Teil einer homogenen Masse** und ersetzbar. 2.3.2

Das Schlusswort „Luft“ spannt auch den Bogen zum **Titel** des Gedichtes „**Transparenz in Blau**“, das den **Grundgedanken des Textes vorwegnimmt** und spiegelt. Für sich genommen stellt die Wendung ein Oxymoron dar, da etwas Transparentes, also Durchsichtiges, keine Farbe annehmen kann. In Verbindung mit dem zentralen Begriff der Luft wirkt dieses Paradox jedoch aufgelöst, da die Luft sowohl Assoziationen zum Himmel des blauen Planeten und zu seiner Nicht-Fassbarkeit zulässt. Der **Gedanke der Durchsichtigkeit** wird so zu einem **Leitmotiv** des Textes, der sich in Bildern wie den gläsernen Hausfassaden (vgl. V. 15) und der „Leere“ (V. 12, 14) wiederfindet. Am Ende bleibt jedoch von der himmlischen Dimension nur das Nichts. Assoziationen des Wortes „Transparenz“ zu einer – wie oben dargelegt – im Gedicht verneinten Transzendenz oder zum Transit als Übergangszeit menschlicher Existenz werden vom Inhalt des Gedichtes hervorgerufen. Dagegen werden alle positiven Gedankenverbindungen zur Farbe Blau (nicht zuletzt als Symbol romantischer Sehnsucht) durch die Textaussage ad absurdum geführt. Assoziiert man Blau jedoch als **Farbe der Kälte**, würde die Überschrift zur **Chiffre für den gefühlskalten-seelenlosen, durchsichtigen Menschen**. Letztendlich verweist so auch der Titel des Gedichtes auf die **Leere menschlichen Lebens und seine Sinnlosigkeit**. 2.3.3

Nach Grünbeins zutiefst **nihilistischer Sicht auf die Stadt und den Menschen der Gegenwart** erscheint ein Blick auf eine literarische Betrachtung der Großstadt aus dem Jahr 1946 spannend. Wolfgang Borchert, der wohl bekannteste Vertreter der sogenannten **Trümmerliteratur**, verfasste im zerstörten Nachkriegsdeutschland einen Prosatext über Hamburg, der auf den ersten Blick bereits durch die gewählte Darstellungsform von Grünbeins Text abweicht. Der **Unterschied der Gattung Prosa gegenüber der vorliegenden lyrischen Form** ist jedoch nach der Lektüre kaum mehr von Bedeutung. Auch Grünbeins Gedicht ist ja – wie oben bereits festgestellt – vom Sprachduktus und durch die Syntax stark berichtend und kommentierend angelegt und unterscheidet sich so deutlich vom traditionellen Gedichtbegriff. Fast zwangsläufig ergibt sich daraus die analytische und **verallgemeinernde Betrachtung des abstrakten Systems Stadt**, das auf alle übertragbar ist. Dagegen wirkt Borcherts Beschreibung seiner – explizit bereits in der Überschrift genannten – Heimatstadt durch eine **verdichtete Sprache** sehr poetisch. So ergibt sich der fast paradoxe Eindruck, dass der Text Borcherts stellenweise lyrischer wirkt als das Gedicht Grünbeins. 3 3.1

Interessanterweise wird die Zerstörung der Hansestadt, die bei Abfassung des Textes zerbombt war und in Trümmern lag, mit keinem Wort thematisiert. Im Gegensatz zu Grünbeins Gedicht verflüchtigen sich die Stadtbewohner in „Hamburg“ nicht in „Luft“ (Text A, V. 24) sondern bleiben **im Hier präsent**. Völlig unbeeindruckt von der Trümmerwelt schwärmt er von der Stadt, wohingegen Grünbeins gläserne (vgl. Text A, V. 15), aber **seelenlose Städte im Jahre 2012** eigentlich doch ein Maximum an Komfort und Wohlstand bieten könnten. Die in „Transparenz in Blau“ allgegenwärtige Morbidität würde man eher in einem Text von 1946 vermuten, aber genau das Gegenteil ist der Fall. Die **Euphorie**, mit der Borchert über seine Stadt schreibt, wird durch die **emphatische Anrede** bereits in der ersten Zeile bestärkt, die zusätzlich durch Gesperrtdruck (vgl. Text C, Z. 12, 15) unterstrichen wird. Weitere Emphasen finden sich im gesamten Text, oft unterstützt auch durch den deiktischen Doppelpunkt (vgl. Text C, Z. 15 ff.). Der Text liest sich so fast wie eine **Liebeserklärung, eine Hymne an Hamburg und seine Bewohner**. Dass es sich um eine ganz konkrete Beschreibung dieser und keiner anderen Stadt handelt, wird vielfach wiederholt (vgl. Text C, Z. 1, 9, 12) und betont (vgl. Text C, Z. 7–9). Grünbein dagegen beginnt sein Gedicht mit der nüchternen Feststellung: „Das ist die Stadt“ (vgl. Text A, V. 1), wobei der bestimmte Artikel hier als Abstrahierungsmittel benutzt wird, sodass die Stadt zu einer **allgemeinen Institution** wird. Die Begeisterung, die Borchert für seine Heimatstadt aufbringt, kann der Sprecher in Grünbeins Gedicht nicht teilen. Konstatiert dieser das reine Vegetieren des Menschen, ja das „**Nicht-Sein**“ **in der physischen Welt**, so schwärmt Borchert: „Das ist unser Wille, zu sein“ (Text C, Z. 7). Wie in „Transparenz in Blau“, wo die Menschheit (vgl. Text A, V. 16) als eine homogene Masse dargestellt wird, fasst Borchert die Einwohner Hamburgs mit dem Personalpronomen „wir“ (Text C, Z. 9 f.) zu 3.2

einer Einheit zusammen. Doch agiert diese als **individuelles, belebtes Wesen repräsentativ für jeden ihrer Bewohner im Einklang mit ihrer Stadt**, im Gegensatz zu Text A, in dem Monotonie und Routine die Bewohner zu seelenlosen Robotern machen.

Für Borchert zählt in Hamburg nicht nur das „Inventar" (Text A, V. 1). Zu 3.3
Beginn porträtiert er zwar in einer detaillierten Aufzählung seine Stadt mit Gebäuden, Gegenständen, Industrie, Verkehrsmitteln sowie deren akustischen und visuellen Reizen (vgl. Text C, Z. 2–5). Wiederholt wird jedoch betont: „Das ist mehr [...] – oh, das ist unendlich viel mehr" (Text C, Z. 3–6). Die Stadt und der Mensch haben eine Beziehung zueinander, die durch die ausdrucksstarke Beschreibung geradezu einen **magischen Zauber** (vgl. Text C, Z. 11) erhält. Der Text Borcherts lebt von **plastischen und eindringlichen Bildern** in der Schilderung Hamburgs bei Tag und bei Nacht. Die Stadt ist kein lebloses, starres, gläsernes Gebilde, sondern verspricht als Ort am Fluss Weite und Freiheit und steckt voller Lebendigkeit. In ausdrucksvollen Personifizierungen wie „Straßenbahnschrei" (Text C, Z. 4) und „kreischende Kräne" (Text C, Z. 5) ist das **expressionistische Erbe** der Zeit vor 1933 erkennbar. Hamburg erscheint als ein „Urtier" (Text C, Z. 15ff.), mit „blinkenden Augen im Sonnenlicht" und „schimmernden Augen im Mondlicht" (Text C, Z. 16f.), das im **Einklang mit Mensch und Natur** existiert. Die Natur hat in Form von „Seewinde[n]" (Text C, Z. 10) einen bestimmenden Einfluss auf den Menschen, die Bewohner werden davon „betört und behext" (Text C, Z. 11). Die Natur muss nicht gegen die menschliche Zivilisation kämpfen wie in Grünbeins Gedicht, wo das System Stadt nicht im Einklang mit der Natur lebt und diese nur noch im Untergrund unter „Tarnfarben" (Text A, V. 10) existiert. Hier ertönt „Möwengelächter" (Text C, Z. 4) und das Fehlen einer natürlichen Vegetation scheint nicht zu stören, denn Pflastersteine „zaubern" einen natürlichen „Waldboden", dessen „singende[r] Rhythmus" (Text C, Z. 13f.) **Vitalität gegenüber der Morbidität** der Stadt Grünbeins verströmt.

Während Grünbein in seinem Gedicht ein **Stadtbild von Leere und Ignoranz** schafft, beschreibt Borchert seine Stadt Hamburg voller Stolz als **identitätsstiftenden Ort**. Für ihn ist die Fülle an Leben, welche für Grünbein in Wirklichkeit Leere ist, genau das, was das Besondere seiner Stadt ausmacht. Es ist der Charakter einer Stadt, der die Menschen dazu bewegt zu bleiben und **die Menschen geben der Stadt den Charakter:** „und nur zu sein, wie wir sind, wir in Hamburg" (Text C, Z. 8f.). Die Stadt bei Grünbein ist reduziert auf ein Konstrukt von Glas und „Häuserflucht[en]" (Text A, V. 15). Für Wolfgang Borchert ist die Heimatstadt ein **emotionales Nest**. Er ist verzaubert von seiner Stadt und ihren Attributen. Wie eine abenteuerliche Welt ist sie schön, wild und aufregend durch eine Vielfalt von Sinneswahrnehmungen (vgl. Text C, Z. 15–18). Diese machen nicht nur das Heimatgefühl aus, sondern wecken auch ein **emphatisches Lebensgefühl**. Tod und Leben liegen in beiden Texten nah nebeneinander. In „Transparenz in Blau" erscheint der Mensch durch seine Vergänglichkeit und die mechanischen Ver- 3.4

haltensroutinen bereits leblos vor seinem physischen Tod. In der ersten Strophe wird die **Allgegenwart der Toten in der Stadt** beschrieben. Auch in „Hamburg“ wird von einer **möglichen Begegnung mit den Verstorbenen** gesprochen. In Borcherts Stadt kann man „selbst noch die Schritte der Gestorbenen“ (Text C, Z. 14) hören. Dies hat aber nichts mit der Einsicht in die allgemeine Vergänglichkeit zu tun, sondern wirkt im Verbindung mit dem beschriebenen „Steinwald“ (Text C, Z. 12), in dem man mit den Verstorbenen nur gelegentlich, „nachts manchmal“ (Text C, Z. 14) in Kontakt kommen kann, eher positiv. Diese gehören dann zum Leben dazu und sind nicht endgültig fern. Die Stadt vergisst die Toten nicht, sie bleiben in Erinnerung und werden ein Teil von ihr, wohingegen der Mensch in Grünbeins Gedicht nach dem Tod zu Luft wird und die Toten die Städter mahnend „streifen“ (Text A, V. 2). Es besteht hier **keine emotionale Verbindung zu der vergangenen Generation**, so wie auch keine Verbindung zu den lebenden Menschen untereinander existiert (vgl. Text A, V. 18 f.).

Borcherts expressiver und lebensbejahender Text entzieht sich sowohl vom Schreibstil als auch von der Thematik einer Einordnung in die Literatur der Nachkriegszeit. Dagegen bietet sich das Grünbein-Gedicht zur Überprüfung der **Kriterien postmodernen Schreibens** an. Die typische **Stilpluralität** und die deutlichen **Anleihen an Themen und Motive vergangener Epochen** sind hierbei sehr auffällig. Wie bereits aufgezeigt, stehen sowohl die barocke Vergänglichkeits-Thematik als auch der expressionistische Topos der Anonymisierung und des Ich-Zerfalls im Zentrum des Textes. Anspielungen auf die Romantik im Titel und ex negativo durch das Verschwinden der Natur können eher versteckt gefunden werden. Die in der ersten Zeile prominent gesetzte Bezeichnung der Stadt als „Inventar“ der Gegenwart lässt Assoziationen zum wohl bedeutendsten Gedicht der Nachkriegszeit „Inventur“ von Günther Eich zu, in dem ebenso detailliert und mit explizitem Zeigegestus die Habseligkeiten des lyrischen Ichs vorgeführt werden. Die **lakonische Sprechhaltung**, die völlige Abwesenheit von Emotionalität und Vertröstungsangeboten sowie demgegenüber feine Ironie bis hin zum Zynismus finden sich als **typisch postmoderne Elemente** ebenso in Grünbeins Gedicht wie die **Absage an das selbstbestimmte Individuum**. Die Botschaft von der Auflösung des Ichs in der Vielzahl von äußeren Reizen hat angesichts der gegenwärtigen Informations- und Mediengesellschaft eine deutliche **gesellschaftspolitische Relevanz**. 4

Die pessimistische und negative Grundhaltung, mit der sein Blick auf die Stadt und deren Bewohner fällt, fordert auch zum Widerspruch heraus, gerade vor der Folie anderer, vergangener Stimmen zum Thema – nicht zuletzt angesichts der beeindruckenden Hommage Borcherts an seine Heimatstadt nach dem Zweiten Weltkrieg.

Deutsch Bayern – Abiturprüfung 2014: Aufgabe 2: Erschließen eines literarischen Textes

a) Erschließen und interpretieren Sie den vorliegenden Dramenauszug!

b) Zeigen Sie ausgehend von Ihren Ergebnissen vergleichend auf, wie das Thema der unerfüllten Liebe in einem anderen literarischen Werk gestaltet wird!

Der Schwerpunkt der Aufgabenstellung liegt auf Teilaufgabe a).

Vorbemerkung

Friedrich Schillers fünfaktige Tragödie „Don Karlos“ spielt 1568 am spanischen Königshof. König Philipp II. von Spanien hat die französische Königstochter Elisabeth geheiratet, die ursprünglich die Frau von Philipps Sohn Karlos werden sollte. Das angespannte Verhältnis zwischen Prinz Karlos und seinem Vater wird dadurch zusätzlich belastet. Im folgenden Ausschnitt aus dem ersten Akt ist es Karlos erstmals gelungen, mit Elisabeth ein Gespräch unter vier Augen herbeizuführen:

Friedrich Schiller (1759–1805)
Don Karlos (Uraufführung am 29. 08. 1787)
(Orthographie entsprechend der Werkausgabe von 1989)

[…] KARLOS Sie waren mein – im Angesicht der Welt
Mir zugesprochen von zwei großen Thronen,
Mir zuerkannt von Himmel und Natur,
Und Philipp, Philipp hat mir Sie geraubt –
KÖNIGIN Er ist Ihr Vater.
KARLOS Ihr Gemahl.
KÖNIGIN Der Ihnen
Das größte Reich der Welt zum Erbe gibt.
KARLOS Und *Sie* zur Mutter –
KÖNIGIN Großer Gott! Sie rasen –
KARLOS Und weiß er auch wie reich er ist? Hat er
Ein fühlend Herz, das Ihrige zu schätzen?
Ich will nicht klagen, nein, ich will vergessen,
Wie unaussprechlich glücklich Ich mit ihr
Geworden wäre – wenn nur Er es ist.
Er ist es nicht – Das, das ist Höllenqual!
Er ist es nicht und wird es niemals werden.
Du nahmst mir meinen Himmel nur, um ihn
In König Philipps Armen zu vertilgen.
KÖNIGIN Abscheulicher Gedanke!
KARLOS O ich weiß,

Wer dieser Ehe Stifter war – ich weiß,
Wie Philipp lieben kann und wie er freite.
Wer sind Sie denn in diesem Reich? Laß hören.
Regentin etwa? Nimmermehr! Wie könnten,
Wo Sie Regentin sind, die Alba[1] würgen?
Wie könnte Flandern[2] für den Glauben bluten?
Wie, oder sind Sie Philipps Frau? Unmöglich!
Ich kann's nicht glauben. Eine Frau besitzt
Des Mannes Herz – und wem gehört das seine?
Und bittet er nicht jede Zärtlichkeit,
Die ihm vielleicht in Fieberglut entwischte,
Dem Zepter ab und seinen grauen Haaren?

KÖNIGIN Wer sagte Ihnen, daß an Philipps Seite
Mein Los beweinenswürdig sei?

KARLOS Mein Herz,
Das feurig fühlt, wie es an meiner Seite
Beneidenswürdig wäre.

KÖNIGIN Eitler Mann!
Wenn mein Herz nun das Gegenteil mir sagte?
Wenn Philipps ehrerbiet'ge Zärtlichkeit
Und seiner Liebe stumme Mienensprache
Weit inniger als seines stolzen Sohns
Verwegene Beredsamkeit mich rührten?
Wenn eines Greises überlegte Achtung –

KARLOS Das ist was andres – Dann – ja dann Vergebung.
Ich wußt' es nicht. – Das wußt' ich nicht, daß Sie
Den König lieben.

KÖNIGIN Ihn ehren ist mein Wunsch und mein Vergnügen.

KARLOS Sie haben nie geliebt?

KÖNIGIN Seltsame Frage!

KARLOS Sie haben nie geliebt?

KÖNIGIN – Ich liebe nicht mehr.

KARLOS Weil es Ihr Herz? weil es Ihr Eid verbietet?

KÖNIGIN Verlassen Sie mich, Prinz, und kommen Sie
Zu keiner solchen Unterredung wieder.

KARLOS Weil es Ihr Eid? weil es Ihr Herz verbietet?

KÖNIGIN Weil meine Pflicht – – Unglücklicher, wozu
Die traurige Zergliederung des Schicksals,
Dem Sie und ich gehorchen müssen?

KARLOS Müssen?
Gehorchen müssen?

KÖNIGIN Wie? Was wollen Sie
Mit diesem feierlichen Ton?

KARLOS So viel,
Daß Karlos nicht gesonnen ist, zu müssen,

Wo er zu wollen hat; daß Karlos nicht
Gesonnen ist, der Unglückseligste
In diesem Reich zu bleiben, wenn es ihm
Nichts als den Umsturz der Gesetze kostet,
Der Glücklichste zu sein.

KÖNIGIN Versteh' ich Sie?
Sie hoffen noch? Sie wagen es, zu hoffen,
Wo alles, alles schon verloren ist?

KARLOS Ich gebe nichts verloren als die Toten.

KÖNIGIN Auf mich, auf Ihre Mutter hoffen Sie? –
Sie sieht ihn lange und durchdringend an – dann mit Würde und Ernst.
Warum nicht? O! Der neu erwählte König
Kann mehr als das – kann die Verordnungen
Des Abgeschied'nen durch das Feu'r vertilgen,
Kann seine Bilder stürzen, kann sogar –
Wer hindert ihn? – die Mumie des Toten
Aus ihrer Ruhe zu Eskurial[3]
Hervor an's Licht der Sonne reißen, seinen
Entweihten Staub in die vier Winde streun,
Und dann zuletzt, um würdig zu vollenden –

KARLOS Um Gottes willen, reden Sie nicht aus.

KÖNIGIN Zuletzt noch mit der Mutter sich vermählen.

KARLOS Verfluchter Sohn!
Er steht einen Augenblick starr und sprachlos.
Ja, es ist aus. Jetzt ist
Es aus. – Ich fühle klar und helle, was
Mir ewig, ewig dunkel bleiben sollte.
Sie sind für mich dahin – dahin – dahin –
Auf immerdar! – Jetzt ist der Wurf gefallen.
Sie sind für mich verloren – O in diesem
Gefühl liegt Hölle. – Hölle liegt im andern,
Sie zu besitzen. – Weh! Ich faß' es nicht,
Und meine Nerven fangen an zu reißen.

KÖNIGIN Beklagenswerter, teurer Karl! Ich fühle –
Ganz fühl' ich sie, die namenlose Pein,
Die jetzt in Ihrem Busen tobt. Unendlich,
Wie Ihre Liebe, ist Ihr Schmerz. Unendlich,
Wie er, ist auch der Ruhm, ihn zu besiegen.
Erringen Sie ihn, junger Held. Der Preis
Ist dieses hohen, starken Kämpfers wert,
Des Jünglings wert, durch dessen Herz die Tugend
So vieler königlichen Ahnen rollt.
Ermannen Sie Sich, edler Prinz. – Der Enkel
Des großen Karls[4] fängt frisch zu ringen an,
Wo andrer Menschen Kinder mutlos enden.

KARLOS Zu spät! O Gott! Es ist zu spät!
KÖNIGIN Ein Mann
Zu sein? O Karl! Wie groß wird unsre Tugend,
Wenn unser Herz bei ihrer Übung bricht!
Hoch stellte Sie die Vorsicht[5] – höher, Prinz,
Als Millionen Ihrer andern Brüder.
Parteilich gab sie ihrem Liebling, was
Sie andern nahm, und Millionen fragen:
Verdiente der im Mutterleibe schon
Mehr als wir andern Sterblichen zu gelten?
Auf! retten Sie des Himmels Billigkeit[6]!
Verdienen Sie, der Welt voran zu gehn,
Und opfern Sie, was keiner opferte.
KARLOS Das kann ich auch. – Sie zu erkämpfen, hab'
Ich Riesenkraft; Sie zu verlieren, keine.
KÖNIGIN Gestehen Sie es, Karlos – Trotz ist es
Und Bitterkeit und Stolz, was Ihre Wünsche
So wütend nach der Mutter zieht. Die Liebe,
Das Herz, das Sie verschwenderisch mir opfern,
Gehört den Reichen an, die Sie dereinst
Regieren sollen. Sehen Sie, Sie prassen
Von Ihres Mündels anvertrautem Gut[7].
Die Liebe ist Ihr großes Amt. Bis jetzt
Verirrte sie zur Mutter. – Bringen Sie,
O bringen Sie sie Ihren künft'gen Reichen,
Und fühlen Sie, statt Dolchen des Gewissens,
Die Wollust Gott zu sein. Elisabeth
War Ihre erste Liebe. Ihre zweite
Sei Spanien. Wie gerne, guter Karl,
Will ich der besseren Geliebten weichen!
KARLOS *wirft sich, von Empfindung überwältigt, zu ihren Füßen:*
Wie groß sind Sie, o Himmlische! – Ja alles,
Was Sie verlangen, will ich tun! – Es sei!

Friedrich Schiller: Don Karlos, in: Friedrich Schiller, Werke und Briefe, Bd. 3, hg. von Klaus Harro Hilzinger u. a., Frankfurt a. M. 1989, S. 797–801

Worterläuterungen:
1 *Alba:* königstreue herzogliche Familie, welche die spanische Herrschaft in Flandern mit brutaler Gewalt vertritt.
2 *Flandern:* heute Teil von Belgien; zur Zeit der Dramenhandlung eine protestantische Provinz des spanischen Reiches, die sich gegen die Herrschaft der katholischen spanischen Könige auflehnt.
3 *Eskurial:* Residenz des spanischen Königs
4 *des großen Karls:* Kaiser Karl V. (Lebensdaten: 1500–1558)
5 *Vorsicht:* hier im Sinne von „Vorsehung"
6 *retten Sie des Himmels Billigkeit:* Karlos soll die göttliche Ordnung handelnd bestätigen.
7 *prassen / Von Ihres Mündels anvertrautem Gut:* wiederholt den Gedanken des vorherigen Satzes.

Hinweise und Tipps

- *Die Aufgabe ist in einen* ***Erschließungs- und Interpretationsauftrag a)*** *und einen* ***Vergleichsauftrag b)*** *gegliedert. Der Schwerpunkt liegt auf der Aufgabe a), d. h. das Verständnis des Textes ist wichtiger als der Vergleich mit einem anderen Werk. Das sollte sich auch in Ihrer Gliederung widerspiegeln. Erschließen Sie also den Dramenauszug möglichst genau.*
- *Kriterien für die Erschließung und auch die Reihenfolge der Analyseinstrumente können Sie selbst wählen. Allerdings werden die bekannten Aspekte wie* ***Inhalt und Aufbau, dramaturgische*** *(Redeanteile, Regieanweisungen, Bewegungen im Raum, Requisiten) und* ***sprachlich-stilistische Mittel*** *sowie die* ***Dialoganalyse*** *im Mittelpunkt der Untersuchung stehen müssen. Zu entscheiden ist dabei, ob die sprachlich-stilistischen Beobachtungen in die Interpretation integriert werden. Es kann aspektorientiert vorgegangen werden oder integrativ (indem man den Dialog nach inhaltlichen Abschnitten gliedert und die verschiedenen Aspekte integrativ gemeinsam abhandelt). Nachdem im b-Teil der Aufgabe der Aspekt der unerfüllten Liebe im Mittelpunkt stehen wird, sollten Sie natürlich bereits bei der Textbeschreibung herausarbeiten, welche Rolle die Liebe in der Beziehung zwischen Karlos und der Königin spielt.*
- *Die* ***Vergleichsaufgabe*** *ist auf ein anderes literarisches Werk bezogen. Dabei gibt es weder eine Gattungs- noch eine Epochenbegrenzung, d. h. dass neben einem weiteren Drama auch Gedichte und epische Texte verwendet werden dürfen. Das Thema unerfüllte Liebe zwischen Menschen wird in zahlreichen literarischen Werken verarbeitet. So bietet sich etwa ein Vergleich mit Goethes „Faust", Fontanes „Effi Briest" oder Büchners „Woyzeck" an.*
- ***Einleitung*** *und* ***Schluss*** *können z. B. Besonderheiten des Epochenumbruchs zwischen Sturm und Drang und Klassik behandeln. Möglich sind auch Reflexionen zum Thema Liebe in der Literatur oder ein Hinweis auf den historischen Hintergrund des Dramas, das den Freiheitskampf der Niederländer gegen das spanische Habsburgerreich thematisiert. Eine literaturgeschichtliche Einordnung wird zwar nicht verlangt, doch können Sie durchaus drauf verweisen, weil der Auszug eindeutige Züge sowohl der Sturm-und-Drang-Epoche als auch der Klassik zeigt.*

Gliederung

A. Epochenumbruch vom Sturm und Drang zur Klassik

B. Unerfüllte Liebe in Schillers „Don Karlos“ im Vergleich zu Büchners „Woyzeck“

   I. Inhaltskern und Aufbau von „Don Karlos“: Wandel von individueller Liebe zur Liebe für den Staat

   II. Dialoganalyse: Emotionalität Karlos' gegen Elisabeths Pflichtbewusstsein

   III. Interpretation (Sprache und dramaturgische Mittel): Von der Selbstverwirklichung zur Entsagung
      1. Karlos' Klage über den Verlust von Elisabeth (V. 1–33)
      2. Relativierung der Klage (V. 34–60)
      3. Karlos' verzweifeltes Aufbegehren gegen sein Schicksal und Elisabeths rigorose Zurückweisung (V. 61–99)
      4. Elisabeths Appell an Karlos' Pflichtbewusstsein und Karlos' Einlenken (V. 100–144)

   IV. Vergleich der Darstellung unerfüllter Liebe im „Don Karlos“ mit Georg Büchners „Woyzeck“
      1. Beziehung zwischen Woyzeck und Marie
      2. Unterschiede zur Beziehung zwischen Elisabeth und Karlos

C. Unerfüllte Liebe als epochenübergreifende Thematik

Lösungsvorschlag

Friedrich Schiller ist ein **Autor des Sturm und Drang und der Klassik**. **A**
Seine **Jugendwerke** – „Die Räuber“, „Kabale und Liebe“, „Fiesco“ – verkörpern die Ideen des Sturm und Drang in geradezu idealer Weise. Hier steht der **Freiheitskampf des Individuums** gegen jede Beschränkung seiner Subjektivität im Mittelpunkt. Gefühle und Leidenschaften äußern sich in Kraftausdrücken und **Gefühlsausbrüchen**. Schiller kritisiert alle Formen politischer Bevormundung. Die Literatur übernimmt dabei eine zentrale Aufgabe, denn seiner Idee nach ist vor allem die Bühne eine „moralische Anstalt“, die die Zuschauer politisch bilden soll. Mit Beginn der **Französischen Revolution** erhofft er sich tiefgreifende Veränderungen. Doch die von Gewalt und Krieg geprägte Entwicklung und die **Enttäuschung** darüber verändert auch sein Literaturverständnis. Seine ursprüngliche Idee, dass durch das Aufzeigen der gesellschaftlichen Missstände in der Literatur eine Veränderung möglich sei, wird zunehmend abgelöst von der Vorstellung einer umfassenden **Humanisierung**, eines Programms – so Schiller – „veredelter Menschheit“. Er geht dazu über, in der Literatur Persönlichkeiten darzustellen, die alle guten Anlagen und Kräfte des Menschen in **Harmonie** zusammenführen. Schillers Texte

handeln jetzt eher von Menschen, die ihre sinnliche Natur nicht leugnen, aber ihre Freiheit an die **Vernunft** binden und sich in einem Prozess der Selbsterziehung selber Regeln und Ziele geben. Dieses Ideal nennt Schiller „schöne Seele“ und sucht dafür vor allem in historischen Stoffen nach Vorbildern. Sein Drama „Don Karlos“ ist ein Werk, das zu beiden Epochen – dem Sturm und Drang *und* der Klassik – gehört.

Der **Konflikt zwischen Subjektivität und Entsagung** auf dem Weg zum Ideal zeigt sich bereits in der zu erschließenden Szene des ersten Akts aus dem Drama **„Don Karlos“**, das Mitte des 16. Jahrhunderts am Hof des spanischen Königs Philipp II. spielt. Der Zuschauer wird Zeuge, wie der Protagonist Karlos mit dem Schicksal hadert, dass sein Vater, König Philipp II., die ursprünglich ihm selbst zugedachte französische Königstochter Elisabeth geheiratet hat. Im ersten Akt kommt es zum ersten Gespräch zwischen Karlos und seiner großen Liebe, Elisabeth, die nun auch seine Stiefmutter ist. B

Karlos, enttäuscht und zornig zugleich, eröffnet das **Gespräch** mit einer **Klage**, dass der eigene Vater ihm die Braut geraubt habe. Er unterstellt diesem, nicht in der Lage zu sein, Elisabeth so zu würdigen und mit ihr glücklich zu werden, wie Karlos es gekonnt hätte. Dieses Wissen verursache ihm höllischen Schmerz. Er spricht Elisabeth auch die Möglichkeit ab, in einem von Unterdrückung geprägten Land politisch Einfluss zu nehmen. Gleichzeitig besteht er auf seiner Ansicht, der König sei unfähig, sie wirklich zu lieben. Vielmehr gehe es diesem nur um den Machterhalt (V. 1–33). I.

Elisabeth, die im ersten Abschnitt nur durch kurze Einwürfe versucht, Karlos zu beruhigen, kontert nun mit der berechtigten Frage, wie Karlos zu dieser Ansicht komme. Seinen Einwand, dass sie an seiner Seite weitaus glücklicher wäre, entkräftet sie, indem sie König Philipps innere Werte wie seine Zärtlichkeit im Gegensatz zu Karlos' Extrovertiertheit hervorhebt. Dieser geht zunächst auf **Elisabeths scheinbares Liebesbekenntnis zu Philipp** ein und bittet um Verzeihung, obgleich er ihr mit dem nächsten Satz provokativ in den Mund legt, den König tatsächlich zu lieben. Daraufhin **relativiert Elisabeth ihre Aussage** durch die Bestätigung, dass sie den König mit Freude ehren wolle. Karlos versucht wiederholt, von Elisabeth ein eindeutiges Liebesbekenntnis zu bekommen. Diese weicht jedoch aus und gibt schließlich zu, nicht mehr zu lieben. Auf Karlos' weitere Nachfragen reagiert sie mit der Bitte, das Gespräch zu beenden, und appelliert an ihn, dass sie beide sich ihrem **Schicksal fügen** müssten (V. 34–60).

Diesem Wunsch Elisabeths begegnet Karlos mit massivem **Widerspruch**. Er deutet voller Hoffnung und Tatendrang seine Bereitschaft an, für eine gemeinsame Zukunft mit Elisabeth sogar Gesetze zu brechen und das Land zu verlassen. Letztendlich muss er aber verzweifelt einsehen, dass sein Wunsch, Elisabeth zu heiraten, unerfüllbar bleibt (V. 61–99).

Elisabeth bekundet einfühlsam ihr Mitleid und ermutigt Karlos gleichsam, seinen Schmerz zu besiegen. Dabei erinnert sie ihn an seine historische **Verantwortung**. Diese ergebe sich auch aus einer göttlichen Ordnung, welche es durch tugendhaftes Handeln zu bestätigen gelte. Sie fordert ihn auf, seine leidenschaftliche Liebe in Liebe für sein Vaterland und Lust zur Herrschaftsausübung umzuwandeln. Sie will eine **Übertragung der Emotionen**, die Karlos ihr gegenüber hegt, auf das Königreich Spanien. Mit Karlos' Bereitschaft, ihrer Aufforderung Folge zu leisten, endet der Dramenauszug (V. 100–144).

Das Gespräch findet vermutlich in den Privatgemächern der Königin am spanischen Königshof im Jahr 1568 statt. Es ist ein **privates Gespräch** zwischen Elisabeth und dem spanischen Prinzen Karlos. Elisabeth ist eine französische Königstochter und war ursprünglich Karlos versprochen, wurde dann aber mit dessen Vater König Philipp II. verheiratet. Beide Figuren gehören dem Adel an. Kennzeichen dafür ist der **gehobene Wortschatz**. II.

Karlos hat das Gespräch arrangiert, um sich mit seiner früheren Verlobten auszusprechen. In der **ersten Hälfte** ist das Gespräch weitgehend **symmetrisch** aufgebaut (vgl. V. 1–71): Die Redeanteile beider Gesprächsteilnehmer sind in etwa ausgewogen. In der **zweiten Hälfte** jedoch **überwiegen die Redeanteile Elisabeths** deutlich (vgl. V. 72–144). Karlos reagiert meist nur mehr auf Elisabeths Ausführungen und lässt sich zum Schluss überzeugen, seine Liebe zu ihr in Pflichterfüllung umzuwandeln.

Zu Beginn der Szene erscheint **Karlos** in tiefster Weise **gekränkt** und fühlt sich betrogen von den Herrscherhäusern, insbesondere von seinem Vater (vgl. V. 4). In seinem Zorn charakterisiert er diesen als unfähig zu Liebe und Treue (vgl. V. 30 ff.). Karlos **reagiert gefühlsbetont** und lässt seinen Emotionen freien Lauf. Diese Eigenschaft führt zu erstaunlichem Mut, der fast schon an Hochmut grenzt. Er ist entschlossen, für seine Liebe mit allen Konventionen zu brechen (vgl. V. 65 ff.), bis hin zum Staatsstreich. Im letzten Abschnitt der Szene schlägt diese **Risikobereitschaft** jäh um in tiefe **Verzweiflung und Hoffnungslosigkeit** und letztendlich dann aber auch in das Einverständnis, sich – angesichts der Ausweglosigkeit – in sein Schicksal zu fügen.

Im klaren **Gegensatz zu Karlos' Überschwänglichkeit** charakterisiert Schiller in diesem Dramenauszug die **Elisabeth**. Sie zeichnet sich durch große **Gefasstheit** aus. Überlegt und ruhig stellt sie sich dem Gespräch und versucht stets, Karlos von ihrer Sicht zu überzeugen (vgl. V. 77 ff.). Dabei begegnet sie ihm mit dem nötigen Respekt, mit Würde und Anerkennung und geht auch mit seinen Gefühlen sensibel um (vgl. V. 100 ff.). Sie schreckt jedoch nicht davor zurück, zu so **drastischen Redemitteln** wie dem des Ausrufs, der Hyperbel oder der Metapher zu greifen, um Karlos seine Gott- und Tugendlosigkeit vor Augen zu führen (vgl. V. 78 ff.). Anders als dieser **akzeptiert** sie **ihr Schicksal**, das ihr durch die Ehe mit König Philipp auferlegt wurde (vgl. V. 59 f.), und fordert dies auch von Karlos, was ihr letztendlich gelingt.

In dieser Szene wird die **Entwicklung** der Figur des **Karlos von der stürmischen Selbstverwirklichung zur Entsagung** und zur Akzeptanz des eigenen Schicksals deutlich. III.

Karlos eröffnet das Gespräch mit dem Vorwurf, dass Elisabeth ihm geraubt 1.
wurde. Seine Rede (vgl. V. 1–33) ist geprägt von großem **Pathos**, das von der Überschwänglichkeit seiner Gefühle und seinem jugendlichen Alter zeugt. Allein im ersten Redebeitrag kommt in den vier Versen viermal das Pronomen „mir" bzw. „mein" (V. 1–4) vor. In Vers 2 und 3 betont eine Anapher das **Personalpronomen „mir"** besonders und manifestiert damit Karlos' Anspruch auf Elisabeth. Dass sein Vater schuld an dieser Situation sei, hebt Karlos durch die **Wiederholung** seines Namens hervor, wenn er klagt: „Und Philipp, Philipp hat mir Sie geraubt" (V. 4). Der Zorn seinem Vater gegenüber, den er als Räuber seiner Liebe diffamiert, verleitet ihn zunächst dazu, Philipp als zu Liebe und Treue unfähig zu charakterisieren. Er unterstellt ihm, er sei nicht glücklich und wiederholt gleich zweimal im **parallelen Satzbau:** „Er ist es nicht" (V. 16 f.). Er verspottet Elisabeths Stellung im Staat (vgl. V. 24 ff.) und prophezeit dem Ehepaar verbittert eine lieblose und unglückliche Beziehung. Dabei steht er stets zu seinen Gefühlen, verhehlt sie nicht, sondern stellt sie im Gegenteil stolz zur Schau. Die **Leidenschaftlichkeit** Karlos' zeigt sich auch in der **Versstruktur**. Kennzeichen dafür ist die häufige Verwendung der **Antilabe**, also der Verteilung je eines Verses auf die beiden Figuren (vgl. z. B. V. 6 f., 9 f., 20 f., 35 f., 38 f., 50 f., 52 f., 61 f.).

Durch ein solches **Rededuell** wird eine deutliche **Dynamisierung** und starke Dramatisierung **des Dialogs** erreicht. Trotzdem wird gleichzeitig der **Vers stabil** gehalten.

Auffällig erscheint auch die Verwendung von Wörtern, die den **Schmerz** Karlos' **bildlich dokumentieren**. Dazu gehört beispielsweise die **Parenthese** „das ist Höllenqual" (V. 16), die darüber hinaus zugleich als **Metapher** gelesen werden muss, welche Karlos' Seelenzustand illustriert. Das **Wortfeld „Feuer"** dient hier dazu, zwei Arten der Liebe gegeneinander abzugrenzen: Während sein Vater allenfalls in „Fieberglut" (V. 32), also als Kranker, zärtlich zu Elisabeth sei, sei Karlos' Herz „feurig fühl[end]" (V. 37).

Zu Beginn des Gesprächs versucht die Königin, Karlos durch wenige Sätze zu 2.
beruhigen. Sie lässt ihn sich erst mal den Schmerz von der Seele reden, weist ihn aber schon deutlich in seine Schranken und stellt die Frage, woher er denn wisse, dass sie unglücklich sei. Dann entwirft sie ein Gegenbild. Auch wenn Karlos sie nicht zu einem Eingeständnis ihrer Liebe bewegen kann, wird in ihrem Ausspruch „Ich liebe nicht mehr" (V. 53) indirekt deutlich, dass sie Karlos zugeneigt ist. Aus **Gründen der Staatsräson** bittet sie jedoch Karlos, sie zu verlassen und nicht wiederzukommen (vgl. V. 55 f.). Die vielen **elliptischen Sätze** in dieser Textstelle, hier auch in der Sonderform der **Aposiopese**, zeigen die innere Aufgewühltheit der beiden. Sie suchen nach Begrün-

dungen und Karlos fragt nach: „Weil es Ihr Herz? weil es Ihr Eid verbietet?" (V. 54) Er wiederholt die Fragen gleich noch einmal, allerdings in umgekehrter Reihenfolge, um sich zu vergewissern (vgl. V. 57). Auch Elisabeth bricht den Satz ab, wenn sie die Pflicht über das Herz stellt und dazu auffordert, dass beide dieser gehorchen müssen (vgl. V. 58 ff.). Der elliptische Abbruch zeigt ihre **emotionale Überwältigung**.

Dies führt bei Karlos zu **leidenschaftlichem Widerspruch**. Er ist bereit, alles 3.
zu riskieren, mit sämtlichen Konventionen zu brechen und für seine Liebe Opfer zu bringen (vgl. V. 65 ff.). Die Radikalität, mit der er sein Vorhaben erklärt, zeugt neben Mut vor allem auch von ungezügelter Leidenschaft und Lebensbejahung, die **hedonistische Züge** aufweist. Für sein Glück ist Karlos gewillt, sein bisheriges Leben mit all seinen Vor- und Nachteilen aufzugeben. Die **Antithese**, „der Unglücklichste/In diesem Reich zu bleiben" (V. 68 f.) und „Der Glücklichste zu sein" (V. 71), zeigt die **Alternativlosigkeit**, in der er sich sieht. Sein Glück begreift er allein in der Erfüllung der Liebe zu Elisabeth. Diese **führt ihm mit drastischen Bildern vor Augen**, welche **Konsequenzen** seine Umsturzgedanken haben würden (vgl. V. 78 ff.). Unterstützt wird ihre Rede durch einen „durchdringend[en]" Blick „mit Würde und Ernst" (Regieanweisung, V. 77). Auch **Ausrufe** (vgl. V. 78) und **Fragen** setzt sie ein, um Karlos abzuhalten. Als sie ihn darauf hinweist, welchen Frevel er beginge, würde er sich mit der Mutter verbinden, „steht [er] einen Augenblick starr und sprachlos" (Regieanweisung, V. 90). Er erkennt, dass er sich ähnlich wie Ödipus versündigen würde, er ein „[v]erfluchter Sohn" (V. 89) wäre. Er **wiederholt** immer wieder, dass Elisabeth „dahin – dahin – dahin" (V. 94) sei. Hier wird noch einmal der **Bild der „Hölle"** (V. 97) für sein Gefühl verwendet. Auch Ausrufe wie „O" (V. 96) und „Weh!" (V. 98) verdeutlichen sein **emotionales Aufgewühltsein**.

Elisabeth äußert Verständnis für Karlos' Gefühle und führt ihm vor Augen, 4.
wie groß seine moralische Leistung wäre, die **Leidenschaft zu besiegen und sie in Pflichterfüllung** gegenüber dem Staat zu **verwandeln**. Die Unterwerfung unter die göttliche Ordnung genießt für Elisabeth einen hohen Stellenwert in ihrem **Wertesystem**. Dieses ist stark vom **klassischen Weltbild** geprägt. Nicht nur erklärt sie sich bereit, sich aus freien Stücken der Gesetzlichkeit zu unterwerfen, gleichzeitig fordert sie dies auch von Karlos. Sie gesteht ihm Gefühle zu, erklärt jedoch, dass es möglich sei, den Schmerz zu besiegen. Schließlich stellt sie Karlos die **Synthese** seiner Pflicht und Liebe in Aussicht, sollte er Spanien selbst als seine zweite, „bessere Geliebte" (V. 141) anerkennen. Mit ihrer Aufforderung „Auf! retten Sie des Himmels Billigkeit!" (V. 122) zeigt sie deutlich ihren Anspruch, die **göttliche Weltordnung** zu erfüllen. In der zweiten Hälfte des Szenenauszugs **dominiert** die Figur der **Elisabeth** zunehmend den **Gesprächsverlauf**. Sie übernimmt den argumentativen Part, während Karlos nur noch kurz antwortet. Er ringt immer mehr um die richtigen Worte und „wirft sich, von Empfindung überwältigt, zu ihren Füßen" (V. 142, Regieanweisung). Er **akzeptiert** am Ende der Szene **Elisabeths For-**

derung nach Entsagung und bezeichnet sie als „Himmlische" (V. 143). Letztlich siegt damit die **Einsicht**, dass die persönlichen Interessen dem Gemeinwohl untergeordnet werden müssen. Dieser Verantwortung stellt sich am Schluss also auch Karlos. Die Szene endet mit seinem Bekenntnis: „Es sei!" (V. 144) Damit ist die Wandlung des gefühlsbetonten Prinzen angedeutet. Die für den Sturm und Drang typische absolute **Subjektivität** und das Beharren auf **Selbstverwirklichung weichen** der Einsicht, dass es eine **Verbindung von Pflicht und Neigung** geben muss. Zudem wird Elisabeth durch die Anrede mit „Himmlische" (V. 143) in die Nähe einer „**schönen Seele**" gerückt, die der klassische Schiller als *das* Ideal ansah. Gerade dies zeigt deutlich die Stellung von „Don Karlos" als **Übergangsdrama zwischen Sturm und Drang und Klassik**. Hier finden sich noch **beide ästhetischen Prinzipien** – einerseits das aufbrausende, ich-bezogene Auftreten des Stürmers und Drängers Karlos, andererseits die klassische Haltung der vernunftgeleiteten „schönen Seele", die schließlich siegt. Schiller hat damit noch vor der Französischen Revolution – die Uraufführung fand 1787 statt – den **Weg hin zur Klassik** beschritten.

Die **Darstellung der unerfüllten Liebe** nimmt in diesem Dramenauszug IV.
drastische Züge an: Karlos, blind vor Liebe und Eifersucht, ist zum Äußersten bereit und droht, verletzt wie er ist, sich selbst aufzugeben. Desillusioniert und verzweifelt gesteht er sich schließlich ein, dass seine Liebe nicht mehr erwidert werden kann, und unterwirft sich dem Willen seiner früheren Geliebten und damit zugleich seinem Schicksal.

Anders verhält sich die Darstellung der unerfüllten Liebe des Protagonisten in 1.
Büchners Drama „**Woyzeck**". Im Gegensatz zu Karlos führt Woyzeck eine Beziehung mit seiner Freundin Marie, aus der sogar ein gemeinsames Kind hervorgegangen ist. Aufgrund eines medizinischen Experiments, an dem er sich aus finanziellen Gründen beteiligen muss, leidet er an einer Psychose. Neben seinen Aufgaben als Soldat ist er gezwungen, zahlreiche Nebenjobs annehmen, um seine kleine Familie ernähren zu können. Die Folgen sind Zeitnot und körperliche Zerrüttung. Woyzecks **physische und psychische Probleme** belasten seine Beziehung zu Marie zunehmend und beide entfremden sich immer mehr: Er kann ihre Wünsche nach Sozialprestige und ihre sexuellen Bedürfnisse nicht mehr erfüllen, sodass sie sich auf eine **Affäre** mit einem Tambourmajor einlässt. Diese Demütigung und die soziale Erniedrigung, die Woyzeck von allen Seiten erfahren hat, führen letztendlich dazu, dass er **Marie**, das Liebste, was er auf Erden hat, **ermordet**. Dabei macht zwar die **unerfüllte Liebe** nur einen Teil seiner gestörten Persönlichkeit aus, gibt jedoch letztendlich den Ausschlag dafür, dass Woyzeck in sein Unglück stürzt. Anders als Karlos ist Woyzeck, der **durch seine Umwelt zermürbt** wird, nicht in der Lage, im Zwiegespräch mit seiner Freundin oder mit seinem Konkurrenten zu bestehen. In diesem Gefühl der **Ohnmacht** und Verlassenheit bleibt ihm scheinbar keine Alternative als brutale Gewalt. Büchner zeigt ihn also **nicht** als **autonomes Individuum**, das Entscheidungsfreiheit besitzt.

Karlos hingegen, wortgewandt und von königlichem Blut, weiß sich zu be- 2.
haupten und seine **Gefühle auszudrücken**. Dass seine Liebe nicht erfüllt werden kann, liegt an den von Gott gegebenen und allgemein akzeptierten Rahmenbedingungen: **Höhere Mächte** außerhalb seines Einflussbereichs verhindern eine Beziehung mit der ihm ursprünglich zugedachten Elisabeth. Trotzdem hat er als **autonomer Charakter** die Möglichkeit, gegen diese Situation argumentativ anzukämpfen und sie letztendlich frei zu akzeptieren. Der **Konflikt** ergibt sich bei **„Don Karlos“ insbesondere aus der Figurenkonstellation**, während das Scheitern von Woyzecks Beziehung aus **widrigen gesellschaftlichen und wirtschaftlichen Zuständen** erwächst. Seine Persönlichkeit ist das Resultat seiner niedrigen sozialen und wirtschaftlichen Stellung in einer unbarmherzigen Zeit und durch sein Milieu geprägt. Damit unterscheiden sich nicht nur die **Reaktionen** Karlos’ und Woyzecks auf das Scheitern bzw. die Nichterfüllung ihrer Liebe, sondern vor allem deren **Ursachen** essentiell.

Liebe zwischen zwei Menschen ist mit Sicherheit das am häufigsten anzutref- C
fende **literarische Motiv**. Die meisten großen Werke der Weltliteratur handeln von Beziehungen – und in der Regel geht es nicht um gelungene Partnerschaften, sondern um **unerfüllte Liebe**. Schillers Freund Goethe hat das im ersten Teil seines Dramas „Faust“ in die sogenannte Gretchentragödie gefasst. Der Ausgang dieser Liebesgeschichte ist bekannt: eine tote Mutter, ein toter Bruder, ein totes Neugeborenes und ein wahnsinniges Gretchen, das sich weigert, von Faust gerettet zu werden. Beziehungen sind eine schwierige Angelegenheit – das scheint die Botschaft der Literatur zu sein.

Deutsch Bayern – Abiturprüfung 2014: Aufgabe 3: Erschließen eines literarischen Textes

a) Erschließen und interpretieren Sie den folgenden Textausschnitt! Beziehen Sie die Kerngedanken des beigefügten Materials in Ihre Überlegungen ein und berücksichtigen Sie den literaturgeschichtlichen Hintergrund!

b) Legen Sie ausgehend von Ihren Ergebnissen vergleichend dar, wie das Unheimliche in einem anderen literarischen Werk gestaltet wird!

Der Schwerpunkt der Aufgabenstellung liegt auf Teilaufgabe a).

Vorbemerkung

Die Erzählung „Das öde Haus" eröffnet den zweiten Band des Erzählzyklus „Nachtstücke" von E. T. A. Hoffmann. Die Freunde Franz, Lelio und Theodor unterhalten sich über die Fähigkeit, das Wunderbare im Alltag zu erkennen. In diesem Zusammenhang erzählt Theodor folgendes Erlebnis:

In einer prachtvollen Allee in der Stadt B… übt ein heruntergekommenes und angeblich unbewohntes Haus magische Anziehungskraft auf ihn aus. Als er eines Tages eine Frauenhand hinter einem der Fenster bemerkt, befragt er den benachbarten Konditor, der von unheimlichen Geräuschen im Haus zu berichten weiß. Nachdem Theodor sich vergewissert hat, dass das Haus seit Langem lediglich von einem alten Hausverwalter und seinem Hund bewohnt wird, erblickt er eines Tages unversehens wieder die schöne Frauengestalt am Fenster; er nimmt auf einer Bank auf der Allee Platz, um von dort aus die Frau zu beobachten:

Ernst Theodor Amadeus Hoffmann (1776–1822)
Das öde Haus (1817)

[…] Ja! Sie war es, das anmutige, holdselige Mädchen, Zug für Zug! – Nur schien ihr Blick ungewiß. Nicht nach mir, wie es vorhin schien, blickte sie, vielmehr hatten die Augen etwas Todstarres, und die Täuschung eines lebhaft gemalten Bildes wäre möglich gewesen, hätten sich nicht Arm und Hand zuweilen bewegt. Ganz versunken in den Anblick des verwunderlichen Wesens am Fenster, das mein Innerstes so seltsam aufregte, hatte ich nicht die quäkende Stimme des italienischen Tabulettkrämers[1] gehört, der mir vielleicht schon lange unaufhörlich seine Waren anbot. Er zupfte mich endlich am Arm; schnell mich umdrehend, wies ich ihn ziemlich hart und zornig ab. Er ließ aber nicht nach mit Bitten und Quälen. Noch gar nichts habe er heute verdient, nur ein paar Bleifedern, ein Bündelchen Zahnstocher möge ich ihm abkaufen. Voller Ungeduld, den Überlästigen nur geschwind los zu werden, griff ich in die Tasche nach dem Geldbeutel. Mit den Worten: „Auch hier hab ich noch schöne Sachen!" zog er den untern Schub seines Kastens heraus, und hielt mir einen kleinen runden Taschenspiegel, der in dem Schub unter andern Gläsern lag, in kleiner Entfernung seitwärts vor. – Ich erblickte das öde Haus hinter mir, das Fenster und in den schärfsten deutlichsten Zügen die holde Engelsgestalt meiner Vision. – Schnell kaufte ich den kleinen Spiegel, der mir es nun möglich machte, in bequemer Stellung, ohne den Nachbarn aufzufallen, nach dem Fenster hinzuschauen. – Doch, indem ich nun länger und länger das Gesicht im Fenster anblickte, wurd ich von einem seltsamen, ganz unbeschreiblichen Gefühl, das ich beinahe waches Träumen nennen möchte, befangen. Mir war es, als lähme eine Art Starrsucht nicht sowohl mein ganzes Regen und Bewegen als vielmehr nur meinen Blick, den ich nun niemals mehr würde abwenden können von dem Spiegel. Mit Beschämung muß ich euch bekennen, daß mir jenes Ammenmärchen einfiel, womit mich in früher Kindheit meine Wartfrau[2] augenblicklich zu Bette trieb, wenn ich mich etwa gelüsten ließ, abends vor dem großen Spiegel in meines Vaters Zimmer stehen zu bleiben und hinein zu gucken. Sie sagte nämlich, wenn Kinder nachts in den Spiegel blickten, gucke ein fremdes, garstiges Gesicht heraus, und der Kinder Augen blieben dann erstarrt stehen. Mir war das ganz entsetzlich graulich, aber in vollem Grausen konnt ich doch oft nicht unterlassen, wenigstens nach dem Spiegel hinzublinzeln, weil ich neugierig war auf das fremde Gesicht. Einmal glaubt ich ein Paar gräßliche glühende Augen aus dem Spiegel fürchterlich herausfunkeln zu sehen, ich schrie auf und stürzte dann ohnmächtig nieder. In diesem Zufall[3] brach eine langwierige Krankheit aus, aber noch jetzt ist es mir, als hätten jene Augen mich wirklich angefunkelt. – Kurz, alles dieses tolle Zeug aus meiner frühen Kindheit fiel mir ein, Eiskälte bebte durch meine Adern – ich wollte den Spiegel von mir schleudern – ich vermocht es nicht – nun blickten mich die Himmelsaugen der holden Gestalt an – ja ihr Blick war auf mich gerichtet und strahlte bis ins Herz hinein. Jenes Grausen, das mich plötzlich ergriffen, ließ von mir ab und gab Raum dem wonnigen Schmerz süßer Sehnsucht, die mich mit elektrischer Wärme durchglüht. „Sie haben da einen niedlichen Spiegel“, sprach eine Stimme neben mir. Ich erwachte aus dem Traum und war nicht wenig betroffen, als ich neben mir von beiden Seiten mich zweideutig anlächelnde Gesichter erblickte. Mehrere Personen hatten auf derselben Bank Platz genommen, und nichts war gewisser, als daß ich ihnen mit dem starren Hineinblicken in den Spiegel und vielleicht auch mit einigen seltsamen Gesichtern, die ich in meinem exaltiertem[4] Zustande schnitt, auf meine Kosten ein ergötzliches Schauspiel gegeben. „Sie haben da einen niedlichen Spiegel“, wiederholte der Mann, als ich nicht antwortete, mit einem Blick, der jener Frage noch hinzufügte: „Aber sagen Sie mir, was soll das wahnsinnige Hineinstarren, erscheinen Ihnen Geister“ etc. Der Mann, schon ziemlich hoch in Jahren, sehr sauber gekleidet, hatte im Ton der Rede, im Blick etwas ungemein Gutmütiges und Zutrauen Erweckendes. Ich nahm gar keinen Anstand, ihm geradehin zu sagen, daß ich im Spiegel ein wundervolles Mädchen erblickt, das hinter mir im Fenster des öden Hauses gelegen. – Noch weiter ging ich, ich fragte den Alten, ob er nicht auch das holde Antlitz gesehen. „Dort drüben? – in dem alten Hause – in dem letzten Fenster?“ so fragte mich nun wieder ganz verwundert der Alte. „Allerdings, allerdings“, sprach ich; da lächelte der Alte sehr und fing an: „Nun das ist doch eine wunderliche Täuschung – nun meine alten Augen – Gott ehre mir meine alten Augen. Ei ei, mein Herr, wohl habe ich mit unbewaffnetem Auge das hübsche Gesicht dort im

Fenster gesehen, aber es war ja ein, wie es mir schien, recht gut und lebendig in Öl gemaltes Porträt.“ Schnell drehte ich mich um nach dem Fenster, alles war verschwunden, die Jalousie heruntergelassen. „Ja!“ fuhr der Alte fort, „ja, mein Herr, nun ist’s zu spät, sich davon zu überzeugen, denn eben nahm der Bediente, der dort, wie ich weiß, als Kastellan[5] das Absteigequartier der Gräfin von S. ganz allein bewohnt, das Bild, nachdem er es abgestaubt, vom Fenster fort und ließ die Jalousie herunter.“ – „War es denn gewiß ein Bild?“ fragte ich nochmals ganz bestürzt. „Trauen Sie meinen Augen“, erwiderte der Alte. „Daß Sie nur den Reflex des Bildes im Spiegel sahen, vermehrte gewiß sehr die optische Täuschung und – wie ich noch in Ihren Jahren war, hätt ich nicht auch das Bild eines schönen Mädchens, kraft meiner Fantasie, ins Leben gerufen?“ – „Aber Hand und Arm bewegten sich doch“, fiel ich ein. „Ja, ja, sie regten sich, alles regte sich“, sprach der Alte, lächelnd und sanft mich auf die Schulter klopfend. Dann stand er auf und verließ mich, höflich sich verbeugend, mit den Worten: „Nehmen Sie sich doch vor Taschenspiegeln in acht, die so häßlich lügen. – Ganz gehorsamster Diener.“ – Ihr könnt denken, wie mir zu Mute war, als ich mich so als einen törichten, blödsichtigen Fantasten behandelt sah. Mir kam die Überzeugung, daß der Alte recht hatte, und daß nur in mir selbst das tolle Gaukelspiel aufgegangen, das mich mit dem öden Hause, zu meiner eignen Beschämung, so garstig mystifizierte[6].

Ganz voller Unmut und Verdruß lief ich nach Hause, fest entschlossen, mich ganz loszusagen von jedem Gedanken an die Mysterien des öden Hauses, und wenigstens einige Tage hindurch die Allee zu vermeiden. Dies hielt ich treulich, und kam noch hinzu, daß mich den Tag über dringend gewordene Geschäfte am Schreibtisch, an den Abenden aber geistreiche fröhliche Freunde in ihrem Kreise festhielten, so mußt es wohl geschehen, daß ich beinahe gar nicht mehr an jene Geheimnisse dachte. Nur begab es sich in dieser Zeit, daß ich zuweilen aus dem Schlaf auffuhr, wie plötzlich durch äußere Berührung geweckt, und dann war es mir doch deutlich, daß nur der Gedanke an das geheimnisvolle Wesen, das ich in meiner Vision und in dem Fenster des öden Hauses erblickt, mich geweckt hatte. Ja selbst während der Arbeit, während der lebhaftesten Unterhaltung mit meinen Freunden, durchfuhr mich oft plötzlich, ohne weitern Anlaß, jener Gedanke, wie ein elektrischer Blitz. Doch waren dies nur schnell vorübergehende Momente. Den kleinen Taschenspiegel, der mir so täuschend das anmutige Bildnis reflektiert, hatte ich zum prosaischen Hausbedarf bestimmt. Ich pflegte mir vor demselben die Halsbinde festzuknüpfen. So geschah es, daß er mir, als ich einst dies wichtige Geschäft abtun wollte, blind schien, und ich ihn nach bekannter Methode anhauchte, um ihn dann hell zu polieren. – Alle meine Pulse stockten, mein innerstes bebte vor wonnigem Grauen! – ja so muß ich das Gefühl nennen, das mich übermannte, als ich sowie mein Hauch den Spiegel überlief, im bläulichen Nebel das holde Antlitz sah, das mich mit jenem wehmütigem, das Herz durchbohrendem Blick anschaute! – Ihr lacht? – Ihr seid mit mir fertig, ihr haltet mich für einen unheilbaren Träumer, aber sprecht, denkt was ihr wollt, genug, die Holde blickte mich an aus dem Spiegel, aber sowie der Hauch zerrann, verschwand das Gesicht in dem Funkeln des Spiegels. […]

E. T. A. Hoffmann, Das öde Haus, in: E. T. A. Hoffmann, Nachtstücke, München: Deutscher Taschenbuch Verlag 1984, S. 139–169; Orthographie entsprechend der Ausgabe von 1984

Worterläuterungen:
1 *Tabulettkrämer:* ein fahrender Händler, der seine Ware in einem Kasten (Tabulett) anbietet
2 *Wartfrau:* Kindermädchen
3 *Zufall:* hier veraltet für plötzlicher Anfall
4 *exaltiert:* überspannt, überdreht
5 *Kastellan:* hier: Hausverwalter
6 *mystifizieren:* täuschen, irreführen

Material

Thomas Meyer, Das Grauen im konstruierten Erzähltext: Zu E. T. A. Hoffmanns „Nachtstücken"

[…] In diesem Sinne ist das hoffmannsche Unheimliche nicht ein Einbrechen von Übernatürlichem in die Realität. Vielmehr ist es in der Realität latent anwesend und kann sich ‚allein' mit einem Blick durch ein optisches Instrument, einem Betrachten eines Bildes oder einer Begegnung mit einer sich grotesk ausnehmenden Person offenbaren – die bisherige Sichtweise der Welt wird verrückt, die Perspektive eine fremde, bisher ungesehene, aber immer schon da gewesene; wird sie verschoben, fällt der vermeintlich mit beiden Füßen auf dem Boden stehende Mensch aus allen Wolken – hinein in Unsicherheit und Desorientierung. […]

Thomas Meyer, Das Grauen im konstruierten Erzähltext. Zu E. T. A. Hoffmanns „Nachtstücken", Hamburg: Diplomica Verlag 2012, S. 25

Hinweise und Tipps

- *Die **Aufgabenstellung** weist die übliche **Zweiteiligkeit** auf. Die Vorgehensweise bei der Erschließung und Interpretation ist nicht exakt vorgegeben, kann also unterschiedlich angegangen werden. Es empfiehlt sich jedoch, den Aufsatz mit einer kurzen **inhaltlichen Zusammenfassung** zu beginnen und dabei **den Aufbau des Textes** deutlich zu machen. Es wird schon bei der Inhaltsangabe erkennbar, dass Hoffmann mit den Bedeutungen des Wortfeldes „Blicke" bzw. „sehen" operiert. Deshalb bietet sich ein eigener thematischer Gliederungspunkt zur Interpretation an. Den beigefügten kurzen **Textauszug des Literaturwissenschaftlers** Thomas Meyer können Sie insofern nutzen, als mit seinen Hinweisen zum Unheimlichen die **Richtung der Interpretation** vorgegeben ist. Bei E. T. A. Hoffmann geht es sehr häufig um die Frage, wie die Wirklichkeit beschaffen ist bzw. in welchen Formen Unrealistisches, Phantastisches oder eben **Unheimliches in der Realität** aufscheint. Im vorliegenden Textauszug ist das unschwer zu erkennen. Wichtig für die Textinterpretation ist grundsätzlich, dass man die Offenheit der Erzählung nicht zwanghaft auflösen muss, sondern mögliche **Leerstellen zulässt** und daran **eigene Überlegungen** anschließen kann.*
- *Epische Besonderheiten werden durch die genaue **Analyse der Erzähltechnik** des Textes herausgearbeitet. Die Erzählgestaltung ist wie die **sprachliche Gestaltung***

sehr gut nutzbar, um in der Interpretation der Textstelle nachzuweisen, dass Hoffmann Ambivalenzen herstellen möchte. In jedem Fall wird deutlich, welche Auswirkung und welche Funktion ***das Unheimliche bei Hoffmann*** *haben. Gehen Sie auch – wie in der Aufgabenstellung verlangt – auf* ***literaturgeschichtliche Hintergründe*** *ein.*

– *Die zweite Frage verlangt einen* ***Vergleich*** *mit der Gestaltung des Unheimlichen in einem anderen literarischen Werk. Es bieten sich wie immer zahlreiche Werke aus der deutsch- und fremdsprachigen Literatur an. Wichtig ist hierbei, dass* ***geeignete Vergleichskriterien*** *gefunden werden. So könnten Sie z. B. herausarbeiten, wie das Unheimliche auftritt, was es auslöst oder wie die Figuren des jeweiligen Werkes das Unheimliche wahrnehmen. Formale Aspekte können berücksichtigt werden, sind aber von der Aufgabenstellung her nicht gefordert.*

Gliederung

A. Das Unheimliche als Charakteristikum im Film

B. Erschließung und Interpretation des Textauszugs aus Hoffmanns Erzählung „Das öde Haus“

- I. Inhalt und Aufbau: Das geheimnisvolle Mädchen hinter dem Fenster
  1. Die seltsame Frauengestalt
  2. Kindheitserinnerungen des Ich-Erzählers
  3. Fortbestehen des Unheimlichen im Alltag des Erzählers
- II. Thematischer Aspekt: Der unheimliche Blick
- III. Erzählerische und sprachliche Gestaltung des Unheimlichen
  1. Verschiedene Realitätsebenen in der Erzählstruktur
  2. Wortschatz des Unheimlichen
- IV. Vergleich des Motivs des Unheimlichen bei Hoffmann mit dem Chinesenspuk in Fontanes Roman „Effi Briest“
  1. Roman einer scheiternden Ehe
  2. Der Chinese als Albtraum und Innstettens Reaktion
  3. Erklärungen für den Spuk
  4. Das Unheimliche in Romantik und Realismus

C. Die Auseinandersetzung mit dem Unheimlichen als anthropologische Konstante

Lösungsvorschlag

Er gehört zur Grundausstattung der Filmgeschichte: **der erschrockene Blick des Protagonisten**, der offensichtliche etwas sieht, was ihm Angst macht, ihn in größte Verwirrung stürzt oder ihm gar ein schreckliches Ereignis ankündigt. In Mimik und Gestik der Figur erahnt der Zuschauer die kommenden Bilder – und wendet sich manches Mal vorsichtshalber von der Leinwand ab. Aber auch dann, wenn nichts folgt, der filmische Blick sozusagen ins Leere geht, bleibt die Anspannung bei den Figuren und den Zuschauern gleichermaßen erhalten. Das ist die *Suspense*, wie sie Hitchcock meisterlich beherrschte und wie sie selbst in TV-Serien immer wiederholt wird. A

Natürlich ist dieses **Mittel der Spannungssteigerung** keine Erfindung der Filmindustrie. Schon die Romantiker wussten damit umzugehen. Vor allem **E. T. A. Hoffmann**, der von seinen Zeitgenossen als „Gespenster-Hoffmann" tituliert wurde, hat sich in seinen Werken immer wieder mit der Frage auseinandergesetzt, wie sich das Unheimliche für die Struktur der Erzählung nutzen lässt. Dies kann man sehr schön an der 1817 entstandenen **Erzählung „Das öde Hause"** aufzeigen, die im Folgenden erschlossen und interpretiert werden soll. Hoffmann thematisiert in diesem Prosastück das Verhältnis **von realistischer Begebenheit und Fantasie**. Dabei spielt der besondere Blick des Protagonisten und Ich-Erzählers eine große Rolle.

Es geht in der Erzählung um ein **altes Haus**, das nach allgemeinen Aussagen nur noch von einem Verwalter bewohnt wird, an dessen Fenster der **Ich-Erzähler Theodor** aber wiederholt eine Frauengestalt entdeckt. Diese fasziniert ihn so sehr, dass er sich dazu entschließt, sie genauer zu beobachten. B

Der Textauszug beginnt mit der **Beschreibung des Mädchens** durch den Ich-Erzähler, dem zunächst auffällt, dass die junge Frau ihn zwar enorm anziehe, aber gleichzeitig etwas ganz und gar **Unnatürliches** habe (Z. 1–5). Seine Überlegungen über das seltsame Wesen werden von einem fahrenden Händler unterbrochen, der ihm einen **Spiegel** verkauft. Mit dessen Hilfe glaubt er, seine Nachforschungen ohne weiteres Aufsehen gestalten zu können. Allerdings stellt sich schnell heraus, dass der Spiegel seinen Blick gleichsam bannt, denn er kann nicht mehr damit aufhören, das Mädchenbild zu betrachten (Z. 6–23). I. 1.

Dies löst nun eine **Erinnerung** an seine **frühe Kindheit** aus. Weil er offensichtlich öfters das Zubettgehen durch einen langen Blick in einen großen Spiegel hinauszögern wollte, erzählte ihm das Kindermädchen eine **Schauergeschichte** über dessen Kraft, Kinderaugen erstarren zu lassen. Obwohl er sich nun gruselte, konnte er nicht ganz von seiner Gewohnheit lassen und eines Nachts bildete er sich tatsächlich ein, fremde Augen im Spiegel zu sehen. Als Konsequenz dieser Begebenheit lag er lange Zeit **krank** darnieder (Z. 24–36). Anders aber als in seiner Kindheit empfindet der Erzähler in der 2.

Gegenwart den **Blick in den Spiegel** und damit auf das vermeintliche Mädchen als **wohltuend**, weshalb er zunächst nicht einmal bemerkt, dass er von mehreren Menschen argwöhnisch beobachtet wird. Ein **älterer Herr** spricht ihn darauf an, dass er wohl im Spiegel etwas sehr Unheimliches sehen müsse, so wie er sich benehme. Weil der Mann auf ihn einen vertrauensvollen Eindruck macht, gesteht der Ich-Erzähler freimütig, er vermute im Haus gegenüber eine Frauengestalt. Auf die Frage, ob er nicht selbst dort ein Mädchen sehe, erklärt ihm der alte Mann, es handle sich schlicht um ein **Bildporträt**, das der Hausbedienstete abgestaubt habe. Mit dem Hinweis, dass es eine bloße Wunschvorstellung gewesen sei, die durch das verzerrte Spiegelbild leicht hervorgerufen werden könne, **zerstört** der Mann die Illusionen **des Erzählers**. Mit tiefer Bestürzung erkennt Theodor seine Fehleinschätzung (Z. 37–77).

Zurück in seinem Haus und bei den Alltagsgeschäften vergisst er zunächst die Begebenheit, allerdings tauchen Erinnerungen an die Frauengestalt im Schlaf und kurzzeitig auch tagsüber immer wieder auf. Als er dann einmal den gekauften **Taschenspiegel** mit seinem Atem zum Polieren befeuchtet, erkennt er das **Frauenbild** deutlich im Spiegel. Obwohl er weiß, dass das eigentlich unmöglich ist, hält er auch dieses Mal an der unheimlichen Vision fest. Sie verschwindet, sobald der Atemhauch getrocknet ist (Z. 78–101). 3.

Hoffmanns Erzählung thematisiert das **Sehen in vielfachen Brechungen**. Der „**Blick**“ **der Figuren** spielt dabei eine zentrale Rolle, was allein schon aus der überaus häufigen Verwendung des Nomens (der „Blick“ bzw. „Anblick“ kommen insgesamt siebenmal vor) und des Verbs „(er-)blicken“ (in neunfacher Wiederholung sowie einmal nominalisiert als das „Hineinblicken“) deutlich wird. Nimmt man auch die Varianten „hinschauen“, „gucken“, „hineinstarren“ und „sehen“ hinzu, dann kann man behaupten, dass das Sehen das **eigentliche Thema der Erzählung** ist. Bei genauerer Betrachtung stellt man dann unterschiedliche „Blicke“ im Text fest. Die Erzählung beginnt mit einem „**toten**“ **Blick** des „anmutige[n], holdselige[n] Mädchen[s]“ (Z. 1), dessen „Augen etwas Todstarres“ (Z. 3) haben. Schon am Anfang wird also der Hinweis gegeben, dass das Objekt der Begierde nicht unbedingt lebendig ist, auch wenn der Ich-Erzähler sich stark angezogen fühlt. Während er aber in der unmittelbaren Beobachtung der Figur hinter dem Fenster noch erkennt, dass irgendetwas nicht stimmt, führt der **indirekte Blick auf das Mädchen durch den Spiegel** zu dem Glauben, „in den schärfsten deutlichsten Zügen die holde Engelsgestalt“ (Z. 15 f.) zu sehen. Berücksichtigt man die – im Vergleich zu heute – mindere Qualität des Spiegels (dieser muss ab und zu poliert werden), kann man schlussfolgern, dass Theodor tatsächlich von einer „**Vision**“ (Z. 16) heimgesucht wird, die ihn an der Vorstellung einer reellen jungen Frau starr festhalten lässt. Er sieht vermutlich etwas, was es in Wirklichkeit nicht gibt. Die Vision wird dann im weiteren Verlauf der Erzählung **zum Unheimlichen hin gesteigert**. Der Text führt dieses Unheimliche durch den **Rückblick** auf die **Kindheit des Erzählers** ein. Das „Ammenmärchen“ (Z. 24), das ihm von den „gräßliche[n] glühende[n] Augen“ (Z. 31) erzählt II.

wurde, legt sozusagen den Grundstein für den Glauben an die Macht des Spiegelbildes. Anders aber als in der Vergangenheit empfindet er durch die Betrachtung des reflektierten Bildes nun kein „Grausen" (Z. 38), sondern „wonnigen Schmerz süßer Sehnsucht" (Z. 39). Die **sehnsüchtige Stimmung** erfasst ihn am Ende noch einmal, als die Frauengestalt im beschlagenen Spiegel auftaucht, um ihn dieses Mal mit einem „wehmütige[n], das Herz durchbohrende[n] Blick" (Z. 97 f.) anzuschauen. Hier wird sehr deutlich der **Unterschied zwischen Spiegelbild und direktem Bild** herausgestellt. Nur der Spiegel macht aus einer starren Illusion eine lebendige Gestalt. Unheimlich bleibt diese Erkenntnis zumindest für den Leser, existiert doch für die Frau im Spiegel am Ende der Erzählung keine Entsprechung in der Wirklichkeit.

Damit ist bereits ein zweiter Aspekt der Blicke im Text aufgedeckt. Es gibt nämlich noch den **aufgeklärten Blick**, der versucht, das unheimliche Phänomen hinter dem Fenster nüchtern zu betrachten. Dieser Blick, der für den Erzähler „etwas ungemein Gutmütiges und Zutrauen Erweckendes" (Z. 50 f.) hat, gehört dem **alten Mann**. Der vertraut auf die Sehkraft seiner Augen und erklärt Theodor, dass er im Fenster lediglich ein Ölgemälde gesehen habe, das ein Bediensteter abstaubt, was dem Leser auch die sich bewegenden Hände erklären könnte. Das **Bild im „niedlichen Spiegel**" (Z. 40 und Z. 47) des Erzählers entlarvt der Mann als „**optische Täuschung**" (Z. 67) und liefert auch eine entwicklungspsychologische Erklärung: Junge Männer bildeten sich oft ein, schöne Mädchen zu entdecken, weil sie sie einfach sehen möchten. Seine Warnung vor Taschenspiegeln, die „so häßlich lügen" (Z. 73), nimmt Theodor zunächst zum Anlass, sich wieder auf den Alltag zu konzentrieren.

Auch der **Literaturwissenschaftler Thomas Meyer** hat die Bedeutung des Spiegelblicks unterstrichen und damit Hoffmanns Erzählweise grundsätzlich erklärt. Es gehe dem Romantiker darum, so Meyer, **gegenüber der Realität eine neue Perspektive** einzunehmen. Unterstützt z. B. durch ein „optisches Instrument" (Material, Z. 3) sieht man die Welt ganz anders, vor allem aber kann man dadurch als Betrachter „aus allen Wolken [fallen] – hinein in **Unsicherheit** und Desorientierung" (Material, Z. 7 f.). Die Erzählung vom „öden Haus" löst diese Unsicherheit mit den Erklärungen des alten Mannes keineswegs auf, denn das verführerische Bild taucht am Ende der Erzählung nochmals auf und die Erscheinung wird vom Ich-Erzähler vehement gegen die vielleicht ebenfalls klar blickenden Leser verteidigt. Im Rückblick wird dann selbst der alte Mann zu einer eigenartigen Gestalt. Zum einen kann seine Aufklärung des Falles nicht überprüft werden, weil plötzlich Jalousien das Fenster verdunkeln. Zum anderen verabschiedet er sich mit der zweideutigen Aussage „alles regte sich" (Z. 70). Damit ist für den Leser wieder ganz offen, was eigentlich genau hinter dem Fenster passiert ist.

Der romantische Autor, soviel steht fest, will seine Leser verunsichern, wenn III.
es um das **Verhältnis von Realität und Fantasie** geht. Dies kann man auch an der **erzählerischen und sprachlichen Machart** des Textes festmachen.

E. T. A. Hoffmann hat in der Erzählsammlung „Nachtstücke“ drei Freunde zusammengeführt, die über die Fähigkeit nachdenken, wie man in alltäglichen Begebenheiten auch das Wunderbare entdecken könne. Einer der drei Freunde ist Theodor, der die Geschichte über das „öde Hause“ und die unheimliche Begegnung mit dem hübschen Mädchen im Fenster erlebt haben will. Theodor erzählt aus der **Ich-Perspektive** und seine Erlebnisse sollen gleichsam der Beweis dafür sein, dass es Dinge in der Realität gibt, die nicht mit der menschlichen Vernunft allein erklärbar sind. Weil die **Leser** also die zielgerichtete **Sichtweise des Erzählers übernehmen** müssen, bleibt ihre eigene Einschätzung der **Zusammenhänge in der Schwebe**. Zu einer endgültigen Auflösung des unheimlichen Spiegelbildes kommt es nicht, auch wenn immer wieder Figuren auftreten, die den Ich-Erzähler aus seiner intensiven Betrachtung herauslösen. Man gewinnt den Eindruck, dass im Text **mehrere Realitätsebenen** vorherrschen, die aber ständig gemischt werden und erzähltechnisch durch den **Gedankenfluss des Erzählers** einerseits und durch die eingestreuten **Dialogpassagen** andererseits charakterisiert sind. Auch die Tatsache, dass die **Zuhörer** immer wieder **miteinbezogen** werden (vgl. Z. 73, 98), trägt zu einer gewissen Verunsicherung darüber bei, auf welcher Ebene zwischen Realität, Traum und Illusion sie sich gerade befinden. Diese Vermischung wiederholt sich bei der **Zeitgestaltung:** Zeitdeckende Passagen (bei den Dialogen und Gesprächen, z. B. Z. 8 ff.) wechseln sich ab mit zeitdehnenden (Z. 15 ff.) und zeitraffenden Abschnitten (Z. 78 ff.). 1.

Während dieses ständige Hin und Her die Unsicherheit bei der Realitätswiedergabe deutlich macht, verweist der **Syntax- und Sprachgebrauch** auf das „latent anwesend[e]“ „Übernatürliche in [der] Realität“ (Material, Z. 2 f.). Auf die Verwendung des **Wortfeldes „Sehen“** wurde oben schon näher eingegangen. Darüber hinaus ist der Text durch den **Wechsel von hypotaktischem und parataktischem Satzbau** geprägt. Der oftmals visionäre und auch verworrene Gedankenfluss des Ich-Erzählers wird in den komplexen Satzbau der Hypotaxe gefasst, während einfache, klare Erklärungen z. B. des alten Mannes, in der eindeutigen Diktion der Parataxe ausgesprochen werden: Mit dem Ausspruch „Nun das ist doch eine wunderliche Täuschung“ (Z. 56 f.) fasst der alte Mann das Missverständnis zusammen.

Vor allem aber schafft es Hoffmann, durch **ausdrucksstarke Verben und Adjektive** und mit Begriffen aus der Werkstatt der Geistergeschichten eine **Atmosphäre des Unheimlichen** aufzubauen. So ist bei der Kindheitserinnerung die Rede von einem „fremde[n], garstige[n] Gesicht“ (Z. 28), das einen aus dem Spiegel anblicke, was der Erzähler „entsetzlich graulich“ (Z. 29) findet. Die Neugierde treibt ihn an, trotzdem immer wieder einen Blick in den Spiegel zu wagen, bis „ein Paar gräßliche glühende Augen […] fürchterlich herausfunkeln“ (Z. 31 f.). Als er dann vor dem „öden Haus“ sitzend die junge Frau im Spiegel beobachtet, wird sein Gemütszustand als unheimliche Krankheit beschrieben. Er fühlt sich in einer „Art Starrsucht“ (Z. 21) gelähmt, er wird „mit elektrischer Wärme“ (Z. 40) durchglüht, er schneidet vermutlich in 2.

seinem „exaltierte[n] Zustande" „seltsame Gesichter" (Z. 45) und starrt, ohne die Umwelt wahrzunehmen, wie wahnsinnig in den Spiegel hinein, sodass der alte Mann ihn anschaut, als ob ihm Geister erschienen (vgl. Z. 49).

Die **Anziehungskraft der Frauengestalt** dagegen wird vor allem mit dem **Attribut „hold"** (Z. 1: holdselig; Z. 16, 37, 54, 97; 99: die Holde) erfasst. Das Adjektiv beschreibt das Äußere im Sinne von „hübsch" und den Charakter der Figur im Sinne von „treu" und zeigt die hohe Wertschätzung, die der Erzähler der Unbekannten gegenüber hat. Sie ist für ihn eine „Engelsgestalt" (Z. 16) – man könnte also schlussfolgern: Sie ist nicht von dieser Welt.

Die **Rätselhaftigkeit** der Erscheinungen findet in der **Verwendung des Konjunktivs** seinen Widerhall. So gibt der Erzähler gleich zu Beginn zu, dass eine „Täuschung [...] möglich gewesen [wäre], hätten sich nicht Arm und Hand zuweilen bewegt" (Z. 3 f.). Auch werden immer wieder sprachliche Relativierungen – z. B. „beinahe" (Z. 20) oder „[ich] glaubt [...] zu sehen" (Z. 31 f.) – dazu verwendet, das Nicht-Feststehende der Erlebnisse zu unterstreichen. Alles in allem macht die **Sprache** des Textes die **Ambivalenz der Erscheinungen** greifbar, was typisch für die Romantik ist. Unheimliche Spiegelungen in der Kindheit und in der Gegenwart des Erzählers stoßen ihn ab und machen ihn neugierig und schließlich sogar glücklich. Eine wirkliche Auflösung des Spukes gibt es nicht.

Dies gilt in ganz ähnlicher Weise für den berühmten **Chinesenspuk in Theodor Fontanes Roman „Effi Briest"**, mit dem der Autor ein zentrales Werk des Realismus geschaffen hat. Ein **Vergleich** zwischen Hoffmanns **Darstellung des Unheimlichen** und Fontanes Umgang damit ist schon in literaturgeschichtlicher Hinsicht interessant. IV.

„Effi Briest" basiert auf einer historisch verbürgten Ehebruchs- und Duellaffäre, die Fontane – kurz nachdem er zum ersten Mal davon gehört hatte – in einen Romanstoff umgewandelt hat. Erzählt wird die Geschichte der Ehe zwischen der sehr jungen Effi und dem Baron von Innstetten, der als Landrat in Kessin seine Beamtenkarriere vorantreiben will und deshalb für seine Frau wenig Zeit hat. Schon der Beginn dieser **Beziehung** stand **unter schlechten Vorzeichen**, da sie eher von Effis Mutter eingefädelt worden war, als dass aufrichtige Gefühle eine Rolle gespielt hätten. Und der Altersunterschied von zwanzig Jahren tut ein Übriges. Die Ehe wird also sichtbar von **Spannungen** begleitet. Zunächst schaut es aber noch so aus, als ob die junge Effi sich in ihr Schicksal fügen würde. Nach der Hochzeitsreise zieht das Paar nach Kessin in Hinterpommern. Effi will nicht nur das große Haus wohnlich einrichten, sondern sich auch in die neue Umgebung integrieren. Spätestens als Innstetten sich zu einer Dienstreise aufmacht, überkommt sie jedoch **Heimweh**. 1.

Sie wird von **Albträumen** gequält, in denen immer wieder ein **seltsamer Chinese** auftaucht. Es dauert nicht lange, dann glaubt sie sogar, dass dieser Chinese durch das Haus spukt. Wie tief die Kluft zwischen Effi und ihrem 2

Mann ist, zeigt seine Reaktion nach seiner Rückkunft: Er tut die Ängste seiner Frau als Spinnereien und Sinnestäuschungen ab und weigert sich, etwas dagegen zu unternehmen. Später wird der Liebhaber von Effi, Major Crampas, die Meinung äußern, dass Innstetten den **Chinesenspuk** in Wirklichkeit benutze, **um seine Frau zu erziehen** und sich selber dabei interessanter zu machen.

Erzähltechnisch führt Fontane den unheimlichen Chinesen ganz **ähnlich wie** 3
Hoffmann ein, indem er dem Leser (und Effi) immer wieder **Erklärungen** anbietet, die sich vernünftig anhören. Dies soll nun an einigen **Beispielen** genauer untersucht werden. Auf dem Weg nach Kessin macht z. B. Innstetten eine etwas **kryptische Anspielung auf einen Chinesen** ohne weitere Erläuterungen, sodass es nicht verwunderlich ist, dass Effi im neuen Haus in der ersten Nacht schlecht schläft und dazu auch noch Geräusche aus dem ersten Stock hört. Sie ist sozusagen sensibilisiert für die Möglichkeit einer unheimlichen Begebenheit, aber die Bediensteten klären das Geraschel schnell und rational auf, indem sie auf zu lange Vorhänge hinweisen, die bei geöffneten Fenstern am Boden schleifen. Effi beschließt, die Vorhänge zu kürzen.

Bei Innstettens erster längerer Abwesenheit steigert sich das **Gefühl der Beklemmung und des Spuks** dann aber schon deutlich. Effi schreckt mitten in der Nacht auf, weil sie schlecht geträumt hat und etwas Lebendiges, einen Chinesen, in ihrem Zimmer gesehen haben will. Auch hier bietet die Erzählung **zwei rationale Erklärungen** an: Zum einen hat Effi, bevor sie einschläft, eine Schauergeschichte gelesen. Und zum anderen hat sie beim kurz zuvor stattgefundenen Hausrundgang ein kleines **Chinesenbild** im oberen Stockwerk entdeckt. Es stellt sich dann auch bald heraus, dass **in Kessin** tatsächlich ein **Chinese wohnte**, der als Diener just in dem Haus der Innstettens gearbeitet hatte und auf ungeklärte Weise gestorben war.

Während aber diese und andere Bemerkungen dazu dienen, den **Chinesenspuk** in ein ganz **natürliches Phänomen** zu überführen, **verweigert** gerade **Innstetten die vollständige Aufklärung**. Weder will er einem Umbau des obersten Stockwerks zustimmen noch einem Umzug, um den Effi so dringend bittet. Als Legitimation für sein Handeln dient dabei immer der Hinweis auf seine gesellschaftliche Bedeutung: Er könne es weder seinem Dienstherrn noch den Kessiner Bürgern zumuten, seine Handlungen von den Ängsten seiner Frau abhängig zu machen. Wie gesagt, möchte der Landrat den **Chinesenspuk nutzen**, um seine **Frau zu lenken**. Dies misslingt gründlich: Effi gewöhnt sich im Laufe des Romans an ihre Einbildungen und gleichzeitig emanzipiert sie sich von Innstetten, indem sie eine verhängnisvolle Affäre mit Major Crampas eingeht.

Bei **Hoffmann** ist das **Unheimliche** – die Frau im Fenster – ein Beispiel dafür, dass **im Leben Dinge** existieren, die **nicht ganz rational** erklärt werden können, auch wenn es nachvollziehbare Erklärungen dafür gibt. Damit wird 4 eine **Grundaussage der Romantik** veranschaulicht: Jenseits der Alltagswelt müssen für die Romantiker noch Räume vorhanden sein, die nicht den Gesetzen der Vernunft oder der Physik unterworfen sind, sondern die **Sehnsucht** nach einem anderen, besseren Leben erfüllen. Bei **Fontane** ist der Spuk letztlich wirklich nur eine **Sinnestäuschung**, der die Beziehungskrise der Eheleute begleitet, vielleicht auch von Anfang an symbolisiert. In der **realistischen Weltsicht** Fontanes kann es keinen spukenden Chinesen geben.

Die Frage, warum das **Einbrechen des Unheimlichen** in die Bezirke der C
Wirklichkeit bis heute immer wieder fasziniert, lässt sich vermutlich mit der **psychischen Grundausstattung des Menschen** beantworten. Wir sind offensichtlich so eingestellt, dass wir stets mit dem Unvorhersehbaren rechnen. Besonders in fremden Ländern und uns unbekannten Gegenden sind die Sinne geschärft, um so auf kommendes Unheil möglichst rasch reagieren zu können. In der **Literatur** lassen wir uns damit gerne konfrontieren, weil es wesentlich angenehmer ist, diese **Angst nur im Spiel** kennenzulernen. Filme bieten, was diese Angst-Lust betrifft, sicher noch mehr, denn zu den bloßen Buchstaben und der Fantasie kommen hier bildgewaltige Umsetzungen, die oft schon sehr nahe an der Realität sind. Ob Film oder Literatur – mit dem Unheimlichen kann man immer auf ein (an)gespanntes Publikum wetten.

Deutsch Bayern – Abiturprüfung 2014:
Aufgabe 4: Materialgestütztes Verfassen eines informierenden Textes

„Jeder Krieg ist eine Niederlage des menschlichen Geistes."

Henry Miller (1891–1980), US-amerikanischer Schriftsteller;
Zitat aus: Henry Miller, Epidaurus and Mycenae, New York 1969

Zum Gedenken an den Beginn des Ersten Weltkriegs (1914–1918) hat Ihr P-Seminar eine Ausstellung unter dem Titel „Die expressionistischen Dichter und der Krieg" gestaltet. Diese Ausstellung präsentiert literarische und dokumentarische Texte sowie veranschaulichendes Bildmaterial. Zur Eröffnung der Ausstellung sollen Sie – im Anschluss an die Begrüßung durch den Schulleiter – einen einführenden Vortrag halten.

Verfassen Sie diesen Vortragstext, der die anwesenden Schüler, Lehrkräfte und Eltern über die Auseinandersetzung der expressionistischen Dichter mit dem Thema Krieg informiert!
Gehen Sie auf Veränderungen in der Haltung dem Krieg gegenüber ein!

Nutzen Sie zur Gestaltung des Vortrags Ihre für die Themenstellung relevanten Kenntnisse über den literarischen Expressionismus sowie Informationen bzw. Kerngedanken der beigefügten Materialien!
Zitate aus den Materialien werden dem Stil des Vortrags entsprechend ohne Zeilenangabe nur unter Nennung des Autors und ggf. des Titels zitiert. Ihr Vortragstext soll etwa 1 200 Wörter umfassen.

(Bei den folgenden Materialien wurde die Orthographie der jeweiligen Textquellen beibehalten.)

Material 1

Alfred Kubin:
Der Krieg (1901/02)
Schwarz-Weiß-Grafik des österreichischen Künstlers Alfred Kubin (1877–1959)

Diese Grafik ist auf dem Informationsplakat zur Ausstellung Ihres P-Seminars abgebildet; den Zuhörern Ihres Einführungsvortrags ist die Abbildung von dort ggf. bekannt.

Alfred Kubin, Der Krieg, 1901/1902. © Eberhard Spangenberg / VG Bild-Kunst, Bonn 1914

Material 2

Alfred Czech
Apokalyptische Landschaften. Krieg in Gedichten und Bildern des Expressionismus und der Neuen Sachlichkeit (2007)

[…] In der ersten Strophe seines viel zitierten Gedichts *Der Krieg* ließ Georg Heym (1887–1912) den Krieg als einen finsteren Koloss auftreten.

Aufgestanden ist er, welcher lange schlief,
Aufgestanden unten aus Gewölben tief.
In der Dämmrung steht er, groß und unerkannt, (…)

(Georg Heym, Erste Strophe aus: Der Krieg, veröffentlicht in „Umbra vitae“ 1912)

Ähnlich hatte Alfred Kubin ihn als überdimensionale Gestalt in einer Zeichnung (1901/02) personifiziert: Ein antikisch-nackter Krieger von gigantischen Ausmaßen zertrampelt ein anrückendes Heer unter seinen Hufen. Die Kriegsvisionen vor Ausbruch des Ersten Weltkriegs waren zwiespältig: Einerseits sehnten junge Künstler wie Heym die reinigende Kraft der Katastrophe herbei. Andererseits suchten Kriegsskeptiker wie Kubin ihre Ängste und schlimmen Vorahnungen mit Hilfe der Kunst zu bannen. […]

Als der Erste Weltkrieg im August 1914 ausbrach, konnte sich kaum einer der allgemeinen Kriegsbegeisterung entziehen. Sie erfasste traditionelle wie avantgardistische Künstler gleichermaßen. So gratulierte Kokoschka seinem Malerkollegen Marc[1] „zu der Auszeichnung für Deutschland in den Kampf zu kommen“. Marc begrüßte den Krieg, sah ihn als notwendige Katastrophe zur Erneuerung der europäischen

Kultur: „Es gibt keinen anderen Durchgang zur Zeit des Geistes. Der Stall des Augias[2], das alte Europa, konnte nur so gereinigt werden, oder gibt es einen einzigen Menschen, der diesen Krieg ungeschehen wünscht?" […]

Alfred Czech, Apokalyptische Landschaften. Krieg in Gedichten und Bildern des Expressionismus und der Neuen Sachlichkeit, in: Deutschmagazin Nr. 4,2 (2007), S. 34

Erläuterungen:

1 *Kokoschka […] Marc:* Oskar Kokoschka (1886–1980), österreichischer Maler und Schriftsteller des Expressionismus; Franz Marc (1880–1916), deutscher Maler des Expressionismus, Anfang März 1916 vor Verdun in Frankreich gefallen

2 *Stall des Augias:* Eine der Aufgaben des griechischen Helden Herakles bestand darin, den Rinderstall des Königs Augias von Unmengen an Kot zu befreien.

Material 3

Georg Heym[3]
Tagebucheintrag vom 6. Juli 1910

[…] Es ist immer das gleiche, so langweilig, langweilig, langweilig. Es geschieht nichts, nichts, nichts. Wenn doch einmal etwas geschehen wollte, was nicht diesen faden Geschmack von Alltäglichkeit hinterläßt. Wenn ich mich frage, warum ich bis jetzt gelebt habe. Ich wüßte keine Antwort. […] Geschähe doch einmal etwas. Würden einmal wieder Barrikaden gebaut. Ich wäre der erste, der sich darauf stellte, ich wollte noch mit der Kugel im Herzen den Rausch der Begeisterung spüren. Oder sei es auch nur, daß man einen Krieg begänne, er kann ungerecht sein. Dieser Frieden ist so faul ölig und schmierig wie eine Leimpolitur auf alten Möbeln. […]

Georg Heym, Dichtungen und Schriften. Gesamtausgabe, hg. von Karl Ludwig Schneider, Bd. 3: Tagebücher Träume Briefe, o. O. 1960, S. 138 f.

Erläuterung:

3 *Georg Heym (1887–1912):* deutscher Schriftsteller des Expressionismus, beim Schlittschuhlaufen tödlich verunglückt

Material 4

August Stramm[4]
Brief an seine Freunde Nell und Herwarth Walden vom 14. Februar 1915

Ihr Lieben Lieben! Die Welt braust. Mein Kopf mir ist alles platzt. Ich habe jetzt sechs schwere Gefechtstage hinter mir. Der furchtbarste war gestern der 13. Du hast mal gesagt man kann sich alles vorstellen. Du hast Recht. Alles. Aber vorstellen und das vorgestellte erleben das sind zweierlei. Vorstellen aber fühlen kann man es nicht. Ich bin nicht furchtsam. Ich habe keine Furcht gefühlt. Das war mir zu lächerlich kleinlich. Zum fürchten war alles zu furchtbar. Aber ein Grauen ist in mir ein Grauen ist um mich wallt wogt umher, erwürgt verstrickt, es ist nicht mehr rauszufinden. Entsetzlich. Ich habe kein Wort. Ich kenne kein Wort. Ich muß immer nur stieren,

stieren um mich stumpf zu machen. um all das Gepeitschte niederzuhalten. Denn ich fühle es, ich fühle es ganz deutlich das das peitscht und krallt nach meinem Verstand. Gott sei Dank. daß ich roh bin daß ich so viel Rohheit in mir habe. physische Rohheit die ich sonst immer niederhalte, jetzt soll sie kommen, jetzt rufe ich sie, und klammere mich daran. Hast Du schon mal einen Fleischerladen gesehen, in dem geschlachtete Menschen zu Kauf liegen. und dazu stampfen mit ungeheurem Getöse die Maschinen und schlachten immer neue in sinnreichem Mechanismus. Und Du stumpf darin gottlob stumpf Schlächter und Schlachtvieh. [...]

August Stramm, Gedichte, Dramen, Prosa, Briefe, hg. von Jörg Drews, Stuttgart 1997, S. 181 f.

Erläuterung:
4 *August Stramm (1874–1915):* deutscher Schriftsteller des Expressionismus, Anfang September 1915 an der Ostfront gefallen

Material 5

Thomas Anz
Literatur der Moderne und Erster Weltkrieg (2004)

[...] Die Kriegsbegeisterung mancher junger Künstler hatte oft nur wenige Monate, manchmal wenige Tage gedauert. Die neue Realität der Materialschlachten und das Massensterben an der Front stimmten nicht mehr mit den überlieferten Kriegs- und Heldenklischees überein. [...]

Die desillusionierenden Bilder des Todes weiten sich in der expressionistischen Lyrik immer wieder zu Visionen über kollektive Katastrophen, über den Untergang des Abendlandes und einer Welt aus, deren grauenhafter Zustand vom Tod Gottes zeugt. Auch in solchen Zusammenhängen wird der Krieg zur Metapher, und zwar nicht mehr für den quasi revolutionären Aufbruch in einen neuen Zustand, sondern für die Agonie eines Zeitalters, für den Abschluß einer geschichtlichen Entwicklung, in der die Erfahrungen der Absurdität und Angst kaum noch Zukunftsperspektiven zulassen. [...] Wenn die expressionistische Lyrik nach 1916 dem Kriegsgeschehen überhaupt noch einen Rest von positiven Bedeutungsmöglichkeiten zuerkennen wollte, dann entweder als läuterndem Strafgericht für die Sünden der zivilisierten Menschheit oder als notwendigem Durchgangsstadium zu einer völlig neuen Ära des Friedens und der Mitmenschlichkeit [...].

Thomas Anz, Literatur der Moderne und Erster Weltkrieg. Rausch des Gefühls und pazifistische Kritik; in: literaturkritik.de, Rezensionsforum, Nr. 8/2004, online unter http://www.literaturkritik.de/public/rezension.php?rez_id=7306&ausgabe= 200408; zuletzt aufgerufen am 02. 01. 2014

Material 6

Ernst Toller[5]
Den Müttern (1917)

Mütter,
Eure Hoffnung, Eure frohe Bürde
Liegt in aufgewühlter Erde,
Röchelt zwischen Drahtverhauen,
Irret blind durch gelbes Korn.
Die auf Feldern jubelnd stürmten,
Torkeln eingekerkert, wahnsinnschwärend,
Blinde Tiere durch die Welt.
Mütter!
Eure Söhne taten das einander.
Grabt Euch tiefer in den Schmerz,
Laßt ihn zerren, ätzen, wühlen,
Recket gramverkrampfte Arme,
Seid Vulkane, glutend Meer:
S c h m e r z g e b ä r e T a t !

Euer Leid, Millionen Mütter,
Dien als Saat durchpflügter Erde,
Lasse keimen
Menschlichkeit.

Ernst Toller, Vormorgen, Potsdam: Kiepenheuer 1924, S. 21

Erläuterung:
5 *Ernst Toller* (1893–1939) meldete sich 1914 als Kriegsfreiwilliger, entwickelte dann jedoch eine pazifistische und revolutionär-sozialistische Einstellung.

Material 7

Klabund[6]
Bußpredigt (1917)

[…] Millionen Ich … sind schuld, sind schuld. Die Geißel Gottes knallt.

Ich kenne, bekenne mich: zur Pflicht, zur Verpflichtung, zur Wahrheit, zum Geständnis. Es gilt, unsere Schuld in die Welt zu pauken, zu posaunen, zu läuten, zu zischeln, zu heulen: daß man uns, Geistige oder zum Geiste doch Gewillte, nicht für Söldner eines Machtgedankens, des Räuberrevolvers, mehr halte. Der Krieg wäre nie ein so widerlicher Koloß geworden, hätte er sich nicht an gewissen eitrigen Abszessen unserer Seele gemästet.

Reißt das Hemd auf. Schlagt euch an die Brust: bekennt: ich, ich bin schuldig. Will es büßen. Durch Wort und Tat. Durch gutes Wort und bessere Tat.

Dünke sich niemand zu niedrig, seine Schuld zu bekennen. Niemand zu hoch. […] [B]ekennt. aus falscher Scham bisher nur schweigend, daß dieser Traum ein Trugbild war, daß ihr Narren (und manche von euch, die sich für den Krieg als Krieg einsetzten, Schlimmeres als Narren) wart […].

[…] Bäumt euch! Zum neuen Willen einer neuen Zeit! Schnellt auf aus eurer Passivität wie ein lang angezogener Bogen zur Aktivität: der Anklage, der Buße, der Besserung. […]

Klabund, Werke in acht Bänden, hg. von Christian v. Zimmermann, Bd. 8: Aufsätze und verstreute Prosa, Berlin 2003, S. 05

Erläuterung:
6 *Klabund* (Pseudonym Alfred Henschkes, 1890–1928): ein dem Expressionismus nahestehender deutscher Schriftsteller

Material 8

Fakten zum Ersten Weltkrieg

mobilisierte Soldaten	65 Millionen weltweit
militärische und zivile Todesopfer	20 Millionen weltweit
Verwundete	21 Millionen weltweit
Zahlen für das Deutsche Reich	1,8 Millionen getötete Soldaten; 4,2 Millionen Verwundete

Eigene Darstellung nach Christopher Clark, Die Schlafwandler. Wie Europa in den Ersten Krieg zog, München 2013, S. 9 sowie: Das waren Zeiten, Band 3, Bamberg 2013, S. 157

Hinweise und Tipps

- *Vorliegendes Aufgabenformat verlangt einen* ***informierenden Text****, der adressatenbezogen verfasst sein muss. Zu beachten ist hier insbesondere, dass der* ***kommunikative Kontext*** *sowie die Erwartungen und Interessen der Zuhörenden – Mitschüler, Lehrkräfte und Eltern – beim Verfassen dieses Vortrags mitgedacht werden müssen.*
- *Der Text ist die verschriftlichte Version des Vortrages zu einer Ausstellungseröffnung über das Thema „Die expressionistischen Dichter und der Krieg" an der eigenen Schule. Ein Vortrag ist allerdings keine Rede. Der zu verfertigende Text muss also weder vom Aufbau her noch durch eine ausgefeilte rhetorische Gestaltung den Anforderungen einer Rede genügen. Um den* ***Vortragscharakter*** *zu verdeutlichen, müssen Sie jedoch immer wieder* ***textsortenspezifische Elemente*** *einbauen, z. B. die* ***direkte Adressatenorientierung*** *(z. B. direkte Anrede der Zuhörer, Verwendung des Personalpronomens „wir", rhetorische Fragen, Appelle …), um den* ***Kontakt und ein Einverständnis mit den Zuhörern*** *herzustellen.*
- *Die Aufgabenstellung und auch die Auswahl der Materialien gibt im Wesentlichen die inhaltliche Struktur des Vortrags vor. Dadurch, dass auf „Veränderungen in der Haltung dem Krieg gegenüber" eingegangen werden soll, wird eine* ***thematische Dreiteilung*** *nahegelegt: Zunächst die Präsentation der vorherrschenden Kriegssehnsucht und -begeisterung im Vorfeld und anlässlich des Kriegsausbruchs, daraufhin die Reflexion einer Ernüchterung und Traumatisierung der expressionistischen Dichter angesichts der tatsächlichen Kriegserfahrung und die daraus resultierende Folgerung einer pazifistischen Neuausrichtung. Nahe liegt ein persönlicher Schlussappell im Sinne der Friedensbewegung, dieser sollte jedoch nicht banalisierend oder phrasenhaft sein.*
- *Die beigefügten Materialien liefern viele Informationen und Bezugspunkte, sind jedoch in ihrer Fülle erst einmal* ***sauber zu strukturieren*** *und in ihrer Relevanz für die einzelnen Gliederungsteile des Vortrags* ***auszuwerten****. Dafür sind* ***Methoden wie Mindmap oder Cluster*** *sehr hilfreich. Überlegen Sie auch schon beim Erstellen Ihres Schreibplans, welche Passagen als* ***direkte Zitate*** *für den Vortrag geeignet sind. Eine sprachlich-stilistische Analyse der Texte ist dabei nicht verlangt, kann aber an geeigneten Stellen für das Thema gewinnbringend sein. Dieser Schreibplan ist die Grundlage der* ***Gliederung für den Vortrag****, die auch der Arbeit beigefügt wird.*
- *Nach der Herausarbeitung der für die Aufgabe relevanten Aspekte müssen Sie diese um eigene* ***Kenntnisse aus der Lese- und Unterrichtserfahrung ergänzen****. Zusätzlich zu den beigefügten Materialien ist ein Bezug auf die „für die Themenstellung relevanten Kenntnisse über den literarischen Expressionismus" eingefordert. Hier wäre es gut, wenn Sie sich an geeigneten Stellen auf* ***Ihnen bekannte Autoren, Texte sowie auf die literarische Grundhaltung der Epoche*** *beziehen. Der Verweis auf benachbarte Fächer wie Kunst oder Geschichte ist ebenfalls sehr positiv zu werten. Nutzen Sie möglichst differenziert all Ihr erworbenes Wissen zum Thema! In jedem Fall sollte Ihre für diesen fachwissenschaftlichen Vortrag relevante* ***Sachkompetenz*** *deutlich werden. Vermeiden Sie unbedingt eine zu breite*

und unkritische Übernahme von einzelnen Textausschnitten. Jedes direkte oder indirekte Zitat muss in Ihren Gedankengang eingebunden und so für Ihre Darstellung als ***Erläuterung bzw. Konkretisierung des dargestellten Sachverhalts*** *nutzbar gemacht werden.*
- *Beim Bezug auf die Materialien reicht – wie in den Erläuterungen vorgegeben – eine bloße Nennung der Quelle oder des Autors, entsprechend der* ***mündlichen Vortragsweise****. Zu beachten ist auch der* ***Umfang*** *des Manuskripts mit circa 1 200 Wörtern (plus/minus 10 Prozent).*

Gliederung

1 Vergegenwärtigung einer schulischen Feierstunde im Jahre 1914

2 Kriegssehnsucht und -euphorie bei Kriegsausbruch 1914
2.1 Apokalyptische Vorahnungen in der Kunst vor dem Ersten Weltkrieg
2.2 Gründe für die Kriegsbegeisterung bei vielen expressionistischen Dichtern

3 Versuch einer Darstellung und Verarbeitung des Kriegsgeschehens
3.1 Visionäre Personifizierung des Kriegs mit den Mitteln der Kunst
3.2 Frontbrief von August Stramm als Beispiel für Sprachnot und expressive Bildlichkeit

4 Ruf nach dem „Neuen Menschen“ als Merkmal pazifistischer Literatur zum Ende des Ersten Weltkriegs

5 Expressionistische Texte zum Ersten Weltkrieg als Mahnung und Auftrag auch an unsere Generation

Lösungsvorschlag

Sehr verehrte Damen und Herren, liebe Mitschüler! 1

Drehen wir einmal das Rad der Zeit um hundert Jahre zurück – in den Frühsommer 1914:
So wie heute mögen sich in einer Aula Schüler, Lehrer und Eltern versammelt haben, um in einer Ausstellung, vielleicht über die Dichtung der Befreiungskriege gegen Napoleon, des Jahres 1814 zu gedenken. Man kann sich den damaligen Festakt vorstellen als pompös, hierarchisch und elitär. Herren in dunklen Gehröcken hielten Ansprachen vor einer geneigten Zuhörerschaft. Der Fortschritt und die Stellung Deutschlands in der Welt wurden gepriesen. Die streng aufrecht sitzenden Schüler, die nur antworteten, wenn sie gefragt wurden, brannten jedoch innerlich vor Sehnsucht nach Aufbruch und Verlangen nach etwas Neuem und noch nie Dagewesenem.

In seinem berühmten Tagebucheintrag vom 6. Juli 1914 charakterisierte der junge Dichter **Georg Heym** diese Stimmung und beschrieb, nein besser – ersehnte und beschwor eine Zeitenwende: 2

„Es ist immer das gleiche, so langweilig, langweilig, langweilig. Es geschieht nichts, nichts, nichts. Wenn doch einmal etwas geschehen wollte, was nicht diesen faden Geschmack von Alltäglichkeit hinterläßt. Wenn ich mich frage, warum ich bis jetzt gelebt habe. Ich wüßte keine Antwort. [...] Oder sei es auch nur, daß man einen Krieg begänne, er kann ungerecht sein. Dieser Frieden ist so faul ölig und schmierig wie eine Leimpolitur auf alten Möbeln."

Diese Zeilen klingen heute mit unserem Wissen um die **Schrecknisse und Opfer des Ersten Weltkriegs** unvorstellbar und ungeheuerlich. Insgesamt 65 Millionen Soldaten zogen in diesen Massenkampf, 20 Millionen Todesopfer weltweit waren zu beklagen. Diese Zeilen stammen von einem 23-jährigen begabten Schriftsteller und er war nicht der Einzige, der so dachte. **Die monarchisch-bürgerliche Gesellschaft zu Beginn des 20. Jahrhunderts** erschien **monoton, unausgefüllt, banal**. Dagegen verglich die künstlerische Avantgarde den Krieg in expressiver Bildlichkeit mit einem reinigenden Gewitter. Franz Marc setzte den Krieg im Sommer 1914 sogar mit der Ausmistung des Augiasstalls gleich, keine schmeichelhafte Einschätzung für das Europa seiner Zeit! Er fiel übrigens, wie viele junge expressionistische Dichter und Künstler, selbst diesem „Gewitter" zum Opfer, Anfang März 1916 vor Verdun. Wie konnte eine ganze Generation mit fliegenden Fahnen in den Untergang rennen und dies auch noch voller Begeisterung? Das programmatische Gedicht des Expressionismus „**Weltende**" von **Jakob van Hoddis** sah die Apokalypse voraus und liefert eine präzise Bestandsaufnahme der Vorkriegszeit. In dem für den Expressionismus typischen **kargen Zeilenstil** und in der **Montage grotesker wie banaler Bilder** brachte er prophetisch die Stimmung der untergehenden Bürgerlichkeit provokant und für die jungen Dichter treffend auf den Punkt. „Weltende" wurde zum Programm einer Zeitenwende. Latente Weltuntergangsstimmung machte sich breit. Die jungen Dichter als Seismographen ihrer Gesellschaft riefen im **Überdruss am Untertanengeist des Wilhelminismus** zur Revolte auf – zum Ende der für sie als sinnlos erlebten Welt. Der letzte Krieg lag fast fünfzig Jahre zurück, seine Schrecken waren im Gedächtnis der Zeitgenossen nicht mehr präsent. Sie traten zurück gegenüber den **Erlösungsutopien einer nahenden Apokalypse**.

Sie sollten recht bekommen. Der erste Weltkrieg wurde zum **apokalyptischen Weltenbrand** und die expressionistischen Dichter waren mittendrin! Mit Tausenden begeisterter Kriegsfreiwilliger stiegen sie im Sommer 1914 in die Bahnwaggons nach Frankreich, Belgien und Russland, um sich dem Feind entgegenzustellen.

Das Ausstellungsplakat unseres P-Seminars, das Sie auch hier an der Stell- 3
wand neben mir sehen können, zeigt die Grafik „**Der Krieg**" **von Alfred** 3.1
Kubin. Auch dieses Bild entstand einige Jahre vor Ausbruch des Ersten Weltkriegs und kann angesichts der brutalen Kriegsrealität prophetisch genannt

werden. Als übermächtiger Koloss naht sich die **Personifizierung des Kriegs** dem Soldatenheer, das wie kleine Zinnfiguren unter seinen massigen Hufen zermalmt werden wird. Er war *„[a]ufgestanden unten aus Gewölben tief"*, wie Georg Heym in seinem Gedicht „Der Krieg" schrieb. Der gleiche Georg Heym, der in seinem Tagebuch nichts sehnlicher herbeiwünschte als den Krieg und, ich zitiere, *„[...] noch mit der Kugel im Herzen den Rausch der Begeisterung spüren"* (Zitatende) wollte, genau dieser Georg Heym beschrieb ihn auch als **zerstörerisches Monstrum**. Vom Sommer 1914 an vernichtete es nicht nur Landschaften, sondern auch hoffnungsvolle Dichterleben, physisch wie psychisch. Heym selbst erlebte die Realität des Krieges nicht, aber expressionistische Schriftsteller **wie August Stramm oder Ernst Toller** sahen sich im Wahnsinn der Schützengräben mit der **grausamen Realität der Fronterfahrung** konfrontiert. Spätestens ab Beginn des Stellungskrieges im Winter 1914 bildete das reale Kriegserlebnis einen harten Kontrast zu den heroischen Kriegsbeschwörungen zuvor.

Ein halbes Jahr nach dem begeisterten Aufbruch, im Februar 1915, versuchte 3.2
Stramm in einem Brief an seine Freunde das unbeschreibbare Grauen in Worte zu fassen. Bereits die ersten Zeilen sind **Zeugnis eines Verzweifelten:** *„Ihr Lieben Lieben! Die Welt braust. Mein Kopf mir ist alles platzt."* Hier ist sogar die Syntax zerstört. Ein geordneter, logischer Satzbau hat in einer Welt der Entmenschlichung keinen Platz. Weiter schreibt Stramm: *„Aber ein Grauen ist in mir ein Grauen ist um mich wallt wogt umher, erwürgt verstrickt, es ist nicht mehr rauszufinden. Entsetzlich. Ich habe kein Wort. Ich kenne kein Wort. Ich muß immer nur stieren, stieren um mich stumpf zu machen. um all das Gepeitschte niederzuhalten."* **Äußerste Verknappung und Reduzierung auf zentrale Begriffe** prägen Stramms expressionistischen Schreibstil. **Die Ordnung von Orthografie und Grammatik ist wie das alte moralische Orientierungssystem zerstört**. Die Worte ringen gehetzt und gepeinigt nach Ausdruck, stumpfen ab wie die Seele des Dichters – zum Selbstschutz, um nicht wahnsinnig zu werden – Zitat: *„Denn ich fühle es, ich fühle es ganz deutlich das das peitscht und krallt nach meinem Verstand."* Am Ende seines Briefes gebraucht Stramm eine **schockierende Metaphorik**, die Kubins Bild vom unaufhaltsamen und unerbittlichen Kriegsmonster zum Bild einer Schlachtmaschine steigert: *„Hast Du schon mal einen Fleischerladen gesehen, in dem geschlachtete Menschen zu Kauf liegen. und dazu stampfen mit ungeheurem Getöse die Maschinen und schlachten immer neue in sinnreichem Mechanismus. Und Du stumpf darin gottlob stumpf Schlächter und Schlachtvieh."* Dieses Dokument kann beispielhaft für die **neuen Ausdrucksformen expressionistischer Kriegsliteratur** gelten, die die Realität im Schützengraben durch **groteske Bildlichkeit und Sprachzertrümmerung** erfahrbar zu machen versucht – im Drang sich auszudrücken zu einem **Erlebnis der Verrohung und Selbstentfremdung**, das mit den althergebrachten Sprachmustern nicht fassbar ist. Anfang September noch desselben Jahres fiel Stramm an der Ostfront.

„Die neue Realität der Materialschlachten und das Massensterben an der 4
Front stimmten nicht mehr mit den überlieferten Kriegs- und Heldenklischees übereinꟷ, so Thomas Anz rückblickend im Jahr 2004. Durch die am eigenen Leib erlebten Fronterfahrungen verkehrte sich die Kriegseuphorie bei vielen in eine **radikal pazifistische Haltung**, teilweise mit einem deutlich **selbstanklagenden Ton**. Der Krieg war nun Zeichen für das **Totalversagen aller humanen Werte und Errungenschaften**. Der Schriftsteller **Klabund** bezeichnete in seiner 1917 entstandenen „Bußpredigt“ die Kriegsbefürworter von einst als, Zitat: *„Narren (und manche von euch, die sich für den Krieg als Krieg einsetzten, Schlimmeres als Narren)“*. Er nimmt das Individuum selbst in die Verantwortung: *„Millionen Ich … sind schuld, sind schuld“* und stellt darauf pathetisch die Forderung auf: *„Reißt das Hemd auf. Schlagt euch an die Brust: bekennt: ich, ich bin schuldig. Will es büßen. Durch Wort und Tat. Durch gutes Wort und bessere Tat.“*
Somit standen nicht mehr wie im Frühexpressionismus düster-morbide Untergangsvisionen im Vordergrund, sondern **radikale Modelle einer alternativen neuen Gesellschaft**. Der Ruf nach dem „**Neuen Menschen**“ wurde laut, der Symbol für die Sehnsucht nach einem **geistig-moralischen Neubeginn** war.

Der Erste Weltkrieg gilt als **Urkatastrophe des 20. Jahrhunderts**. Kaum 5
vorstellbar, dass sich das Grauen noch steigern ließ. Es potenzierte sich im Zweiten Weltkrieg, auf den die Spaltung der Welt im Kalten Krieg folgte. Generationen von Dichtern wie **Erich Maria Remarque** in seinem wohl berühmtesten **Anti-Kriegs-Roman „Im Westen nichts Neues“** wurden nicht müde, ihren Zeitgenossen dieses Grauen, verursacht durch Vorurteile, Nationalismus und Völkerhass, vor Augen zu führen. Nie wieder Krieg! Die Losung der Friedensbewegung gilt gerade für uns Nachgeborene, die wir in einer Zeit des Friedens und Wohlstandes aufwachsen. Nehmen wir die literarischen Zeugnisse dieser Zeit als Mahnung und Auftrag, so wie es Thomas Anz formuliert: *„als notwendige[s] Durchgangsstadium zu einer völlig neuen Ära des Friedens und der Mitmenschlichkeit“*. Oder wie es **Ernst Toller** in seinem Gedicht „**Den Müttern**“ im Stil der **expressionistisch hinausschreienden Anklage** ausdrückt: *„Schmerz gebäre Tat! / Euer Leid, Millionen Mütter, / Dien als Saat durchpflügter Erde, / Lasse keimen / Menschlichkeit.“*

Herzlichen Dank für Ihre Aufmerksamkeit und viele bewegende und eindrückliche Erlebnisse beim Besuch unserer Ausstellung!

Deutsch Bayern – Abiturprüfung 2014: Aufgabe 5: Textbezogenes Erörtern

a) Analysieren Sie, wie der Autor Friedrich Christian Delius seine Position argumentativ entwickelt. Berücksichtigen Sie dabei auch ausgewählte sprachliche Mittel!

b) Erörtern Sie die Position des Autors zur Funktion von Kunst und Literatur in der heutigen Gesellschaft!

Der Schwerpunkt der Gesamtaufgabe liegt auf Teilaufgabe b).

Vorbemerkung
Friedrich Christian Delius ist freier Schriftsteller. Anlässlich der Erweiterung der Europäischen Union hielt er 2005 auf einem Schriftsteller-Kongress in Rom die unten abgedruckte Rede.

Friedrich Christian Delius (*1943)
Der Reichtum Europas (2005)

[…] Vom Reichtum reden heißt: Von den Gegenmitteln reden, die wir haben, um der Idiotisierung der Gesellschaft zu widerstehen, von den Mitteln, die wir haben, um das Sensorium, das Wissen, den Gemeinsinn zu entwickeln. Von den Mitteln, die Demokratie zu beleben und die schwer erkämpften Freiheiten zu würdigen, zu sichern und zu nutzen. Nach diesen Mitteln brauchen wir glücklichen Europäer nicht lange zu suchen. In Bibliotheken, Museen, Theatern, ja auch in Konzertsälen, im Internet, in Buchhandlungen, da und dort auch in Kinos, ja selbst in besseren Fernsehprogrammen und einigen Zeitungen wird dieser Reichtum präsentiert, liegt dort angehäuft, der Kronschatz unserer Zivilisation. Er ist nicht schwer zu finden, wir brauchen nur danach zu greifen, Augen, Ohren und Hände aufzumachen, es ist wirklich fast wie im Schlaraffenland.

Es fehlt nur eines, das Bewusstsein von diesem Reichtum. Also das Glücksgefühl, in einem Schlaraffenland zu leben. Wer sich umschaut in der Welt, selbst in den reichen Ländern der Welt, wird kaum einen solchen Reichtum wie in Europa finden, eine solche Vielfalt von Angeboten, Anregungen, Anstößen, gegen den Mainstream zu denken und zu handeln. Dabei geht es gar nicht um statistische Vergleiche zwischen den Nationen, um die Zahl der Bücher oder Bühnen oder Filmmeter oder Opernsitzplätze pro Kopf und Land. Wichtiger ist die Frage, ob wir unser Schlaraffenland wirklich schon entdeckt haben und es zu genießen und weiterzugeben wissen.

Denn es fehlt noch eines, die Verantwortung, diesen Reichtum an die nächsten Generationen weiterzugeben. Mehr und mehr werden die Künste als Zuflucht und Sinnersatz angesehen und gebraucht. Überall fehlt Orientierung, also sucht man sie, wenn nicht in der Religion, dann in der Kunst. […] Ob das immer gut und richtig ist, soll offen bleiben, wichtig ist: Hier wird ein Ausgleich gesucht gegen den Trend zum alles dominierenden Schema des Ja oder Nein, On oder Off, In oder Out. Die Künste haben nicht-lineare und nicht-entfremdete Tätigkeiten zu bieten. Sie stehen im Widerspruch zur Kosten-Nutzen-Moral, und können, wenns gut geht, den größten, weil unberechenbaren und von keinem McKinsey-Kriterium[1] fassbaren privaten wie öffentlichen Nutzen haben. Der Hunger auf diesen Reichtum ist jedenfalls größer als wir meinen. Und doch wird er als schöne Nebensache betrachtet, nicht als die geistige Goldmine unserer Demokratien. […]

Menschen, die sich auf Literatur einlassen, sind nicht so leicht zu unterdrücken, politisch zu manipulieren – denn wer liest, der fragt auch und lernt zu zweifeln. Leute mit Phantasie und Neugier, mit der Lust aufs Zuhören sind nicht sehr brauchbar für Generäle, Bürokraten, Ayatollahs[2] und Meinungsvereinheitlicher welcher Art auch immer. Damit sind sie die eigentliche Avantgarde, das Salz der Gesellschaft, die wirklich fortschrittlichen, zukunftsorientierten, zukunftstauglichen Kräfte. Die Ironie daran ist, dass sie das meistens gar nicht wissen. […]

Spätestens in zehn Jahren werden die Experten, die heute nur die sogenannte Effizienz gelten lassen, jammern und fordern: ja, wir brauchen mehr Lesebildung, mehr Geisteswissenschaften, mehr Kunstsinn! Denn meine scheinbar altmodische und altbanale These wird nicht nur von der Erfahrung, sondern noch mehr von der neuesten Hirnforschung und Bildungsforschung bestätigt: Ohne musische Fähigkeiten gibt es keine gesellschaftlichen Fähigkeiten, ohne Emotionalität keine Vernunft, ohne ein Sensorium für die Künste gibt es kein Sensorium für Demokratie und Freiheit, ohne die Literatur, beispielsweise, versinken wir in Barbarei.

„Und wer der Dichtkunst Stimme nicht vernimmt / Ist ein Barbar, er sei auch, wer er sei“, ließ der alte Goethe den Herzog von Ferrara[3], also den Politiker sagen.

„Wer nicht liest, kennt die Welt nicht“, sagte der etwas jüngere Arno Schmidt[4]. Solche Sätze bilden Europas Fundamente.

Gut, man kann nicht von jedermann Begeisterung für die Literatur erwarten. Trotzdem darf die Minderheit, die diesen Reichtum kennt und weitergeben möchte, den heutigen Barbaren durchaus angriffslustiger begegnen als bisher. Denn die Fakten sprechen gegen sie. Zum Beispiel gegen die Fernseh- und Mediengewaltigen, die, das ist leider kein Klischee oder Vorurteil, vor allem die Dummheit fördern und, was nun auch Langzeitstudien beweisen, dem Publikum Krankheiten aufladen, geistige und körperliche Verfettung, mit der dann die geistige und politische Verwahrlosung einhergeht. Auch im Umkehrschluss gilt der Satz von Daniel Barenboim[5]: „Wer die Literatur, die Kunst, die Bildung, also den Dialog nicht fördert, der fördert den Egoismus, den Vandalismus, den Terrorismus.“

Deshalb gibt es keinen Grund, nachsichtig zu sein mit den Quotenidioten, Wortabwürgern und Bildungsvernichtern. Mit Politikern, Elektronik- und Medienindustriellen, die Milliarden investiert haben, um unsere Kinder und mehr und mehr auch die Studenten zu geistigen und körperlichen Krüppeln zu machen. Die Feiglinge vor dem Wort, dem differenzierenden Wort regieren in immer höheren Etagen. Sie wollen uns, was Medienvielfalt, Bildung, Buchmarkt usw. angeht, Schritt für Schritt aufs Weltniveau hinabentwickeln. Sie haben die Freiheit, sich mit diesen Argumenten nicht zu beschäftigen, die nicht in ihr Vierteljahresprofitdenken passen. Aber wir haben die Freiheit, diese Herrschaften, mit Argumenten, als Barbaren, Vandalen, Kinderschänder und Agenten der Verblödung zu bezeichnen […]. Eins steht fest, sie sind von gestern – wenn Europa eine demokratische Zukunft haben soll.

Friedrich Christian Delius: Der Reichtum Europas; online unter http://www.fcdelius.de/widerreden/wider_reichtum.html, zuletzt aufgerufen am 07. 01. 2014

Worterläuterungen:
1 *McKinsey-Kriterien:* ökonomische Bewertungsmaßstäbe, mit denen das Beratungsunternehmen McKinsey die Marktattraktivität von Unternehmen erfasst und beurteilt
2 *Ayatollah:* Titel für hochrangige religiöse Gelehrte im Islam, die auch rechtliche und politische Führungsaufgaben wahrnehmen können
3 *Herzog von Ferrara:* Figur aus Goethes Drama „Torquato Tasso"
4 *Arno Schmidt* (1914–1979): deutscher Schriftsteller
5 *Daniel Barenboim* (geb. 1942): Pianist und Dirigent, der sich für eine Verständigung der verfeindeten Volksgruppen im Nahostkonflikt einsetzt

Hinweise und Tipps

- *Aufgabe V – die länderübergreifende Aufgabe – wird als Texterörterung definiert. Es geht darum, den vorliegenden Text des Schriftstellers F. C. Delius zu analysieren, um dann eine eigene Argumentation zu den Thesen des Autors zu entwickeln.*
- *In der **ersten Teilaufgabe** wird von Ihnen verlangt, dass Sie die **zentralen Aussagen** des Redners herausarbeiten und anschließend die **Struktur der argumentativen Vorgehensweise** darstellen. Machen Sie dabei sowohl die Position als auch die Intention des Autors deutlich. Delius möchte seine Zuhörer vom hohen Wert der Kunst für die freiheitlich-demokratische Grundordnung Europas überzeugen. Er appelliert an die Anwesenden, die Selbstverständlichkeit des kulturellen Angebots zu sehen und zu verteidigen. Die Aufgabenstellung verlangt übrigens **keine detaillierte Wiedergabe des Inhalts** der Rede. Die oben angedeutete zentrale Aussage des Textes muss deshalb nicht in allen Facetten ausgebreitet werden. Wichtiger ist, die Richtung der Argumentation genau zu erfassen. Die Intention des Autors lässt sich sehr gut auch aus **Sprache und Stil** seiner Rede ableiten.*
- ***Zweite Teilaufgabe:** Sie müssen sich entscheiden, ob Sie Ihre eigene Argumentation eher zustimmend oder ablehnend anlegen wollen. Der Operator „erörtern" legt allerdings nahe, in jedem Fall Gegenargumente zuzulassen, denn eine Sache kann nur erörtert werden, wenn beide Seiten berücksichtigt werden. Wichtig ist, dass der **vorliegende Text** unbedingt der **Ausgangspunkt Ihrer Stellungnahme** sein muss (so fordert es die Aufgabenstellung, es soll ja die „Position des Autors" erörtert werden). Da der Schwerpunkt der Aufgabe auf der Teilaufgabe b) liegt, ist es entscheidend, die eigene Argumentation entsprechend auszuarbeiten. Sie sollten sich auch nicht scheuen, die **Rede** des Schriftstellers **kritisch zu sehen**. Schon eine oberflächliche Analyse lässt erkennen, dass Delius nicht frei von Vorurteilen, z. B. gegenüber den neuen Medien, ist. In jedem Fall ist zu überlegen, ob nicht eine – im Vergleich zum Redner – ausgewogenere Haltung zum Thema Vorteile bringt.*

Gliederung

A. Die verbindenden Werte Europas

B. F. C. Delius: Rede über den Reichtum Europas

I Der argumentative Aufbau der Rede: Kunst und Literatur als Basis eines demokratischen und freiheitlichen Europas
1. Kultureller Reichtum als Mittel zur Stabilisierung der demokratischen Gesellschaft
2. Verantwortung für die Pflege und Vermittlung von Kunst und Literatur
3. Die Leistungen der Kunst
4. Medien, Wirtschaft und Politik als Gegner der kulturellen Überlieferung

II Die Sprache der Rede
1. Der appellative Charakter der Rede
2. Deutliche Kritik

III Die Bedeutung von Kunst und Literatur für Demokratie und Zivilisation
1. Überlieferte Erfahrungen als Entscheidungshilfen
2. Anleitung zum Denken durch Kunstwerke
3. Einseitiger Kunstbegriff bei Delius

C. Kultur und neue Medien – ein Widerspruch?

Lösungsvorschlag

Anlässlich der Europawahl im Mai 2014 ist in allen Medien immer wieder die **Frage nach der europäischen Identität** gestellt worden. Was macht diesen Kontinent aus? Welche grundlegenden Werte teilen die Mitglieder der europäischen Union? Zweifellos blicken Europas Nationalstaaten auf eine lange **gemeinsame Geschichte** zurück, die – trotz aller Unterschiede und gewaltsamen Auseinandersetzungen – **vergleichbare politische, gesellschaftliche und wirtschaftliche Strukturen** hervorgebracht hat. Basis der europäischen Kultur ist die christlich-jüdische Tradition. Hinzu kommt die grundsätzliche Haltung der Aufklärung, die Immanuel Kant Ende des 18. Jahrhunderts formuliert hat und die sich als Hinwendung zur Vernunft und gleichzeitig als Aufruf zum eigenständigen Denken beschreiben lässt. Das Individuum und seine Rechte nehmen dabei einen hohen Stellenwert ein und müssen folglich stets verteidigt werden. Deshalb bekennen sich die Staaten Europas zur liberalen Demokratie, die durch freie, gleiche und geheime Wahlen legitimiert wird. A

Eine weitere zentrale Klammer Europas findet sich in der **Kultur**. Die großen Werke aus Literatur, Musik, Architektur und der bildenden Kunst spiegeln die europäische Mentalität und das Leben der Menschen Europas auf vielfältige Weise wider und bilden so die europäische Identität ab. Auf die kulturellen

Werte Europas zielt auch der Schriftsteller **Friedrich Christian Delius**, der anlässlich der Erweiterung der Europäischen Union 2005 auf einem Schriftsteller-Kongress in Rom eine Rede gehalten hat, die den programmatischen Titel „Der Reichtum Europas“ trägt. Für ihn sind **Kunst und Literatur** zum einen ein **Bollwerk gegen antidemokratische Bewegungen** und garantieren damit, dass die oben genannten Merkmale Europas sich weiter durchsetzen können. Zum anderen sind Kunst und Literatur auch zentrale **Mittel**, um jedes einzelne Individuum **gegen Verdummung** zu schützen.

Der Redeauszug beginnt mit dem nachdrücklichen Hinweis auf **den eigentli-** B
chen Reichtum Europas, der in einer vielfältigen **Kunst- und Kulturtradi-** I.
tion gesehen wird. Diese zeigt sich laut Delius in den vielen Werken der Lite- 1.
ratur, der bildenden Kunst und auch in den visuellen Medien. Daneben betont der Schriftsteller vor allem den unbegrenzten Zugang zu diesem kulturellen Reichtum, der es für jeden Europäer möglich mache, am kulturellen Diskurs teilzuhaben. Von Anfang an wird klar, dass es dem Autor dabei nicht darum geht, dass die Kulturgüter einem Selbstzweck dienen. Vielmehr sieht er die Kunst und vor allem die Literatur als **Basis für eine freiheitlich-demokratische Ordnung** und eine solidarische Gemeinschaft, die auf Bildung und Kritikfähigkeit setzt (Z. 1–11).

Nach diesem euphorischen Beginn **kritisiert** der Autor allerdings sogleich, 2.
dass die Bürger der europäischen Gemeinschaft offensichtlich die **Chancen**, die sich aus dem überall zugänglichen Angebot ergeben, **weder erkennen noch nutzen**. Er bemängelt auch deren **fehlendes Verantwortungsbewusstsein** dafür, diesen Reichtum an die nachfolgenden Generationen weiterzugeben (Z. 12–21). Gerade weil aber moderne Gesellschaften zunehmend darauf angewiesen sind, stabile Werte zu vermitteln, und weil die Kunst diese Grundlage bieten könnte, ist es für Delius fatal, wenn die kulturellen Angebote nur nebenbei wahrgenommen werden. Seiner Meinung nach ist die gegenwärtige Welt zunehmend von einem Effizienzdenken geprägt, das der Kunst grundsätzlich fehlt. Und genau das mache die Kunst so wichtig (Z. 22–31).

Im nächsten Schritt stellt Delius im Einzelnen konkret dar, welche **Leistun-** 3.
gen und **Vorteile** speziell die **Literatur** aufzuweisen hat. Im Kern geht es ihm darum, dass Leser weniger beeinflussbar sind, weil sie in ihrem Denken unabhängiger als Nicht-Leser seien (Z. 32–38). Der Autor untermauert seine These mit dem Hinweis auf wissenschaftliche Erkenntnisse der Hirn- und Bildungsforschung, die einen eindeutigen **Zusammenhang** zwischen der Beschäftigung mit Kunst und der Entfaltung zivilisatorischer Kräfte nahelegen. Mit Zitaten bedeutender Künstler untermauert er diese zentrale Erkenntnis. Weil **Kunst und Literatur** für die **gesellschaftliche Entwicklung** so wichtig sind, wird nach Meinung des Autors in naher Zukunft der Ruf nach kultureller Bildung laut werden (Z. 39–50, 58–60).

Im abschließenden Teil seiner Rede identifiziert Delius dann die **heutigen Gegner der kulturellen Bildung:** Vertreter der Medienbranche hätten, unterstützt von der Politik, nur im Sinn, die Menschen in Unwissenheit zu halten, um den eigenen Profit zu steigern. Dass negative Folgen unausweichlich sind, ist die feste Überzeugung des Redners, der sich dabei auf nicht näher beschriebene wissenschaftliche Studien stützt. Mit einem deutlichen **Angriff auf die Verantwortlichen und mit dem Appell**, gegen diese Fehlentwicklung vorzugehen, endet die Rede. Delius zielt auf nichts Geringeres als die Rettung des demokratischen Europas vor der Profitgier der Wirtschaft (Z. 51–71). 4.

Ein charakteristisches Kennzeichen des Textes ist sein **appellativer Stil**, der sich in zahlreichen Stil- und Satzfiguren nachweisen lässt. Schon zu Beginn setzt Delius mit der dreifachen **Wiederholung** der Nominalgruppe „von den Mitteln" (Z. 1, 2, 3) ein klares Signal dafür, dass die verschiedenen Künste nicht für sich stehen, sondern in seinen Augen eine Funktion haben: Sie sind ein „Gegenmittel" (Z. 1) gegen die „Idiotisierung der Gesellschaft" (Z. 2). Der von Delius erkannte Reichtum der europäischen Kultur wird immer wieder durch **Reihungen** hervorgehoben, so z. B. in Zeile 15 f., wenn es heißt, dass in der Kunst eine „Vielfalt von Angeboten, Anregungen, Anstößen, gegen den Mainstream zu denken und handeln" existiere. Diese **Alliteration** führt dem Leser die unterschiedlichen Funktionen besonders eindringlich vor Augen: Die Kunst bietet demnach nicht nur etwas an, sondern regt zum Nachdenken und (richtigen) Handeln an. II. 1.

Im Anschluss zählt der Redner dann diese Angebote auf und spricht von „Bücher[n] oder Bühnen oder Filmmeter[n] oder Opernsitzplätze[n]" (Z. 17 f.), die allein durch die schiere Masse tatsächlich nahelegen, dass Europa ein kulturelles „**Schlaraffenland**" (Z. 11, 13 und 18 f.) darstelle. Der dreifache Hinweis auf jenes märchenhafte Land, in dem Milch und Honig fließen und einem die gebratenen Tauben in den Mund fliegen, bringt die Einschätzung des Schriftstellers sehr gut auf den Punkt: Die Einwohner des Schlaraffenlandes halten ihren unglaublichen **Reichtum** für so **selbstverständlich**, dass sie über ihre außergewöhnliche Situation kaum nachdenken. Diese Gefahr sieht Delius auch für das kulturelle Europa. Niemand erkenne die Notwendigkeit, die Kulturgüter als Bollwerk der Demokratie und der freiheitlichen Gesellschaft zu schützen. Sein Anliegen gipfelt in dem **pathetischen Ausruf:** „[O]hne die Literatur […] versinken wir in Barbarei." (Z. 45 f.) Um diesem **Appell** Nachdruck zu verleihen, **beruft sich** der Autor auf **Autoritäten** (Goethe, Schmidt und Barenboim) und beansprucht für sich und seine Position häufig die positiv besetzten **Schlüsselbegriffe „Demokratie"** und **„Freiheit"**, die im gesamten Redetext immer wieder aufgegriffen werden (Z. 3 f., 31, 45, 67 und 69). Die Bedeutung des europäischen **„Reichtums"** wird schon allein durch die siebenmalige **Wiederholung** des Begriffs (Z. 1, 8, 12, 20, 29, 52; Überschrift) untermauert. Es ist deshalb auch nicht verwunderlich, dass Delius diesen Reichtum an Kulturgütern in eine **zentrale Metapher** fasst. Für ihn handelt es sich dabei um den **„Kronschatz unserer Zivilisation"** (Z. 9).

Das Bild beinhaltet eine zweifache Steigerung: Mit dem Kronschatz verbindet man nicht nur großen finanziellen Reichtum, sondern auch das sichtbare Zeichen der Herrschergewalt seit dem Mittelalter (Krone, Zepter, Reichsapfel). Gesteigert wird dieses Bild dann durch den Verweis auf die gesamte zivilisierte Menschheit, die sich diesen Reichtum erarbeitet hat.

Der positiven Darstellung der europäischen Kulturleistungen wird eine **deutliche Kritik an den Vertretern der Kulturverächter** gegenübergestellt. Delius scheut sich nicht, diese Kritik sehr klar auszusprechen und dabei auch **drastische Formulierungen** zu wählen. Zunächst unterstellt er, dass es Kräfte innerhalb der Gesellschaft gebe, die die Menschen „unterdrücken [und] politisch […] manipulieren“ (Z. 32 f.) wollen. Verantwortlich dafür sind laut Delius u. a. „Generäle, Bürokraten, Ayatollahs und Meinungsvereinheitlicher“ (Z. 35). Die **Reihung** zielt zunächst auf die Bereiche Militär, Staat und Religion und zeigt dann auf, worum es geht: Der **Neologismus** „Meinungsvereinheitlicher“ fasst zusammen, was der Autor im Kern kritisiert. Ihm geht es darum, dass eine freiheitliche und demokratische Ordnung zwingend unterschiedliche Meinungen und Standpunkte zulassen muss und dass jeder Versuch, dies zu unterbinden, notwendig zur Krise des Gemeinwesens beiträgt. Alle, die dies zulassen, seien „Barbaren“ (Z. 53), also unzivilisierte Menschen, wie sie Delius bei den „Fernseh- und Mediengewaltigen“ (Z. 54) zu finden meint. Er unterstellt ihnen, dass sie nicht nur „Dummheit fördern“ (Z. 55), sondern sogar „dem Publikum Krankheiten aufladen, geistige und körperliche Verfettung, mit der dann die geistige und politische Verwahrlosung einhergeht“ (Z. 56 ff.). Das anschließende **Zitat** Barenboims legt sogar nahe, dass die negativen Auswirkungen noch weiter gehen, denn dort ist die Rede von „Egoismus, […] Vandalismus, […] Terrorismus“ (Z. 59 f.). Die **Häufung** und schließlich die **Aneinanderreihung negativer Begriffe** ist suggestiv und übertrieben. Sie macht aber die Zielrichtung der Kritik sehr deutlich. 2.

Die Sprachanalyse zeigt insgesamt, dass Delius eine strikte Gegenüberstellung von Gut und Böse vornimmt. Was er in seiner Rede beklagt, betreibt er am Ende selber: ein undifferenziertes Entweder-oder, Ja oder Nein (vgl. Z. 25 ff.). Diese **antithetische Gegenüberstellung** muss durchaus **infrage gestellt** werden, denn der Kunstbegriff von Delius ist doch sehr einseitig. In der folgenden – von den Thesen des Schriftstellers ausgehenden – **Auseinandersetzung mit den Aufgaben und Funktionen von Kunst** in der heutigen Gesellschaft soll das näher untersucht werden. III.

Sicher hat Delius Recht, wenn er Kunstwerke generell als „Kronschatz“ (Z. 9) wertet, der für die Stabilität einer demokratischen und insbesondere der europäischen Gesellschaft eine große Rolle spielt. Dies liegt an zwei zentralen Merkmalen, die die Kunst auszeichnen: Zum einen sollen Kunstwerke dem Betrachter Einblicke in die Vergangenheit gewähren. Zum anderen ist Kunst gleichzeitig eine Denkschule.

Laut Delius ermöglichen Kunst und Literatur in einer unübersichtlichen Welt „Orientierung" (Z. 22) – dies tun sie auch, indem ihre Produkte uns, besser als es Historiker können, ein **umfassendes Bild vergangener Zeiten** liefern. Aus den großen Erzählungen erfahren wir, was die Menschen zu ihrer Zeit umgetrieben hat, welche Ängste, Sorgen und Hoffnungen sie hatten und welche Lösungen ausprobiert wurden. Daraus ergeben sich **Lerneffekte**, die für die **nachfolgenden Generationen** von großer Bedeutung sind. Delius spricht hier zwar von den „Angeboten, Anregungen [...], gegen den Mainstream zu denken und zu handeln" (Z. 15 f.), die aus der Kunst erwachsen, bezieht diese jedoch nicht explizit auf die gesammelten Erfahrungen vergangener Epochen. Im dem Bereich der Literatur lassen sich allerdings viele Beispiele für diese Funktion der Kunst heranziehen, sei es Büchners „Woyzeck", der die sozialen Probleme des Pauperismus im frühen 19. Jahrhundert verarbeitet, oder Erich Kästners Roman „Fabian", der die Massenarbeitslosigkeit in den späten 1920er-Jahren thematisiert. Kunst und Literatur stellen sich hier als **Aufbewahrungsort von Erfahrungen** der Menschen heraus, die den **nachfolgenden Generationen als Muster für eigene Entscheidungen** dienen können. In der deutschen Geschichte sind es natürlich in erster Linie die Erfahrungen mit der Diktatur, die in Romanen, Gedichten und Theaterstücken festgehalten und der Nachwelt als Negativbeispiele präsentiert werden. Von den Werken Alfred Andersch', die sich mit den Folgen des NS-Regimes beschäftigen, bis zu den Texten von Christa Wolf, die die Probleme der DDR aufgreifen, gibt es unzählige Beispiele dafür, wie politisch-gesellschaftliche Entwicklungen in literarischen Kunstwerken verarbeitet werden. 1.

An dieser Stelle soll noch etwas genauer auf die Literatur eingegangen werden, die sich mit dem Holocaust auseinandersetzt. Jurek Beckers Roman „Jakob der Lügner" zum Beispiel erzählt eine Geschichte aus einem jüdischen Getto während des Zweiten Weltkriegs. Jakob, der eine Nachricht über das baldige Kriegsende erfindet, gibt seinen Leidensgenossen die Hoffnung, dass sie die Willkürherrschaft der Nazis bald überstanden haben. Der Leser lernt so, welch ungeheurer psychischer Druck auf den Gettobewohnern lastet. Neben der physischen Grausamkeit wird im Roman die ganze Bandbreite des jüdischen Schicksals greifbar. Bücher wie „Jakob der Lügner" vergegenwärtigen die Geschichte und zeigen die Gefahren von Rassismus und Fanatismus. In der Kunst wird uns das sozusagen in einem virtuellen Raum vorgespielt.

Der zweite positive Nutzen von Kunst und Literatur, den auch Delius anklingen lässt, ist die **Anleitung zum Denken**, die durch die unterschiedlichsten Werke angeboten wird. Um wieder bei der Literatur zu bleiben: Die Geschichten, die uns erzählt werden, sind immer auch Denkaufgaben: Welche Handlungsalternativen haben die Figuren? Warum entscheiden sie sich so und nicht anders? Was steckt hinter den Geschichten? Auch diese Überlegungen könnte man an zahlreichen Werken beispielhaft erläutern. Einen besonders nachhaltigen Eindruck hinterlassen die **Erzählungen Franz Kafkas** beim aufmerksamen Leser. Dieser erkennt in „Die Verwandlung" zwei gegen- 2.

läufige Linien, die das Beziehungsgefüge der Familie Samsa charakterisieren. Gregor, der eines Morgens als Käfer aufwacht, erleidet im Laufe der Erzählung einen dramatischen Niedergang, während seine Familie Schritt für Schritt aus der passiven Unselbstständigkeit herausfindet und am Ende sogar ein zufriedenes Leben führen kann – auf Kosten des Sohnes bzw. Bruders, der elend stirbt. Auf welche Art wird aber dadurch das Denken des Lesers geschult? Dieser muss sich überhaupt erst auf die Logik der Erzählung einlassen und die Hürde des fehlenden Realitätsbezugs überwinden. Wer das allerdings macht, erkennt schnell, dass möglicherweise familiäre Probleme und ökonomische Abhängigkeiten Gregor Samsa zu einem Käfer haben werden lassen.

Diese Art von Literatur fordert den Leser beinahe in jeder Zeile dazu auf, aufmerksam nach Gründen, Zusammenhängen und Signalen zu suchen, um die **Rätsel**, die Kafka aufgegeben hat, zu **lösen**. Und wer gelernt hat, **über Zusammenhänge nachzudenken**, wird das auch in seiner **realen Lebenswelt** machen. Politische und wirtschaftliche Entscheidungen werden dann nicht einfach hingenommen, sondern **kritisch hinterfragt**. Delius stellt ebenfalls fest, dass solche Menschen „nicht so leicht zu unterdrücken, politisch zu manipulieren [sind]“ (Z. 32 f.). Kunst und Literatur übernehmen somit die Aufgaben der Aufklärung, wie sie Immanuel Kant im 18. Jahrhundert bereits seinen Lesern mit auf den Weg gegeben hat: „Sapere aude“ – „Wage zu denken“. Dieses Denken ist darauf angewiesen, dass es im Austausch von Gedanken und Meinungen trainiert wird. Die kulturelle Schatzkammer – bzw. die Kunst als „Kronschatz“ (Z. 9) – kann in dieser Funktion mit Sicherheit eine ganz wichtige Rolle spielen.

Delius' Auffassung von Kunst als Denkanregung und -schulung ist also durchaus **zuzustimmen**. Das Problem seiner Argumentation liegt allerdings in deren **Einseitigkeit**.

Aus den Ausführungen des Schriftstellers erkennt man, dass er eindeutig die 3.
Literatur als Königsweg zur Stärkung einer freiheitlich-demokratischen Gesellschaft sieht. Das wird niemanden überraschen, verdient er doch selbst mit Büchern seinen Lebensunterhalt. Natürlich erwähnt er auch andere Künste, die bildende Kunst, Musik und sogar den Film. Aber schon bei Letzterem wird deutlich, dass Delius schwere Zweifel an der Integrität des Mediums hat. **Kinofilme und Fernsehsendungen** werden nur sehr eingeschränkt für gut befunden (vgl. Z. 7 ff.), denn sie funktionieren nach dem wirtschaftlichen **Gesetz der Quote:** Sie werden, so der Autor, von „Quotenidioten“ (Z. 61) bestimmt. Die Verantwortlichen möchten ihre Produkte verkaufen und sind deshalb offenbar darauf aus, die Menschen zu verdummen.

Die Art und Weise, wie Delius jedoch am Ende seiner Rede die „Mediengewaltigen“ (Z. 54) attackiert, trägt Züge von Verfolgungswahn. Es ist nämlich **nicht** so, dass **Literatur per se gut** ist und **Filme per se schlecht** sind. Auch auf dem literarischen Markt findet man nicht ausschließlich hochwertige Produkte, ganz im Gegenteil. Auf den Bücherstapeln in Buchhandlungen liegen weniger Goethes oder Kafkas gesammelte Werke, sondern eher Stephenie Meyers „Bis(s)"-Geschichten. Die Bedeutung der Vampirromane für den Erhalt der Demokratie in Europa darf zumindest angezweifelt werden. Auf der anderen Seite sind **Filme** auch nicht grundsätzlich minderwertig. Sogar Delius muss das eingestehen und reiht das Kino in die Liste der Orte ein, wo man kulturellen Schätzen begegnen kann (vgl. Z. 6 ff.). Selbst Quotensieger aus Hollywood übernehmen zuweilen die Aufgabe, geschichtliche Hintergründe aufzudecken, die bisher im Verborgenen lagen. Als Beispiel kann Steven Spielbergs Film über „Schindlers Liste" erwähnt werden, der einen wichtigen Beitrag zur Diskussion über die NS-Zeit darstellt. Vielleicht sind die Bilder, die der Film bietet, sogar nachhaltiger als so manche literarische Aufarbeitung der Holocaust-Problematik.

Delius macht ganz am Rande auch das **Internet** für die Verdummungsstrategie der Wirtschaftsbosse Europas verantwortlich, wenn er von ihnen als den „Elektronik- und Medienindustriellen, die […] unsere Kinder […] zu geistigen und körperlichen Krüppeln […] machen" (Z. 62 ff.), spricht. Hier muss man ebenfalls deutlich **widersprechen**. Nur weil der Verbreitungsgrad und die Inhalte von Internetplattformen wie Youtube und Facebook unvorstellbare Dimensionen angenommen haben, muss nicht alles schlecht sein. Die Auseinandersetzung mit politischen Themen läuft heutzutage eben auch auf dieser Schiene. Politischer Widerstand, z. B. in der Türkei oder in China, wird u. a. im Netz organisiert. Allein die Tatsache, dass Regierungen ganz bewusst den Zugang zu diesen Plattformen sperren wollen, beweist, dass hier wichtige Diskussionen über Freiheit und Demokratie stattfinden.

Die Auseinandersetzung mit Delius' Rede macht deutlich, dass der Schriftsteller einen **verengten Kunstbegriff** hat, der auf die **europäische Hochkultur** zielt und aktuelle Entwicklungen im medialen Bereich übersieht. Damit mag er eine bestimmte Schicht im Bildungsbürgertum ansprechen, vor allem junge Menschen erreicht er so aber nicht. Und das ist durchaus gefährlich, denn wer, wenn nicht Jugendliche, Schüler, Studenten, Auszubildende und Berufseinsteiger müssen dafür sorgen, dass eine stets kritische Auseinandersetzung mit politischen, gesellschaftlichen und ökonomischen Entwicklungen stattfindet? Es geht dabei nicht um eine Abgrenzung zwischen guter Hochkultur und schlechter Medienkultur, sondern um die **Frage**, **wie das Publikum erreicht werden kann**. Die Kulturinstitutionen scheinen dies – anders als Delius – längst erkannt zu haben: Für den Museumsrundgang gibt es bereits intelligent gestaltete Apps und selbst Theater nutzen die Möglichkeiten der medialen Vermarktung. Für alle Angebote gilt die alte Weisheit: Auf die Mischung kommt es an. C

Leerseiten verbilligen in diesem Fall die Herstellung des Buches!

Ihre Meinung ist uns wichtig!

Ihre Anregungen sind uns immer willkommen. Bitte informieren Sie uns mit diesem Schein über Ihre Verbesserungsvorschläge!

Titel-Nr.	Seite	Vorschlag

Bitte hier abtrennen

Bitte hier abtrennen

Zutreffendes bitte ankreuzen!

Die Absenderin/der Absender ist:

- ☐ Lehrer/in in den Klassenstufen: ________
- ☐ Fachbetreuer/in
  Fächer: ________
- ☐ Seminarlehrer/in
  Fächer: ________
- ☐ Regierungsfachberater/in
  Fächer: ________
- ☐ Oberstufenbetreuer/in
- ☐ Schulleiter/in
- ☐ Referencar/in, Termin 2. Staatsexamen: ________
- ☐ Leiter/in Lehrerbibliothek
- ☐ Leiter/in Schülerbibliothek
- ☐ Sekretariat
- ☐ Eltern
- ☐ Schüler/in, Klasse: ________
- ☐ Sonstiges: ________

Unterrichtsfächer: (Bei Lehrkräften!)

____

STARK Verlag
Postfach 1852
85318 Freising

Kennen Sie Ihre Kundennummer?
Bitte hier eintragen.

Absender (Bitte in Druckbuchstaben!)

Name/Vorname

Straße/Nr.

PLZ/Ort/Ortsteil

Telefon privat

Geburtsjahr

E-Mail

Schule/Schulstempel (Bitte immer angeben!)

24-V_Abi

Bitte ausfüllen und im frankierten Umschlag an uns einsenden. Für Fensterkuverts geeignet.

Erfolgreich durchs Abitur mit den STARK-Reihen

Abitur-Prüfungsaufgaben

Anhand von Original-Aufgaben die Prüfungssituation trainieren. Schülergerechte Lösungen helfen bei der Leistungskontrolle.

Abitur-Training

Prüfungsrelevantes Wissen schülergerecht präsentiert. Übungsaufgaben mit Lösungen sichern den Lernerfolg.

Klausuren

Durch gezieltes Klausurentraining die Grundlagen schaffen für eine gute Abinote.

Kompakt-Wissen

Kompakte Darstellung des prüfungsrelevanten Wissens zum schnellen Nachschlagen und Wiederholen.

Interpretationen

Perfekte Hilfe beim Verständnis literarischer Werke.

Und vieles mehr auf www.stark-verlag.de

(Bitte blättern Sie um)